으뜸 스펀지 漢字

이 책의 판매수익 일부는 아름다운재단에 기부되어, 우리 사회 아름다운 변화를 위해 쓰여집니다.

원·전·의 대·중·화

으뜸 스펀지 漢字

S-Fun
知
漢字

감수: 한양대학교 중어중문학과 이광철 교수
김범석, 장동열 공저

차이나하우스

저자의 말 1

한 나라의 문화를 읽는다는 것은 그 범위가 매우 광범위하고 자칫 나무만 보고 숲을 못 보는 오류를 낳을 수 있다. 오천년 유구한 역사를 가지고 있는 우리나라의 문화를 전체적으로 읽는다 함은 실로 대단하고 가슴에 벅찬 일임에 틀림이 없다.

한자(漢字)란 더 나아가서 한문(漢文)이란 우리문화를 이해하는데 빠져서는 안 되는 핵심 언어이다.

한자는 중국 사람의 글자이고 중국문화이기 때문에 엄격히 이야기해서 외국어임에 큰 이견(異見)은 없을 듯 하다. 그러나 한자는 엄연히 우리의 삶과 문화가 녹아있는 우리말이라는 데도 이견(異見) 또한 없는듯하다.

한자교육이 붐을 이루고 있다. 그 기폭제는 2004년 이후 불과 4년 전후(前後)로부터 우리나라 경제 5단체의 소속된 회사에서 신입사원을 채용시 한자시험을 치르거나 또는 한자자격 급수를 요구하는 것이 날로 확산되었기 때문이다.

우리나라의 교육은 철저히 입시위주의 교육이기 때문에 입시에 반영이 안 되거나, 취업 시 반영되지 않는 과목은 그 필요성 에도 불구하고 소외당하곤 한다.

국어사전에 수록된 낱말이나 어휘의 70% 이상인데도 불구하고 한자읽기와 쓰기능력은 별반 능력이 뛰어나지 않다라는 것이 본인이 대학에서 학생들에게 한자 강의를 하면서 느낀 뼈아픈 경험이다.

우수한 학생들이 왜 한자를 생각보다 잘 알지도, 쓰지도 못하는 것일까? 그것은 우리나라 한자교육의 부재 였다 라고 밖에는 생각이 안 든다.

초, 중, 고교 시절 한자교육이나 교과목은 학생들에게는 소외된 과목이었던 것이다. 참으로 안타까운 일이다. 본 책자는 그러한 안타까운 마음에서 우러나오는 충정어린 마음으로 만들어 졌다.

가뜩이나 배울 것도 많은데 그 어려운 한자까지 배우려 한다면 머리에 쥐가 날수도 있다. 하나 한자는 결코 어렵지 않다. 선입견(先入見)을 버리면 그리고 한자에 대해 흥미를 가지면 그 어느 과목 보다 쉽고 일상생활 속에 스며들 수 있다 라는 마음과 각오로 이 책을 만들었다. 이 책은 교육용 한자 1,800자와 인명용 한자 200자를 보태 총 2,500여자(字)를 수록 하였다.

한자를 배우는 초, 중, 고, 대학생 및 일반인들에게 좋은 한자 길라잡이 책자가 될것이라고 확신 하는 바이다. 이 책이 완성될 때 까지 수개월간 휴일도 반납한 채 동고동락 하며 총괄 편집 해주신 장동열 부원장님, 그리고 원고 작성에 도움을 주었던 윤혜경, 김영미, 김민선, 윤한나, 박하얀 님께 감사의 말씀을 전한다. 그리고 비록 졸작이지만 책을 출간해주시기로 용단하신 차이나 하우스 이건웅 사장님께 감사의 말씀을 전한다. 또한 이 책이 세상의 빛을 보게끔 도와주신 한양대학교 이광철 교수님께 감사의 뜻을 이 지면을 통해 전해드린다. 아무쪼록 본 책자가 한자를 공부하는 모든 이에게 훌륭한 지침서가 되기를 갈망하면서 머리글에 임하고자 한다.

김범석

저자의 말 2

한자는 어렵다! 많은 사람들이 생각하는 바입니다. 하지만 그렇지 않습니다. 물론 오랜 옛날에 만들어진 것이 사실입니다만, 한자는 그렇게 어렵거나 낡지 않았습니다. 한자는 고대 중국인들이 평상시 사용하려고 만든 것이기 때문에 어렵게 만들려고 하지 않았을 것입니다. 누가 보든지 간에 그 뜻을 짐작할 수 있도록 될 수 있으면 쉽게 만들려고 노력을 했을 거란 말입니다. 하지만 오랜 세월을 지내오면서 한자의 모양이 변천하기 시작했고 하나의 한자 속에 여러 가지 파생된 뜻이 들어가게 되면서 조금씩 어려워진 것입니다. 중국의 문화와 역사를 조금만 이해한다면 우리가 당장 써야하는 필수한자 정도는 손쉽게 배울 수 있는 것입니다.

한자는 우리글이다! 이건 무슨 뚱딴지같은 소리일까요? 학자에 따라서 한자를 만든 사람이 대륙에 살고 있던 우리 조상이라고 하시는 분이 계십니다만, 저의 말뜻은 그것이 아닙니다. 한자의 창제자가 누구든 간에 그것을 생활 속에서 사용하고 응용하며 발전시켰다면 그것은 바로 사용자의 것이 아닐까요? 한자는 우리의 것일 뿐만 아니라 일본의 것이기도 하고 중국의 것이기도 합니다. 한자는 한중일 삼국을 하나로 묶는 고리이며 의사소통 수단입니다. 일찍이 김경일 교수는 한자를 Asia Sign이라고 부른 적이 있었고 진태하 교수는 동방문자(東方文字)라고 하셨습니다. 저는 그분들의 의견에 전적으로 동의합니다. 실제로 저는 중국 여행중에 한자를 이용하여 중국인, 일본인과 필담(筆談)을 통해 거의 불편없이 대화를 나누었던 경험이 있습니다. 당시 저는 중학생용 구백자정도만 알고 있던 때입니다. 바야흐로 세계화의 시대가 되었습니다. 한자를 알면 아시아가 좁고 세계가 가까워 지는 것입니다.

우수한 한글이 있는데 왜 한자를 공부하느냐고 반문하는 분들이 계십니다. 세종대왕께서

훈민정음을 만든 것은 한자를 버리라는 의미가 아니었습니다. 그 분이 한글을 만드신 이유는 한글과 한자를 함께 사용하여 서로의 부족한 점을 보완하면서 조선을 선진문화의 나라를 만들기 위해서였던 것입니다. 훈민정음의 실용성 여부를 알기 위해 지은 용비어천가를 보면, 한자어는 한자로 순우리말은 한글로 쓴 것을 알 수 있습니다. 이 사실이 세종대왕의 의도를 짐작할 수 있습니다.

한자학습의 중요성은 누구나 공감하는 일이 되어 버렸습니다. 여러 기업에서 한자능력을 채용조건으로 내세운 것이 이것을 방증합니다. 매년 한자능력시험에 응시하는 초중고생 응시자가 수 만 명을 헤아리고 있습니다. 그러나 학교교육에서는 한자를 중시하지 않는 것을 보면 이상하기만 합니다.

시중 서점에 보면 한자관련 서적이 쏟아져 나오고 있습니다. 그 책들을 보면 크게 두 종류로 나눌 수 있습니다. 하나는 지나치게 한자 암기 위주로 쓴 책으로 자칫 혹세무민으로 흐를 수 있는 책들입니다. 한자는 모든 낱글자 하나하나가 그냥 만들어진 것이 없습니다. 그것을 전혀 무시하고 현재 한자의 모습으로만 임의로 해석하면 그것은 옳은 학습방법이 아닙니다. 우리의 한글을 예로 들자면, ㄱ부터 ㅎ까지의 자음은 인간의 발음기관을 본떠 만든 것이고 ㅏ부터 ㅣ까지의 모음은 동양사상의 천지인(天地人) 삼재(三才)를 응용하여 만든 것입니다. 이 사실을 무시하고 과거 일본인들은, 세종대왕이 화장실에 앉아계시다가 문창살의 모양을 보고 만들었다고 헛소리를 지껄인 적이 있었습니다. 그래서는 아니 되는 것입니다. 다른 하나는 너무 학술적으로만 치우쳐 내용이 너무 딱딱해, 젊은 독자들이 읽지 않는 책들입니다. 그렇지 않아도 어렵게 생각하는 한자를 더욱 더 어렵게 만드는 것입니다. 저희는 이 책을 쓸 때 기준으로 삼은 것이 있습니다. 한자의 자원(字源)과 역사(歷史)를 밝히되 쉽게 외울 수 있는 방법을 제시하자는 것입니다. 그 점에 많은 노력을 기울였습니다. 그래서 중학교 이상의 독자라면 누구나 이천여개의 한자를 쉽게 익힐 수 있을 것입니다.

본 졸저를 만들어 감에 있어 도움주신 분들이 너무나 많습니다. 감수를 책임져 주신 한양대학교 중어중문학과 이광철 교수님께 고개 숙여 감사드리며, 제 아내 서명희를 포함한 가족들, 교재집필의 절반을 책임져 주신 김범석 원장님, 차이나하우스 이건웅 사장님 이하 임직원 여러분께 감사의 말씀을 드립니다.

여러분의 성공을 기원하며 공동 저자 장동열 드립니다.

檀紀 4341년(2008) 4월

일러두기

1. 본문을 서술함에 있어 "원뜻은~~", "원래의 뜻은~~"으로 표현한 곳은 〈설문해자說文解字〉를 인용한 부분이다. 원래의 뜻을 밝힌 이유는, 한자의 형태(形)가 원래의 뜻(義)에 부합되게 만들어졌으며 현재의 뜻은 원래의 뜻에서 파생된 것이기 때문이다.

2. 제2부의 낱글자를 설명함에 있어 먼저 제시한 부수에 속하지 않는 한자는 그 한자의 용례 단어 다음에 "부수는~~"이라고 밝혀 놓았다. 앞서 제시한 부수에 속하지는 않지만, 바로 앞 글자와 소리(音)로 연결되므로 학습에 편의를 제공할 것이라 판단했기 때문이다.

차례

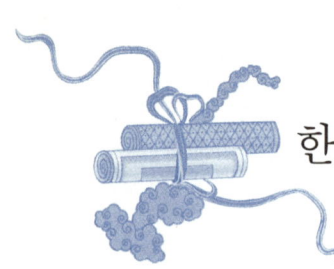

한자(漢字)의 역사(歷史)와 변천과정(變遷科程)

한자가 언제 누구에 의해 만들어졌는지는 밝혀진 바가 없다. 한자의 기원에 관해서는 여러 문헌에 언급되어 있는데 권위있는 문자학 서적인 '설문해자(說文解字)'에 결승설(結繩說), 팔괘설(八卦說), 창힐조자설(倉頡造字說)이 씌여있는데 여기서 간략하게 소개한다.

팔괘설 옛날 복희씨(伏羲氏)가 천하를 다스릴 때 하늘과 땅의 형상을 살펴 팔괘(八卦 태극기에는 사괘가 있다)를 만들었는데 이것이 발전하여 한자가 되었다는 것이다. 이 설은 후대 여러 학자들에 의해 그 허구성이 비판되었고 현재도 정설로 여기지 않는다.

결승설 복희씨 이후에 신농씨(神農氏)가 새끼줄의 매듭으로 백성을 다스렸다고 하는 설문해자의 기록에 의해 제기된 설이다. 새끼 매듭이 의사소통 수단으로 이용된 예는 중국뿐만 아니라 잉카, 아프리카, 우리나라 등에서도 사용한 흔적이 있다. 이것은 단순한 개념이나 수를 셈하는데 사용했던 것으로 한자의 기원이라고 하기엔 무리가 있다.

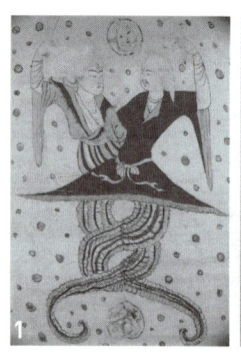

1 여와와 복희
2 신농씨
3 창힐

창힐조자설 전설 속의 사관(史官)인 창힐이 새와 짐승의 발자국을 보고 처음으로 글자를 만들었다는 설이다. 창힐은 눈이 네 개나 있었다고 하는 전설상의 인물이고 실재 여부도 확실하지 않은 사람이므로 이 역시 하나의 설에 불과한 것이다.

한자는 사용되어 온지 워낙 오래되었고 창제설도 이처럼 분분하기 때문에 우리는 그저 고고학 연구 결과에 의해 대략 언제부터 써 왔으며 어떻게 변화해 왔는지를 알아낼 수밖에 없다.

갑골문(甲骨文)

갑골문은 중국 고대 상(商)나라(은殷나라 라고도 함)때 거북의 배딱지(甲)와 짐승의 뼈(骨)에 새긴 문자이다. 불에 달군 꼬챙이로 갑골을 찔러 갈라진 틈을 보며 점을 치고 그 내용을 날카로운 송곳이나 칼로 갑골 위에 새겼는데 그 글자들을 갑골문이라고 한다. 갑골문은 현재 우리가 볼 수 있는 최고(最古)의 한자이다. 하지만 갑골문도 최초의 한자로 여겨지지는 않는다. 왜냐하면 한자가 만들어진 원리 중에 후기에 해당하는 형성자(形聲字)와 가차자(假借字)도 상당수 나타나기 때문이다. 예를 들면 云(말할 운)자는 원래 구름의 뜻이었으나 갑골문시대에 이미 말하다로 가차되어 쓰이고 있었고, 의미부인 氵(물 수=水)와 소리부인 可(옳을 가)가 합해진 河(물 하)자도 갑골문에 발견되고 있다. 학자들에 의하면 가차자와 형성자까지 발전하려면 적어도 3천 년의 세월이 필요하다고 한다. 그렇다면 한자의 역사는 지금으로부터 약 5천년 이상 6천년까지 소급되는 것이다. 갑골문의 특징으로는 구성요소의 위치가 일정하지 않고 문장을 써내려간 방향이 일정하지 않으며 선이 가늘고 날카롭다는 것 등이 있다.

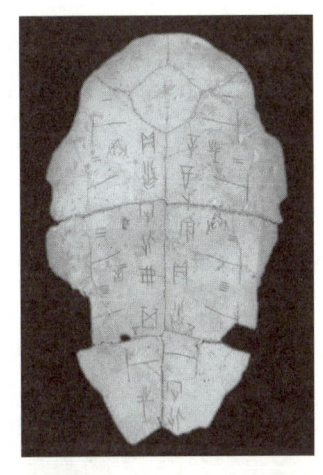

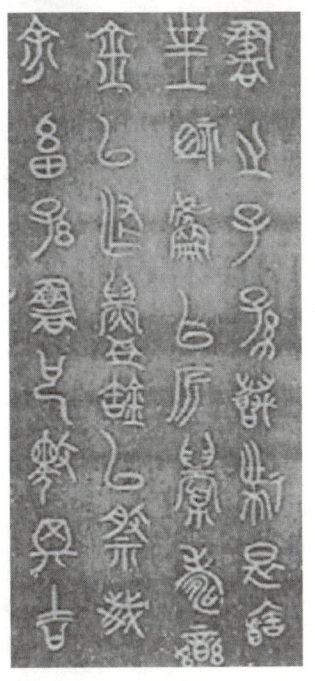

금문(金文)

金자는 과거 청동을 가리키는 글자였다. 따라서 금문은 청동기물에 새겨진 글자를 이른다. 주나라(周: BC 1,111~BC 256)시대 주조된 솥이나 종에 주로 새겼으므로 종정문(鐘鼎

文)이라고도 한다. 금문이 새겨진 청동기의 소유주는 모두 왕족이나 귀족이었다. 그들의 주문에 의해 청동기가 만들어졌기 때문에 금문의 내용은 소유자의 공적을 찬양하는 것들이다. 금문의 자형은 갑골문보다 발전된 모습으로 나타나고 있고 선이 굵고 부드럽다. 그 이유는 금문을 청동기에 직접 새긴 것이 아니라 찰흙으로 만든 거푸집에 먼저 새긴 뒤에 쇳물을 부어 청동기를 만들었기 때문이다.

전서(篆書)

전서에는 대전(大篆)과 소전(小篆)이 있는데 대전은 진시황 이전에 쓰이던 것이고 소전은 진시황 통일 이후 이사(李斯)라는 관리에 의해 개편된 것이다. 소전은 곡선이 많아 예술적으로 보이기도 하고 그림문자의 성격이 많이 남아 있으나 쓰기에 상당히 번거로운 단점이 있다.

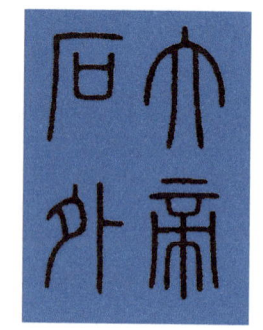

예서(隸書)

진나라 멸망 후 세워진 한(漢: BC 206~AD 220)나라 때 보편적으로 쓰인 글자체이다. 전서를 발전시켜 만든 것이다. 진나라때 감옥을 지키는 관리가 쓰기 번거로운 전서를 개선하여 만든 것이므로 예서(隸 종 례. 죄수의 뜻이 있음)라는 이름이 붙은 것이다. 예서부터 그림문자로서의 성격을 잃고 순수 부호로 변하기 시작하였다.

해서(楷書)

당나라 때 발달한 서체로 진서(眞書)라고도 부른다. 현재 우리가 쓰고 보는 자체(字體)가 바로 해서이다.

간체자(簡體字)

한자의 필획을 대폭 줄여 쓴 자체로 약자와는 개념이 약간 다르다. 약자에는 그에 해당하는 정자가 있지만 간체자는 정자로 약속되어진 것이다.

한자는 우리나라 사람들만 어렵다고 생각한 것이 아니다. 중국인들도 자기들의 글자가 어렵다고 생각했다.

5·4운동을 이끈 부사년(傅斯年)이라는 학자는 '소나 뱀과 같은 귀신문자(牛鬼蛇神的文字)'라고 했고 현대 중국의 대 문호 노신(魯迅)은 '한자가 없어지지 않으면 중국은 반드시 망한

다(漢字不滅, 中國必亡)'라고까지 말한 바 있다. 그 어느 나라보다도 문맹률이 높았던 중국은 정부차원에서 한자의 존폐에 대해 고심하기 시작했고 그 결과물로 나온 것이 바로 간체자이다. 1956년 중국문자개혁위원회가 한자간화방안(漢字簡化方案)을 발표했고 1964년 간화자총표(簡化字總表)가 정리되어 지금에 이르고 있다. 현재의 모든 중국인이 간체자를 쓰고 있는 것은 아니다. 중화인민공화국은 물론이고 싱가폴, 말레이시아, 중국인들도 대부분 간체자를 사용하고 있지만 홍콩과 대만에서는 번체자(繁體字. 우리가 말하는 正字)를 고수하고 있다.

현재 중국어를 시작하는 젊은 학생들은 간체자만 배우고 우리식 정자는 읽지 못하는 경우가 있는데 그런 학습법은 옳지 않다. 간체자는 어디까지나 정자를 기초로 만들어진 것이므로 정자를 먼저 배우고 간체자를 나중에 배우는 것이 유용하다.

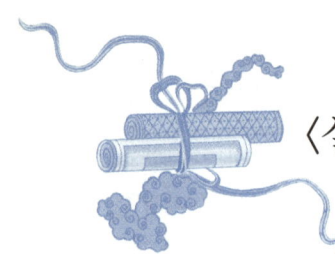

〈설문해자說文解字〉와 허신(許愼)

　〈설문해자〉(이하 설문)의 저자는 중국 후한시대의 대 학자 허신(許愼 58?~147?)이다. 그의 자(字)는 숙중(叔重)이며 유교 경전에 정통하여 오경무쌍허숙중(五經無雙許叔重)이라 불리웠다. 선진(先秦)의 고서체(古書體)에 의한 원전(原典) 중심의 고문가(古文家)의 일원이다. 당시 사람들에 있어서 고문(古文)이라 함은 전국시대(戰國時代)에 진(秦)나라를 제외한 여섯 나라에서 쓰이던 육국(六國)의 문자(文字)이다.

　說文解字는 무슨 책인가? 먼저 책의 제목부터 봐야한다. 說文解字의 뜻은, 文을 해설하고 字를 해석한다는 뜻이다. 즉 지금으로 말하면 한자 자전(字典)인 셈이다. 文과 字는 현재 文字라는 단어 때문에 같은 뜻으로 생각할 수 있으나 허신의 시대에는 약간 다른 뜻을 가지고 있었다. 〈설문〉의 서문에,

　"倉頡之初作書, 蓋依類象形, 故謂之文. 其後形聲相益, 卽謂之字. 字者言孳乳而浸多也. 창힐이 처음 글자를 만들 때 대개 사물의 분류에 의지해 모양을 본떴으므로 그것을 文이라 한다. 그 다음 모양과 소리를 서로 돕게 하였고 그것을 字라고 한다. 字는 말이 불어나서 점차 많아진 것이다." 다시 말해서 상형문자와 지사문자를 文이라 했고 형성문자와 회의문자를 字라고 했던 것이다.

　허신은 설문에서 9,353개의 한자를 540 부수에 의해 분류하여 한자의 형(形모양), 음(音소리), 의(義뜻)를 해설했다. 현재 통용되는 214부수의 모태가 바로 허신의 540부수인 것이다. 허신은 또 모든 한자의 제자원리(製字原理)를 육서(六書)에 입각하여 분석하고 해설했다. 부수 배열법은 허신이 창시했지만 육서는 춘추시대에 이미 어린이 교육과정의 교과목의 하나로

가르쳐 왔던 것으로 허신이 처음은 아니다.

　허신은 설문을 편찬할 때 당시 통용되었던 예서(隸書)가 아닌 진나라 시대의 소전(小篆)을 바탕으로 하였다. 후한시대는 고문학파와 금문학파의 대립이 첨예하던 시절이었다. 고문학파는 전국시대의 육국고문을 사용한 경전을 연구하는 유파였고 금문학파는 후한의 일반적인 자체였던 예서를 중심으로 한 경전을 연구하는 유파였다. 예서라는 자체는 소전에서 발전된 것으로 이미 그림문자 단계를 벗어나 완전한 기호문자의 형태를 가진 것이었다. 하지만 금문학파의 학자들은 예서가 창힐이 만든 글자모습 그대로라고 믿으며 예서의 자형만을 중심으로 한자와 경전을 해석하여 스스로 오류에 빠지기 시작하였다. 고문학파에 속했던 허신은 금문학파의 이러한 행태를 보다 못해 예서의 선배격인 소전을 중심으로 〈설문〉을 편찬했던 것이다. 소전을 모델로 삼은 허신의 판단은 매우 옳아 보인다. 문자라는 것은 옛 것을 연구해야 원뜻에 좀 더 가까이 접근할 수 있기 때문이다. 만약에 허신이 갑골문과 금문을 보았더라면 더 훌륭한 〈설문〉이 나오지 않았을까 하는 아쉬움이 남는다. 후대 갑골문 연구자들은 허신의 오류가 약 20%까지 달한다고 하지만 사실 갑골문이나 금문의 연구도 허신의 〈설문〉이 없었다면 지금의 연구수준에 훨씬 못 미쳤을 것이다. 그리고 〈설문〉이 저술되지 않았다면 예서중심의 잘못된 자원해설이 계승되어 수많은 학자가 헛된 연구에 심혈을 기울였을 수도 있는 일이다. 그러므로 문자학에 허신이 공헌한 바는 매우 크다고 볼 수 있다.

　〈설문〉에 대한 해설과 주석은 청나라 시대에 극성했는데, 단옥재(段玉裁)의 '설문해자주(說文解字注)', 계복(桂馥)의 '설문해자의증(說文解字義證)', 왕균(王筠)의 '설문해자구두(說文解字口讀)', 주준성(朱駿聲)의 '설문통훈정성(說文通訓定聲)' 등이 유명하다. 본서는 주석서 중 최고의 권위를 자랑하는 단옥재의 '설문해자주'와 왕균의 '설문해자구두'를 많이 인용했다.

육서(六書)

육서는 한자가 만들어진 여섯 가지 법칙이라고 일컬어지고 있다. 설문에 있는 허신의 설명을 여기에 인용하겠다.

주례(周禮)에 의하면, 귀족의 자제는 여덟 살이 되면 소학(小學)에 들어가는데, 보씨(保氏-왕이 과실을 범했을 때 간언하고 귀족자제를 道로써 가르치는 직책)가 육서를 먼저 아이들에게 가르친다. 周禮八歲入小學, 保氏教國子, 先以六書.

하나, 지사(指事)이다. 指事는 눈으로 보면 알 수 있고 살피면 그 뜻이 나타나는 것인데 上과 下가 그것이다. 一曰指事. 指事者, 視而可識, 察而可見意, 上下是也.
다시 말해 지사문자란 추상적인 일(事)을 점이나 선 등의 기호를 이용하여 가리키고(指) 표현한 글자이다.
예) 上, 下, 凹, 凸....

둘, 상형(象形)이다. 象形은 물체를 그려서 이루어진 것으로 물체의 모습을 따라 구불거리는 것으로 日과 月이 그것이다. 二曰象形. 象形者, 畵成其物, 隨體詰詘, 日月是也.
다시 말해 상형문자란 사물의 모양(形)을 본떠(象) 그림을 그리듯이 만든 글자이다.
예) 日, 月, 山, 水....

셋, 형성(形聲)이다. 形聲은 사물에 근거하여 글자의 뜻을 삼고, 음이 비슷한 다른 글자를 취하여 새로운 글자를 만드는 것으로 江과 河가 그것이다. 三日形聲. 形聲者, 以事爲名, 取譬相成, 江河是也.

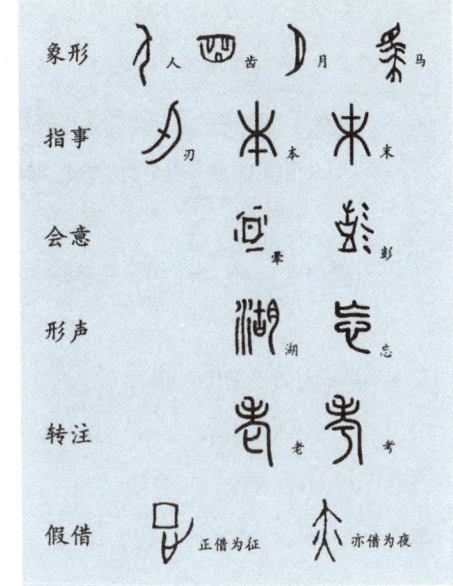

다시 말해 형성문자란 뜻을 의미하는 글자(形)와 소리를 나타내는 글자(聲)를 합쳐 만든 글자이다. 소리부분(聲)의 글자를 통해 그 글자의 발음을 짐작 또는 정확히 알 수 있다는 이점이 있다.

예) 問(물을 문. 口 + 門), 記(기록할 기. 言 + 己), 肝(간 간. 月 + 干), 劍(칼 검. 刀 + 僉 다 첨)....

소리를 나타내는 글자는 종종 그 뜻도 새 글자를 만드는데 도움을 주고 있어, 외우기 더욱 편리하다. 이 형성문자가 전체 한자의 약 90% 이상을 점하고 있다.

넷, 회의(會意)이다. 會意는 글자들을 나란히 하여 새로운 뜻을 나타내는 것으로 武와 信이 그것이다. 四日會意. 會意者, 比類合誼, 以見指撝, 武信是也.

다시 말해 회의문자란 기존 글자들의 뜻(意)을 결합(會)하여 만든 새로운 뜻의 글자이다. 결합되어진 글자들을 보고 발음을 알 수 없다는 것이 흠이다.

예) 明, 林, 森, 休...

다섯, 전주(轉注)이다. 轉注는 종류로써 하나의 부수를 세워 같은 뜻을 서로 받는 것으로 考와 老가 그것이다. 五日轉注. 轉注者, 建類一首, 同意相隨, 考老是也.

다시 말해 전주문자란 이미 있는 글자의 뜻을 확대하여 새로운 뜻을 나타내는 경우이다.

예) 惡: 악할 악/싫어할 오 (악한 것은 사람들이 싫어하므로) 樂: 즐거울 락/노래 악/좋아할 요 (즐거우면 노래하고 노래는 사람들이 좋아하므로)

여섯, 가차(假借)이다. 假借는 본래 그 글자가 없지만 소리에 의거하여 일을 부탁하는 것으로 令과 長이 그것이다. 六日假借. 假借者, 本無其字, 依聲託事, 令長是也.

다시 말해 가차문자란 글자의 본래 의미와는 관계없이 빌려와서 완전히 다른 뜻을 나타내는 경우이다.

예) 又-오른손 '우' 였으나 '또'라는 뜻으로 대신 사용하고 있다.

自-코 '자' 였으나 '스스로'라는 뜻으로 대신 사용하고 있다.

丁丁-장정 정(丁)자를 나란히 썼지만 도끼로 나무를 찍는 '의성어'로 쓰인 경우이다.

또한 외래어나 다른 나라 이름을 적을 때 뜻은 생각지 않고 소리만 빌려 쓰는 것도 가차(假借)라고 한다.

스페인(Spain) : 西班牙 (서반아)

아메리카(America) : 美利加(미리가)+國(나라 국)=美國

프랑스(France) : 佛蘭西 (불란서)

코카콜라(Coca Cola) : 可口可樂(가구가락)

사실 위의 여섯 가지 원리 모두가 제자원리(製字原理)라고 할 수는 없다. 상형, 지사, 회의, 형성의 사서(四書)가 제자원리요, 나머지 전주, 가차의 이서(二書)는 글자의 활용단계라고 할 수 있는 것이다.

部　首

解　說

제1부
부수해설

1획

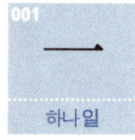
001
하나 일

〈설문해자說文解字〉에서 一은, 처음의 태극이다. 도는 일에서 성립되고 하늘과 땅을 나누어 만들며 변화하여 만물을 생성한다(惟初太極, 道立於一, 造分天下, 化成萬物)라고 했다. 고대 중국인들은 一이 나뉘고 변화하여 만물을 생성하는 우주의 시작이라는 개념으로 이해했던 것이다.

ex 丁(고무래/장정 정) 丕(클 비) 世(인간 세)

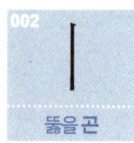
002
뚫을 곤

다른 글자 속에서 상하(上下)로 통하는 뜻을 보이는데 丨이 독립된 글자로 쓰이는 예는 없다.

ex 中(가운데 중) 丰(예쁠 봉) 串(꿰미 천)

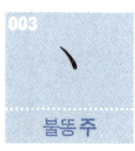
003
불똥 주

촛불의 불꽃을 본뜬 글자로 보인다. 문자 구성 요소로서는 작은 것을 나타내는 부호로 쓰이기도 하며 경우에 따라 물방울, 쌀알, 땀 등 여러 가지 뜻을 나타낸다.

ex 丹(붉을 단) 丸(알 환)

004
삐칠 별

오른쪽 위에서 왼쪽 아래로 구부려 그은 모양을 나타낸다. 독립된 글자로 쓰이는 예는 없다.

ex 乂(벨/다스릴 예) 乃(이에 내) 久(오랠 구) 之(갈 지) 乇(풀잎 탁) 乀(파임 불) 乍(잠깐 사) 乎(어조사 호) 乘(탈 승)

005 乙
새 을

〈說文解字〉봄에 초목이 구부러져 나올 때 음기가 여전히 강하므로 그것의 나오는 모습이 구불구불한 모양을 본뜬 것이다. 사람 목의 모양과도 비슷하다(象春艸木冤曲而出, 陰氣尚彊, 其出乙乙也. 象人頸).

새의 모습을 닮은 글자로 여겨 '새 을'이라 한다. 그러나 다른 글자 속에서의 작용이 새와는 그다지 관련이 없다. 乙자는 干支로도 쓰이는 글자이다. 간지자는 지금도 우리 생활 가운데 연도나 날짜 등을 나타낼 때 사용된다. 乙未年, 乙巳年이 바로 그러한 예이다.

ex 九(아홉 구) 也(어조사 야) 亂(어지러울 란)

006 亅
갈고리 궐

갈고리를 본뜬 모양. 문자의 구성요소로는 되지만 이 글자 자체의 단독 용례는 없다.

ex 了(마칠 료) 事(일 사) 予(나/줄 여)

2획

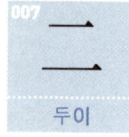

007 二 두 이

두 개의 가로획을 그어 '둘'의 뜻을 나타낸다. 금전상의 액수 기재에서 위조와 변조를 막기 위해 갖은자 貳를 쓰기도 한다. 二에 속하는 한자들은 숫자 둘과는 별로 관련이 없고 부수 편제 과정에서 편입된 것으로 보인다.

ex 五(다섯 오) 于(어조사 우)

008 亠 돼지해머리/ 머리부분두

문자 정리의 필요에서 부수로 올려진 글자로 원래 음도 뜻도 없었으나 이것이 주로 글자의 맨 위에 올라가서 쓰이므로 편의상 '머리부분 두'라 읽고 있다.

ex 亡(망할 망) 交(사귈 교) 亢(목/높을 항) 亨(형통할 형) 享(누릴 향) 京(서울 경) 亭(정자 정)

009 人·亻 사람 인

사람의 옆모습을 본뜬 모습으로 '사람'의 뜻을 나타낸다. 다른 글자 속으로 들어갈 때는 亻으로 세워서 쓰이는 경우도 많다. 주로 사람의 성질이나 상태 따위를 나타내는 글자 속에 들어간다.

ex 仙(신선 선) 佛(부처 불) 他(다를 타) 仲(버금 중) 伊(저 이) 伯(맏 백) 伴(짝 반) 儉(검소할 검) 仁(어질 인) 佳(아름다울 가) 優(넉넉할 우) 仰(우러를 앙) 侍(모실 시) 依(의지할 의) 伸(펼 신) 付(줄 부) 代(대신 대) 伸(펼 신)
다음은 사람과 관련이 없는 人 부수글자: 今(이제 금) 令(하여금 령) 來(올 래)

010 儿 어진사람 인

儿은 원래 사람의 옆모습인 人과 같은 글자였으나 이후 형체가 바뀐 같은 글자의 이체자가 되었음을 알 수 있다.

ex 兒(아이 아) 兄(형 형) 充(채울 충) 兆(억조/조짐 조) 先(먼저 선) 光(빛 광) 克(이길 극) 免(면할 면)

011 入 들입

동굴의 입구로 보이기도 하고 고개를 숙이고 동굴에 들어가는 사람의 모습으로도 보인다. 정설이 없는 글자다.

ex 內(안내) 全(온전 전) 兩(두 량) 兪(그러할 유)

012 八 여덟 팔

어떤 물건이 둘로 나뉘어 있는 모습을 그린 것이다. 다른 글자 속에서는 나뉘다의 뜻을 나타낸다. 숫자 여덟의 뜻은 가차된 것이다. 금전을 기록할 때에는 개변(改變)을 방지하기 위하여 八 대신 捌을 사용한다.

또한 八이 다른 글자의 아랫부분으로 들어갈 때는 廾(두손 공)의 변형으로 두개의 손을 의미하거나 丌(기→물건을 얹어놓는 상)의 변형으로 쓰이기도 한다.

ex 公(공평할/공변될 공. 八은 나누다의 뜻) 六(여섯 륙) 兮(어조사 혜) 共(함께 공. 八→廾공의 변형) 兵(군사 병. 廾공과 도끼 斤) 其(그 기. 八→丌기의 변형) 具(갖출 구. 八→廾공의 변형)
半(절반 반)과 分(나눌 분)은 八자 부수에 속하지는 않을지라도 그 본의로 여겨지는 '나누다'의 의미와 관련이 있게 구성되었다.

013 冂 멀 경

冂자는 '멀다'의 뜻을 지닌 부수자인데, ㅣ과 丨은 멀리 길이 잇닿아 있는 길을 나타낸 모양으로 보이고 ㅡ은 그 길의 먼 경계를 나타낸 것으로 보인다. 글자 속에서 멀다의 뜻과는 관계없이 다른 뜻으로 사용되는 경우가 많다.

ex 册(책 책. 여기서의 冂은 대나무 쪽을 의미한다.) 再(두 재. 여기서의 冂은 저울이다.) 冒(무릅쓸 모. 여기서의 冂은 병사가 쓰고 있는 투구이다.) 冕(면류관 면. 여기서의 冂은 관리들이 쓰는 모자이다.)

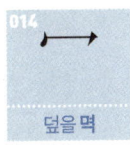

014 冖 덮을 멱

보자기로 덮은 모습이다. 부수의 이름으로 집 면(宀. 갓머리)과 구별하여 '민갓머리'라고도 불리운다. 冖을 의미부로 하여 '덮개', '덮다' 등의 뜻을 포함하는 글자를 이룬다.

ex 冠(갓 관) 冥(어두울 명)

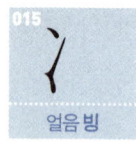

얼음의 결정을 본뜬 그림이다. 단독으로 쓰이지는 않고 다른 글자 속에 들어가서 얼음, 차가움의 뜻을 나타낸다. 冫(물 수. 삼수변)과 반드시 구별하여 써야 한다.

ex 冬(겨울 동) 冷(차가울 랭) 冶(대장간 야. 얼음이 녹듯 쇠를 녹이는 곳이므로) 凍(얼 동) 凝(엉길 응)

다리가 뻗어있고 안정되어 있는 책상의 상형문자이다. 다른 글자속에서 책상의 뜻을 나타내는 예는 적다. 대신에 소리부의 역할을 하는 경우가 있다. 机(책상 궤)

ex 凡(무릇 범. 여기서는 배의 돛을 의미한다)

凵은 땅을 파 만든 구덩이를 그렸다. 상황에 따라 입 모양으로 보이기도 하고 물건을 담는 광주리의 일종이나 그릇으로 보이기도 한다. 오늘날에는 단독체의 글자로 쓰이지 않고 있다.

ex 凶(흉할 흉) 出(날 출) 凹(오목할 요) 凸(볼록할 철)

칼의 모양을 본떠 '칼'의 뜻을 나타낸다. 칼의 자루와 날까지 그렸는데 지금의 모양은 많이 바뀌었다. 칼의 날 부분에 점(丶)으로 표시 한 것이 刃(칼날 인)이다.

ex 刃(칼날 인) 分(나눌 분) 切(끊을 절) 刊(새길 간) 列(벌일 렬) 初(처음 초)

〈說文解字〉에서는 근육의 모양이라고 했으나 갑골문을 보면 쟁기의 모습이 분명하다. 쟁기를 사용하려면 소나 사람의 힘이 필요하므로 '힘'의 뜻이 되었다.

ex 加(더할 가) 功(공 공) 助(도울 조) 勉(힘쓸 면) 勇(날랠 용) 勤(부지런할 근) 動(움직일 동) 勝(이길 승)

〈說文解字〉에서, '싸다 이다. 사람이 몸을 구부려서 무언가를 싸고 있는 모습이다' 라고 했다. 손을 본뜬 글자인 又(또 우)자의 변형으로 손으로 어떤 물건을 감싸고 있는 모습이라고 하는 학자도 있다. 싸다와 손과 관련있는 글자에 들어간다. 단독으로 쓰이는 경우는 없다.

ex 包(쌀 포) 勿(말 물) 勻(고를 균. 두 손으로 땅을 고르고 있는 모습이다) 匄(구걸할 개)

비수 匕자는 세 개의 뜻이 있다. 하나는 비수, 둘은 숟가락, 셋은 사람이다. 예를 들면 比(견줄 비. 두 사람이 나란히 서 있는 모습), 旨(뜻 지. 숟가락을 입에 넣는 모습) 등이다.

ex 北 : 북녘 북/달아날 배. 두 사람이 서로 등진 모습. 북반구에 사는 중국인들에게는 등진 쪽이 북쪽이었으므로 북쪽이라는 뜻이 나왔고 패배(敗北)하여 도망칠 때에는 등을 돌리고 달아났기 때문에 달아나다는 뜻도 생겼다.

匚은 원래 네모난 형태의 상자를 본뜬 글자이다. 무언가를 숨긴다는 뜻과도 관계 있다.

ex 匠(장인 장) 匡(바를 광) 匱(함 궤)

乚과 一을 합하여 물건을 넣고(乚) 뚜껑을 덮어 가리다(一)의 뜻을 나타낸다. 감출 匸와 상자 匚은 모양이나 뜻이 거의 같아서 현대 중국어의 사전에서는 둘을 통합해서 사용하고 있다.

ex 匹(짝 필) 匿(숨을/숨길 닉) 區(구분할/지경 구)

완성의 숫자이다. 문자가 만들어지기 전 새끼줄로 숫자를 표현하던 시절 새끼줄의 중간을 묶어 열을 의미했다고 한다. 바늘의 모습을 본떠 바늘 침針의 원래 글자라고 하는 견해도 있다. 그렇다면 열의 뜻은 가차된 것이라고 볼 수 있다.

ex 千(일천 천) 升(되 승) 午(낮 오) 半(반 반) 協(도울 협) 卑(낮을 비) 卒(군사 졸) 南(남녘 남)

점을 치기 위해 소의 뼈나 거북이의 배딱지를 구워서 얻어진 갈라진 틈의 모양을 본떠 '점치다'의 뜻을 나타낸다.

ex 占(점 점) 卦(점괘 괘)

사람이 무릎을 꿇고 앉은 모습이다. 무릎을 꿇고 복종을 하고 있는 신하나 종을 의미하기도 하고 막연한 일반 사람을 의미하기도 한다. 병부(兵符)란 조선시대 군사를 동원할 때 사용하던 납작한 패를 의미하는데 그 모양이 卩자와 닮았다 해서 병부 절 이라는 이름이 붙었는데 사실 글자의 원뜻과 병부는 관련이 없다. 변형되어 卩로 다른 글자 속에 들어가기도 한다.

ex 卯(토끼 묘) 印(도장 인) 危(위태할 위) 却(물리칠 각) 卷(말 권) 卽(곧 즉) 卿(벼슬 경)

깎아지른 듯한 낭떠러지를 본뜬 글자이다. 파생되어 언덕의 뜻이 되었다.

ex 厄(재앙 액) 厓(언덕 애) 厚(두터울 후) 原(근원 원) 厥(그 궐) 厤(다스릴 력) 厭(싫어할 염)

자원이 확실하게 밝혀지지 않은 글자이다. 소전체를 보면 작게 둘러싼 모습으로 보이며 개인적으로 어떤 것을 소유하다의 뜻을 나타낸다. 따라서 私(사사로울 사)의 원래 글자로 보인다. 이에 대응되는 뜻인 公(공평할/공변될 공)자는 厶에다가 나누다의 의미가 있는 八을 더해 만든 것으로 여겨진다. 몸쪽으로 굽힌 팔로 보는 견해도 있다.

ex 去(갈 거) 參(석 삼/참여할 참)

오른손의 상형문자이다. 오른손은 쓰고 또 쓰는 손이므로 나중에 '또' 라는 뜻이 생겨 현재까지 굳어졌다. 옛 문장에서는 右(오른 우), 有(있을 유)의 뜻으로도 종종 사용됐었다. 현재 다른 글자 속에서는 '손'이라는 뜻으로 역할을 한다.

ex 及(미칠 급) 友(벗 우) 反(돌이킬 반) 叔(아재비 숙) 取(가질 취) 受(받을 수) 叛(배반할 반) 叚(빌릴 가)

3획

口 입구

입의 모양을 본떠 입의 뜻을 나타낸다. 다른 글자 속에서 입이나 말, 노래, 소리, 더 확대되어 '사람'의 뜻으로까지 작용하는 경우도 있다. 하지만 입과는 무관하게 그릇이나 사람이 사는 집 등을 간단히 표현할 때도 口를 사용했다.

ex 咽(목구멍 인) 喉(목구멍 후) 吻(입술 문) 叫(부르짖을 규) 史(역사 사) 可(옳을 가) 司(맡을 사) 右(오른 우) 古(예 고) 召(부를 소) 吐(토할 토) 各(각각 각. 여기서의 口는 집을 의미한다. 夂는 사람의 발이다.)

囗 에울위

'口(입 구)'자와 같은 모양이나 그 글자보다 큰 모양이라 하여 흔히 '큰 입 구'라 부르는 '囗'자는 입과 관계없고 사방을 한바퀴 에워싼 모양에서 생겨난 글자이다. 성벽이나 울타리, 담장을 의미하는 글자이다. 따라서 囗자는 '에우다'의 뜻을 가지고 있다.

ex 四(넉 사) 囚(가둘 수) 因(인할 인) 回(돌 회) 困(곤할 곤)

土 흙토

갑골문에 보이는 '土'자는 지면(地面) 위로 솟아난 흙덩이 모양으로, 대부분 자형이 상하가 뾰족하면서 중간이 볼록한 모양으로 표현되어 있다.

어떤 자형은 그 위에 몇 방울의 물을 더한 것도 있다. 흙덩이를 상하가 뾰족한 모양으로 표현한 것은 '甲骨'에 글자를 쓸 때 그 자형을 능히 새기기 어려워 나타난 현상으로 보인다.

'土'자를 땅에서 싹이 나오는 모양으로 설명하는 경우가 있는데, 이는 정설이 아니다.

ex 地(땅 지) 坑(구덩이 갱) 均(고를 균) 坐(앉을 좌) 垈(터 대) 坤(땅 곤) 型(틀 형) 城(성 성) 堅(굳을 견)

士에 대한 견해는 몇가지 가 있다. 첫째, 도끼의 상형이다. 도끼는 고대에 나무를 베는 용도 뿐만 아니라, 전쟁 무기로도 사용했었다. 그래서 군사(軍士), 무사(武士)의 단어에서 쓰이고 있다는 것이다. 둘째, 남성 성기의 상형이다. 牡(수컷 모), 壻(사위 서) 등의 글자가 이를 증명한다고 한다.

ex 壯(장할 장) 壻(사위 서) 壬(북방 임) 壹(하나 일) 壽(목숨 수)

夂는 사람의 발을 그린 것이다. 즉 止(그칠 지-발의 상형)자를 거꾸로 그린 것으로 가다, 뒤로 쳐지다, 천천히 가다의 뜻을 나타낸다. 다른 글자의 윗부분에 들어간다.

夊자도 夂자와 마찬가지로 거꾸로 그린 사람의 발이다. 뜻은 夂와 같으나 쇠 夊는 글자의 아랫부분에 놓인다는 점이 다르다. 모양도 비슷하고 뜻도 같다 보니 현대 중국어에서는 같은 글자로 통합해서 사용하고 있다.

ex 夏(여름 하)

夕자의 옛모습은 月(달 월)자와 거의 같았다. 夕은 구름이나 억덕에 의해 반쯤 가려진 달이다. 달을 본뜬 글자이기 때문에 다른글자 속에서 저녁, 밤의 뜻을 갖는다.

ex 外(바깥 외) 多(많을 다. 여기서는 저녁 석자가 아니라 고기 육(月)자가 두 개 쓰인 것이다) 夙(일찍 숙) 夜(밤 야) 夢(꿈 몽)

'大'자는 사람이 정면으로 서서 두 팔과 두 다리를 크게 벌리고 있는 모양에서 만들어졌다. 옆모습보다 크게 보인다하여 크다의 뜻이 나왔다. 다른 글자 속에서 사람의 뜻을 나타낸다.

ex 夫(지아비 부) 夷(클/오랑캐 이) 失(잃을 실) 天(하늘 천) 奇(기이할 기) 奚(어찌 해)

여자가 무릎을 꿇고 두 손을 다소곳이 모아 앉아 있는 모습을 그린 글자이다. 여자의 성격, 아름다움 등에 관련된 한자에 들어간다. 하지만 한자라는 것이 남성중심의 사회에서 만들어 지다보니 좋지 않은 뜻의 글자에도 女가 들어가는 경우가 있다.

ex 妃(왕비 비) 姑(시어미 공) 妹(아랫누이 매) 妻(아내 처) 妾(첩 첩) 妙(묘할 묘) 妖(요망할 요) 娛(즐길 오) 婚(혼인할 혼) 嫌(미워할 혐) 奴(종 노) 姓(성씨 성)

강보에 싸여 팔을 흔들고 있는 어린 아기를 본뜬 글자이다. 원래는 아기의 의미였으나 나중에 차차 남자의 뜻으로 확대되어 남자를 높이는 존칭어로 써도 쓰이게 되었다. 공자(孔子), 맹자(孟子)의 경우가 그렇다.

ex 孔(구멍 공) 孕(아이밸 잉) 字(글자 자) 存(있을 존) 孝(효도 효) 季(계절 계)

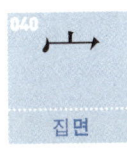

옛 사람들은 동굴에서 생활했었다. 그러나 시간이 지나면서 움집을 지어 살기 시작했는데 움집을 본떠 그린 글자가 집 宀자다. 갑골문에서는 집의 지붕과 벽까지 다 그렸으나 현재는 지붕만 남은 것처럼 변했다. 집과 관련된 글자들에 들어간다.

ex 守(지킬 수) 安(편안 안) 宗(마루 종) 定(정할 정) 寧(평안 녕) 寂(고요할 적) 寢(잠잘 침)

손을 의미하는 글자이다. 옛 모습은 又(또 우) 자에다 점이나 작대기를 그은 모습이다. 손목 부분을 표시한 것인데 손목 부위부터 한 마디의 자리를 표시한 것이다. 마디 촌자는 다른 글자 속에서 '손'의 의미를 가장 많이 표현한다. 그 외에 법도나 규칙(손목에서 맥박이 규칙적으로 뛰므로), 작음이나 조금(寸의 단위가 작은 단위 이므로)의 뜻을 나타내기도 한다. 寸의 길이는 손가락 한마디를 뜻하지 않고, 손가락 하나의 폭을 뜻한다.

ex 尋(찾을 심) 尊(높일 존) 寺(절 사/모실 시) 封(봉할 봉) 射(쏠 사) 尉(벼슬 위) 將(장수 장) 專(오로지 전)

작은 물방울이나 모래알을 그린 글자이다. 예전에는 작다와 적다의 뜻을 함께 가지고 있었는데 小가 서서히 작다의 뜻으로 많이 쓰이게 되자 적을 소(少)를 다시 만들었다고 한다.

ex 尙(높을 상) 尖(뾰족할 첨)

大는 어른이 서 있는 모양인데 대하여 정강이뼈가 구부러진 사람을 본뜬 글자로 '절음발이'의 뜻을 나타낸다.

ex 尤(더욱 우) 就(나아갈 취)

尸자는 죽은 사람의 몸뚱이인 시체를 의미한다. 그 자형은 사람이 무릎을 구부리고 앉은 형태에서 비롯된 듯하다. 尸자 부수에 속하는 글자의 의미를 보면 세 가지 유형으로 나누어 쓰고 있는데 하는 사람이요, 둘은 죽은 사람의 시체요, 셋은 广(집 엄)과 닮았다 해서 집의 의미도 있다.

ex 居(살 거) 尾(꼬리 미. 사람) 屍(주검 시. 시체) 展(펼 전. 사람) 屈(굽힐 굴. 집) 尿(오줌 뇨. 사람) 屎(똥 시. 사람) 屋(집 실. 집) 層(층 층. 집)
(참고)尹(다스릴 윤) : 尸부수에 속하고 있지만 尸와는 관계가 없고, 손에 지휘용 막대를 든 모습이다.

屮자는 왼손 모양에서 이루어졌다. 그 명칭을 '왼손 좌'라 부른다. 左(왼 좌)에서 工(장인공)을 뺀 나머지 부분이 屮의 변형이다. 屮(왼손좌)와 비슷한 글자로 艸(풀 초)가 있는데 草(풀 초)와 같은 글자이다.

ex 屯(진칠 둔) : 왼손 좌와는 관계없이 땅에서 풀이 돋아나는 모습을 그린 글자이다.

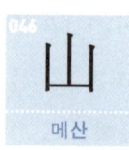

山은 세 개의 산봉우리가 연이어진 산의 모양이다.

ex 岳(큰산 악) 峰(봉우리 봉) 巖(바위 암) 岸(언덕 안) 島(섬 도) 峴(고개 현) 崔(높을 최) 崩(무너질 붕)

巛자는 그 모양이 개미허리처럼 구부러져 있기 때문에 '개미허리'라 불리운다. 갑골문의 자형은 하천(河川)이 구불구불하게 흘러가는 그림이다. 갑골문의 어떤 자형에서는 강의 물결의 의미로 점을 찍은 것도 있다.

ex 川(내 천) 州(고을 주) 洲(물가 주) 巡(돌 순) 訓(가르칠 훈)

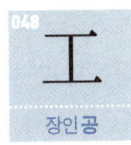
工 장인공

옛 글자에서 알 수 있는 것은 칼날이 둥그렇게 되어 있는 칼의 모습이다. 현재의 모습은 직각자와도 닮았다. 원뜻은 '공구'이다. 그 의미가 확장되어 장인, 노동자, 만들다 의 뜻을 갖게 되었고 더 나아가 교묘하다, 섬세하다 의 뜻도 나타내게 되었다.

ex 巨(클 거) 巧(교묘할 교) 左(왼 좌) 差(다를 차)

己 몸기

갑골문을 보면 구불구불하게 놓인 실을 그린 것으로 보인다. 고대인들은 새끼줄에 매듭을 지어 사물이나 숫자를 기록하였다. 그렇다면 己자는 紀(벼리/기록할 기)자의 원래 글자인 것이다. '己는 기록하다 이다(己, 紀也.)' 사람이 무릎을 꿇고 있는 모습과 비슷하다하여 몸의 뜻으로 쓰이고 있다. 다른 글자 속에서도 '사람'의 의미를 나타낸다. 이미 오래전부터 천간(天干)의 하나로 쓰이기 시작하여 지금에 이르고 있다.

ex 巳(뱀 사) 已(이미 이) 巴(뱀 파) 巷(거리 항)
소리부로 쓰이는 경우 : 記(기록할 기) 紀(벼리/기록할 기) 起(일어날 기) 忌(꺼릴 기) 改(고칠 개) 妃(왕비 비) 配(짝 배)

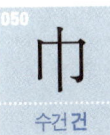
巾 수건건

갑골문을 보면 나무에 걸려 있는 수건 한 장으로 보인다. 巾은 또한 고대에 머리에 썼던 두건(頭巾)을 의미하기도 했다. 나관중의 소설 〈삼국지연의〉의 시작이 황건군(黃巾軍)의 봉기로 시작한다. 누런 두건을 머리의 쓴 사람들의 봉기라는 뜻이다. 巾자는 그 의미가 확대되어 다른 글자 속에서 헝겊, 비단, 재물 등의 뜻으로도 사용된다.

ex 市(저자 시) 帆(돛 범) 幕(장막 막) 希(바랄 희) 布(베 포) 帛(비단 백) 幣(폐백 폐) 帥(장수 수) 帝(임금 제) 常(항상 상) 幫(도울 방) 幅(너비 폭) 幟(기치)

干 방패간

원래의 뜻은 '갈라진 찌르개가 있는 무기'이다. 옛 글자를 보면 끝이 갈라진 나무로 만든 무기의 모습이다. 짐승이나 적의 목 부위를 찌르는데 사용했다고 한다. 점차 후대로 오면서 방패의 뜻이 파생되었다. 현대 중국어에서는 乾(마를 건)과 幹(줄기 간)자를 모두 干에 통합시켜 사용하고 있다.

ex 平(평평할 평) 年(해 년) 幸(다행 행) 幹(줄기 간)
소리부로 쓰이는 경우 : 刊(새길 간) 肝(간 간) 軒(처마 헌)

작을 幺자는 糸(실 사)자가 반으로 잘린 모습이다. 가느다란 실이 반도막으로 잘렸으니 '작다'의 뜻이 나온 것은 너무나 자연스럽다. 어떤 학자들은 갓난 아기의 모습으로 보기도 하나 갑골문을 보면 幺자는 실을 꼬아놓은 모습이 분명해 보인다. 따라서 幺자에는 작다는 뜻 외에 실이나 끈의 뜻도 가지고 있다.

ex 幻(허깨비 환) 幼(어릴 유) 幽(그윽할 유) 幾(몇 기)

집 广자는 가옥의 지붕에 해당하는 부분과 한쪽 벽면을 그린 것이다. 건축물이나 집을 뜻하는 문자의 요소이다.

ex 序(차례 서. 학교의 뜻도 있다.) 府(관청 부) 底(밑 저) 店(가게 점) 度(법도 도) 庫(곳집 고) 庭(뜰 정) 座(자리 좌)

廴의 자형은 거리의 모양에서 이루어진 '彳(자축거릴 척)'자의 제3획을 약간 길게 변형시켜 놓은 것이다. 따라서 廴자는 처음에 '도로'의 뜻으로 쓰였으나, 후에 그 의미가 확대되어 길게 뻗은 길을 걷다, 먼 길을 가다의 뜻으로 쓰인다(長行也).

ex 延(끌 연) 廷(조정 정) 建(세울 건) 廻(돌아올 회)

양 손으로 받드는 모양을 형상하여 '받들다'의 뜻과 함께 '두 손'의 뜻을 나타낸다. 현재 단독으로는 쓰이지 않고 다른 글자속에서 뜻을 도와주는 역할을 한다. 廾이 때로는 一·八의 모습으로 나타나는 경우가 있다. 共(함께 공)과 兵(군사 병)의 경우가 그것이다. 共은 두 손으로 네모난 물건을 들고 있는 모습이며 兵은 두 손에 도끼를 들고 있는 모습이다. 두손 廾과 닮은 글자로 卄(스물 입)자가 있다. 스물 卄은 열 십(十)자 두개가 합해진 것으로 다른 글자 속에서 '많음'의 뜻을 나타낸다.

ex 弁(고깔 변) 弄(희롱할 롱) 弊(해질 폐)

056 주살익

본래의 뜻은 말뚝이다. 옛 글자를 보면 끝이 갈라진 나무를 땅에 박아 놓은 모습으로 나타난다. 말뚝의 용도는 그곳에 가축을 매어 놓거나 물건을 매달기 위한 것이다. 후대에 끝에 줄을 매달아서 쏘는 화살인 주살을 가리키게 되었다. 戈(창 과)자와 흡사하게 생겼으므로 헷갈리면 안 된다.

ex 式(법 식) 弑(죽일 시)

057 활궁

갑골문의 자형에는 활의 모양이 생생하게 남아있다. 금문에 와서 시위가 생략되어 나타난다. 그 모양이 점점 변화하여 지금에 이르렀다. 확대된 뜻으로는 '굽어있다'와 함께 활의 크기와 비슷한 정도의 길이를 재는 단위로도 사용되었다. 갑골문을 보면 이미 그 시대에 만든 활의 모습이 3자 형태를 갖추었음을 알 수 있다. 반달 모양의 활보다 탄력성을 높인 것이 바로 3자형 활인데 상당히 발전된 모습이다.

ex 强(강할 강) 張(베풀 장) 弦(시위 현) 彈(탄알 탄) 引(당길 인) 弱(약할 약)

058 돼지머리 계

돼지의 머리를 상형한 글자라고 한다. 특히 멧돼지의 어금니를 강조하여 그렸다고 한다. 자형은 彑와 ⺕로도 변형이 되는데 다른 글자들 속에서 돼지의 머리라는 뜻보다는 사람의 '손'의 의미로 더 잘 쓰인다.

ex 彖(판단할 단) 彗(빗자루 혜. ⺕(손)에 빗자루(丰)를 든 모습이다.) 彘(돼지 체)

059 터럭삼

'彡'자는 길게 흐르는 숱지고 윤기나는 머리카락의 형상을 본떠 머리카락, 모습의 뜻을 나타낸다. 독립하여 쓰이지 않는다. 설문해자에서는 '毛飾畵文也'라고 했는데 한 글자씩 해석하여 털, 장식, 필획, 무늬라고 하는 학자도 있고 두 글자씩 해석하여 붓으로 무늬를 그렸다라고 말하는 학자도 있다. 하지만 '彡'자의 원래 의미는 털로 보는 것이 맞겠다. 파생된 뜻으로 무늬, 장식, 빛, 소리까지 포함된다.

ex 形(모양 형) 彦(선비 언) 彧(문채 욱) 彬(빛날 빈) 彫(새길 조) 影(그림자 영) 彰(밝을 창)

060 자축거릴 척

사거리를 그려서 길을 뜻하는 行(다닐 행)의 왼쪽 절반만 써서 길을 가다, 걷다의 뜻을 나타낸다. 사람 亻자가 겹친 것처럼 보여서 흔히 두인변이라고 하는데 그것은 옳지 않다. 彳자가 들어가는 글자는 길이나 걷는 동작과 관련이 있다.

ex 彷(배회할 방) 役(부릴 역) 往(갈 왕) 征(정벌할 정) 待(기다릴 대) 徊(배회할 회)

4획

心
마음 심

'心'자는 사람의 심장을 그린 상형문자이다. 갑골문을 보면 심장을 그대로 그렸음을 알 수 있다. 서양의 하트모양과도 매우 흡사하다. 후대로 가면서 자형이 변화하여 지금은 심장의 모습을 알아볼 수는 없다. 고대 중국인들은 '思'나 '想'에서처럼 인간의 생각이 머리가 아닌 심장에서 나온다고 생각했다. 그래서 '心'으로 구성된 한자들은 대부분 사상, 감정이나 심리활동과 관련되어 있고, 때문에 사람의 성품도 마음에서 결정된다고 생각했다. ↑, ↓ 등으로 모습이 변형되기도 한다.

ex 志(뜻 지) 意(뜻 의) 忠(충성 충) 性(성품 성) 恩(은혜 은) 恭(공손할 공) 懇(간절할 간) 忍(참을 인) 惡(악할 악) 怒(성낼 노) 悲(슬플 비) 愁(근심 수) 感(느낄 감) 怪(괴이할 괴)

戈
창 과

'戈'자는 낫 모양의 곁가지가 있는 창을 그린 것이다. 戈는 찌르는 창으로서의 용도와 함께 베거나 말위에 있는 장수를 찍어 끌어 내릴 수 있도록 고안된 무기였다. 우리나라를 대표하는 무기는 활(弓)이고 일본을 대표하는 무기는 칼(刀)이며 중국을 대표하는 무기는 바로 창(戈)이었다. 그래서 '戈'로 구성된 한자는 대부분 무기나 전쟁과 관련되어 있다.

ex 戟(창 극) 戍(지킬 수) 戌(개 술. 원래 창의 일종이나 가차된 뜻임) 戰(싸움 전) 我(나 아. 원래 톱니달린 창이었으나 가차된 뜻임)

戶
지게 호

지게는 지게문의 준말로 외짝문을 이르는 말이다. 어깨에 지는 지게의 뜻이 아니다. 門자의 왼쪽만 썼다고 보면 된다. 파생된 뜻으로 가구(家口), 가정, 집 등의 뜻이 있다.

ex 房(방 방) 扁(작을 편)

갑골문에서는 手자를 볼 수 없다. 아마도 又(또 우)나 寸(마디 촌)을 손의 뜻으로 사용했기 때문인 듯하다. 手자는 손을 활짝 편 모습으로 손가락을 다섯 개 다 그린 모습으로 금문부터 나타난다.

ex 打(칠 타) 拓(개척할 척) 招(부를 초) 括(묶을 괄) 按(누를 안) 挫(꺾을 좌) 抗(막을 항) 拾(주을 습) 持(가질 지)

支자는 枝(가지 지)의 원래 글자이다. 손(又)에 대나무 가지(十)를 들고 있는 모습이다. 끝이 갈라진 나뭇가지 이므로 갈라지다의 뜻이 생겼고 그것을 지팡이로 삼아 몸을 지탱하니 지탱하다, 갈라진 팔다리의 의미로 사지(四肢)를 뜻하기도 한다. 돈이 갈라져 나간다는 데서 지출하다의 뜻까지도 생겼다.

攴자는 손에(又) 작대기(ㅣ)를 들고 있는 모습이다. 이 작대기는 다른 글자 속에서 회초리가 될 수도 있고 몽둥이, 채찍, 무기 등 여러 가지 뜻을 나타낸다. 때리는 소리가 '폭'하고 나므로 '복'으로 읽는다고 한다. 때리는 것은 강제로 하는 것이므로 攴·攵이 들어가는 글자들 중에는 강제성을 뜻하는 글자들도 있다.

ex 敲(두드릴 고) 敵(대적할 적) 攻(칠 공) 敗(패할 패) 救(구원할 구) 放(놓을 방) 散(흩을 산) 收(거둘 수) 政(정치 정) 故(연고 고) 敎(가르칠 교)

원뜻은 문신(文身 tattoo)이다.(越人斷髮文身也월나라 사람들은 머리를 짧게 깎고 문신을 새겼다.)사람의 몸에 먹물이나 물감으로 그림이나 글씨를 새긴 것을 말한다. 옛글자의 자형은 사람의 가슴이나 등에 무늬를 새긴 것으로 나타난다. 몸에 새긴 글씨라는 데서 글자, 문학 등의 뜻이 파생되었다. 武(호반 무)의 반대 개념으로 쓰인다.

ex 斑(얼룩 반) 斐(문채 비) 斌(빛날 빈)

斗자는 고대에 술이나 곡식을 담던 바가지를 본뜬 글자이다. 그 바가지는 곡식의 부피를 재는 단위의 기준이 되기도 했다. 곡식이나 액체 따위의 용량을 재는데 쓰이는 단위로 되(升되 승)의 열 곱절에 해당되는 양을 이른다. 갑골문과 금문의 자형은 긴 손잡이가 달린 바가지의 모습으로 나타난다. 이밖에 별이름(北斗七星)으로도 쓰이는데 북두칠성이 손잡이 달린 바가지 모양으로 생겼기 때문이다. 어떤 분야에서 뛰어난 능력을 가진 사람을 태두(泰斗)라고 하는데 태는 태산을 의미하고 두는 북두칠성을 의미하는 것이다. 현대 중국어에서는 싸울 투(鬪)의 간체자로 斗를 사용하고 있다.

ex 料(헤아릴 료) 斜(비낄 사)

斤은 원래 나무에 묶어놓은 돌도끼를 의미하는 글자였다. 이 도끼는 사냥용으로 쓰이기도 했고 전쟁이 나면 무기로도 사용 했었다. 중량의 단위로도 사용된다.

ex 斧(도끼 부) 斷(끊을 단) 斬(벨 참) 斥(물리칠 척) 新(새 신)

의견이 약간 분분한 글자이다. 칼의 모습을 그렸다는 학자도 있고 쟁기를 본떴다고 하는 학자도 있다. 갑골문을 보면 쟁기쪽이 맞는 것 같아 보인다. 다른 글자 속에서 '방향'의 뜻을 나타낸다. 方부수에 들어가는 한자들의 대부분이 方과 人이 합해진 모습으로 나타나는데 사실 方+人은 휘날리는 깃발의 모습을 그린 깃발 언 자이다.

ex 旗(기 기) 族(겨레 족) 施(베풀 시) 旅(나그네 려) 旋(돌 선)

無(없을 무)자와 뜻이 같다. 旡(목멜 기)자도 无부수에 들어가 있다. 旡자는 목에 음식이 막혀 숨막힌 모습을 형상화한 글자이다. '이미 기 방'이라 한다.

ex 旣(이미 기)

日은 태양을 그린 상형문자이다. 의미가 확대되어 낮, 하루, 날, 매일 등의 뜻을 나타낸다. 日자의 테두리 선 안에 있는 선을 학자들은 태양의 흑점이라고도 하고 전설상의 새인 삼족오(三足烏)라고도 한다.

ex 旦(아침 단) 무(이를 조) 旨(맛 지. 여기의 日은 입을 의미한다.) 旬(열흘 순) 旱(가물 한) 旻(가을하늘 민) 昇(오를 승) 易(바꿀 역. 여기의 日은 도마뱀의 머리이다.) 明(밝을 명) 暗(어두울 암) 晚(늦을 만) 昌(창성할 창) 昏(저물 혼) 昭(밝을 소) 是(이 시)

073 曰 가로왈

원래의 뜻은 말하다 이다. 옛 글자를 보면 입 口자 위에 짧은 선을 그어 입에서 말이 나오고 있음을 나타냈다.

曰자는 입이나 말과 관련된 글자에 주로 들어간다.

ex 會(모일 회) 曷(어찌 갈) 曲(굽을 곡) 更(다시 갱/고칠 경) 書(글 서) 曾(일찍 증) 最(가장 최. 여기의 曰은 입과 관련 없고 군사의 투구를 본뜬 것이다.)

074 月 달월

月자는 태양(日)과 구분할 수 있도록 둥근 모습의 보름달이 아닌 초승달을 그렸다. 夕(저녁 석)자도 역시 달을 본떠 만든 글자이다. 갑골문과 금문단계에서는 月과 夕은 서로 통용되었다. 舟(배 주)자와 肉(고기 육)자도 月의 모양으로 변형되기도 한다.

ex 有(있을 유) 服(옷 복) 朔(초하루 삭) 朕(나 짐. 舟가 月로 변형됨) 朗(밝을 랑) 望(바랄 망) 期(기약할 기) 朝(아침 조)

075 木 나무목

木자는 기둥과 가지와 뿌리를 그린 상형자이다. 나무에 관련된 글자에 들어간다. 의미가 확대되어 목재(木材)의 뜻도 갖게 되었다.

ex 松(소나무 송) 楊(버들 양) 柳(버들 류) 桑(뽕나무 상) 梧(오동 오) 桐(오동나무 동) 楓(단풍 풍) 梅(매화 매) 梨(배 리) 桃(복숭아 도) 根(뿌리 근) 枝(가지 지) 條(가지 조) 果(과실 과)

076 欠 하품흠

欠자의 원뜻은 하품하다 이다. 옛 글자를 보면 사람이 무릎을 꿇고 앉아 입을 크게 벌려 하품을 하는 모습이다. 입 벌리다, 모자라다, 빚지다 등의 뜻이 파생되었다. 중국어에서 하품은 합흠(哈欠)이라고 하는데 합흠이 하품으로 음이 변하지 않았나 생각해본다.

ex 歌(노래 가) 歎(탄식할 탄) 飮(마실 음) 欲(하고자할 욕) 軟(연할 연) 欺(속일 기)

077 止 그칠지

止는 趾(발지)의 원래자로 원래의 뜻은 발이다. 갑골문의 자형을 보면 발가락을 세 개만 그렸다. 손을 의미하는 又나 寸의 옛 모습도 손가락을 세 개만 그렸었다. 그 당시에 이미 그림문자의 단계를 넘어서 문자부호로 발전해 있었다는 것을 알 수 있다. 止는 발을 그린 것이므로 멈추다, 그치다, 가다, 걷다 등 발과 관계있는 많은 뜻이 들어있다.

ex 正(바를 정) 此(이 차) 步(걸음 보) 武(호반 무) 歪(비뚤 왜) 歲(해 세) 歷(지날 력) 歸(돌아갈 귀)

'부서진 뼈 알', '죽을사 변'이라 부르기도 한다.

歹자는 죽은 사람의 뼈가 일부 남아 있는 모습을 그린 것이다. 歹이 들어있는 한자들은 일반적으로 죽음, 나쁘다 등의 뜻을 갖고 있다. 역설적으로, 죽음 뒤의 새 생명의 의미도 생겼다.

ex 死(죽을 사) 殃(재앙 앙) 殆(위태할 태) 殊(벨/다를 수) 殉(따라죽을 순) 殖(불을/심을 식) 殘(해칠 잔) 殲(다 죽일 섬) 殮(염할 렴)

손(又)에 나무나 대나무로 만든 무기를 들고 있는 모습이다. 길이는 열두 자(尺) 정도 되었고 한쪽 끝은 모가 나 있었으나 칼날은 없었다고 한다. 손에 몽둥이나 무기를 들고 있는 모습이므로 치다, 때리다, 부수다 등의 뜻이 파생되었다.

ex 段(층계 단) 殷(성할 은) 殺(죽일 살) 殿(큰집 전) 毆(때릴 구) 毁(헐 훼)

원래 母(어머니 모)자와 같은 글자였다. 母자는 女(계집 녀)에 두 점을 찍은 것이다. 두 점은 어머니의 젖가슴을 상징한다. 어머니의 가장 큰 임무가 아기에게 젖을 먹이는 것이기 때문이다. 소전단계에서 두 점이 하나의 세로획으로 바뀌며 '하지 말라'의 뜻을 갖게 되었다. 어머니의 가슴에 못(丨)을 박는 행위는 하지 말아야 하기 때문이다. 母자는 毋부수에 속한다.

ex 母(어머니 모) 毒(독 독) 每(매양 매)

두 사람이 앞뒤로 나란히 서 있는 모습이다. 원뜻은 '나란히 서있다'이다. 옛 문헌(尙書)에 比爾干, 立爾矛(너희들의 방패干를 나란히 세우고 너희의 창矛을 세워라) 라는 문장이 있다. 比의 파생된 뜻으로 가까이 하다, 돕다, 비교하다 등의 뜻이 있다. 海內存知己, 天涯若比隣(세상에 나를 알아주는 자가 있다면 하늘가 멀리 있어도 가까운 이웃이 있는 것과 같다.)

ex 毗(도울 비) 毘(도울 비) 毚(삼갈 비)

옛 글자를 보면 새의 깃털을 그린 것처럼 보인다. 설문해자에서는 '눈썹, 머리카락, 짐승의 털이다. 상형이다'라고 했다. 세분화 하여 사람과 짐승의 경우는 毛라고 하고 새의 경우는 羽라고 하며 둘을 합하여 다시 毛라한다. 성씨로도 쓰인다.

ex 毬(공 구) 毫(가는털 호) 氈(모전 전)

간단하게 생긴 글자이지만 그 자원이 시원하게 밝혀지지 않은 글자이다. 간단하게 생길수록 그러한 것 같다. 먼저, 사람이 손에 씨앗을 들고 있는 모습이라는 설이 있다. 씨를 뿌리는 모습에서 씨, 뿌리의 개념이 나와서 씨족(氏族)이나 성씨(姓氏)의 뜻이 되었다는 설명이다. 둘째로 식물의 뿌리를 본뜬 글자라는 설이다. 씨족들이 혈연적으로 뿌리가 같은 공동체였다는 의미이다. 세 번째로 나무 막대기 위에 용이나 뱀 등의 토템(totem)이 걸려 있는 모습이라는 설이다. 이것은 한 종족의 상징물이라는 설명이다. 세가지 모두 씨족이나 성씨와 깊은 관련이 있다는 설명으로 대동소이하다고 볼 수 있다. 갑골문을 근거로 본다면 첫 번째 설이 좀 더 설득력이 있지 않을까 한다.

ex 民(백성 민) 氐(근본 저) 氓(백성 맹)

气자는 氣(기운 기)자의 원래 글자이다. 뭉게뭉게 피어 오르는 구름, 상승기류를 본뜬 모습이다. 수증기, 숨, 입김 등의 뜻을 나타낸다.

ex 氣(기운 기)

갑골문을 보면 중간의 구불거리는 선과 물방울이 그려져 있다. 중간의 곡선은 물의 흐름을 의미한다.

'水'자는 굽이쳐 흐르는 물을 그렸다. 다른 글자 속으로 들어갈 때는 氵와 氺의 모습으로 변형되기도 한다. 한자에 水가 들어가는 자들은 거의 물과 관련된 뜻을 갖는다.

ex 冰(얼음 빙) 漢(한수 한) 港(항구 항) 洲(물가 주) 津(나루 진) 漠(사막 막) 涯(물가 애) 浪(물결 랑) 波(물결 파) 湖(호수 호) 滴(물방울 적) 漸(점점 점) 激(격할 격) 濫(넘칠 람) 浴(목욕 욕) 渴(목마를 갈) 洗(씻을 세) 沈(가라앉을 침) 洪(넓을 홍) 淸(맑을 청)

갑골문을 보면 불이 활활 타고 있는 모습인데 불꽃의 윤곽으로 불을 표시하였다. 금문 이후에는 불이 타는 모습을 거의 찾아볼 수 없게 되었다. 火는 또 옛날의 군대 편성의 단위로, 병사 열 명으로 이루어진 대오를 火라고 하였다.

ex 燃(탈 연) 燒(사를 소) 焚(사를 분) 爆(터질 폭) 熱(더울 열) 煥(빛날 환) 煙(연기 연)

위에서 뻗어 내려 오는 손을 본뜬 글자이다. 역시 손가락은 세 개만 그렸다. 설문해자에서는, 손으로 덮는 것을 爪라 한다 라고 했다. 사람의 손톱이나 새나 짐승의 발톱이라는 뜻은 나중에 파생된 것이다.

ex 爭(다툴 쟁) 爬(긁을 파) 爰(이에 원. 원래는 돕다의 뜻), 爲(할 위) 爵(벼슬 작)

본래는 한 손으로 돌 도끼를 잡고 있는 손을 본뜬 것이다. 갑골문을 보면 오른 손을 나타내는 '又'자에 어떤 도구를 쥐고 있는 모양이 합쳐져 이루어진 글자이다. '일을 하고 있는 남자'가 원래 의미였다. 예를 들면 전부(田父)는 농부의 의미이다. 손에 도끼를 들고 나가서 일도 하고 사냥도 해오는 임무를 가진 아버지의 뜻이 파생되었으며 남자 어른의 존칭으로 사용되게 되었다. 斧(도끼 부)의 원래 글자라는 설도 있다.

ex 爺(아비 야) 爹(아비 다)

爻는 주역(周易)에서 괘(卦)를 이루고 있는 부호이다. 자형은 점을 칠 때 쓰는 대나무 가지를 서로 엇갈리게 놓아 둔 모습이다. 교차된 무늬에서 교차되다, 사귀다의 뜻으로 쓰이다가 후에 그 의미가 확대되어 교차된 모양의 모든 물체를 나타냈다. 一은 양(陽)의 효(爻)이고 --은 음(陰)의 효이다. 3개의 효가 모여 하나의 괘(卦)를 이루고 모두 8가지의 괘가 만들어질 수 있고 두개의 괘를 겹치면(즉 6효) 64괘가 만들어진다. 사물의 변화를 나타낸 중국의 철학 개념이다. 태극기에 있는 네 개의 괘도 여기에서 나온 것이다.

ex 爽(시원할 상) 爾(너 이)

牀(평상 상)의 원래 글자로 침대의 모습을 본뜬 글자이다. 오른쪽의 ㅣ이 사람이 눕는 부분이고 왼쪽부분이 침대의 다리를 의미한다. 설문해자에서는 木(나무 목)의 왼쪽 절반을 의미하는 것으로 나뭇조각의 뜻이라고 했다. 그래서 조각 장 이라는 이름이 붙었다. 부수로 작용하는 글자는 牀(평상 상) 牆(담 장) 정도이고 다른 글자 속에서 주로 소리부의 역할을 한다. 장, 상 의 소리를 낸다.

<설문해자>에서는 木의 오른쪽 절반이라고 했다. 나무나 물체의 조각이란 뜻으로 확대되어 쓰인다. 木자를 세로로 짜갠 오른쪽 절반으로 나뭇조각의 뜻과 납작하고 작은 나무나 물체를 의미하는 글자이다.

ex 牌(패 패) 版(널빤지 판) 牘(서찰 독) 牒(서찰 첩)

금문을 보면 짐승의 어금니가 위아래로 맞물리는 모양을 본뜬 것이다. 원뜻은 이빨, 치아 이다. 특히 코끼리의 이빨인 상아를 가리킨다. 이를 의미하는 글자중에 齒(이 치)가 있는데 齒는 앞니를 의미한다.

소의 머리를 그린 글자이다. 갑골문을 보면 길다랗게 구부러져 있는 두개의 선이 있는데 그것은 소의 뿔을 그린 것이다. 금문중에는 소의 머리를 그대로 보고 그린 자형도 나타난다.

ex 牟(소우는소리 모) 牝(암컷 빈) 牢(우리 뢰) 牡(수컷 모) 牧(칠 목) 物(물건 물) 特(특별할 특) 牽(끌 견) 犧(희생 희)

개를 본뜬 글자로 말아 올린 꼬리를 강조했다. 犬에서 오른쪽 위에 있는 점은 개의 귀를 표현한 것이다. 의미가 확대되어 여러 가지 종류의 개나 개와 비슷한 동물, 그밖에 짐승의 통칭으로 사용했으며 중화사상에 입각하여 이민족을 경멸하는 의미로 사용하기도 했다. 犭으로 변화되어 다른 글자 속에 들어가기도 한다.

ex 狗(개 구) 犯(범할 범) 狀(모양 상/문서 장) 狂(미칠 광) 狄(오랑캐 적) 狐(여우 호) 狙(원숭이 저) 狼(이리 랑) 獄(옥 옥) 獅(사자 사) 獨(홀로 독)

5획

095 玄 검을 현

실(幺, 糸)을 높은 곳(亠)에 매달아 놓은 모습이다. 시간이 지나면서 검게 변하므로 검다의 뜻이 나왔다. 설문해자에는 '덜 자란 아이'라고 하여 태아를 본 뜬 것으로 여겼지만 실이라는 견해가 맞는 것 같다. 또 다른 견해로는 弦(활시위 현)의 원래 글자로 보는 학자도 있다. 검은 손때가 탄 시위라는 것인데 검다는 뜻으로 쓰이게 되자 시위라는 뜻을 지키기 위해 弓을 더했다는 것이다. 검고 검은 우주 공간을 표현하여 아득하다의 뜻도 파생되었다. 천자문에 天地玄黃이라고 있는데 하늘은 검고 아득하며 땅은 누런 황토색이다 라는 뜻이다.

ex 兹(이/검을자) 率(거느릴 솔/비율 률)

096 玉 구슬 옥

갑골문의 자형은 노끈으로 여러 개의 옥(玉)을 꿰어놓은 모습이다. 王(임금 왕)과 차이를 두기 위해 점을 더한 것이다. 옛 글자들에는 점이 없었다. 그 당시에는 王과 어떻게 구별했을까. 당시의 王자는 두 번째 가로획과 세 번째 가로획은 서로 멀리 떨어져 있었다. 玉은 다른 글자 속에 들어갈 때 주로 왼쪽에 붙게 되는데 그 때는 점이 생략된다.

ex 理(다스릴 리) 玲(옥소리 령) 珠(구슬 주) 珥(귀고리 이) 班(나눌 반) 現(나타날 현)

097 瓜 오이 과

瓜자는 금문부터 나타난다. 넝쿨에 오이가 달려 있는 모습을 그대로 그린 것이다. 의미가 확대되어 넝쿨 식물에 달리는 식용 열매의 통칭이 되었다. 부수로 쓰이는 글자는 별로 없고 다른글자 속에서 소리부 역할을 주로 한다.

불에 구운 기와를 본뜬 글자이다. 설문해자에는 '불에 구운 토기'라고 했다. 따라서 불에 구운 토기에 관련된 글자들 속에 들어간다.

ex 甑(시루 증) 甕(항아리 옹) 瓷(오지그릇 자) 甁(병 병) 甄(질그릇 견)

갑골문의 자형은 口(입 구) 자 안에 짧은 선이 그어져 있다. 짧은 선은 달콤한 음식을 표현한다.

ex 甚(심할 심) 甜(달 첨)

풀이나 나무의 떡잎이 땅 위로 돋아나서 자라는 모습이다. 맨 아래 가로획은 땅이고 세로획 하나는 풀의 줄기를 의미한다. 원뜻은 나서 자라다, 성장하다 이다. 이밖에, 낳아서 기르다, 생명, 생활, 살다 등의 뜻이 파생되었다.

ex 甥(생질 생) 產(낳을 생) 甦(소생할 소)

用은 고대 중국인들의 일상생활에서 유용(有用)하게 쓰이던 나무로 만든 물통의 상형이다. 여기서 쓰다의 뜻이 나왔다. 물통의 뜻에서 쓰다의 뜻으로 바뀌어 많이 사용하게 되자 다시 만든 글자가 甬(길 용. 用위에 손잡이를 더했다) 자 인데 甬도 물통의 뜻을 잃고 길의 뜻으로 사용되자 다시 만든 것이 桶(통 통)자 이다.

ex 甫(클 보) 甬(길 용)

경계를 분명히 구획한 밭이나 논을 본뜬 글자이다. 다른 글자 속에서 농사나 농경지와 관련된 뜻을 나타낸다. 확대되어 들이나 사냥터의 뜻으로도 사용된다.

ex 甲(갑옷 갑) 申(펼/납 신) 由(말미암을 유) 男(사내 남) 町(밭두둑 정) 界(지경 계) 畓(논 답. 우리조상들이 만든 한자) 畿(경기 기) 留(머무를 류) 畢(마칠 필) 畜(기를 축) 異(다를 이) 略(간략할 략) 畵(그림 화)

足과 같은 뜻과 비슷한 생김새를 가진 글자이다. 제2획부터 제5획 까지는 止(그칠지. 발의 상형)자의 변형이다. 예로부터 匹(짝 필)의 속자(俗字)로 많이 사용되었기 때문에 짝 필이라고 하는 경우도 있다.

ex 疏(트일 소) 疑(의심할 의)

疒자의 갑골문을 보면 침상에 누운 사람이 땀을 뻘뻘 흘리고 있다. 이 사람이 병이 들어 누워있음을 표현한 것이다. 疒자가 들어간 한자는 거의 대부분 통증이나 병과 관련된 뜻을 갖는다.

ex 疫(염병 역) 疼(아플 동) 症(증세 증) 癌(암 암) 痛(아플 통) 病(병 병) 疾(병 질)

두 발을 벌리고 걸어 가고 있음을 표현한 글자이다. 양발을 각기 다른 방향으로 벌리고 있다는 데서 등지다의 뜻을 갖기도 한다. 부수의 명칭으로 필발머리 라고도 하는데 發(필 발)자의 윗부분에 있다고 해서 붙은 이름이다.

ex 癸(천간 계) 登(오를 등) 發(필 발)

자원에 대한 의견이 매우 많은 글자 중의 하나이다. 엄지손가락을 본떴다고 하는 설이 있기도 하고 촛불의 모양이라 하는 학자도 있으며 태양이나 사람의 얼굴이라고 하는 견해도 있다. 갑골문 시대에 白의 쓰임새에 있어서 伯(맏백)자와 섞어쓰는 경우가 있는 것을 보면 엄지손가락의 설이 설득력이 있다. 희다의 뜻 외에 자형이 曰(말할 왈)자와 닮아서 말하다의 뜻이 파생되었다.

ex 百(일백 백) 的(과녁 적) 皇(임금 황) 皆(다 개) 皓(흴 호)

皮의 원뜻은 손(又)으로 짐승의 가죽을 벗기다 이다. 파생되어 동물이나 식물의 껍질이란 뜻을 갖게 되었다. 금문의 자형을 보면 매달아 놓은 짐승의 가죽을 손으로 벗기고 있는 그림이다. 고대에는 彼(저 피)자와 통용하기도 했었다. 가죽을 나타내는 한자는 皮외에 革(가죽 혁)자도 있는데 皮는 털이 남아있는 가죽을 의미하고 革은 가죽이 없이 가공된 가죽을 의미한다.

ex 皺(주름 추)

음식을 담는 그릇의 단면도를 그린 것이다. 금문단계에 보면 손잡이도 그려져 있다. 皿자가 들어간 한자는 그릇이나 쟁반, 항아리 등 안에 음식을 넣거나 얹을 수 있는 기구를 뜻하는 글자들이다.

ex 盃(잔배) 盈(찰영) 益(더할익) 盒(합.뚜껑이 있는 둥글넙적한 그릇) 盆(동이분)

갑골문과 금문을 보면 사람의 눈을 본뜬 것이라고 분명히 알 수 있다. 소전단계 이후로 눈을 세워서 쓰는 바람에 눈의 생김새와는 거리가 있어 보이게 되었다. 目이 들어간 한자는 눈의 역할과 관계있는 뜻을 갖는다.

ex 眼(눈안) 睛(눈동자정) 相(서로상) 省(살필성) 眉(눈썹미) 看(볼간) 瞰(굽어볼감) 眩(아찔할현) 直(곧을직) 眞(참진. 눈과는 관련 없는 글자로 匕의 아랫부분은 솥 정鼎의 변형이다.)

찌르기 위해 만든 무기인 창을 본뜬 글자이다. 금문부터 나오기 시작하는 글자인데 끝이 뾰족하고 옆에 고리 붙어있는 창을 사실적으로 그렸다. 그 고리에 끈을 연결하여 전차에 묶어 세워놓았던 것이다.

ex 矜(창자루근/불쌍히여길긍)

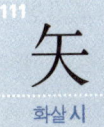

갑골문을 보면 누구나 알수 있는 화살을 그린 것이었으나 시간이 지나면서 모습이 많이 변했다. 윗부분이 화살촉이고 아래 人과 같이 보이는 부분은 화살 끝에 붙인 깃털을 의미한다.

ex 矣(어조사의) 知(알지) 矯(바로잡을교) 短(짧을단) 矩(곱자구) 矮(짧을왜)

언덕(厂)이나 낭떠러지 아래에 있는 돌멩이(口)를 상징하는 글자이다. 石이 들어간 한자들은 여러 가지 종류의 돌이나 광물, 돌로 만들어진 것, 돌의 상태 등에 관한 글자들이다.

ex 砂(모래사) 砲(돌쇠뇌포) 破(깰파) 硏(갈연) 硯(벼루연) 硬(단단할경) 碑(비석비)

원래는 신에게 제사지낼 때 제물을 올려놓는 제탁을 본뜬 글자이다. 옛모양은 T처럼 생겼는데 나중에 그 위에 제물과 제물(주로 고기)에서 떨어지는 핏방울까지 그리게 되었다. 제사를 지내면 신께서 복을 내려 주시어 그것이 눈에 보이게 되므로 보이다의 뜻이 생겼다. 示가 들어간 한자는 제사, 숭배, 기도, 신, 귀신 등의 뜻과 관련있다.

ex 神(귀신 신) 社(땅귀신/모일 사) 祝(빌 축) 福(복 복) 祿(복 록)

짐승의 뒷발이 땅을 밟고 있는 모양을 본떠 발자국의 뜻을 나타냈다. ㄙ는 짐승의 뒷발이고 冂은 짐승의 꼬리를 의미한다.

ex 禹(하우씨 우)

한 그루의 잘 익은 벼의 모습을 본뜬 글자이다. 제1획인 ノ은 고개를 숙인 이삭이다. 원뜻은 벼이지만 확대되어 모든 곡식이나 작물, 벼농사 등의 뜻을 나타내게 되었다. 고대에는 벼로 세금을 냈으므로 세금과 관련된 글자들에도 들어간다.

ex 秀(빼어날 수) 私(사사 사) 秉(잡을 병) 秋(가을 추) 科(과목 과) 租(구실 조) 秩(차례 질) 稅(구실 세)

원뜻은 동굴이다. 설문해자에서는 동굴집(土室也)이라고 했다. 황토고원에 있는 동굴집의 모습을 본뜬 글자이다. 주역(周易)에 上古穴居野處(상고시대에는 동굴이나 들판에서 살았다)라고 했는데 동굴이 집으로 쓰였으므로 穴 자에 宀이 들어간 것으로 보인다.

ex 究(궁구할 구) 空(빌 공) 穽(허방다리 정) 突(갑자기 돌) 窓(창문 창) 窟(굴 굴)

맨 아래 획인 一은 땅을 의미하고 나머지 부분은 大의 변형으로 사람(大)이 땅(一)에 서 있음을 표현했다. 竟(마칠 경)이나 章(글 장)과 같은 경우는 立과는 관계가 없는 글자이나 편의상 立부수에 속하게 된 글자이다.

ex 竝(나란히설 병) 童(아이 동) 端(끝 단) 競(다툴 경)

6획

아래로 드리워진 대나무의 잎을 본떠 그린 글자이다. 대나무는 고대에 종이 대신으로 사용하던 아주 유용한 나무였다. 종이가 발명되기 전에는 일반적으로 대나무에 글을 써서 기록했고 임금이나 귀족들은 비단에 글을 써서 종이를 대신했다. 대나무책을 죽간(竹簡)이라고 한다. 그래서 竹에는 책이라는 파생된 뜻도 들어있다. 뿐만아니라 대나무로 만든 악기인 피리나 퉁소를 가리키기도 했다.

ex 符(부신 부) 籠(바구니 롱) 筆(붓 필) 簡(대쪽 간) 笛(피리 적) 簫(퉁소 소)

갑골문을 보면 흩어져 있는 쌀알을 본뜬 것임을 알 수 있다. 중간에 있는 가로선은 탈곡할 때 쓰이는 도구로 보인다. 소전단계에 와서 글자 중간에 있는 가로선이 十자 모양으로 바뀌었다. 米자는 껍질이 벗겨낸 모든 곡물의 낟알을 대표하여 다른 글자들 속에서 작용한다. 껍질이 벗겨진 쌀을 米라 하고 껍질이 벗겨지지 않은 쌀은 稻(벼 도)라고 한다.

ex 粉(가루 분) 粒(쌀알 립) 粘(끈끈할 점) 糧(양식 량) 糟(지게미 조) 糠(겨 강) 粟(조 속)

꼬아놓은 실을 본뜬 글자이다. 고대인들은 실을 이용하여 끈도 만들고 베도 짜고 비단도 만들며 그것들을 팔아 돈을 벌기도 했다. 糸자가 들어가는 한자는 실이나 끈의 종류, 그 상태와 성질, 실을 사용하는 동작, 실을 짜는 일, 비단, 직물위의 무늬 등 여러 가지 뜻을 나타내게 된다.

ex 紀(벼리 기) 紗(깁 사) 純(순수할 순) 系(맬 계) 絞(목맬 교) 繫(얽어맬 계) 細(가늘 세)

액체를 담는 질그릇을 본뜬 글자이다. 제2획까지는 뚜껑을 의미하고 나머지 부분은 담을 수 있는 용기를 의미한다. 缶가 들어간 글자는 대부분 질그릇과 관계있는 글자들이다.

ex 缸(항아리 항) 罐(두레박 관) 缺(이지러질 결)

122 网·罒 그물 망

물고기나 새를 잡는 도구인 그물을 본뜬 글자이다. 그물로 새나 물고기를 잡았으므로 비유되어 죄인을 잡는다는 의미도 갖는다. 따라서 형벌이나 죄인에 관한 글자에도 网이 들어가게 된다. 网의 변형으로 罒, 网, 兀, 罒 등이 있다. 특히 罒같은 경우는 다른 글자 속에서 눈 목目자인 경우도 있으니 주의하도록 한다.

ex 罔(없을 망) 罕(드물 한) 罫(줄 괘) 罰(벌할 벌) 罪(허물 죄) 置(둘 치) 署(관청 서)

123 羊 양 양

양의 머리를 정면에서 본 그림이다. 양의 뿔은 두 개가 모두 바깥쪽으로 둥글게 말려있다. 갑골문에서는 그 두개의 뿔을 강조했음을 알 수 있다. 양은 고대인들에게 도움이 많이 되는 동물이었다. 번식력도 좋아 새끼도 잘 낳고 양의 털은 따뜻한 옷을 만들어 주었으며 맛있는 고기도 제공해 주었던 것이다. 그래서 羊자가 들어간 한자들은 좋은 뜻을 가진 글자가 많다. 금문의 맨 아래에 있는 삼각형의 모양은 양의 뾰족한 입을 표현한 것이다.

ex 美(아름다울 미) 義(옳을 의) 羔(새끼양 고) 群(무리 군) 羹(국 갱) 羨(부러워할 선)

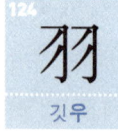

124 羽 깃 우

새의 깃털 두 개를 나란히 그린 것이다. 원래의 뜻은 깃털이지만 확대되어 새나 곤충의 날개를 통칭하게 되었고 날다, 더 확대되어 새의 뜻을 갖는 경우도 있다.

ex 習(익힐 습) 翊(도울 익) 翰(날개/붓 한) 翼(날개 익) 翁(늙은이 옹)

125 老 늙을 로

구부정한 노인이 지팡이를 짚고 있는 모습을 그렸다. 다른 글자 속으로 들어갈 때에는 匕가 빠지는 경우도 있다. 의미가 확대되어 나이가 많다, 오래되다, 시대에 뒤떨어졌다 등의 뜻도 갖는다.

ex 考(상고할 고) 耆(노인기) 者(놈 자)

얼굴에 있는 수염을 본뜬 글자로 원뜻은 수염 이다. 그러나 원래의 뜻은 사라지고 너, 그리고 등의 뜻을 나타내게 되었다.

ex 耐(견딜 내)

(상형) 耒자는 밭을 가는 쟁기의 모습을 본떠 만든 상형문자이다. 주로 농사와 관련된 글자들 속에 들어간다.

ex 耕(밭갈 경) 耗(벼 모) 耘(김맬 운)

옛글자를 보면 한쪽 귀를 그대로 그려놓은 모습이다. 하지만 소전단계부터 그 모양이 너무나 많이 바뀌어 현재는 닮지 않게 되었다. 耳자는 귀의 역할인 듣는다의 뜻도 갖게 되는데 마음의 귀로 듣는다는 의미로 다른글자 속에 들어가 작용하기도 한다. ~일 뿐이다 라고 하는 어조사로 쓰이기도 한다.

ex 耽(처질/즐길 탐) 聖(성스러울 성) 聞(들을 문) 職(직분 직) 聯(잇달 련) 聰(귀밝을 총)

한 손에 붓을 들고 있는 모습이다. 설문해자에, 所以書也, 楚謂之聿, 吳謂之不律, 燕謂之弗(쓰는 도구이다. 초나라에서는 율(聿)이라 했고 오나라에서는 불률(不律)이라 했으며 연나라에서는 불(弗)이라 했다)이라 했다. 그렇다면 '붓'이라는 우리말도 사실 중국어의 변음이라 할 수 있다. 뜻을 강조하기 위해 竹(대나무 죽)을 붙여 筆(붓 필)자를 다시 만든 것이다.

ex 肆(방자할 사) 肅(엄숙할 숙)

갑골문을 보면 반듯하게 잘라놓은 고기임을 알 수 있다. 금문단계로 오면서 고기의 결을 강조하는 두 줄이 첨가되어 지금에 이르렀다. 肉자가 다른 글자 속으로 들어갈 때는 月로 변형되어 쓰이는데 이럴 경우에는 주로 글자의 왼쪽이나 아래에 위치하게 된다. 肉·月이 다른 글자 속에서의 역할은 고기 외에 인간의 신체를 의미할 때도 많다. 胡(오랑캐 호)의 경우엔 달 월이 아니라 고기 육임을 알아둔다.

ex 腦(머릿골 뇌) 肝(간 간) 肛(항문 항) 背(등 배) 胃(밥통 위) 胸(가슴 흉)

사람의 눈을 본떠 그린 것이다. 일반 사람이 아닌 노예의 눈을 그린 것으로 바닥을 보고 있는 눈이다. 주인 앞에서의 노예는 주인을 똑바로 쳐다보지 못했기 때문이다. 그 의미가 확대되어 신하를 표현하게 되었는데 다른 글자 속에 들어가면 눈이나 노예의 뜻이 되살아난다.

ex 臥(누울 와) 臨(임할 림)

사람의 코를 본떠 그린 것이다. 중국인들은 자기 자신을 가리킬 때 손가락으로 코를 가리켰다고 한다. 여기에서 스스로, 자기 자신의 뜻이 파생되었고 코의 뜻은 서서히 사라지게 되었다. 그래서 소리부인 畀(줄 비)를 더해 鼻(코 비)자를 다시 만들었다.

ex 臭(냄새 취)

화살이 땅에 꽂힌 모양을 그린 것이다. 화살이 땅에 도착했으므로 다다르다, 이르다의 뜻이 나왔다. 끝까지 온 것이므로 끝, 지극하다의 뜻이 파생되었다.

ex 致(이를 치. 여기서 뒤져올 치夊는 소리부로 쓰였다.) 臺(대 대)

나무나 돌을 파서 만든 절구를 본뜬 글자이다. 설문해자에 의하면 옛날에는 땅을 파서 절구로 삼기도 했다고 한다. 臼의 중간에 있는 짧은 선들은 쌀알일 수도 있고 절구 속의 오돌도톨한 부분일 수도 있다.

ex 與(더불 여) 興(일 흥) 舊(예 구. 臼가 소리부로 쓰였다.)
　與자와 興자에 있는 臼는 절구가 아니다. 모양이 비슷해서 절구 구臼로 여겨지고 있지만 사실 그것은 위에서 내려오는 두 개의 손을 의미한다. 아래에 있는 一+八도 역시 두 개의 손으로 與자에는 손이 모두 4개가 있는 셈이다.

입 口를 제외한 나머지부분은 혀를 본뜬 글자이다. 갑골문을 보면 끝이 갈라진 것이 마치 뱀의 혀로 보인다. 하지만 초기 한자가 인간중심으로 인간의 신체를 위주로 만들었다는 것을 고려한다면 舌 역시 뱀이 아닌 사람의 혀로 보는 것이 옳을 것이다.

ex 舍(집 사) 舒(펼 서)

양발이 반대 방향으로 향하는 모양을 형상화하여 '어그러지다'의 뜻을 나타내었다. 다른 글자 속에서 두 발, 어그러지다, 어수선하다 등의 뜻으로 작용한다.

ex 舞(춤출 무) 舜(순임금 순)

선체가 약간 굽어있고 바닥이 평평하며 배의 앞뒤가 뾰족하지 않고 네모로 각진 형태의 중국 특유의 배를 본뜬 글자이다. 중간에 물막이 칸으로 막아놓은 것까지 상세하게 그린 상형문자이다. 이러한 중국식 배의 형태는 우리나라에도 영향을 주었다. 대표적으로 임진왜란때 맹위를 떨쳤던 거북선과 판옥선을 생각하면 된다. 판옥선은 배의 바닥이 평평하여 속도는 그다지 빠르지 않지만 방향전환이 용이하여 우리나라 남해의 좁은 바다에서 전투를 하기에는 적격인 배였다. 舟자가 들어간 글자는 거의 예외 없이 배의 종류나 배 그 자체를 의미한다. 다른 글자 속으로 들어갈 때 月의 모습으로 나타날 때가 있다.

ex 舫(방주 방) 舶(배 박) 船(배 선) 艇(거룻배 정) 航(배 항)

금문을 보면 눈을 크게 강조했고 그 아래 사람을 그려놓았다. 가던 길을 멈추어 서서 눈을 크게 부릅뜬 모습으로 보인다. 소전은 目(눈 목)과 匕(비수 비)가 합해진 모양으로 나온다. 설문해자에 의하면, "艮은 말과 행동이 무척 거칠고 꼬여있음을 나타낸다. 匕(비수 비)와 目(눈 목)의 회의자이다. 두 사람이 성내는 눈으로 서로 노려보며 양보하지 않음을 나타낸다"라고 했다. 금문과 설문해자의 해설을 종합해보면 艮자에는 '어긋나다', '노려보다', '머무르다'등의 뜻이 들어있음을 알 수 있다. 艮부수에 속한 글자는 良과 艱 정도이고 艮의 주 역할은 다른 글자속에서 소리부호로 쓰이거나 뜻을 도와주는 일을 한다.

ex 良(어질 량) 艱(어려울 간)

139 色 빛색

이 글자에 대한 의견도 상당히 분분한 편이다. 그러나 이 글자의 용례가 색정(色情)이나 호색(好色)등으로 남녀의 사랑에 관한 곳에 많이 쓰이는 것을 생각하면 역시 성(性)과 관련된 것에서 만들어진 글자로 여겨진다. 巴는 무릎을 꿇은 사람이고 그 윗부분도 역시 사람이다. 남녀의 정애(情愛)하는 모습을 그린 것으로, 흥분하여 두 사람의 얼굴빛이 불그스레 변한다는 데서 빛의 뜻이 생겼다.

ex 艶(고울 염)

140 艸·⁺⁺ 풀초

풀 두 포기를 그린 것이다. 다른 글자 속으로 들어가면 ⁺⁺의 모습으로 약간 변형이 된다. 항상 글자의 맨 위에 올라가서 쓰인다. 艸는 단독을 쓰이지 않고 단독으로 쓰일 때는 草를 사용한다.

ex 芻(꼴 추) 花(꽃 화) 草(풀 초) 若(같을 약)

141 虍·虎 범호

호랑이의 모습을 본뜬 글자이다. 虍의 형태는 다른 글자 속으로 들어갈 때의 모습이고 단독으로 쓰일 때는 虎를 사용한다. 갑골문을 보면 입을 크게 벌린 모습과 몸통의 줄무늬까지 상세하게 그렸음을 알 수 있다.

사실 '범'이라는 단어는 호랑(虎범 호 狼이리 랑)이를 가리키는 말이 아니고 표범(豹표범 표)을 지칭하는 단어였다. 따라서 '표범'이라는 단어는 동의중첩된 단어이다. 예를 들면 우리가 앞 전前자가 있음에도 '역전앞'이라고 말하는 것과 같은 이치이다. 호랑이를 가리키는 순수 우리말도 분명히 있었을 것이다. 그러나 그 말이 虎狼이라는 한자어에 지고 말아서 조금은 아쉽다. 호랑이의 다른 말로 대충(大蟲)이라는 단어도 있다.

ex 虎(범 호) 虐(모질/사나울 학) 處(곳 처) 虛(빌 허)

142 虫 벌레훼/벌레충

뱀의 모습을 본뜬 글자이다. 口는 뱀의 머리, 위쪽은 뱀의 혀, 아래쪽은 뱀의 꼬리를 의미한다. 虫자는 들짐승, 물고기, 새를 제외한 모든 동물을 가리키는 글자에 들어간다.

ex 蜂(벌 봉) 蚊(모기 문) 螳(버마재비 당) 蛇(뱀 사) 虹(무지개 홍) 蚤(벼룩 조) 蛾(나방 아) 蜀(벌레 촉)

그릇(皿) 안에 한방울(丶) 떨어지는 피를 의미하는 글자이다. 설문해자에 의하면, 祭所薦牲血也(제사 지낼 때 바치는 희생물의 피이다)라고 했다. 산 짐승의 피를 바치면서 제사 지내는 것을 혈제(血祭)라고 불렀다. 고대 중국에서는 제사지낼 때뿐만 아니라 두 집단이 함께 동맹을 맺을 때도 피를 사용했다. 소의 피를 받아 그릇에 담고 함께 마시는 것이다. 피를 나눈 형제이니 동맹을 맺고 변치 말자는 의도였을 것이다. 이러한 의식을 삽혈(歃血마실 삽)이라고 한다. 피를 마시는 것이 불결하게 느껴졌음인지 후대에 가서는 피를 손에 찍어 입술에 바르는 정도로 삽혈을 거행했다.

ex 衆(무리 중)

行의 옛 모습을 보면 널찍한 사거리의 모습이다. 원뜻은 길이다. 이 큰 거리에는 사람도 말도 수레도 많이 많이 다녔을 것이므로 다니다의 뜻이 나온 것은 당연하다. 行자의 오른쪽만 쓰게 되면 彳(걸을 척)자가 되는데 뜻은 行과 다름이 없다.

ex 街(거리 가) 衝(큰거리/찌를 충) 衛(지킬 위) 術(재주 술)

웃옷을 본뜬 글자이다. 갑골문을 보면 가지런히 한 섶과 소매, 옷깃을 알아 볼 수 있다. 따라서 웃옷이 원뜻이다. 하의는 어떻게 표현했는가. 常(항상 상)이 원래 치마와 바지를 통칭하는 하의의 뜻이었으나 하의를 입어야 떳떳했으므로 常에는 떳떳하다, 항상의 뜻이 들어가게 되었다. 그래서 다시 만든 글자가 裳(치마 상)이다.

ex 表(겉 표) 衰(쇠약할 쇠) 衷(속옷/속 충) 袁(옷길 원) 袖(소매 수) 被(이불 피) 裂(찢을 렬) 裁(마를 재) 裙(치마 군) 補(기울 보) 裡(속 리=裏)

그릇의 뚜껑을 본뜬 모양으로 덮다의 뜻이다. 첫 획은 손잡이 冂부분이 뚜껑이라 생각하면 쉽다. 독립되어 사용되는 경우는 없고 다른 글자 속에 들어가서 뜻을 도와주게 되는데 그것도 覆정도이다. 다른 글자 속에서의 襾는 덮는다는 뜻 보다는 다른 글자들의 모습이 변형이 된 형태로 나타난다. 예를 들면 西는 새의 둥지, 또는 대나무 바구니가 변형된 것이고 要의 경우는 두 손으로 사람의 허리를 잡은 모습이다.

ex 西(서녘 서) 要(요긴할 요) 覆(엎어질 복/덮을 부)

7획

見
볼 견

目과 儿이 합해진 글자이다. 사람의 눈을 강조하여 보다의 뜻을 나타내게 되었다. 見은 보려 노력하지 않아도 그냥 눈만 뜨면 보이게 되는 것을 나타낸다. 그래서 見자에는 피동의 의미도 생겨서 한문의 문장이나 현대 중국어에서 보다 뿐 아니라 피동의 문법적 요소로 사용된다. 적극적으로 본다의 뜻을 나타내는 글자들에는 觀, 看 등이 있다.

ex 規(법 규) 覓(찾을 멱) 視(볼 시) 覺(깨달을 각) 親(친할 친) 覽(볼 람) 觀(볼 관) 覲(뵐 근)

角
뿔 각

소의 잘려진 뿔의 모습이다. 뿔의 결까지도 상세히 그렸다. 소의 뿔을 이용하여 고대인들은 많은 것을 만들어냈다. 술잔과 같은 주기(酒器)는 물론이고 악기(樂器)나 액세서리도 만들어 사용했던 것이다. 우리 조상들은 물소의 뿔을 남 중국이나 동남아로부터 수입해다가 우리 민속공예의 자랑인 각궁(角弓)을 만들어 내어 다시 중국으로 수출도 했다. 그 기록은 이미 중국의 역사서 삼국지에 나온다.

ex 解(풀 해) 觴(잔 상) 觸(닿을 촉) 觱(악기 이름 필)

言
말씀 언

言자의 갑골문은 혀 설舌, 소리 음音 등과 매우 흡사하다. 세 글자 모두 소리라는 뜻에서 공통적이다. 따라서 갑골문 시절에는 言과 音이 서로 혼용되기도 했었다. 言자의 맨 아래 口는 입이고 나머지 획은 혀와 말소리를 형상화한 것이다.

ex 記(기록할 기) 訂(바로잡을 정) 訊(물을 신) 訟(송사할 송) 許(허락할 허)

谷
골 곡

제1획부터 제4획까지는 흐르는 물을 표시하고 아랫부분의 口는 산의 계곡을 의미한다. 원뜻은 '두 산 사이의 좁고 긴 지대', '산 사이의 물이 흐르는 길'이다. 여기서 자연스럽게 골짜기의 뜻이 파생되었다. 골짜기에는 물도 고이고 사람들도 살기위해 모이기도 한다. 그래서 골짜기는 중국인의 의식체계에서 받아들임과 수용의 이미지로 여겨지기 시작했다. 노자(老子)는 도덕경(道德經)에서 谷神不死(계곡의 신은 죽지 않는다)라 하여, 받아들이고 수용하며 키워주면 그 생명력이 오래간다는 말을 남기기도 했다.

谷자는 다른 글자 속에서 소리부 역할을 하거나 글자의 뜻을 도와주는 역할을 많이 한다. 현대 중국어에서는 穀(곡식 곡)자를 谷에 통합시켜 谷에 골짜기와 곡식의 뜻을 담아 사용하고 있다.

ex 谿(시내 계) 豁(골짜기 활)

豆 콩두

다리가 길죽한 식기(食器), 제기(祭器)를 본뜬 글자이다. 一은 어떤 음식(그것이 콩이 아닌가 싶다)을 의미하고 口는 음식을 담는 부분, 나머지 부분은 다리를 뜻한다. 우리나라나 일본에서도 그렇지만 콩은 중국에서도 아주 좋아하고 즐겨먹는 작물의 하나였다. 식기에 담아 사람들도 많이 먹었을테고 제기에 담아 조상에게 올리기도 했을 것이다. 그래서 '콩'의 뜻이 가차되었다. 현재의 뜻은 콩이지만 豆가 다른 글자 속으로 들어가면 제기나 그릇의 뜻이 되살아나 글자의 뜻을 돕는다. 예를 들면 登(오를 등)의 경우 癶(걸을 발)은 두 발을 의미해서 제기(豆)를 들고 제단에 오른다(癶)는 뜻을 나타낸다.

ex 豈(어찌 기) 豐(풍년 풍) 豐을 현재는 豊을 쓰고 있으나 豊은 원래 禮(예도 례)의 원래자였다.

152
豕 돼지 시

뚱뚱한 돼지를 그린 글자이다. 머리는 위로 꼬리는 아래를 향하고 있다. 豕는 家(집 가)에도 들어가는데 고대에는 집(宀)집마다 돼지(豕)를 키워 뱀의 습격을 막았다고 한다. 돼지와 뱀은 서로 상극의 동물로 통한다. 돼지는 뱀의 고기를 맛있게 먹지만 뱀은 돼지를 물어도 독이 혈관까지 이르지를 못한다고 한다. 豚(돼지 돈)의 경우는 肉(=月고기 육)을 더해 식용으로서의 돼지를 강조했다. 象(코끼리 상)에도 豕는 들어가는데 뚱뚱한 이미지 때문에 豕부수에 포함시킨 것으로 보인다.

ex 象(코끼리 상) 豚(돼지 돈) 豪(호저/뛰어날 호) 豫(미리 예)

豸의 부수 명칭이 발없는 벌레 이지만 사실 벌레와는 관계가 없고 고양이나 호랑이처럼 등이 길고 사나운 짐승을 본뜬 글자이다. 설문해자에도 獸長脊, 行豸豸然, 欲有所司殺形(등이 긴 맹수이다. 먹이를 잡을 때 웅크려 노려보는 모습을 본뜬 것이다)라고 했다.

ex 豺(승냥이 시) 豹(표범 표) 貂(담비 초) 貌(모양 모)

貝자는 껍질을 벌리고 있는 조개를 본뜬 글자이다. 맨 아래에 있는 八은 입수 관과 출수관으로 여겨진다. 중국 남방에서 수확되는 마노조개는 그 모양과 빛깔이 마치 보석과도 같이 영롱하다. 그래서 고대 중국인들은 그 조개들을 화폐로 사용했다. 그래서 貝자가 들어간 한자들은 거의 돈과 재물에 관한 글자들이다.

ex 負(질 부) 財(재물 재) 貧(가난할 빈) 貪(탐할 탐) 貞(곧을 정. 여기의 貝는 조개가 아니라 솥鼎의 줄임형이다. 소리부로 들어갔다.) 責(꾸짖을 책) 貯(쌓을 저)

사람을 의미하는 大(큰 대)와 火(불 화)가 합해졌다. 이 사람은 아마도 제물로 바쳐져서 불에 타고 있는 사람으로 여겨진다. 불도 붉은 색이고 사람도 타기 직전에 피부가 붉어질 것이므로 붉다의 뜻이 나왔다. 고대 중국에서는 전쟁의 포로나 노예를 제물로 바치곤 했었다. 사람을 불에 태우는 경우는 기우제(祈雨祭)를 지낼 때 행했다고 한다. 갑골문의 재료는 주로 거북의 배딱지나 소의 뼈를 사용했지만 드물게는 사람의 두개골도 발견됐었다고 한다. 사람이 제물로 바칠 때는 발가벗겨서 바쳤으므로 赤에 는 발가벗다의 의미도 들어가 있다.

ex 赦(놓을/용서할 사) 赫(붉을 혁) 赧(얼굴붉힐 난)

走자는 사람을 의미하는 大(큰 대)와 발을 의미하는 止(그칠지)가 합해져 사람이 팔을 흔들며 발로 열심히 달리는 모습을 나타냈다. 지금은 모양이 많이 변했지만 옛 글자에서는 走와 奔(달릴 분)의 모양이 비슷했다. 차이점이라면 走에서의 발(止)은 한 개, 奔에서의 발(止)은 세 개 라는 것이다. 세 개의 발은 현재 卉로 간략하게 변했다.

ex 起(일어날 기) 赴(갈 부) 越(넘을 월) 超(뛰어넘을 초) 趣(빨리달릴/뜻 취)

口와 止가 합해졌다. 口는 무릎의 둥근 뼈(슬개골)를 의미한다. 足의 또다른 형태로 㕁(발 소)자가 있는데 뜻은 같다. 다른 글자 속에서 발에 관련된 뜻을 나타낸다.

ex 趾(발 지) 距(떨어질 거) 路(길 로) 跳(뛸 도) 跆(밟을 태) 跖(발바닥 척) 踏(밟을 답)

갑골문을 보면 서있는 사람의 뱃속에 태아를 그려놓았다. 산모를 그린 것으로 원래의 뜻은 '임신하다'이다. 의미가 확대되어 몸, 자기자신등의 뜻으로 확대되었다. 지금도 중국어에서 有身了라고 하면 '임신했어요'라는 말이 된다.

ex 軀(몸 구) 躬(몸 궁) 躶(벗을 라)

고대의 전차(戰車)인 수레를 본뜬 것이다. 현재 자형으로 볼 때 아래위로 있는 一자가 바퀴이고 丨은 바퀴와 바퀴를 꽂은 굴대, 나머지 曰이 사람이 타는 곳이다. 고대의 수레는 사람이 타는 용도라기보다는 전쟁에서 주로 많이 사용했다. 그래서 車자가 전쟁에 관련된 글자에 많이 들어간다. 군사 군軍, 진칠 진陣 이 그러한 예이다.

ex 軌(길/굴대 궤) 軍(군사 군) 軋(삐걱거릴 알) 軒(초헌 헌-大夫 이상이 타는 수레) 軟(부드러울 연) 軸(굴대 축) 較(견줄 교) 輅(수레 로) 輔(도울/수레덧방나무 보) 輕(가벼울 경) 輪(바퀴 륜) 輩(무리 배)

辛자는 고대에 노예나 죄수의 얼굴에 문신을 새기던 형벌용 칼을 본뜬 글자이다. 그래서 辛자는 다른 글자 속에서 형벌도구와 죄수나 노예를 가리키는 뜻으로 사용된다. 때로는 소리부호로도 역할을 맡는다. 간혹 辛자가 획이 줄어들어 立의 모양으로 나타나는 경우도 있다. 맵다의 뜻은 어떻게 나왔는가. 형벌용 칼로 얼굴에 문신을 새길때의 고통을 맛에 비유하여 혀를 찌르는 고통을 주는 맛인 맵다로 사용한 것이다.

ex 소리부호로 사용되는 경우: 新(새로울 신) 親(친할 친) 두 글자에 모두 줄임형인 立으로 나타났다.
辟(임금 벽) 辣(매울 랄) 辨(나눌 변) 辯(말잘할 변) 辭(말 사)

원래의 뜻은 대합조개이다. 삼각형 부분이 껍질이고 나머지 부분은 조개가 내밀고 있는 발의 모습이다. 고대에는 대합조개의 껍질을 날카롭게 갈아 낫이나 호미같은 농기구로 사용했었다. 그래서 辰자에 농사의 뜻이 부여되었고 농사는 때에 맞추어 짓는 것이 중요하므로 때, 시기의 뜻도 들어갔다. 더 확대되어 때에 따라 운행하는 별의 뜻까지도 들어가면서 지금에 이르고 있다. 12지(支)에도 가차되어 용띠를 의미하기도 한다. 辰이 잃어버린 대합조개의 뜻은 虫(벌레 충)을 더해 蜃(조개 신)자를 다시 만들게 되었다. 별이나 지지(地支)로 사용될 때는 진으로 읽어야하고 때, 시기의 의미로 쓰일 때는 신으로 읽어야한다. 임진왜란(壬辰倭亂), 충무공 탄신일(誕辰日)

ex 農(농사 농) 辱(욕될 욕)

辵자는 彳(갈 척. 거리를 의미)에 止(그칠 지. 발을 의미)를 더한 것이다. 辵은 다른 글자속으로 들어가게 되면 辶의 모습으로 변형이 된다. 辶이 들어간 글자는 길, 걷다, 멀고 가까움 등을 나타내게 된다. 辶을 흔히 책받침으로 말하고 있는 것은 오류가 굳어진 것으로 원래는 착 받침이라고 말해야 한다.

ex 迂(굽을/멀 우) 近(가까울 근) 返(돌아올 반) 迎(맞을 영) 迫(가까울 박) 道(길 도)

邑자는 나라나 고을을 의미하는 경계선인 囗와 그 아래 사람(巴)을 그린 것이다. 사람이 살고 있는 고을을 의미하는 것이다. 巴(뱀 파)자는 단독으로 뱀이나 땅의 이름으로 쓰이지만 때로는 卩, 㔾, 己, 巳와 함께 다른 글자 속에서 사람의 뜻을 나타내기도 한다. 邑자는 그 의미가 확대되어 도시, 나라의 뜻도 갖게 되었다. 다른 글자 속으로 들어갈 때는 阝의 모양으로 변형되는데 阝은 반드시 글자의 오른쪽에 위치하게 된다.

ex 邦(나라 방) 邱(언덕 구) 邯(조나라서울 한) 郡(고을 군) 部(거느릴 부)

술그릇이나 술 항아리를 본뜬 글자이다. 酒(술 주)의 원래 글자이다. 그래서 酒는 水부수에 속하지 않고 酉부수에 속한다. 酉는 다른 글자 속에서 술이나 발효된 음식을 의미한다. 가차되어 12지(支)의 닭을 의미하게 되었다.

ex 配(짝 배) 酒(술 주) 酷(독할 혹) 酋(술/우두머리 추) 酬(갚을/잔돌릴 수) 酌(따를/술잔 작)

짐승의 발자국을 본뜬 글자이다. 짐승의 발톱이 갈라져 있는 모양에서 '나누다'의 뜻을 나타낸다. 고대 사회는 들짐승의 습격에 민감했었다. 그래서 짐승의 발자국을 보면 어떤 동물인지 자세히 살피게 되었는데 여기서 '살피다', '분별하다'의 뜻이 파생되게 되었다.

ex 采(캘/채색 채) 釋(풀 석) 釉(윤/광택 유)

田(밭 전)과 土(흙 토)가 합해진 모습이다. 田은 잘 정리된 농토의 모습이고 土는 땅을 의미한다. 밭이 있는 땅, 즉 사람들이 경작하며 살아가는 '마을'이 원뜻이다. 행정 구역의 단위로도 사용되어 다섯가구를 隣(이웃 린)이라 하고 다섯 隣을 하나의 里라고도 했다. 확대되어 고향의 의미도 들어갔다. 현대 중국어에서는 裏(속 리)의 간체자로 里를 사용하고 있다.

ex 重(무거울/거듭 중) 野(들 야) 量(헤아릴 량)

8획

金자는 쇳물을 녹여 물건을 만들 때 쓰는 거푸집을 본뜬 글자이다. 거푸집의 왼쪽에 찍힌 두 개의 점은 흘린 쇳물을 뜻하는 것으로 보인다. 설문해자에 의하면 원뜻은 '다섯가지 금속'(金, 五色金也) 이었다. 금속제품 중에서 청동기를 많이 사용했던 시절에는 金이 청동을 의미하기도 했고, 현재 金이라고 하면 gold를 의미하고 있다. 金은 다른 글자 속에서 금속과 관계되어지는 것들을 의미한다. 성씨로도 쓰인다.

ex 針(바늘 침) 釜(가마솥 부) 鈍(무딜 둔) 釘(못 정) 鉉(솥귀 현) 鉛(납 연) 銅(구리 동) 銀(은 은)

갑골문을 보면 긴 머리의 노인이 지팡이를 짚고 있는 모습으로 나타난다. 고대 중국에서는 머리를 깎지 않고 길러서 묶었다고 한다. 그러니 노인의 머리카락은 당연히 길었겠고 성긴 머리카락은 가다듬지 않아 바람에 날리기도 했을 것이다. 그래서 長자에는 길다, 크다와 함께 노인, 어른의 뜻이 자연스럽게 파생된 것이다.

양쪽으로 밀어 여는 문의 모습을 본뜬 글자이다. 문을 지나면 사람이 사는 집이 나오므로 집안, 가문의 뜻이 파생되었고 더 확대되어 사람의 몸에 있는 구멍이나 꼭 지나야할 관문, 종교나 학문상의 유파 등도 나타내게 되었다.

ex 閃(번쩍할 섬) 閉(닫을 폐) 開(열 개) 閏(윤달 윤) 間(사이 간) 闊(넓을 활)

원래의 뜻은 돌계단이다. 언덕을 오르기 편하게 돌을 순서대로 쌓아 계단으로 삼은 그림이다. 언덕은 사람이 걷는 길을 막아서는 장애물이 될 수도 있고 물의 범람을 막는 둑도 될 수 있으며 적의 침입을 막는 토성이 될 수도 있다. 이처럼 阜자는 다른 글자 속에서 언덕을 기본으로 여러 방면으로 응용되어 쓰인다. 다만 다른 글자 속에서는 阝의 모습으로 나타나는데 글자의 왼쪽에 위치한다. 오른쪽으로 가게 되면 고을 읍邑의 줄임형이 되니 주의하여야 한다.

ex 阪(비탈 판) 附(붙을 부) 阿(언덕 아) 防(막을 방) 陟(오를 척) 降(내릴 강/항복할 항) 限(지경/한정 한) 陣(진칠 진) 除(덜 제)
陰(그늘 음) 陽(볕 양) 陵(언덕 릉) 陷(빠질 함) 陸(뭍 륙) 隊(무리 대)

171 隶 미칠 이

다다르다라는 뜻을 나타낸 글자이다. 隶는 又(또 우)가 변형된 것으로 손을
의미하고 나머지 부분은 짐승의 꼬리를 그린 것이다. 손이 짐승의 꼬리에 다
다라서 잡고 있는 모습인 것이다.

ex 隸(종 례)=隷

172 隹 새 추

꼬리가 짧은 새를 본뜬 것이다. 鳥(새 조)는 꼬리가 긴 새를 본떴다고 하는데
隹와 鳥의 다른 글자 속에서의 쓰임새를 보면 꼬리의 길고 짧음에 구애되지
않고 들어가서 쓰이고 있다. 부수로서 뜻을 결정하기도 하지만 소리부의 역
할을 하는 경우도 있다.

ex 隻(하나 척) 雀(참새 작) 集(모을 집) 雄(수컷 웅) 雅(까마귀/바를 아) 雉(꿩 치) 雖(비록 수) 雙(두 쌍) 雜(섞일 잡) 離(떠날
리) 難(어려울 난)

173 雨 비 우

구름에서 비가 떨어지는 것을 보고 그린 글자이다. 갑골문에서 아래의 점 세
개가 빗방울이고 그 위에 있는 것이 구름을 나타내고 있다. 雨자는 날씨를 나
타내는 글자 속에 들어간다.

ex 雲(구름 운) 雪(눈 설), 露(이슬 로) 電(번개 전) 雷(우레 뢰)

174 靑 푸를 청

生(날 생)과 井(우물 정)이 합해진 글자이다. 井대신 丹(붉을 단)이 더해졌다고
하는 견해도 있다. 井이든 丹이든 푸른 구리인 청동을 캐는 구덩이임에는 다
름이 없다. 生은 새싹을 본뜬 글자이므로 두 글자가 합해져서 자연스레 푸르
다의 뜻이 나오게 되었다. 다른 글자 속에서 소리부로 많이 사용된다.

ex 靖(편안할 정) 靜(고요할 정)

175

非

아닐 비

양 날개를 펴고 하늘을 높이 날고 있는 새를 본뜬 것이다. 새의 날개를 강조한 것으로 飛(날 비)자의 원형이라고 한다. 새의 날개는 서로 반대 방향을 향하고 있으므로 자연히 반대, 아니다 의 뜻이 나오게 된 것이다. 반면에 두 개의 날개가 나란히 나 있으므로 나란하다의 뜻도 파생되었다. 부수로 쓰이기 보다는 다른 글자 속에서 뜻도 도와주면서 소리부의 역할을 많이 한다.

ex 靡(쓰러질 미)

9획

面
낯 면

사람의 얼굴을 본뜬 것이다. 面자를 자세히 들여다보면 目(눈 목)자가 보인다. 사람의 눈동자 하나를 강조하여 나타낸 사람의 얼굴이다. 한 폭의 추상화다.

革
가죽 혁

원뜻은 '털을 뽑아내고 가공을 한 짐승의 가죽'이다. 금문의 자형은 잘 다듬어진 한 장의 가죽 모습으로 머리와 꼬리까지 다 붙어 있다. 중간의 넓은 부분이 가죽이고 그 안에 찍힌 점은 '여기가 가죽입니다'라고 하는 표시이다. 짐승의 모습에서 완전히 바뀐 가죽의 모습이므로 革에는 바꾸다, 개혁하다, 제거하다 등의 파생된 뜻이 들어가게 되었다. 개혁(改革)이라는 단어에서 알 수 있다.

ex 靴(가죽신 화) 鞍(안장 안) 鞭(채찍 편) 鞋(신 혜)

韋
다룬가죽 위

囗는 경계선을 의미하고 위아래에 있는 것은 止(그칠 지. 발의 상형)가 변한 것이다. 囗는 공격 목표인 성이나 나라를 의미하고 발들은 포위망을 좁히고 있는 군사들이다. 따라서 韋의 원뜻은 포위하다 이다. 여기에서 막다, 지키다, 에우다, 지키다 등의 뜻이 파생되었다. 그 군사들이 가죽으로 된 신발을 신었다는 데서 가죽의 뜻도 생겼다.

ex 韓(나라이름 한) 靭(질길 인) 韜(활집 도)

韭
부추 구

땅 위에 무리지어 나 있는 부추의 상형이다. 一은 땅을 의미하고 나머지 非가 부추이다.

ex 韱 (산부추 섬)

입에 피리를 물고 있는 모습으로 보인다. 曰은 입의 모습이고 立은 피리일 것이다. 音자는 옛글자에서 舌, 言과 비슷한 모습으로 나타난다. 실제로 音과 言은 통용됐었다 한다.

ex 韻(운/운치 운) 響(울림 향)

머리를 강조한 사람의 모습을 그린 것이다. 사람의 몸통이 儿로 간략화 되었고 그 윗부분은 머리와 눈(目), 머리칼의 모습이다. 중국인들은 머리나 얼굴에서 눈을 가장 중요하게 했던 모양으로 面과 頁에 모두 눈(目)이 강조되어 있다. 현재 중국어에서는 頁에 책의 페이지라는 뜻도 가지고 있다.

ex 須(수염/모름지기 수) 順(순할 순) 頃(잠깐/이랑 경) 頂(정수리 정) 項(목 항)

風자는 갑골문에서 두 가지로 나타난다. 하나는 돛(凡·帆)을 그린 것이고 또하나는 돛 옆에 봉황새를 한 마리 그려 넣은 것이다. 돛만 그린 것은 후에 凡(무릇 범. 帆돛 범의 원래글자)으로 발전하고 봉황까지 그린 것이 風으로 발전하게 되는데 봉황새는 간단하게 虫(벌레 충)으로 줄어들어 지금에 이르렀다. 간단하게 벌레(虫) 붙은 돛(凡)이 바람을 받는다로 외우면 되겠다.

ex 颱(태풍 태) 颺(날 양) 飄(회오리바람 표)

새가 날개를 치고 있는 모습에서 만들어진 글자이다. 丿과 丨은 새의 몸통을 의미하고 나머지는 새의 날개가 변한 것이다.

ex 飜(나부낄/번역할 번)

원뜻은 음식이다. 음식이 담긴 그릇 위에 뚜껑이 있는 모습에서 비롯된 글자이다. 제1획에서 제3획 까지가 뚜껑이고 日이 음식이며 나머지는 그릇의 변형이다. 食이 들어간 한자는 음식물이나 먹는 행위에 관한 뜻을 갖게 된다. 음식이나 먹다의 뜻일 때는 식으로 읽지만 먹이다라는 뜻으로는 사로 읽어야한다. 먹이다라고 할 때는 飼(먹일 사)와 같은 글자로 보기 때문이다.

ex 飢(주릴 기) 飯(밥 반) 飮(마실 음) 飼(먹일 사) 養(기를 양)

눈(目)을 강조한 머리의 모습이다. 面(얼굴 면)과 頁(머리 혈)에서도 눈을 강조
했는데 首도 예외는 아니다. 目의 윗부분은 머리카락이다. 다른 글자 속에서
머리의 뜻을 나타낸다. 縣(고을 현)의 경우 系(이을 계)옆의 글자가 首가 거꾸로
놓인 모습이다. 죄인의 머리(首)를 베어 마을 앞에 매달(系)아 놓은 것을 표현한 글자이다.

禾(벼 화)와 曰(말할 왈)이 합해진 글자이다. 禾는 벼나 기장(黍기장 서)을 포함
하는 곡식을 의미하며 曰은 입을 의미한다. 입에 곡식이 들어가니 더할 나위
없이 향기롭고 맛있다는 뜻이다. 현대 중국어에서 香은 맛있다의 뜻으로도
쓰고 있다.

ex 馨(향기 형) 馥(향기 복)

10획

187
馬
말 마

말의 모습을 본뜬 글자이다. 갑골문을 보면 다른 동물들과 마찬가지로 거리가 위를 향해 있고 꼬리가 아래를 향해있다. 말의 긴 얼굴과 등에 있는 갈기를 특히 강조하였다. 馬에서 네 개의 점은 말의 네 다리를 의미하며 그 위에 있는 세 개의 가로획은 말의 갈기의 흔적인 것이다.

ex 馳(달릴 치) 馴(길들일 순) 駐(머무를 주) 駒(망아지 구) 駕(탈 것 가) 駑(둔할 노) 駭(놀랄 해)

188
骨
뼈 골

갑골문을 보면 몇 개의 뼈다귀가 서로 얽혀 있는 모습이다. 현재의 자형(骨)은 얽힌 뼈 아래에 月(=肉)을 더해 고기가 조금 붙어 있는 뼈를 나타낸 것으로 보인다. 다른 글자 속에서 신체 각 부위의 뼈의 명칭, 뼈로 만든 물건 등을 나타내는 역할을 한다.

ex 骸(뼈 해) 體(몸 체) 髓(골 수)

189
高
높을 고

높이 솟은 누각(樓閣)의 모습을 본뜬 글자이다. 윗부분은 뾰족한 지붕이고 중간은 이층으로 된 성루(城樓)이며 아랫부분에는 문도 붙어 있다. 높은 성루의 모습에서 '높다'의 뜻이 나왔다. 高가 다른 글자 속으로 들어가면 아래에 있는 口가 생략되는 경우가 있다.

190
髟
머리털 표

長(긴 장)과 彡(터럭 삼)이 합해진 글자이다. 镸과 長은 같은 글자이다. 長도 긴 머리털의 노인을 그린 것이고 거기에 彡을 더해 그 의미를 강조한 것이 髟이다. 머리카락이나 일반적인 터럭(毛)의 뜻으로 다른 글자 속에 들어간다.

ex 髮(터럭 발) 髻(상투 계) 髫(늘어뜨린머리 초) 鬢(살쩍 빈)

191 鬥 싸울 투

두 사람이 손에 무기를 들고 마주보고 싸우는 모습이다. 鬭는 의미를 강화하기 위해 손(寸)이 포함되었고 소리부로 豆(콩 두)가 들어가서 만들어진 글자이다. 현대 중국어에서는 鬭의 간체자로 斗(말 두)를 사용하고 있다. 중국어에서는 두 글자의 발음이 거의 같기 때문이다.

ex 鬪(싸울 투)

192 鬯 울창주 창

원래의 뜻은 제사나 잔치 때 마시는 향기로운 술 이다. 이 술(울창주)은 검은 기장(黍)을 원료로 하여 빚는다. 米는 술의 재료인 기장을 의미하며 나머지 부분(凵과 匕)는 원료를 담은 항아리 이다.

ex 鬱(답답할 울)

193 鬲 솥 력

솥 력(鬲)은 고대의 취사도구인 솥을 본뜬 것이다. 무와 같이 생긴 다리가 세 개 있는 솥이다. 이 글자는 隔(사이뜰/막힐 격)자와 서로 통용되기도 하였다. 鬲은 다른 글자 속에서 솥이나 솥으로 찌는 일 등에 관한 한자를 이룬다.

ex 鬻(죽 죽)

194 鬼 귀신 귀

귀신은 고대인에게 있어서 두 가지 상반된 이미지로 받아들여진다. 하나는 무섭고 피해가야 할 존재이고 또 하나는 사람의 능력을 초월하는 신의 존재 이다. 鬼자는 얼굴에 무서운 가면(田)을 쓴 사람(儿)을 본뜬 글자이다. 田위에 있는 丿은 밖으로 삐져나온 머리카락인 듯하다. 儿 옆의 厶는 귀신 옆을 따라가는 도깨비불이다. 鬼는 영혼이나 초자연적인 것, 그 작용 등에 관한 글자를 이룬다.

ex 魂(넋 혼) 魄(넋 백) 魔(마귀 마) 魅(도깨비 매) 魏(높을 위)

11획

魚
물고기 어

세워 놓은 물고기를 본뜬 글자이다. 田이 몸통, ⺍는 꼬리지느러미를 그린 것이다. 다른 글자 속에서 물고기의 명칭이나 물고기를 가공한 것 등을 나타내는 문자를 이룬다. 우리말 고어에서 물고기 어자는 지금의 '어'와는 조금 다르게 읽었다. 마치 '응어'처럼 발음했다고 한다. 그래서 붕어, 오징어, 상어, 농어 등처럼 어 앞에 ㅇ(이응)받침이 들어가는 것이라고 한다.

ex 魯(미련할 로) 鮑(절인어물 포) 鮫(상어 교) 鯉(잉어 리) 鯨(고래 경)

鳥
새 조

갑골문과 금문을 보면 생생한 새의 모습을 간직하고 있다. 부리와 날개, 발이 모두 그려져있다. 隹(새 추)와 함께 새와 관련된 글자들 속에 들어간다.

ex 鳧(오리 부) 鳩(비둘기 구) 鳶(솔개 연) 鳴(울 명) 鴛(원앙 원)

鹵
소금 로

鹵에서 ※가 소금을 의미하고 나머지 부분은 소금을 담은 자루이다. 원래의 뜻은 가공을 하지 않은 천연소금이다. 가공한 소금은 鹽(소금 염)이라 한다. 뜻이 확대되어 소금밭, 거칠다의 뜻도 갖는다.

ex 鹽(소금 염) 鹹(짤 함)

鹿
사슴 록

서 있는 사슴의 모습을 그린 것이다. 다른 동물은 거의 머리를 위로, 꼬리를 아래로 해서 그렸음에 반해 鹿자는 바로 선 모습을 그렸다. 커다란 눈망울과 아름다운 뿔을 강조해 그린 갑골문과 금문을 보면 금세 이것이 사슴이구나 하고 알 수 있을 정도이다. 양(羊)과 함께 사슴은 중국인들이 사랑하던 동물중의 하나였다. 慶(경사 경)자에도 鹿이 들어가는데 옛 중국에서 결혼 축하 선물로 사슴 가죽을 주었다고 한다. 鹿자는 사슴의 종류나 사슴과 비슷한 동물의 명칭 등을 나타내는 글자를 이룬다.

ex 麒(기린 기) 麟(기린 린) 麓(산기슭 록) 麗(고울 려)

麥의 원래 글자는 來(올 래)였다. 보리의 이삭과 잎, 뿌리까지 그린 것이 來였는데 보리는 하늘이 내려주신 훌륭한 작물이라는 데서 '오다'의 뜻으로 일찌 감치 사용되기 시작했다. 그래서 다시 만든 글자가 麥이다. 보리는 재배방법의 특성상 가을부터 겨울까지 발(夊뒤져올 치. 발의 상형인 止의 변형)로 밟는 보리밟기를 행해주어야 한다. 그래서 來에 夊를 더해 麥을 만든 것이다.

ex 麵(밀가루 면) 麴(누룩 국)

고대 중국인들은 낭떠러지(厂) 아래나 집(广)의 처마 아래에 삼(朩)을 햇볕에 말렸다고 한다. 麻자를 쓸 때 木과는 다르게 써야한다. 삼을 재배하면 줄기에서 섬유를 뽑을 수 있고 그것으로 실과 베를 만들어 옷도 지어 입었다. 고대인들에게는 아주 중요한 작물이었으므로 재배시기가 상당히 이르다. BC. 2000년 경 이미 재배하기 시작했다고 한다.

ex 麾(대장기 휘)

12획

黃자는 갑골문에서 보면 추를 매달은 화살로 보인다. 학자들은 이것을 불화 살과 무게 중심을 맞추기 위해 추를 매달은 것으로 말하고 있다. 추가 노란색 이었는지, 불이 노란 빛이었는지 어쨌든 노랗다의 뜻을 갖게 되었다. 설문해자에서는 光과 田이 합해져서 땅(田)의 빛(光)깔인 누런색을 의미한다고 했다.

黍자는 禾(벼 화)와 水가 합해진 글자이다. 곡식의 대표인 禾 아래에 水를 쓴 이유는 기장을 이용해서 술을 담글 수 있다는 것을 표현한 것이다.

ex 黎(검을려) 黏(찰질점)

黑자의 유래에도 몇 가지 다른 의견이 있다. 하나는 노예나 죄인의 얼굴에 먹 으로 문신을 새기는 모습을 본떴다는 것이다. 黑의 맨 윗부분은 문신이 새겨 진 죄인의 얼굴이고 土부분은 그의 팔과 다리가 되며 灬는 피와 먹물 방울이 되는 것이다. 또 하나의 견해는 아궁이와 불 그리고 굴뚝을 본뜬 글자라는 것이다. 맨 윗부분 이 굴뚝 土부분이 아궁이 灬는 불이 된다.

ex (잠잠할묵) 黛(눈썹먹대) 黔(검을검) 點(점점)

헝겊(巾수건 건)에 무늬를 수놓은 모양을 본떠 바느질하다, 수놓다의뜻을 나 타냈다.

ex 黼(수보) 黻(수불)

13획

205 黽 맹꽁이 맹

개구리와 닮은 맹꽁이를 본뜬 글자이다. 머리와 몸통, 다리를 그렸다. 맹꽁이가 화가 나면 배가 불룩해 지는데 그 배도 잘 표현했다. 맹꽁이는 개구리와 같은 양서류 동물이다. 양서류인 개구리, 맹꽁이, 파충류인 자라, 거북이 등을 표현하는 글자에 들어간다. 黽의 또다른 훈음은 '힘쓸 민'이다.

ex 鼈(자라 별) 鼃(개구리 와)

206 鼎 솥 정

제사에 쓰이는 커다란 청동솥을 그린 상형문자이다. 손잡이인 귀가 달려 있고 일반적으로 발이 3개인데 4개짜리도 간혹 있다. 이 솥은 왕조와 권력을 상징하는 중요한 기물(器物)로 여겨졌다. 鼎자가 다른 글자 속에 들어갈 때는 모양이 간단하게 貝나 目처럼 변형이 된다. 貞(곧을 정. 卜+鼎), 眞(참 진. 匕+鼎).

207 鼓 북 고

북을 치는 모습을 생동감있게 표현한 글자이다. 壴(악기이름 주)는 장식을 한 북을 본뜬 글자이고 支(지탱할지)는 북채를 들고 있는 손이다.

208 鼠 쥐 서

쥐의 모양을 본떠 그린 상형문자이다. 臼는 쥐의 날카로운 이빨을 표현했고 나머지 부분은 몸통과 꼬리를 의미한다.

14획

鼻자는 코를 의미하는 自(스스로 자)자에 소리부인 畀(줄 비)자가 합해졌다. 형성문자이다. '코를 골며 자전유(自田廾)(코를 골며 자잖아요)'로 외우자.

곡물의 이삭이 가지런하고 반듯하게 자라난 모양을 본떠 만든 글자이다. 곡물이 가지런하게 잘 자라려면 농부가 잘 가꾸고 다스렸을 것이므로 가지런하다, 다스리다의 뜻이 나왔다.

ex 齋(재계할 재) 齎(가져갈 재)

15획

사람 입에 있는 이를 그린 글자이다. 주로 앞니를 의미한다. 어금니는 牙(어금니 아)를 사용하여 치아(齒牙)라고 하면 앞니와 어금니를 함께 부르는 명칭인 것이다. 齒자의 윗부분에 있는 止자는 소리부로 쓰였다.

ex 齡(나이 령)

16획

龍
용 룡

머리에는 뿔이 있고 몸통은 뱀과 비슷하고 비늘이 있으며 날카로운 발톱이 있는 네 다리를 가진 녀석으로 상상속의 동물이다. 왕이나 황제와 같은 위대하고 훌륭한 인물에 비유된다. 사람은 용을 길들일 수도 있고 등에 올라타고 마음대로 부릴 수도 있다고 한다. 그런데 용의 등에 거꾸로 난 비늘인 역린(逆鱗)을 건드리면 용이 그 사람을 잡아먹는다고 한다. 이것은 용을 황제에 비유한 말로 신하로서 황제를 잘 보위하면 자신의 영달을 꾀할 수 있지만 자칫 황제의 눈에 잘못 들면 목숨을 잃는다는 말이다. 과거 수많은 아첨꾼과 간신들은 임금의 逆鱗을 건드리지 말아야 한다는 것을 잘 아는 사람들이었다.

ex 龐(클 방)

龜
거북 귀/터질 균

거북의 모습을 본뜬 글자이다. 갑골문은 걸어가는 거북의 옆모습이며 금문은 거북을 위에서 본 것이다. 갈라져있는 거북이 등의 모습에서 갈라지다의 뜻도 나왔는데 이 때는 균으로 읽어야한다.

17획

214

龠

피리 약

대나무 관을 여러개 묶어 만든 악기의 모습을 본뜬 상형문자이다. 재료인 대나무를 강조하기 위해 籥으로 쓰기도 한다.

제2부
부수와 그에 따른 글자들

01 사람

001 :: 人 사람 인

仁 어질 인(총4획). 〈說文解字〉에는 '친애(親愛)함이다(親也)'라고 했다. 둘(二) 이상의 사람(亻)이 모여 있을 때 지켜야 할 도리와 사람과 사람간의 사랑을 仁 이라 한다는 것이다. 仁德, 仁道, 仁者, 仁善

信 믿을 신(총9획). 원래의 뜻은 '성실(誠實)함이다(誠也)'이다. 고대에는 亻과 口를 합한 적도 있었다. 의미하는 바는 같다. 사람(人)의 말(言)에는 믿음이 있어야 된다는 데서 믿음, 신임, 확실하다의 뜻을 나타낸다. 誠信, 信賴

位 자리 위(총7획). 사람(亻)이 서 있는(立) 자리와 위치를 뜻한다. 자리, 위치, 지위, 방위의 뜻을 나타낸다. 位階, 地位, 位置

佐 도울 좌(총7획). 사람(亻)의 왼(左)손의 역할을 하여 도와준다는 데서 돕다, 도움의 뜻을 나타낸다. 佐命之士, 補佐

以 써 이(총5획). 갑골문자에서 以는 쟁기를 본뜬 글자이다. 사람(人)이 쟁기를 사용함으로써 밭을 간다는데서 ~로써, 까닭의 뜻을 나타낸다. 다른 글자 속에 들어갈 때 왼쪽부분인 厶의 모습으로 들어가는 경우가 있다. 소리부의 역할도 한다. 以後, 以心傳心

似 닮을 사(총7획). 사람들이(人) 농사를 짓는 쟁기(以)는 서로 모양이 비슷하다고 하여 닮다, 같다, 비슷하다의 뜻을 나타낸다. 似而非, 類似品

備 갖출 비(총12획). 亻을 뺀 나머지는 화살통(用)에 꽂힌 화살(卄)들의 모습이다. 사냥이나 전쟁에 나갈 준비를 다 갖추었다는 데서 갖추다의 뜻이 나왔다. 備品, 準備

傲 거만할 오(총13획). 원래의 뜻은 '거만(倨)함과 불손(不遜)함(倨也)'이다. 사방(方)으로 널리 펼친 땅(土)과 권력(攵 칠 복. 손에 지휘용 막대를 들고 있는 모습)을 가진 사람(亻)은 거만해질 수 있다는 뜻이다. 傲慢, 傲氣

仕 벼슬/섬길 사(총5획). 사람(亻)이 공부를 하여 선비(士)가 되고 벼슬(仕)을 살며 임금을 섬긴다는 데서 벼슬, 섬기다의 뜻이 나왔다. 奉仕, 給仕

便 편할 편, 똥오줌 변(총9획). 편할편(便)은 사람(人)과 更(고칠 경)의 뜻을 결합한 회의문자이다. 사람이(亻) 여러 일을 함에 있어 틀린 것은 반드시 고쳐야(更) 나중에 편(便)하다는 데서 편하다의 뜻이 나왔다. 뱃속이 편(便)하려면 배변이 순조로와야 하므로 똥오줌의 뜻

도 나왔다. 便利, 便紙, 便所

伏 엎드릴 복(총6획). 사람(亻)과 개(犬)의 뜻을 결합한 회의문자이다. 개(犬)가 사람(人) 앞에 엎드린다는 데서(伏) 엎드리다, 굴복하다의 뜻을 나타낸다. 屈伏, 起伏

使 하여금/부릴 사(총8획). 윗사람이(人) 낮은 관리(吏) 하여금 일을 하게 하고 부린다는 데서 하여금, 부리다, 시키다의 뜻을 나타낸다. 使君, 使臣

價 값 가(총15획). 장사(賈장사 고. 재물貝을 덮어서襾 포장한 모습)하는 사람이(亻) 값(價)을 정한다는 데서 가격, 값어치의 뜻을 나타낸다. 價格, 價値

保 지킬 보(총9획). 呆(어리석을 매. 口머리, 十팔과 몸통, 丿과 乀: 쉬와 응가)자는 子(아들 자)의 변형으로 아기를 뜻한다. 사람(亻)이 아이를 업고 있는 모습을 나타냈다. 지키다, 맡다, 책임지다의 뜻을 나타낸다. 保衛, 保全

休 쉴 휴(총6획). 사람(亻)이 더위를 피해 그늘이 있는 나무(木)에서 쉰다는 데서 쉬다, 휴가의 뜻을 나타낸다. 休暇, 休息

仙 신선 선(총5획). 사람(人)과 산(山)의 뜻을 합친 회의문자이다. 산(山)에서 사람(亻)이 도를 닦으니 신선(仙)이 된다는 데서 신선의 뜻을 나타낸다. 仙閣

件 물건/사건 건(총6획). 옛날 농경사회에서는 사람(亻)이 소(牛)를 가장 소중한 물건(件)으로 여겼다. 소가 사람을 받으면 이 또한 중대한 사건이라는 데서 사건의 뜻도 나왔다. 事件, 件數

依 의지할 의(총8획). 사람(亻)은 옷(衣)에 의지하며 생활한다는 데서 의지하다, 따르다의 뜻을 나타낸다. 依據, 依支

侯 제후 후, 어조사 혜(총9획). 侯의 오른쪽에 있는 글자는 勹(人의 변형), 一(과녁), 矢(화살)이 합해진 것으로 활 잘 쏘는 사람의 뜻이다. 뜻을 강조하기 위해 亻도 추가하여 侯가 된 것이다. 옛날에 화살을 쏘아 과녁에 잘 맞추는 사람을 제후(侯)에 봉한다는 데서 제후라는 뜻으로 확대되었다. 고구려의 주몽이나 조선의 이성계를 생각하면 우리나라에서는 활 잘 쏘는 사람이 왕이 되었다. 王侯, 諸侯

候 기후 후(총10획). 侯에 丨(뚫을 곤. 화살을 의미)을 더하여 화살 쏨을 강조했다. 사람이 화살로 과녁을 쏘기 전에 과녁을 잘 살핀다는 데서 '살피다'의 뜻을 나타낸다. 농경사회에서는 날씨도 항상 살펴야하는 것이므로 기후, 날씨의 뜻도 나왔다. 候補, 氣候

喉 목구멍 후(총12획). 뜻을 나타내는 입구(口), 음을 나타내는 후(侯)로 이루어진 글자이다. 제후가 자기의 권위를 나타내기 위해 목구멍에 힘주며 헛기침 하는 정도로 상상해도 좋다. 咽喉, 喉音. 부수는 口(입 구)

傘 우산 산(총12획). 傘은 우산을 편 모양을 본떠 만든 상형문자이다. 사람(人)도 네 명 안에 들어가 있다. 傘下, 陽傘

來 올 래(총8획). 麥(보리 맥)의 원래글자이다. 來는 한 그루의 보리이삭을 본뜬 글자이다. 보리는 하늘이 내려준 상서로운 곡식이라는 데서 '오다'의 뜻으로 사용하게 되었다. 없어진 '보리'의 글자는 발(夊뒤져올 치. 止의 변형)을 더해 麥(보리 맥)을 다시 만든 것이다. 보리를 재배하려면 겨울에 보리밟기(夊)를 반드시 행해야 하기 때문이다. 來往, 未來

萊 명아주 래(총12획). 풀을 뜻하는(艹)자와 음을 나타내는 來자가 합쳐진 글자이다. 〈식물〉인 명아주를 나타낸 말이다. 부수는 ++(풀 초)

佾 줄춤 일(총8획). 사람(亻)들의 몸(月)이 여덟(八)명씩 여덟(八) 줄을 서서 추는 춤인 일무(佾舞)를 뜻하는 글자이다. 佾舞

倻 가야 야(총11획). 우리나라 역사상의 한 나라인 가야(伽倻)를 뜻한다. 亻이 의미부, 耶(어조사 야)가 소리부이다.

---

01 사람

002 :: 儿 어진 사람 인, 尢 절음 발이 왕

兄 맏 형(총5획). 사람이(儿) 입(口)으로 축문을 읽는 모습을 본뜬 것이다. 제사를 주관하는 것은 장자의 역할이기 때문에 맏, 장자라는 뜻을 나타낸다. 兄弟, 兄嫂

況 상황 황(총8획). 형님(兄)이 물(氵)에 쓸려가는 긴박한 상황이나 상태를 의미하는 글자이다. 狀況, 實況. 부수는 水(물 수)

兒 아이 아(총8획). 두 갈래로 딴 어린아이의 머리모양(臼)과 다리(儿)의 모양을 본떠 만든 상형문자이다. 이러한 머리 모양을 총각(總角)이라 한다. 兒童, 幼兒

克 이길 극(총7획). 克자는 갑옷(口)을 입고 투구(十)를 쓴 사람(儿)을 그렸는데 이 갑옷과 투구의 무게를 능히 이겨낸다(克)라는 데서 이기다의 뜻을 나타낸다. 형(兄)이 십자가(十)를 들고 고난을 이겨낸다로 외워도 된다. 克己復禮

兢 떨릴 긍(총14획). 이길 극(克)자를 겹쳐 뜻을 나타낸 글자로서 투구(十)를 머리(口)에 쓴 사람(亻)들이 싸우는 데서 '떨린다'의 뜻을 나타낸다. 회의문자 兢懼

允 맏 윤(총4획). 머리(厶)가 큰 사람(儿) 즉 학식과 교양을 머리에 가득 담은 사람의 모습을 그려 맏, 진실되다의 뜻을 나타냈다. 允許, 允納

鈗 창 윤(총12획). 쇠(金)로 만든 창을 의미하며 允은 소리부로 들어갔다. 부수는 金(쇠금)

兎 토끼 토(총7획). 토끼의 모양을 본뜬 상형문자이다. 兎는 兔의 俗字이다. 토끼의 긴 귀와 짧은 꼬리를 가진 모습을 본떠 만든 글자이다. 兎月, 兎死拘烹, 兎皮

尤 더욱 우(총4획). 절름발이 왕(尢)에다 점(丶)을 더했다. 힘이 들어 다리를 저는(尢) 사람의 어깨에 짐(丶)을 더 올려 더욱 힘듦을 나타냈다. 尤悔, 尤甚

就 나아갈 취(총12획). 서울(京)에 상경해서 더욱(尤) 더 열심히 노력하여 앞으로 나아간다(就) 뜻을 나타낸다. 就業, 就寢

蹴 찰 축(총19획). 발(足)이 나아가며(就) 힘차게 찬다(蹴)라는 데서 차다 라는 뜻을 나타낸다. 蹴球, 蹴鞠. 부수는 足(발족)

01 사람

003 :: 匕 비수 비, 卩 병부 절

北 북녘 북, 달아날 배(총5획). 북녘 북(北)자는 사람이(匕) 서로 등지고 있는 모양을 본떠 만든 글자이다. 전쟁에서 적에게 등을 보이고 달아나기 때문에 달아나다(배)의 뜻으로 쓰인다. 敗北(패배), 北間島(북간도)

背 등 배(총9획). 月(=肉)은 사람의 신체와 관련된 글자 속에 들어간다. 달아날 때(北) 등(背)을 보이며 달아난다 라는 데서 등의 뜻을 나타낸다. 背水陣, 背景. 부수는 月(=肉)

卿 벼슬 경(총12획). 皀(고소할 급)자는 밥그릇 위의 밥을 그린 것이다. 卯는 두 사람이 마주보고 있는 것을 나타냈다. 따라서 卿은 밥을 사이에 두고 두 사람이 마주보고 있는 모습이다. 이 두 사람은 사신과 그를 접대하는 관리이다. 두 사람 모두 벼슬아치 이므로 벼슬의 뜻이 나왔다. 卿大夫, 公卿

印 도장 인(총6획). 印은 손(爪)과 앉은 사람(卩)의 뜻을 결합한 회의문자이다. 꿇어앉은 사람을 누르는 모습을 나타낸 데서 도장을 손으로 눌러 찍는다의 뜻을 나타냈다. 印鑑, 捺印

卵 알 란(총7획). 卵은 수초(水草)에 붙어있는 물고기나 개구리의 알을 본떠 만든 상형문자이

다. 累卵, 鷄卵

01 사람

004 :: 大 큰 대

天 하늘 천(총4획). 사람이 서 있는 모양(大)과 그 위로 끝없이 펼쳐져 있는 하늘(一)의 뜻을 합한 회의문자이다. 天地, 天性

夷 클/오랑캐 이(총6획). 〈說文解字〉 '평평함이다. 대大와 궁弓으로 이루어졌다. 동방사람을 이른다(平也, 從大從弓, 東方之人也)' 큰(大) 사람(大)의 어깨에 활(弓)을 매고 다니는 모습으로, 중국인들은 활을 잘 쏘는 우리 민족을 夷라고 불렀다. 우리나라 사람들은 고래로부터 중국인이나 일본인보다 몸집이 크고 용맹했다고 한다. 따라서 우리민족을 가리키는 글자인 夷를 오랑캐라고 훈(訓)하는 것은 옳지 않다고 본다. 夷狄, 東夷

姨 이모 이(총9획). 女는 의미부로, 夷는 소리부로 쓰였다. 우리 어머니의 큰(夷)언니이신 이모를 의미하는 글자이다. 姨母. 부수는 女(계집 녀)

太 클 태(총4획). 太자는 大에 점을 찍어 더 크다는 것을 나타낸 글자이다. ^{지사문자} 太平, 太初

夫 지아비 부(총4획). 옛날 사람들은 어른이 되면 머리에 비녀를 꽂는 풍습이 있었다. 성인남자(大)가 머리에 비녀(一)를 꽂은 모습이다. 성인남자, 남편 등의 뜻이 생겼다. ^{회의문자} 夫婦, 夫妻

扶 도울 부(총7획). 사나이가(夫) 손(扌)으로 집안일을 돕는다(扶)라는 뜻을 나타낸다. 扶助, 扶養, 扶護. 부수는 扌(손 수)

奔 달릴 분(총9획). 사람(大)이 풀밭(卉 풀 훼) 위를 분주하게 달려간다 라는 데서 달리다, 급히 가다의 뜻을 나타낸다. 옛 글자를 보면 卉는 세 개의 발(止)이 변형된 것으로 나타난다. 奔走, 奔放

契 맺을 계(총9획). 새기다(丯+刀)와 大가 합해진 회의문자이다. 칼(刀)로 크게(大) 새겨서(丯) 계약을 맺다 라는 데서 맺다, 새기다의 뜻을 나타낸다. 契約, 默契. 부수는 氵(물 수)

潔 깨끗할 결(총15획). 새기는(丯)데 썼던 칼(刀)이나 옷감(糸)등을 물에(氵) 씻으니 깨끗하다 라는 데서 깨끗하다, 청결하다의 뜻을 나타낸다. 潔白, 淸潔. 부수는 氵(물 수)

奮 떨칠 분(총16획). 隹(새 추), 大, 田(밭 전)의 뜻을 결합한 회의문자이다. 밭(田)에 있던 새가 (隹) 크게(大) 날개를 떨치며 날아가는 모습을 나타냈다. 떨치다, 힘쓰다, 성내다의 뜻을 나타낸다. 激奮

奪 빼앗을 탈(총14획). 큰(大) 새를(隹) 손(寸)으로 잡은 모습이다. 빼앗다, 약탈하다, 빼앗기다 의 뜻을 나타낸다. 奪取, 掠奪

失 잃을 실(총9획). 失은 手와 물건(乀)의 뜻을 결합한 회의문자이다. 손에 쥐었던 물건을 떨 어뜨린 모양을 나타냈다. 잃어버리다, 허물의 뜻으로 쓰인다. 失職, 失敗

秩 차례 질(총10획). 벼(禾)를 실수(失) 없이 차례대로 심는다는 데서 차례, 순서의 뜻을 나타 낸다. 秩序, 秩米. 부수는 禾(벼 화)

奏 아뢸 주(총9획). 丰(예쁠 봉. 풀을 본뜬 글자), 廾(두손 공), 天(하늘 천)이 더해졌다. 두 손에 풀을 들고 하늘에 제사를 지낸다는데서 아뢰다의 뜻이 되었다. 奏文, 奏樂

奈 어찌 내, 어찌 나(총8획). 大(큰 대)와 示(보일 시)가 더해졌다. 작은 것은 안보이고 큰(大)것 만 보이니(示) 어찌한단 말인가! 奈勿王

奭 클 석(총15획). 奭자는 많은(百, 百) 사람(大)들을 거느리며 부릴 수 있다는 데서 크다, 세력 이 성하다의 뜻을 나타낸다. 李範奭

01 사람

005 :: 尸 주검 시

展 펼 전(총10획). 몸(尸)에 옷(尸의 아래. 衣의 변형)을 입기위해 잘 편다는 뜻이다. 展開, 展覽

尾 꼬리 미(총7획). 몸(尸)과 털(毛)의 뜻을 결합한 회의문자이다. 고대 축제 때 짐승을 흉내 내기 위하여 사람 몸 위에 털로 만든 장식물을 늘어뜨린 것을 나타냈다. 尾大難掉, 尾行

尿 오줌 뇨(요)(총7획). 몸(尸)에서 나오는 물(水)인 오줌을 뜻한다. 회의문자 尿道, 放尿

履 밟을 리(이)(총15획). 원뜻은 '신발(足所依也)'이다. 尸(주검 시. 사람), 彳(걸을 척)과 夊(천천히 갈 쇠. 止의 변형으로 발을 의미)등이 합해졌다. 옛 글자에는 夊의 윗부분이 舟의 모습으로 나 타나는데 그것은 신발의 모습이다. 사람이(尸) 배(舟) 모양의 신을 신고 천천히(夊) 걸어 가(彳)는 것을 나타냈다. 밟다, 행하다, 겪다, 신발 의 뜻을 나타낸다. 履氷, 履修, 履歷書

尺 **자 척**(총4획). 尺의 옛 글자를 보면 몸을 의미하는 尸(시)에다 장딴지 부분에 선을 그어 표시를 했다. 즉 땅에서 장딴지 정도의 길이가 한 척(尺)이라는 뜻이다. 고대인들은 사람 몸의 각 부위를 각종 길이의 표준으로 삼았다. 예를 들면 손바닥 가장자리에서 맥박이 잡히는 곳까지가 촌(寸)이며 寸을 거쳐 팔꿈치까지의 길이가 尺이었다. 尺度, 尺貫法

局 **판 국**(총7획). 尺과 口의 뜻을 결합한 회의문자이다. 자(尺)로 재듯이 법도에 따라 명령(口)을 내리고 일을 하는 관청이라는 데서 부분, 판의 뜻을 나타낸다. 當局 局面, 郵遞局

尼 **여승 니**(총5획). 시집도 안가고 숟가락(匕)만 가지고 다니는, 몸(尸)만 있는 여인. 여승의 뜻을 나타낸다. 尼僧, 尼院

泥 **진흙 니**(총8획). 물에 잠긴 두 몸(尸, 匕)이 끈끈한 흙에 빠져있는데, 진흙의 뜻을 나타낸다. 尸와 匕는 사람을 나타낸다. 泥土, 尼田鬪拘. 부수는 氵(물 수)

屍 **주검 시**(총9획). 죽어(死)있는 사람(尸)으로 시신, 주검의 뜻을 나타낸다. ^{회의문자} 屍體, 檢屍

居 **살 거**(총8획). 사람은(尸) 오래(古) 전부터 집(尸)에서 살고(居) 있다는 데서 살다, 거주의 뜻을 나타낸다. 居住, 同居

屋 **집 옥**(총9획). 몸(尸)이 이르는(至) 곳이니 집의 뜻을 나타낸다. 덮개, 지붕의 뜻도 나타낸다. ^{회의문자} 屋內, 家屋

握 **쥘 악**(총12획). 손(扌)으로 무엇인가 물건을 덮어서(屋) 쥔다 라는 데서 잡다, 쥔다의 뜻을 나타낸다. 握手, 把握. 부수는 扌(손 수)

屆 **이를 계**(총8획). 說文解字에서는 '행동이 불편함이다. 극한의 뜻도 있다(行不便也, 一日極也)'라고 했다. 의미부인 尸(사람)와 소리부인 凷(흙덩이 괴. 土와 흙을 담는 기구인 凵이 더해짐)가 합해졌다. 凷는 다시 土와 凵(흙을 담는 기구)이 합해졌다. 사람이 흙덩이를 짊어지고 있으니 당연히 행동이 불편할 것이고 계속 힘을 써서 나르다보면 극한의 상태에 이르게(屆)된다는 의미이다.

---

01 사람

006 :: 己 몸 기, 月 =肉 고기 육

育 **기를 육**(총8획). 育자는 여성의 몸(月)에서 아이(月의 윗부분은 子가 거꾸로 된 모습)가 태어나

는 상태를 나타내고 있다. 태어난 아이를 기른다해서 기르다, 자라다의 뜻을 나타낸다. ^회

^{의문자} 育成, 育兒, 教育

肩 어깨 견(총8획). 신체, 몸(月)의 일부로서 물건을 져서 집(戶)처럼 머물게 할 수 있는 곳으로 어깨의 뜻을 나타낸다. ^{회의문자} 肩骨, 肩章

肥 살찔 비(총8획). 사람(巴뱀 파. 己, 已와 함께 사람을 의미)의 몸에(月) 살이 붙었음을 표현했다. 사람(巴)이 고기(月)를 많이 먹어 살이 쪘음으로 표현한 것이기도 하다. 살찌다, 기름지다의 뜻을 나타낸다. 肥大, 堆肥

腦 골/뇌수 뇌(총12획). 囟(정수리 신)과 머리털을 의미하는 巛(천)이 들어갔다. 인체(月)의 머리 속(囟)에 있는 '뇌'를 의미한다. 腦裏, 腦震蕩

豚 돼지 돈(총11획). 돼지 시(豕)와 육달 월(月=肉)의 뜻이 결합한 회의문자이다. 고기(月)를 위한 집돼지(豕)를 의미한다. 豚舍, 豚兒

膠 아교 교(총15획). 사람(人)의 몸(月)에 짐승의 털(彡)이나 새의 깃(羽)을 붙인다(膠)는 데서 접착제인 아교를 의미한다. 阿膠, 膠着

肯 즐길 긍(총8획). 뼈(骨)의 생략형 止와 고기(月=肉)의 뜻을 결합한 회의글자이다. 뼈에 붙어 있는 살이 맛있는 것을 나타내며, 이로부터 '즐기다. 수긍하다'라는 뜻이 되었다. 首肯, 肯定

能 능할 능(총10획). 원래의 뜻은 곰이다. 곰의 머리(厶)와 몸통(月), 그리고 앞뒷발(匕, 匕)의 형상을 본떴다. 곰은 재주에 능하다는 데서 '능하다'의 뜻이 되었다. 能力, 能通

胤 이을 윤(총9획). 몸(月), 작음(幺), 나누다(八)의 뜻을 결합한 회의문자이다. 내 몸(月)에서 나누어져서(八) 작은(幺) 핏줄이 생기니 자손이라는 뜻을 나타낸다. 胤子, 胤嗣

巳 뱀 사(총3획). 태아의 모습을 본떴다는 견해도 있고 뱀의 모양을 본떴다는 견해도 있다. 뱀, 여섯째 지지의 뜻을 나타낸다. 다른 글자 속에 들어가면 태아, 사람의 뜻으로 작용한다. 巳時, 巳年

祀 제사 사(총8획). 사람(巳)이 제탁(示) 앞에 엎드려 절을 하며 제사를 지낸다 하여 제사, 제사지내다의 뜻을 나타낸다. 祭祀, 祭天. 부수는 示(보일 시)

007 :: 老늙을 로, 立설 립, 走달릴 주

耆 늙을 기(총10획). 사람이 자기의 뜻(旨뜻 지)을 다 이룰 때가 되면 어느덧 세월이 흘러 늙어
　　진다(耂)는 데서 늙다의 뜻을 나타낸다. 耆老, 耆德

考 생각할 고(총6획). 老의 변형으로, 노인들은 생각이 많다는데서 '생각하다'의 뜻이 되었
　　다. 考古學, 考察

竝 나란히 병(총10획). 立(설 립)을 두 번 합친 회의문자이다. 두 사람이 나란히 서 있는 모습
　　을 본뜬 것이다. 나란히, 아울러, 모두, 견주다의 뜻을 나타낸다. 竝行, 竝稱

競 다툴 경(총20획). 立은 辛(형벌 도구)의 변형이다. 얼굴에 경형(黥刑)을 받은 두 죄인이(兄,
　　兄) 서로 다툰다는 뜻을 나타낸다. 競技, 競爭

越 넘을 월(총12획). 도끼(戉도끼 월. 鉞의 본래글자)를 가지고 달린다(走)라는 데서 넘다, 넘기다
　　의 뜻을 나타낸다. 越境, 越牆

008 :: 女계집 녀, 毋말 무

好 좋을 호(총6획). 女와 子를 더했다. 어머니(女)가 아이(子)를 안고 있어 좋다, 행복하다 라
　　는 데서 좋다, 사랑하다, 사이좋다의 뜻을 나타낸다. 好感, 好奇心

威 위엄 위(총9획). 威는 무기(戌개 술. 도끼날이 달린 창의 모습)와 女를 결합한 회의문자이다. 무
　　기(戌)를 들고 있는 여자(女)가 위엄이 있다. 세력, 힘이 있다는 뜻을 나타낸다. 威脅, 威嚴

妥 온당할 타(총7획). 妥는 손(爫=爪)과 여자(女)의 뜻을 합친 회의문자이다. 손(爪)으로 여자
　　(女)를 격려하고, 위로하는 것은 온당하다, 타당하다의 뜻을 나타낸다. 妥當性, 妥結

婦 며느리 부(총11획). 여자(女)와 빗자루(帚비 추)의 뜻을 결합한 회의문자이다. 비를 들고 집
　　안을 청소하는 여자의 뜻을 나타냈다. 옛날에는 왕비를 지칭했다(제단을 청소하는 일은 아

무나 못했기 때문이다). 婦權, 主婦

妾 첩 첩(총8획). 立(설 립)과 女(여자 녀)를 결합한 회의문자이다. 立은 辛(매울 신. 형벌도구의 모
습)의 줄임형이다. 妾은 원래 형벌 칼(辛)로 문신새김을 당한 여자(女) 노예를 일컬었다.
서서(立) 시중을 드는(女) 여자가 첩이다 라고 외워도 된다. 妾室, 愛妾

接 이을 접(총11획). 옛날 관청에서 노예를 표시하는 문신(辛)을 한 여자(女)는 관원들이 마음
대로 손(扌)으로 잡을 수 있었다는 데서 잇다, 접하다의 뜻이 나왔다. 接見, 接境. 부수는
扌(손 수)

姦 간음할 간(총9획). 女의 뜻이 세 번 결합한 회의문자이다. 여자 셋이 모이면 간사해진다
(姦)하여 간사하다, 간음하다의 뜻을 나타낸다. 姦計, 姦淫

奴 종 노(총5획). 여자(女)와 손(又)의 뜻을 결합한 회의문자이다. 군사의 손(又또 우. 손을 본뜬
글자)이 여자(女)들을 포로로 잡아와 종과 노예로 삼는다는 뜻이다. 후에 남자 종의 뜻으
로 쓰이게 되었고 여자종은 婢(여종 비)로 나타내게 되었다. 奴婢, 奴隷

努 힘쓸 노(총7획). 종(奴)이 힘든 일을 하며 힘쓴다(力)라는 데서 힘쓰다, 부지런히 일하다 의
뜻을 나타낸다. 努力. 부수는 力(힘 력)

怒 성낼 노(총9획). 종(奴)이 열심히 일하다가도 사람대접을 제대로 못 받아 울컥한 마음(心)
에 화가 치밀어 오른다 해서 성내다, 화내다, 세차다의 뜻을 나타낸다. 憤怒, 怒氣. 부수
는 心(마음 심)

姬 계집 희(총9획). 눈(臣)이 예쁜 여자(女)로서 계집의 뜻을 나타낸다. 姬妾

母 어미 모(총5획). 女자의 가슴 부분에 젖꼭지를 의미하는 두 점을 찍어 만든 상형문자이다.
어머니의 뜻을 나타낸다. 母系社會, 父母

毒 독 독(총8획). 머리 위에 많은 비녀(丰)를 꽂은 화류계 여인(女→母)을 의미하는 글자이다.
남자를 파멸로 몰아갈 수 있는 독(毒)과 같은 존재이므로 독, 독하다의 뜻을 나타낸다. 毒
感, 毒藥

009 :: 子 아들 자

孔 구멍 공(총4획). 子와 乚(=乙 가슴을 뜻함)을 합친 회의문자이다. 어린 아이가(子) 엄마의 품에서 젖(乚)을 빨고 있는 모습을 나타냈다. 작은 구멍에서 젖이 흘러 나온다는 뜻이다. 孔子

孟 맏 맹(총8획). 그릇(皿)에 담긴 맏아들(子)로, 약탈혼이 성했던 옛 중국에서 맏아들은 자기 자식이 아닐 수도 있다는 이유로 잡아먹는 풍습이 있었는데 이런 풍속에서 나온 글자라고 한다. 孟子, 孟母三遷

猛 사나울 맹(총11획). 우두머리(孟)가 되는 짐승(犭)이 사납고 날세다하여 사납다, 날래다 의 뜻을 나타낸다. 猛犬, 猛獸. 부수는 犭(개 견)

孝 효도 효(총9획). 老와 子를 결합한 회의문자이다. 자식이(子) 늙은(老) 부모를 받들어 모신다는 데서 효도라는 뜻을 나타낸다. 孝子, 孝道

存 있을 존(총6획). 새싹이 딱딱한 대지를 뚫고 올라오는 모습의 才(재주 재)와 子가 결합한 회의문자이다. 남아선호사상에 의해, 재주(才)있는 아들(子)이 꼭 있어야한다는 뜻이다. 있다, 살아있다, 보존하다의 뜻을 나타낸다. 存立, 存亡, 存在

學 배울 학(총16획). 學자는 爻(점괘 효. 계산할 때 쓰던 산가지가 놓여있는 모습)와 양손(臼절구 구. 맨 아래 획이 나누어진 모습인 두 손의 뜻이다), 집(冖), 아들(子)의 뜻을 합친 회의문자이다. 아이가(子) 집(冖)에서 두 손(臼)으로 산가지(爻)를 놓아가며 산수를 배운다라는 뜻을 나타낸다. 學校, 修學

覺 깨달을 각(총20획). 覺자는 보고(見) 배워서(學)가르침을 본받아 사물의 진리를 깨닫는다(覺)라는 데서 깨닫다, 깨우치다, 터득하다 의 뜻을 나타낸다. ^{회의문자} 覺得, 覺醒. 부수는 見(볼 견)

孫 손자 손(총10획). 아들(子)과 系(이을 계)를 결합한 회의문자이다. 아들(子)에서 그 아들로(子) 혈육을 이어 가는 것(系)을 나타냈다. 손자, 자손, 겸손하다 의 뜻을 나타낸다. 孫子, 外孫

遜 겸손할 손(총14획). 손자(孫)들은 길을 갈(辶) 때 할아버지, 할머니를 만나면 겸손하게 인사를 해야 한다는 뜻이다. 不遜, 恭遜. 부수는 辶(갈 착)

季 계절 계(총8획). 禾(벼 화), 子(아들 자)를 합친 회의문자이다. 벼(禾)에 열매(子)가 달리는 것

은 벼농사가 끝날 계절(季)이라는 데서 끝, 철의 뜻을 나타낸다. 형제의 끝인 막내의 뜻도 있다. 季節, 夏季

孰 누구 숙(총11획). 享(누릴 향), 丸(알 환)의 뜻을 결합한 회의문자이다. 사람은 누구나 좋은 알약(丸)을 먹고 건강을 누릴(享)수 있다는데서 누구의 뜻을 나타낸다. 孰能, 孰誰

熟 익을 숙(총15획). 누구든지(孰) 모든 일을 숙달하고 익히려면(熟) 불(灬=火)같은 열정과 노력이 필요하다는 데서 익다, 여물다, 숙련하다 의 뜻을 나타낸다. 熟成, 熟練. 부수는 灬 (불화)

01 사람

010 :: 心, 忄 마음 심

思 생각 사(총9획). 정수리(囟→田)와 심장(心)의 뜻을 합친 회의문자이다. 사람이 머리(田)와 마음(心)으로 생각하는 것을 나타냈다. 생각, 마음의 뜻을 나타낸다. 思考, 思想, 思親

媤 시집 시(총12획). 고대 중국 사회에서 여자(女)가 항상 생각(思)하고 위해야 했던 곳은 친정이 아닌 시집(媤)이었다는 의미이다. 부수는 女(계집 녀)

愛 사랑 애(총13획). 愛자는 손(爫)으로 덮어(冖) 감싸주는 그 마음이(心) 천천히(夊 쇠) 오래 지속 되는 '사랑'을 의미한다. 愛情, 慈愛

恵 은혜 혜(총12획). 専(오로지전)과 心이 합해진 글자로, 나만을 오로지(専) 사랑해 주시는 부모님의 마음(心)에 대해, 은혜를 느낀다는 뜻이다. 恩惠

慧 슬기로울 혜(총15획). 비(彗)를 들어 깨끗이 청소하는 마음(心)이라는 데서 잡념을 없애야 슬기로워진다는 데서 슬기롭다, 지혜롭다의 뜻을 나타낸다. 慧眼, 智慧

志 뜻 지(총7획). 원래는 之(갈 지)와 心이 합해져, 마음(心)이 가고자(之)하는 곳에 뜻이 있다는 것이었는데 之가 士로 모습이 바뀌었다. 선비(士)의 마음(心) 속에는 깊은 뜻(志)이 있다로 외워도 된다. 志向, 志士, 志學

誌 기록할지(총14획). 선비(士)의 마음(心)속에는 큰 뜻(志)이 있는데 그 뜻(志)과 말씀(言)을 적고 기록한다(誌)는 뜻이다. 週刊誌, 雜誌. 부수는 言(말씀 언)

悳 큰 덕(총12획). 곧게(直) 행동하며 처신하는 마음(心)은 큰 덕(悳)이라는 데서 크다, 덕을 베

풀다의 뜻을 나타낸다.

德 큰 덕(총15획). 곧은(直) 마음씨로(心) 행동(彳갈 척)하는 것이 바로 덕(德)이라는 데서 덕, 크다, 덕을 베풀다 의 뜻을 나타낸다. 道德, 恩德. 부수는 彳(걸을 척)

慮 생각할 려(총15획). 산에서 호랑이가 내려오면(虍) 어떻게 하나 하고 생각(思)하고 염려한다는 데서 생각하다, 근심하다 의 뜻을 나타낸다. 考慮, 深慮, 念慮

虜 사로잡을 로(노)(총13획). 사나이가(男) 힘으로 범(虍)을 사로 잡는다 라는 데서 사로잡다, 생포하다 의 뜻을 나타낸다. 虜獲, 捕虜. 부수는 虍(범 호)

憲 법 헌(총16획). 남을 해롭게(害해할 해)하면 그물(罒)로 잡아 가둔다는 뜻인데, 그러한 법은 마음으로부터 지켜야 한다는 데서 心이 추가되었다. 憲法, 憲兵, 官憲

惱 번뇌할 뇌(총13획). 소리부인 뇌(腦뇌 뇌. 月이 생략됨)와 의미부인(心)이 합해졌다. 여기서의 心은 좋지 않은 감정을 의미하여 '번뇌하다'의 뜻을 나타낸다. 煩惱, 苦惱

怪 괴이할 괴(총8획). 怪는 손(又)으로 흙(土)을 가지고 사물의 모양을 만드는데 마음(忄)대로 잘 안되니 괴이하다(怪)라는 데서 괴이하다, 의심스럽다의 뜻을 나타낸다. 怪奇, 怪物, 怪異

憩 쉴 게(총16획). 舌(혀 설)과 息(쉴 식)의 뜻을 결합한 회의문자이다. 입 안의 혀(舌)를 보이며 숨을 크게 쉬는(息) 모습을 나타냈다. 쉬다, 휴식하다의 뜻을 나타낸다. 休憩室, 小憩

恒 항상 항(총9획). 亘(뻗칠 긍)자의 二는 하늘과 땅이다. 태양(日)이 항상 떠오르듯 마음(忄)도 한결같아야 한다는 데서 '항상'의 뜻을 나타낸다. 恒久的, 恒德, 恒心

患 근심 환(총11획). 마음(心)의 중앙(中)을 두 번이나 꿰뚫어버려 근심을 가져오게 한다는 데서 근심, 재앙, 병의 뜻을 나타낸다. 患難, 患者

憂 근심 우(총15획). 머리(頁)와 마음(心), 천천히(夂천천히 쇠)의 뜻을 결합한 회의문자이다. 많은 생각(心)이 머리(頁)에 가득 차 있어 천천히 걷는다(夂) 하여 근심, 걱정하다의 뜻을 나타낸다. 憂愁, 憂患, 杞憂

優 넉넉할 우(총17획). 근심(憂)이 없는 낙관적이고 긍정적인 사람(亻)이라는 데서 넉넉하다(優)의 뜻을 나타낸다. 優秀, 優等生, 優劣. 부수는 亻(사람 인)

懼 두려워할 구(총21획). 새가(隹) 눈을 크게 뜨고(目, 目) 놀라는 마음(心)을 나타냈다. 두려워하다, 두려움, 걱정하다의 뜻을 나타낸다. 懼意

恥 부끄러울 치(총10획). 마음이(心) 부끄러워 귀(耳)가 붉어진다 라는 의미로 부끄럽다의 뜻을 나타낸다. 恥部, 恥辱

息 쉴 식(총10획). 自(스스로 자. 코를 본뜬 글자)와 心(마음 심. 심장을 본뜬 글자)의 뜻을 결합한 회의문자이다. 공기가 코(自)로 들어가 가슴(心)까지 이른다는 데서 숨을 쉬다의 뜻이 되었

다. 安息, 窒息, 歎息

怨 원망할 원(총9획). 사람(已)은 저녁(夕)이 되면 마음(心)으로 낮에 있었던 일을 후회하고 원망한다는 데서 원망하다의 뜻이 나왔다. 怨恨, 怨望

苑 나라 동산 원(총9획). 원망(怨)을 잊고 꽃과 풀(艹)이 있는 동산에서 쉬고, 논다는 데서 동산의 뜻을 나타낸다. 花園, 藝苑. 부수는 艹(풀 초)

慶 경사 경(총15획). 鹿(사슴 록)과 마음(心), 夂(천천히 쇠)의 뜻을 결합한 회의문자이다. 결혼이나 잔치 등 좋은 일에 사슴의 가죽을 선물로 가지고 가는 옛 풍속을 나타내고 있다. 경사, 하례하다의 뜻을 나타낸다. 慶事, 慶弔

態 모습 태(총14획). 능하다(能)와 마음(心)의 뜻을 결합한 회의문자이다. 할 수 있다는(能) 마음(心)이 드러난 겉 모습(態)의 뜻을 나타낸다. 態度, 姿態, 世態

悶 민망할/번민할 민(총12획). 의미부인 心과 소리부인 門(문 문)이 더해졌다. 잘못을 한 아이가 부모님 뵙기 민망해서 문 앞에 머뭇거리는 모습을 상상하자. 煩悶

---

01 사람

011 :: 彡 터럭 삼, 而 말이을 이, 疒 병들 녁, 歹 앙상할 뼈 알

彬 빛날 빈(총11획). 태양의 빛(彡)을 받는 나무들(林)이 빛난다는 뜻이다. 彬彬, 彬蔚

彭 성 팽(총12획). 彭자는 북(壴북 주)의 소리가 울려 퍼지는(彡) 모양을 나타낸다. 성씨(姓氏)로 쓰인다. 彭祖

耐 견딜 내(총9획). 而(말이을 이. 수염을 본뜬 글자), 寸(마디 촌. 손을 본뜬 글자)의 뜻을 결합한 회의문자이다. 아이가 손으로 할아버지의 수염을 잡아도 참으신다는 뜻이다. 耐久性, 忍耐

疾 병 질(총10획). 疾자는 화살(矢)에 맞아서(疒) 병에 걸린다는 데서 병(病)이란 뜻을 나타낸다. 빠르다 라는 뜻도 있다. 病苦, 疾病, 疾風(바람 풍)

癌 암 암(총17획). 몸속에 바위(嵒)처럼 딱딱한 종양이 있는 것이 암이라는 뜻을 나타낸다. 癌細胞, 胃癌

死 죽을 사(총6획). 死자는 앙상한 뼈(歹) 앞에 사람(人→匕)이 꿇어앉아 죽은이를 애도하는 것을 나타냈고 이로부터 죽다 의 뜻이 되었다. 死境, 死力

001 :: 亠 머리부분 두, 頁 머리 혈

亮 밝을 량 (총9획) 사람(亻)이 높은 곳(높을 고高에서 口생략)에 있으면 사방이 똑똑히 보이므로 밝다의 뜻을 나타낸다. 諸葛亮

亨 형통할 형 (총7획) 亨은 상형문자로 종묘나 사당 등의 건물을 본뜬 글자이다. 제사를 잘 올려 자손의 일이 만사형통함을 나타낸다. 제단에 음식을 높이(高의 생략형) 쌓아 제사를 마침(了마칠 료)으로써 모든 일이 만사형통한다 로 외워도 된다. 亨通, 亨運, 亨嘉

亦 또 역, 겨드랑이 역 (총6획) 또 亦 자는 사람의 정면 모습(大)의 양 겨드랑이 부분에 각각 점을 찍어 그곳이 겨드랑이 임을 나타냈다. "또" 라는 의미로 가차되었다. ^{지사문자} 亦是, 亦卽, 亦然

跡 발자취 적 (총13획) 선인(先人)들의 발(足)로 뛰었던 그 길을 또(亦) 한번 걸음으로써 선인들의 발자취(跡)를 느껴본다 라는 데에서 발자취, 업적, 자취의 뜻을 나타낸다. 行跡, 史跡 戰跡. 부수는 足(발 족)

顯 나타날 현 (총23획) 頁은 사람을 대표한다. 顯은 사람이 태양 아래 있는 실을 보는 모습이다. 실은 원래 잘 보이지 않으나 태양 아래서는 잘 나타남을 의미한다. 顯考, 顯微鏡

頻 자주 빈 (총16획) 步(걸음 보)와 頁(머리 혈)을 결합한 회의문자. 걸어갈 때(步) 여기저기 머리를(頁) 돌려 자주 보는 것을 나타냈다. 자주, 빈번하다의 뜻을 나타낸다. 頻度, 頻發

須 모름지기 수, 수염 수 (총12획) 얼굴(頁)에 있는 털(彡), 즉 수염이 원뜻이다. 얼굴(頁)에는 모름지기 수염(彡)이 있어야 한다는 데서 모름지기, 반드시, 틀림없이의 뜻을 나타낸다. 須臾, 必須

頊 삼갈 욱 (총13획) 귀한 옥(玉)을 보면 탐이 나지만 머리(頁)로 생각하고 삼가(頊) 해야 한다는 데서 삼가다 뜻을 나타낸다. 顓頊

類 무리 류 (총19획) 쌀(米)과 개(犬)는 모양이 비슷하여 같은 종류로 무리 지을 수 있다는 데서 무리, 동아리의 뜻을 나타낸다. 무리가 있으면 우두머리가 필요하므로 頁이 추가되었다. 分類, 鳥類

頃 이랑 경, 잠깐 경 (총11획) 匕(비수 비. 여기서는 숟가락의 뜻)와 頁(머리 혈)이 결합했다. 숟가락(匕)을 입에 넣기 위해 머리(頁)를 기울이는 것은 잠깐 동안이라는 데서 잠깐, 잠시, 이랑,

기울다의 뜻을 나타낸다. 傾刻, 傾年

傾 기울 경 (총13획) 사람(亻)이 밥을 먹기 위해 손가락(匕)을 대기 위해 머리를(頁) 기울인다 라는 데서 기울다, 기울어지다, 비스듬하다의 뜻을 나타낸다. 傾向, 傾斜. 부수는 亻(사람 인)

---

02 머리

002 :: 口 입 구, 曰 가로 왈, 甘 달 감, 舌 (혀 설)

品 물건 품 (총9획) 물건 품(品)자는 입 口자가 세 개 합쳐진 글자로서 물건을 네모난 상자에 넣어 쌓아놓은 모습이다. 회의문자 品質, 品貴

只 다만 지 (총5획) 입(口)과 나누다(八)의 뜻을 결합한 회의문자. 입(口)에서 나오는 말이 흩어져서(八) 다만, 여운이 남았을 뿐이다 에서 다만, 단지의 뜻을 나타낸다. 只今, 但只

器 그릇 기 (총16획) 그릇(口)과 개(犬)의 뜻을 결합한 회의문자. 개의 밥그릇이라는 데서 그릇, 접시, 도구의 뜻을 나타낸다. 大器, 漆器

哭 울 곡 (총10획) 개가 밥그릇 두 개를 잃어 슬퍼서 운다는 의미이다. 痛哭, 哭聲

喪 잃을 상 (총12획) 哭(울 곡)자와 亡(망할/잃을 망)자를 결합했다. 亡은 소리부도 겸한다. 잃어버리고(亡) 슬퍼서 운다(哭)라는 데서 잃어버리다, 초상의 뜻을 나타낸다. 喪家, 喪禮

哀 슬플 애 (총9획) 옷(衣)고름을 입(口)에 대고 슬프게 소리 내어 운다 라는 데서 슬프다, 불쌍히 여기다의 뜻을 나타낸다. 哀乞, 悲哀

啓 열 계 (총11획) 집(戶)에 있는 식구(口)들을 가르치기(攵)위해 지혜와 슬기를 열어주는데서 열다의 뜻을 나타낸다. (攵→치다, 손으로 막대기를 잡다) 啓蒙, 啓侍, 啓導

向 향할 향 (총6획) 宀(집 면), 口(입 구. 여기서는 창문)가 합해졌다. 집에 난 창문의 방향을 뜻했다. 南向

和 화할 화 (총8획) 농부들이 벼(禾)를 수확하면서 입(口)으로 노래를 부르니 화목하다 라는 데서 온화하다, 화목하다의 뜻을 나타낸다. 和睦, 和氣

命 목숨 명 (총8획) 口(입 구)와 令(명령 령)이 합해졌다. 상관의 입에 의해 내려진 명령은 목숨과도 같다는 뜻이다. 運命, 命令

史 역사/사기 사 (총5획) 中(가운데 중), 又(또 우. 손의 상형)를 결합한 회의문자. 손(又)에 붓의 가

운데(中)를 잡고 역사를 기록한다라는 데서 사기, 역사의 뜻을 나타낸다. 歷史, 史記, 國史

吏 벼슬아치 리, 관리 이 (총6획) 一(한 일), 史(역사 사)를 결합한 회의문자. 한결(一)같이 역사(史)를 기록하는 벼슬아치의 뜻을 나타낸다. 官吏, 吏讀

商 장사 상 (총11획) 원래의 뜻은 (건물의) '밖에서 안의 상황을 예측하다(從外知內也)' 이다. 章(글 장→立. 商속에 생략되어 들어갔다), 內(안 내), 口(입 구. 말들의 뜻으로 들어갔다)가 합해졌다. 현재는 헤아리다, 의논하다, 장사, 상업의 뜻으로 많이 쓰이고 있다. 건물 밖에 서서(立) 안(內)에 어떤 일이 일어나는지를 말(口)로 의논하고 헤아리다 라고 외우면 된다. 물건의 값을 헤아리고 이치를 따져 물건을 사고파는 장사의 뜻으로도 파생되었다. 商街, 商標

名 명 (총6획) 어두운 저녁(夕)에 사람을 만나면 입(口)으로 이름을 묻는다는 데서 이름의 뜻이 되었다. 名門, 名筆

銘 새길 명 (총14획) 단단하고 견고한 쇠(金)에다 이름(名)을 새겨 영원함을 기록한다는 데서 새기다의 뜻을 나타낸다. 銘刻, 劍銘. 부수는 金(쇠 금)

善 착할 선 (총12획) 羊과 言이 합해졌다. 두 사람이 주고받은 말(言)이 양(羊)처럼 순하다는 데서 착하다, 좋다 의 뜻이 되었다. 善隣, 親善

膳 반찬/선물 선 (총16획) 善은 착하다와 함께 좋다의 뜻으로 많이 쓰인다. 좋은(善) 고기(月=肉)를 골라 선물도 하고 반찬으로 요리도 해 먹는다는 의미이다. 膳物, 素膳. 부수는 月(=肉 고기 육)

繕 기울 선 (총18획) 실(糸)로 구멍난 곳을 잘(善) 기워(繕) 보충한다라는데서 깁다의 뜻을 나타낸다. 繕補. 부수는 糸(실 사)

問 물을 문 (총11획) 대문(門)앞에서 입(口)으로 묻는다 라는데서 묻다, 방문하다의 뜻을 나타낸다. 問答, 質問

聞 들을 문 (총14획) 문(門)앞에서 물으니 귀(耳)로 듣는다는 데서 듣다, 소문, 냄새를 맡다의 뜻을 나타낸다. 所聞, 見聞. 부수는 耳(귀 이)

呂 음률 여(려) (총7획) 음률 려(呂)자는 사람의 등뼈, 척추 뼈의 모양을 본떠 만든 상형문자이다. 등뼈 두개를 그렸다. 두 사람이 각자의 입으로(口, 口) 음률을 맞추어 노래를 부른다로 외우면 된다. 呂氏春秋

侶 짝 려 (총9획) 亻이 의미부, 呂가 소리부로 들어갔다. 노래는 짝꿍(亻)과 함께 음률(呂)을 맞추어 불러야 더 즐겁다로 외우면 된다. 伴侶. 부수는 亻(사람 인)

吹 불 취 (총7획) 입(口)을 크게 벌려서(欠) 입바람을 부는 모습을 나타냈다. 吹奏, 吹入

炊 불땔 취 (총8획) 입을 벌려(欠) 불을(火) 붙인다는 데서 불때다 의 뜻이 나왔다. 炊事, 自炊.

부수는 火(불 화)

書 글 서(총10획) 붓(聿)과 벼루(日)를 결합했다. 붓과 벼루를 준비하여 글을 쓴다는 뜻이다.
書架, 書店

曲 굽을 곡(총6획) 굽을 곡(曲) 자는 대나무나 싸리로 만든 바구니 모양의 굽은 모양을 본떠
만든 상형문자로 굽다의 뜻을 나타낸다. 曲肱, 作曲, 歪曲

替 바꿀 체(총12획) 두 사내(夫, 夫)와 曰(말할 왈)을 결합한 회의문자. 두 사내가 마주앉아 말을
번갈아 하며 이야기를 나누는데서 바꾸다란 뜻이 나왔다. 替送, 交替

曺 성 조(총10획) 우리나라의 姓氏로 쓰이며 중국에서는 曹로 쓰인다. 曺晚植, 曺奉岩

甚 심할 심(총9획) 심할 심(甚)자는 달 감(甘)과 짝 필(匹)을 결합한 회의문자. 자기의 짝꿍(匹)
과 달콤(甘)한 음식을 먹으니 심히 즐겁다는데서 심하다의 뜻이 나왔다. 甚深, 甚美

活 살 활(총9획) 물을 못 마시며 어떻게 되는가? 혀(舌)를 통해서 물(氵)을 마셔야 산다는 뜻이
다. 活用, 活動. 부수는 氵(물 수)

話 말씀 화(총13획) 혀(舌)를 움직여 말한다(言)는 뜻이다. 話術, 話題. 부수는 言(말씀 언)

舍 집 사(총8획) 지붕(人), 들보(二), 기둥(丨), 주춧돌(口)이 있는 집을 의미한다. 舍廊, 宿舍

捨 버릴 사(총11획) 집에 있는(舍) 쓰레기를 손으로(扌) 집(舍) 밖에 버린다는 뜻이다. 取捨, 淨
捨. 부수는 扌(손 수)

---

02 머리

003 :: 欠하품 흠, 言말씀 언

款 항목 관, 정성 관(총12획) 선비(士)가 제단(示)앞에서 입을 크게 벌려(欠)자기의 소원을 정
성을 다하여 항목별로 기원한다는 뜻이다. 款待, 落款

護 도울 호(총21획) 풀(艹) 우거진 숲속에 있는 새를(隹) 손으로(又) 잡아다가 전시나 평시에
전령으로 도움(護)을 받기위해 말(言)로 길들인다 라는 데서 돕다, 지키다, 보호하다의 뜻
을 나타낸다. 看護, 愛護

設 베풀 설(총11획) 말(言)과 치다(殳)의 뜻을 결합한 회의문자. 말(言) 한바를 연장(殳)을 가지
고 세우고 베푼다 라는 데서 베풀다, 세우다의 뜻을 나타낸다. 設計, 設定

計 셀 계(총9획) 말씀(言)과 열(十)의 뜻을 결합한 회의문자. 말로서 개수를 하나에서 열까지 헤아리다 라는 데서 세다의 뜻을 나타낸다. 計算, 設計

討 칠 토(총10획) 말씀(言)과 손(寸)의 뜻을 결합한 회의문자. 말을 잘못하면 손으로 때리고 친다는 뜻이다. 공격하다, 다스리다의 뜻도 나타낸다. 討論, 討伐

訴 호소할 소(총12획) 억울한 일을 물리치기(斥) 위해서 상급 관청이나 법원에 말(言)로써 호소한다 라는데서 호소하다, 하소연하다의 뜻을 나타낸다. 訴訟, 訴狀

謬 그르칠 류(유)(총18획) 사람(人)이 말(言)을 할 때에 깃(羽)이나 터럭(彡)처럼 가벼이 하면 큰 일을 그르친다는 뜻이다. 誤謬, 謬計

誾 향기 은(총15획) 문(門)안에서 주고받는 정겨운 말(言)이 꽃의 향기처럼 향내가 난다고 해서 향기, 온화하다의 뜻을 나타낸다. 誾誾

02 머리

004 :: 目 눈 목, 臣 신하 신, 見 볼 견

眉 눈썹 미(총9획) 사람의 눈썹 모양을 본뜬 상형문자. 眉間, 蛾眉

着 붙을 착(총12획) 양(羊)을 기를 때는 목동의 눈(目)이 양의 몸에 착 붙어있듯이 지켜야 한다는 뜻이다. 着劍, 到着, 着陸

省 살필 성, 덜 생(총9획) 少(적을 소→옛날에는 少와 작을 소小를 혼용했다.)와 目을 결합한 회의문자. 눈(目)을 작게(少) 떠 사물을 살핀다 라는 데서 살피다, 덜다의 뜻을 나타낸다. 省墓, 省略, 省察

看 볼 간(총9획) 손(手)을 눈(目)위에 얹어서 본다는 데서 보다, 지켜보다, 지키다의 뜻을 나타낸다. 회의문자. 看板, 看破

睿 슬기 예(총14획) 夕(뼈 알), 目(눈 목), 谷(골 곡. 口가 빠진 형태로 들어감)이 합해졌다. 원뜻은 '슬기롭다, 통하다(深明,通達)'이다. 사람의 식견이나 안목(眼目)이 깊고 어두운 골짜기(谷)를 꿰뚫어 보듯 밝고 슬기롭다는 뜻이다. 夕(뼈앙상할 알)은 소리부로 들어갔다. 睿는 叡와 같은 글자이다. 睿智, 睿感

璿 구슬 선(총18획) 슬기(睿)로운 사람이 가지고 있는 구슬(玉)을 의미한다. 구슬, 옥을 칭한

다. 璿珠, 璿板. 부수는 玉(구슬 옥)

濬 깊을 준 (총17획) 물(氵)이 깊고 밝은(睿)데서 깊다의 뜻을 나타낸다. 濬潭, 濬源. 부수는 氵(물
수)

臨 임할 림 (총17획) 사람(人)의 눈(臣신하 신. 노예의 눈을 본뜬 글자)이 물건(品)에 가까이 다다르
다 라는 데서 임하다, 다다르다의 뜻을 나타낸다. 臨侍, 臨迫

臥 누울 와 (총8획) 臣(신하 신)은 노예의 눈을 본뜬 글자로 눈, 노예, 신하의 뜻이 있다. 노예
(臣)된 사람(人)의 눈(臣)은 항상 피곤해 보이기 때문에 눕고 싶어하는 것으로 보인다는 의
미이다. 臥龍, 臥薪嘗膽

視 볼 시 (총12획) 신(示)이 우리를 항상 바라본다(見)는 데서 보다의 뜻을 나타낸다. 視覺, 視聽

規 법 규 (총11획) 고대 사회에서는 나이 찬 사내(夫)가 보는(見) 관점이 곧 법규라는 데서 법의
뜻이 나왔다. 規範, 規定, 規則

親 친할 친 (총16획) 원래의 뜻은 '이르다(至也)'이다. 나무(木)를 관리하기(見) 위해 나무에게로
간다는 것인데 자주 만나면(見) 나무(木)건 사람이건 친하게 된다는 뜻이다. 立(설 립. 형벌도
구인 매울 신辛의 줄임형)은 소리부로 들어갔다. 신→친. '나무(木)에 기대서서(立) 동구 밖을
바라보시며(見) 외출한 자녀를 기다리는 부모님'으로 외울 수 있다. 자녀에게 있어서 부모
님은 가장 친한 분들이기 때문이다. 친하다, 어버이의 뜻이 파생되었다. 親家, 親告罪

新 새 신 (총13획) 立은 辛의 줄임형. 소리부이다. 도끼(斤)로 나무(木)를 베어내니, 베인 부분이
깨끗하고 말끔하다는 데서 새롭다의 뜻이 나왔다. 新世代, 新郎, 新婦. 부수는 斤(도끼 근)

薪 섶 신 (총17획) 땔나무를 뜻하는 글자이다. 원래는 새신(新)으로 쓰였으나 ++를 덧붙여 섶,
땔나무의 뜻을 나타냈다. 薪樵, 菜薪. 부수는 ++(풀 초)

覓 찾을 멱 (총11획) 찾을(覓)은 爪(손톱 조), 見(볼 견)을 결합한 회의문자. 물건을 손에 넣으려
고 눈을 크게 뜬 것을 나타냈다. 찾다, 구하다, 곁눈질의 뜻을 나타낸다. 覓去, 覓來

---

02 머리

005 :: 自 스스로 자, 耳 귀 이

臭 냄새 취, 맡을 후 (총10획) 코(自)와 개(犬)의 뜻을 결합한 회의문자. 개(犬)는 코(自)로 냄새

를 잘 맡는다 라는 데서 냄새, 냄새를 맡다의 뜻을 나타낸다. 臭氣, 香臭, 體臭

聰 귀 밝을 총 (총17획) 悤(바쁠 총)은 소리부로 쓰였다. {囪(창문 창)+心(마음 심). 퇴근 전에 창문을 바라보니 마음이 바빠진다는 뜻이다.} 귀(耳)로 상대방의 이야기를 듣고 재빨리(悤) 알아 듣고 이해하니 총명하다 라는 데서 귀밝다, 총명하다의 뜻을 나타낸다. 聰明, 聰氣

聯 잇닿을 련 (총17획) 귀(耳)와 실(絲)의 뜻을 결합한 회의문자. 귀(耳)는 뺨에 잇닿아 있듯이 실과 실도 끝이 이어진다는 것을 나타냈다. 聯合, 聯盟, 聯想

聘 부를 빙 (총13획) 입으로(由의 아래) 상대방의 귀(耳)에 들리도록 부른다(聘)는 뜻이다. 由는 광주리로 보인다. 광주리에 음식을 준비하여 이웃을 부른다는 의미이다. 招聘, 聘父, 聘家

耶 어조사 야 (총9획) 귀(耳)와 마을(邑=阝)을 결합한 글자로, 어조사로 쓰인다. 중국 산동성의 고을 이름을 나타냈다. 耶華和, 誰耶

001 :: 手 손수

投 던질 투 (총7획) 창(殳)을 손에(扌) 들고 던진다는 뜻이다. 投稿, 投光, 投入

抛 던질 포 (총7획) 손(扌)으로 더욱(尢→尤더욱 우의 줄임형) 힘써서(力) 던진다는 데서 던지다 의 뜻을 나타냈다. 投棄, 投擲

捉 잡을 착 (총10획) 손(扌)으로 걸어가는(足) 사람을 잡는다라는 데서 잡다. 체포하다의 뜻을 나타낸다. 捕捉, 捉去

促 재촉할 촉 (총9획) 걸어가는(足) 사람에게(亻) 빨리 가라고 재촉한다라는 데서 재촉하다의 뜻을 나타낸다. 促求, 促發, 促進. 부수는 亻(사람 인)

把 잡을 파 (촉9획) 뱀(巴뱀 파)을 손(扌)으로 잡는다라는 데서 잡다, 쥐다의 뜻을 나타낸다. 把握, 把守

揷 꽂을 삽 (총12획) 꽂을 삽(揷)자는 손(扌)으로 공이(午낮 오. 절굿공이를 본뜬 글자→千으로 변형)를 절구에(臼절구 구) 꽂는다는 의미이다. 揷畵, 揷入

携 이끌 휴 (총13획) 손(扌)으로 통통한(乃이에 내. 배와 가슴이 불룩불룩 튀어나온 사람의 상형) 새(隹)를 잡았다 라는 데서 끌다, 갖다의 뜻을 나타낸다. 携帶品, 提携

攝 다스릴/잡을 섭 (총21획) 귀(耳) 세 개를 손(扌)으로 끌어잡는다 라는 데서 다스리다, 끌어잡다의 뜻을 나타낸다. 攝政, 攝取

拜 절 배 (총9획) 손(手)과 丰(예쁠 봉-풀을 본뜬 글자)이 합해졌다. 손으로 풀을 잡을 때의 자세가 절하는 것과 닮았다는 데서 절하다의 뜻이 나왔다. 拜禮, 歲拜

掃 쓸 소 (총11획) 손(扌)과 비(帚비 추)를 겹합한 회의문자. 빗자루를 손으로 쓸고 닦는다는 의미이다. 掃去, 淸掃

據 근거/의거할 거 (총16) 호랑이(虍)와 멧돼지(豖)를 잡기위해서는 손(扌)을 무기에 의거하여(據)야 한다는 데서 의거하다, 근거의 뜻을 나타낸다. 依據, 證據

承 이을 승 (총8획) 사람(卩→了처럼 모습이 변형됨), 손(手), 두손(廾)이 합해진 회의문자이다. 여러 손이(廾, 手) 사람을(卩) 떠받친다고 해서 '잇다'의 뜻을 나타낸다. 承諾, 承繼

擊 칠 격 (총17획) 殻(부딪칠 격)은, 창(殳)과 수레의 굴대를 표시한 글자로서 부딪치다의 뜻을 나타낸다. 모습이 약간 변했다(□→凵). 전차(車)에서 손(手)에 창(殳)을 들고 적군을 내려

친다는 의미이다. 擊鼓, 擊毬

002 :: 又또우, 寸마디촌, 爪손톱조

友 벗 우(총4획) 갑골문을 보면 '又'를 나란히 두 개 썼음을 알 수 있다. 손에(又) 손을(又) 잡고 걷는 친한 친구의 뜻이다. 友情(뜻 정), 友好(좋을 호)

受 받을 수(총8획) 받을 受는 두손(爫, 又)와 덮다(冖)의 뜻을 결합한 회의문자. 옛글자를 보면 두 손 사이에 배(舟)가 놓여있어 배위에서 물건을 주고 받는것을 나타냈다. 후에 '받다'의 뜻만 남게 되었다. 受檢, 受講

授 줄 수(총11획) 受에 주는 손(扌)를 더해 주다의 뜻을 명확하게 구분한 글자이다. 授與, 授賞

叉 깍지낄 차(총3획) 丶(점 주)는 손가락 사이에 끼인 다른 손가락을 의미한다. 두 손의 손가락을 서로 엇갈리게 낀 모습을 표현하였다. 夜叉, 叉手

尊 높을 존(총16획) 술병(酋우두머리 추)와 손(寸)의 뜻을 결합한 회의글자. 존경하는 어른께 손에 술병을 들어 따라드린다라는 데서 높다, 공경하다의 뜻을 나타낸다. 尊敬, 尊嚴, 尊重

遵 좇을 준(총16획) 존경하는(尊) 사람의 행동이나 거동을 따라 가다(辶) 라는 데서 좇다, 따르다의 뜻을 나타낸다. 遵法, 遵守. 부수는 辶(갈 착)

尉 벼슬 위(총11획) 몸(尸)과 손을 법도(寸)있게 움직여 부하에게 보여(示)주며 명령하는데서 벼슬의 뜻을 나타낸다. 大尉, 尉官

慰 위로할 위(총15획) 벼슬아치(尉)는 마음속(心)으로 백성과 부하를 위로한다는 데서 위로의 뜻을 나타낸다. 慰勞, 自慰, 慰安. 부수는 心(마음 심)

蔚 고을이름 울(총15획) 벼슬(尉)아치가 풀(艹)이 우거진 고을을 다스린다는 뜻이다. 蔚山, 彬蔚. 부수는 艹(풀 초)

尋 찾을 심(총12획) 두개의 손(ㅋ, 寸)과 工, 口를 합쳤다. 장인이 물어가며 물건을 찾는다는 뜻이다. 尋訪, 尋思

封 봉할 봉(총9획) 넓은 땅(土, 土)을 손으로(寸) 법도(寸)있게 다스리게 하게끔 제후로 봉(封)한 다는 뜻이다. 封墳, 封鎖, 封建時代

對 대할 대 (총14획) 寸의 윗부분은 촛대와 초를 본뜬 글자이다. 손에 촛대를 들고 사물을 마주 대하여 바라본다는 의미이다. 對備, 對答, 相對. 부수는 爪(손톱 조)

爵 벼슬 작 (총18획) 벼슬작(爵)자는 참새모양의 술잔 모습을 본떠 만든 상형문자이다. 이후 이 술잔은 왕이 하사할 때 벼슬을 주어 벼슬이라는 뜻을 나타내게 되었다. 벼슬, 작위, 술잔의 뜻을 나타낸다. 爵位, 侯爵. 부수는 爪(손톱 조)

爲 할 위 (총12획) 손(爫) 아래의 것은 코끼리의 상형이다. 손으로 코끼리를 부려 일을 하게 하는 모습을 본뜬 것이다. 爲國, 行爲, 行政

僞 거짓 위 (총14획) 사람(人)이 하는(爲) 일에는 거짓(僞)됨이 있다 라는 데서 거짓의 뜻을 나타낸다. 僞計, 僞證, 僞善. 부수는 亻(사람 인)

---

03 손

003 :: 白흰백, ㅿ사사사, 廾두손공

皐 언덕 고 (총11획) 흰 머리뼈의 네 발 짐승의 주검을 본뜬 글자이다. 흰(白) 해골이 언덕처럼 많이(十) 쌓였다고 외우면 된다. 皐牢

去 갈 거 (총5획) 반지하로 파들어간 구덩이(凵)와 사람(大→土로 변형됨)을 그려 화장실에 가는 사람을 그린 것이다. 찌꺼기를 버리러 가는 것이므로 버리다의 뜻도 생겼다. 除去, 過去

却 물리칠 각 (총7획) 꿇어 앉은 사람(卩)을 가라고(去) 물리친다는 뜻이다. 却說, 忘却, 退却. 부수는 卩(병부 절)

脚 다리 각 (총11획) 사람을(卩) 가라고(去) 물리칠때(却) 다리(脚)나 발로 그를 걸어찬다는 뜻이다. 脚本, 失脚. 부수는 肉(=月 고기 육)

劫 위협할/긴세월 겁 (총7획) 사람을 가라고(去) 하는데도 안 가면 힘(力)으로 위협한다는 뜻이다. 永劫, 劫奪. 부수는 力(힘 력)

弄 희롱할 롱 (총7획) 구슬 옥(玉)과 두손 공(廾)을 결합한 회의문자. 구슬(玉)을 두손(廾)으로 가지고 재미있게 논다는 데서 희롱하다의 뜻을 나타낸다. 弄談, 戱弄

弁 고깔 변 (총5획) 사사 사(ㅿ)는 여기서 고깔모자를 의미하며, 두 손(廾)으로 머리에 쓴 것이 고깔이라는 뜻이다. 弁辰, 弁韓

001 :: 止그칠지, 夊천천히쇠, 足발족, 疋발소

步 걸음 보(총7획) 止(그칠지. 발의 상형)의 아래는 止가 거꾸로 된 것이다. 걷고 있음을 나타냈다. 일본인들은 止의 아랫부분을 적을 소少로 쓰고 있는데 그것은 잘못된 것이다. 步道, 進步

歸 돌아갈 귀(총18획) 여자가 빗자루로(帚) 고향 언덕(阜→ㅏ이 생략됨)의 흙을 쓸어 담아 시집을 간다(止)는 것으로, 시집은 여자로서 반드시 가야할 곳이라는 데서 돌아가다의 뜻이 되었다. 시집가다의 뜻도 있다. 흙을 쓸어 담는 이유는, 여자가 시집간 후에 풍토병에 걸렸을 때 고향의 흙을 물에 타서 마시기 위함이었다고 한다. 歸鄕, 歸去來辭

武 호반 무(총8획) 호반 무(武)자는 止(그칠지. 발의 상형)와 戈(창 과)가 합해졌다. 창을 들고 씩씩하게 걷는 병사를 의미하는 글자이다. 전쟁(戈)을 그치게(止) 하려면 무력을 키워야 한다고 이야기하기도 한다. 호반: 조선시대에 문반(文班)과 무반(武班)을(=兩班) 나누었을 때 무반을 호반(虎班)이라고 불렀다. 武術, 武藝, 武官

賦 부세/구실 부(총15획) 군사(武) 비용을 조달하기 위하여 재물(貝)을 거두어 들인다 라는 데서 군비, 매기다, 구실(온갖 세납을 통틀어 이르던 말)의 뜻을 나타낸다. 賦課, 割賦, 賦役. 부수는 貝(조개 패)

歪 기울/비뚤 왜,외(총9획) 바르지(正) 않은(不) 것은 기울고 비뚤은 것이라는 뜻이다. 歪曲, 歪力

夏 여름 하(총10획) 머리 혈(頁)과 천천히 걸을 쇠(夊)가 결합했다. 날씨가 더워서 천천히 걸어도(夊) 머리에(頁) 땀이 나는 계절이 여름이라는 데서 여름의 뜻을 나타낸다. 夏至, 春夏秋冬

踏 밟을 답(총15획) 농부의 발(足)은 매일(日) 물(水)을 밟는다는 데서 밟다의 뜻을 나타낸다. 踏査, 踏步, 踏襲

疏 소통할 소(총12획) 疋(발 소)의 오른쪽은 아이가(子가 거꾸로 된 모습) 양수와(川) 함께 태어나는 모습이다. 아기가 태어날 때 발까지 다 나왔다는 데서 트이다, 소통하다, 드물다의 뜻이 나왔다. 疏通, 上疏, 疏外

蔬 나물 소(총15획) 피가 잘 돌아(疏) 건강하려면 나물(艹)을 많이 먹어야 한다는 뜻이다. 菜

蔬, 蔬食. 부수는 ⁺⁺(풀 초)

04 발

002 :: 癶두발 발, 舛어길 천

發 필 발(총12획) 가다(癶)와 활(弓) 치다(殳)의 뜻을 결합한 회의문자. 달리(癶)면서 활(弓)과 창(殳)을 쏘고 친다라는데서 쏘다, 일어나다, 드러내다의 뜻을 나타낸다. 發見, 發刊, 開發

癸 천간/북방 계(총9획) 두 발(癶)과 矢(화살 시. 생략됨)가 결합했다. 두발로 달리며 화살을 쏘아대는 북방민족(天之驕子라 하여 하늘의 아들이라고도 불렀다)을 의미하는 글자였다. 나중에 가차되어 열 번째 천간으로 쓰이게 되었다. 癸酉, 癸未

揆 헤아릴 규(총12획) 癸(천간 계)는 소리부로 쓰였다. 손(扌)으로 화살(천간 계癸의 天부분은 화살 시矢가 변형된 것이다)의 길이를 재고 헤아린 다는 뜻이다. 揆敍, 揆度. 부수는 扌(손 수)

舜 순임금 순(총12획) 爫(손톱 조), 冖(덮을 멱), 舛(어그러질 천)이 합해졌다. 어수선한 세상을 잘 덮어 다스렸던 성군인 순임금을 의미하는 글자이다. 堯舜時代

瞬 눈깜짝일 순(총17획) 태평성대를 누렸던 순(舜)임금 시대는 눈(目)깜짝일 정도로 빨리 지나갔다라는 데서 눈깜짝할 사이라는 뜻을 나타낸다. 瞬息間, 一瞬. 부수는 目(눈 목)

001 :: 攵 (칠 복)

教 가르칠 교 (총11획) 산가지(爻)를 가지고 공부하는 아이(子)와 회초리를 든 손(攵)이 합해졌
다. 때리면서(攵) 아이를(子) 가르친다는 뜻이다. 教育, 教養

散 흩을 산 (총12획) 수풀 림(林)과 저녁 석(夕) 칠 복(攵)을 결합한 회의문자. 산에(林) 있는 나
무를 손으로 쳐서(攵) 떨어지는 모습을 나타냈다. 고기를(月) 몽둥이로 쳐서(攵) 여러(卄,
一)갈래로 흩어졌다로 외우면 된다. 解散, 離散, 散髮

撒 뿌릴 살 (총15획) 손(扌)에 묻은 물을 흩어(散) 뿌린다는 의미이다. 撒布(펼 포), 撒砂(모래 사).
부수는 扌(손 수)

敗 패할 패 (총11획) 손에 무기를 들어 적을 쳐서(攵) 재물을(貝) 부순다는 데서 패하다, 부수다
라는 뜻을 나타낸다. 敗北(패배), 勝敗(승패)

收 거둘 수 (총6획) 얽힌 넝쿨(니: 넝쿨 구)을 손에 도구를(攵) 들고 베어 거둔다는 뜻이다. 收監,
收去, 秋收, 收容

叫 부르짖을 규 (총5획) 입(口)으로 부르짖으므로 口가 의미부, 넝쿨 구(니)는 소리부로 들어
갔다. 넝쿨(니)이 살기위해 사방으로 뻗어나가 듯이 사람도 살기위해 입(口)으로 부르짖
는다로 외우면 된다. 叫彈, 絶叫, 叫聲. 부수는 口(입 구)

糾 얽힐 규 (총8획) 실(糸)이 얽히고 설키고(니) 꼬아졌다는데서 얽히다, 꼬다의 뜻을 나타내며 얽
힌 일을 규명한다는데서 규명하다, 바로잡다의 뜻을 나타낸다. 糾明, 糾合. 부수는 糸(실 사)

002 :: 殳 창 수

殿 전각/큰집 전 (총13획) 대궐을 의미하는 글자이다. 여러 병사들이 함께(共) 손에 창(殳)을
들고 지키는 큰 집(尸)을 의미하는 글자이다. 殿下, 大雄殿, 宮殿

段 층계 단(총9획) 뭊의 왼쪽은 언덕(厂)에 계단(三)이 있는 모습이다. 손에 연장을 들고 계단을 만들고 있음을 표현했다. 段階, 手段

鍛 쇠 불릴 단(총17획) 쇠불리다: 쇠를 불에 달구어 단단하게 하다. 쇠(金)를 여러 단계(段)로 나누어 공정하여 단단하게 한다는 뜻이다. 鍛鍊, 鍛冶. 부수는 金(쇠 금)

毀 헐 훼(총13획) 절구(臼)를 땅 위에(土) 놓고 창으로(殳) 마구 부순다는 데서 헐다의 뜻을 나타낸다. 毀謗, 毀損

殺 죽일 살, 빠를/감할 쇄(총11획) 창(殳)으로 나무(木)를 베듯이(乂) 동물을 죽인다(殺)라는 데서 죽이다, 감하다(減), 빠르다의 뜻을 나타낸다. 殺菌劑(살균제), 殺蟲(살충), 惱殺(뇌쇄), 減殺(감쇄)

殷 은나라/성할 은(총10획) 원뜻은 '성대한 제천행사의 춤'이다. 殳는 손에 악기를 들고 박자를 맞춘다는 의미이고 그 옆은 身(몸 신)이 뒤집어진 형태로 춤추는 사람을 의미한다. 여기서 성하다, 성대하다의 뜻이 나왔고 땅이름에도 가져다 썼던 것이다. 殷憂, 殷墟

05 손과 도구

003 :: 聿붓 율, 隶미칠 이

肅 엄숙할 숙(총13획) 손에(⺕) 바늘을(丨) 들고 수를 놓는 분위기가 자못 엄숙하다는 뜻이다. 肅拜, 肅然

隸 종 례,예(총16획) 원래는 隷로 썼는데 木이 士로 변했다. 원래의 뜻은 '붙다'이다. 부역하는 곳에 이르러(隶미칠 이) 도끼로(士도끼를 본뜬 글자) 나무(木)도 베고 제단(示)도 짓는 노예를 의미한다. 隸書

001 :: 犬(犭)개 견, 牛소 우, 角뿔 각

獸 짐승 수(총19획) 犬의 옆에 있는 글자는 單(홑 단. 사냥도구를 본뜬 글자)이 변한 것이다. 사냥
도구와 개를 데리고 짐승을 잡으러 간다는 뜻이다. 짐승, 야만의 뜻을 나타낸다. 猛獸,
野獸, 獸心

獵 사냥 렵, 엽(총18획) 사냥 렵(獵)자는 사냥개(犭)를 데리고 가서 짐승(巤짐승 렵. 쥐 서鼠자를 닮
았음)을 잡는다는 데서 사냥이라는 뜻을 나타낸다. 獵奇, 涉獵, 狩獵

猶 오히려 유(총12획) 원래는 원숭이의 한 종류를 가리키는 글자였다. 그 원숭이의 생김새가
개와 닮아서 犭(犬)이 들어갔고 그 녀석은 의심이 많아서 머뭇거리길 잘했다고 한다.
우두머리(酋우두머리 추) 짐승은(犭) 의심이 많아서 먹이가 있어도 바로 먹지 아니하고 오
히려(猶) 머뭇거린다라고 외워도 된다. 오히려, 머뭇거리다의 뜻을 나타낸다. 過猶不及

獲 얻을 획(총17획) 사냥개(犭)를 데리고 풀(艹) 많은 벌판에서 새(隹)를 손(又)으로 잡았다는
데서 얻다의 뜻이 되었다. 獲得, 捕獲

獄 옥 옥(총14획) 개 견(犭)과 말씀 언(言) 개 견(犬)을 결합한 회의문자. 개가 서로 싸우듯 언쟁
을(言)벌이는 모습을 나타냈다. 언쟁 결과는 송사(訟事)로, 송사는 옥살이로 이어진다는
데서 옥, 송사의 뜻을 나타낸다. 獄門, 監獄

特 특별할/숫소 특(총10획) 관청(寺절 사. 원래 관청의 뜻이었다)에서 특별히 기르던 종자소(牛)인
수소를 의미한다. 特講, 特檢制

牧 칠 목(총8획) 손에 채찍을(攵) 들어 소(牛)를 모는 모양에서 치다(牧)의 뜻이, 기르다, 다스
리다의 뜻도 파생되었다. 牧場, 牧畜

牽 끌 견(총11획) 소(牛)의 목에 멍에를 얹고(冖) 끈을(玄) 매어 끌고 간다는 뜻이다. 牽引, 牽强

牟 성/소우는소리/보리 모(총6획) 소(牛)가 입(厶)을 벌려 우는 소리를 나타내는 의성어인데
성씨로도 쓰이게 된 글자이다. 釋迦牟尼, 牟麥

解 풀 해(총13획) 뿔(角)과 칼(刀) 그리고 소(牛)의 뜻을 결합한 회의문자. 소(牛)의 뿔(角)에 칼
(刀)을 대어 분해한다는 데서 풀다의 뜻을 나타낸다. 解渴, 解産, 解消

牡 수컷 모(총7) 牛와 土(선비 사)가 더해진 글자이다. 土는 남성의 성기를 본뜬 글자라는 견
해가 있다. 따라서 牡는 수소를 의미하는 글자이다.

002 :: 虎범 호, 豕돼지 시, 豸벌레 치, 馬말 마, 羊양 양, 鹿사슴 록, 内짐승발자국 유

處 곳 처(총11획) 범 호(虎), 夂(천천히 걸을 쇠)를 결합한 회의문자. 호랑이(虎)가 동굴속에서 천천히 걷는(夂) 그 곳이라는 데서 곳, 살다의 뜻을 나타낸다. 處女, 處罰, 處置

虐 모질 학(총9획) 호랑이(虎)와 호랑이의 발(ㅋ)이 합해졌다. 호랑이의(虎) 억센 발로 사람을 해친다는 데서 모질다, 사납다의 뜻을 나타낸다. 虐待, 虐政, 虐殺

象 코끼리 상(총12획) 코끼리의 모양을 본떠 만든 상형문자. 象形, 象嵌, 象牙塔

像 모양 상(총14획) 사람(亻)이 코끼리(象)의 모양을 상상하며 그린다는데서 형상, 모양의 뜻을 나타낸다. 고대에는 황하유역에 코끼리가 있었는데, 기후의 변화에 의해 북방의 코끼리는 멸종하고 마는 바람에 사람들은 코끼리의 뼈를 보며 그 모습을 상상했다고 한다.
偶像, 佛像, 銅像. 부수는 亻(사람 인)

豫 미리 예(총16획) 予(나 여), 象이 합해졌다. 予는 소리부도 겸한다. 코끼리는 자신이 죽을 때를 미리 알고 정해진 곳에 가서 죽음을 기다린다는 데서 미리의 뜻을 나타낸다. 豫約, 猶豫, 豫告

貌 모양 모(총14획) 皃(모양 모)자는 白(사람의 얼굴), 儿(사람 인)이 합해져 사람의 앞모습을 그린 것이다. 여기에 짐승(豸)의 모습을 본뜬 豸를 더해 뜻을 강화했다. 貌樣, 貌襲

馮 성 풍, 탈 빙(총12획) 말발굽이 얼음을(冫) 깨끗이 달린다는 데서 말을 탄다라는 뜻을 나타낸다. 얼음 빙(冫)은 소리부로 쓰였다. 姓氏로 쓰인다.

美 아름다울 미(총9획) 양(羊)과 大를 합친 회의문자. 양(羊)이 크고(大) 살찐 것을 나타냈다. 훌륭하다, 아름답다 라는 뜻을 나타낸다. 美觀, 美感, 美談, 榮美

麗 고울 려(총19획) 사슴들(鹿)의 뿔을 강조하여 곱다, 아름답다의 뜻을 나타냈다. 華麗, 高句麗

驪 검은말 려,리(총29획) 사슴(鹿)처럼 고운 모습을 가진 명마(馬)인 검은 말을 뜻하는 글자이다. 驪州

禽 새 금(총13획) 손잡이와 그물이 있어 새를 잡을 수 있는 뜰채를 그렸는데 이후 소리부인 이제 금(今)이 더해져서 禽자가 되었다. 지붕(人)아래 둥지(凶)를 틀고 발자국(内)도 남기는 새로 외우면 된다. 禽獸, 家禽

禹 성/하우씨 우(총9획) 전설상의 왕조인 하왕조의 왕이었던 우 임금을 의미하는 글자다. 물

을 잘 다스려서 칭송받는 임금이었다 한다. 원래는 벌레 이름이었다 한다. 禹行舜趨

06 짐승, 동물

003 :: 魚 물고기 어, 貝 조개 패, 辰 별 진, 虫 벌레 충

鮮 고울/드물 선 (총17획) 물고기(魚)와 양(羊)의 뜻을 결합한 회의문자. 양(羊)고기와 물고기(魚)는 싱싱할 때 먹어야 맛있다는 데서 곱다, 선명하다의 뜻을 나타낸다. 고운 것(鮮)은 흔하지 않으므로 드물다의 뜻도 생겼다. 鮮明, 生鮮, 朝鮮, 巧言令色鮮矣仁

魯 노나라 로 (총15획) 중국 산동지방에 위치한 나라의 이름으로 맛있는(口→日) 물고기(魚)가 많이 잡히는 곳을 지칭하는 글자였다. 중국인들은 산동지방 사람들을 멸시했으므로 노둔하다의 뜻도 나오게 되었다. 魯鈍, 魯曳, 魚魯不辨

賓 손 빈 (총15획) 宀(집 면)과 貝(조개 패)의 사이에 있는 글자는 步(걸음 보)의 아래에 있는 것과 같은 止(그칠 지)의 변형으로 발을 의미하는 글자이다. 선물(貝)을 들고 집(宀)에 오는(止) 손님을 의미한다. 賓客, 國賓

質 바탕 질 (총15획) 斦(모탕 은. 모탕-장작을 팰 때 받쳐 놓은 나무토막)과 貝(재물)을 합했다. 장작을 팔아 돈을 벌므로 장작을 팰 때 쓰는 모탕도 재물의 밑바탕이 된다는 뜻이다. 素質

賴 의뢰할 뢰,뇌 (총16획) 칼(刀)과 재물(貝)을 묶어서(束) 어떤 일에 의지한다는 의지하다의 뜻이 나왔고 확대되어 의뢰하다, 믿다의 뜻이 나왔다. 信賴, 依賴

賊 도둑 적 (총13획) 도둑 적(賊)자는 재물(貝)과 병장기(戎오랑캐 융. 창과 갑옷을 그린 글자이다)의 뜻을 결합한 회의문자. 무기를(戎) 가지고 재물(貝)을 탐한다는데서 도둑의 뜻을 나타낸다. 賊反荷杖, 盜賊 逆賊

貳 두 이 (총12획) 二자의 개변(改變)을 막기 위해 다시 만든 갖은자이다. 二, 貝는 의미부로, 弋(주살 익)은 소리부로 쓰였다.

貴 귀할 귀 (총12획) 臾(잠깐 유. 두손으로 무언가를 위로 끌어 올리는 모습), 貝가 합해졌다. 두 손(臾)으로 화폐로 쓰이던 조개(貝)를 많이 잡아들여 부귀해짐을 나타냈다. 貴客, 貴賓, 貴下

負 질 부 (총9획) 사람(人)과 조개(貝)의 뜻을 결합한 회의문자. 사람(人)이 재화(貝)를 등에 진 모습을 나타냈다. 등에 지다, 싸움에 지다, 빚지다의 뜻을 나타낸다. 負擔, 自負心

賈 장사 고/성씨 가(총13획) 원뜻은 장사하다(賈市也)이다. 貝가 의미부 两(덮을 아)가 소리부이다. 재물(貝)을 잘 덮어(两) 포장하여 장사를 한다는 뜻이다 賈島, 賈慶林

貫 꿸 관(총11획) 조개껍질(貝)을 뚫어서(毌) 꿰어 묶은 것을 나타냈다. 꿰다, 뚫다의 뜻을 나타낸다. 貫通, 本貫

慣 익숙할 관(총14획) 조개(貝) 꿰뚫는(貫) 일을 계속 하다보면 손은 물론이고 마음(忄)으로도 익숙하게 느낀다는 뜻이다. 慣性, 慣習

農 농사 농(총13획) 농사 농(農)자는 밭 전(田의 변형 曲)자와 별 진(辰)자의 뜻을 결합한 문자이다. 辰은 큰 조개를 본뜬 글자로, 날카롭게 갈아 낫이나 호미의 용도로 사용하기도 했다. 호미(辰)를 들고 밭(曲)에 나가 농사를 짓는다는 뜻이다. 農歌, 農耕, 農村

濃 짙을 농(총16획) 농사(農)짓는 땅에 물(氵)을 대면 물과 황토가 섞여서 짙어 보인다는 데서 짙다의 뜻이 되었다. 濃度, 濃艶. 부수는 氵(물 수)

蟲 벌레 충(총18획) 벌레 충(虫) 셋을 합해 만들었다. 짐승과 물고기와 새를 제외한 모든 동물을 지칭하는 글자에 들어간다. 蟲類, 蟲害

蛇 뱀 사(총11획) 虫의 옆에 있는 글자도 뱀을 본뜬 글자이다. 止와 虫을 합했었는데 止가 宀으로, 虫이 匕로 변했다. 사람의 발을 무는 뱀으로 만든 글자였다. 집에 들어와 날카로운 이빨로 무는 뱀으로 외우면 된다. 蛇蝎, 蛇足

融 녹을 융(총16획) 솥단지(鬲 솥 력)에 국을 끓이는데 벌레(虫)가 들어가면 형체도 없이 국속으로 녹아들어간다는 데서 녹다, 녹이다, 화합하다의 뜻을 나타낸다. 融資, 金融, 融解

06 짐승, 동물

004 :: 羽 깃 우, 乙 새 을, 隹 새 추, 鳥 새 조

習 익힐 습(총11획) 羽(깃 우)와 白(원래는 日이었는데 모습이 변했다.)이 합해졌다. 어린 새가 매일(日) 날개(羽)를 퍼득거려 날기를 연습한다는 데서 익히다, 연습하다의 뜻을 나타내게 되었다. 어린 새의 흰(白) 날개(羽)로 날기 연습을 하다로 외우면 된다. 習性, 習作

九 아홉 구(총2획) 아홉 구(九)는 사람의 손과 굽은 팔마디를 그린 것이다. 원래는 사람의 팔꿈치의 뜻이었으나 아홉으로 가차되자 肘(팔꿈치 주)를 다시 만들었다. 九重, 九折

鳩 비둘기 구(총13획) 구구구(九九九)하고 우는 새(鳥)인 비둘기를 의미한다. 九가 붙은 것은 비둘기의 울음소리를 뜻하는 의성어로서 들어간 것이다. 傳書鳩

仇 원수 구(총4획) 亻이 의미부, 九는 소리부와 의미부를 겸한다. 九는 사람의 손과 팔을 그린 것이니, 손으로 사람을 때리고 괴롭히면 서로 원수가 된다는 뜻이다. 報仇. 부수는 亻(사람 인)

亂 어지러울 난,란(총13획) 어지러울 란(亂)은 두 손으로 엉킨 실을 푸는 모습을 나타낸 글자이다. 爪와 又는 손이고 중간은 실패(冂)와 실(幺)을 그렸으며 乙은 사람이다. 엉킨 실을 풀어야만 정리할 수 있으므로 어지럽다, 다스리다의 뜻을 나타낸다. 亂局, 亂軍, 混亂

乳 젖 유(총8획) 爫(손톱 조. 손을 의미),子(어린 아기), 乙(새 을. 어머니의 젖을 의미)을 결합한 글자이다. 손爫으로 아기子를 안고 젖乙을 먹이는 모습이다. 乳菓, 牛乳

浮 뜰 부(총10획) 고대 중국에는 황하(黃河)의 신(神)인 하백(河伯)에게 제사지내는 의식이 있었다. 이때의 제물로 주로 소를 사용했는데 간혹 사람을 바치는 경우도 있었다. 浮와 沈(가라앉을 침)은 이 풍습을 반영한 글자이다. 沈은 소를 물에 던진 모습이고 浮는 아이를 물에 던진 모습이다. 물(氵)에 빠진 아이(子)를 손(爫)으로 건져 올리자 물에서 뜨기 시작했다로 외우면 된다. 浮刻, 浮上, 浮沈. 부수는 氵(물 수)

乞 빌 걸(총3획) 구름의 기운을 가리킨 지사문자. 기(기운 기)의 줄임형으로 쓰였는데 빌다, 구걸하다로 가차되었다. 乞위의 글자를 人으로 보고, 새(乙)가 사람(人)에게 모이를 구걸하다로 외우면 된다. 乞人, 乞食

乭 이름 돌(총6획) 뜻을 나타내는 돌석(石)과 음을 나타내는 새을(乙)로 우리나라에서 만들어진 한자이다. 申乭石

隻 외짝 척(총10획) 새(隹)와 손(又)의 뜻을 결합한 회의문자. 손에 잡은 새 한 마리의 모습을 나타낸다. 외짝, 하나, 척(배를 세는 단위) 등의 뜻을 나타낸다. 隻身, 隻愛

雙 두 쌍, 쌍 쌍(총18획) 두 마리의 새(隹, 隹)와 손(又)을 결합한 회의문자. 두 마리의 새를(隹, 隹) 손(又)에 나란히 잡고 있는 것을 나타냈다. 둘, 한쌍, 짝수의 뜻을 나타낸다. 雙璧, 雙手

集 모을 집(총12획) 새(隹)와 나무(木)의 뜻을 합친 회의문자. 나무(木) 위에 앉은 새가(隹) 모여 앉아 있는 것을 나타냈다. 옛 글자에는 木위에 隹가 세 개 있었다. 集結, 集計, 集散

雜 섞일 잡(총18획) 섞일 잡(雜)은 옷 의(衣)와 集으로 구성되어있는 글자로써, 옷(衣)에 여러 가지 무늬가 모여서(集) 섞여있음을 나타낸다. 雜念, 雜貨

雁 기러기 안(총12획) 언덕(厂)위에서 사람(人)의 모양으로 대형을 이루어 날아가는 새가(隹) 기러기라는 뜻이다. 雁書, 雁陣

雄 수컷 웅(총12획) 팔(ㄥ+ㅄ)의 힘이 센 수컷 새(隹)를 뜻하는 글자이다. 雌雄, 雄飛

離 떠날 리,이(총19획) 원래는 여름 철새인 꾀꼬리를 뜻하는 글자였다. 철새인 꾀꼬리(隹)가 자기의 발자국(内)이 있는 둥지(亠, 凶)를 버리고 떠난다는 데서 떠나다의 뜻이 나왔다. 離別, 離散

雇 품팔 고(총12획) 집(戶)에서 새(隹)를 가두어 기르듯이 사람을 집에 불러다 일을 시킨다는 데서 품 팔다, 품 사다, 고용하다 뜻을 나타낸다. 雇用, 雇傭, 解雇

顧 돌아볼 고(총21획) 고용된(雇) 직원이 자신의 주인이 들어오자 머리를(頁) 돌아보며 반갑다고 인사받다라는 데서 돌아보다, 지난날을 생각하다의 뜻을 나타낸다. 顧客, 顧問, 回顧. 부수는 頁(머리 혈)

鳳 봉새 봉(총14획) 봉황새는 상상의 동물이다. 凡(무릇 범)은 소리부로, 鳥(새 조)는 의미부로 들어갔다. 무릇(凡) 여러 새(鳥) 중에서 으뜸의 새가 봉황이다 라고 외우면 된다. 鳳凰

鶴 학 학(총21획) 빨간 털이 머리를 덮고(冖) 있는 새(隹, 鳥)인 두루미를 의미한다. 群鷄一鶴, 鶴首苦待

鷹 매 응(총24획) 사람(人)이 집에서(广)에서 훈련시킨 새인(隹, 鳥) '매'를 의미한다. 鷹坊, 鷹視

應 응할 응(총17획) 집(广)에서 길러온 매가(鷹) 주인의 마음(心)에 보답한다는 데서 응하다, 대답하다, 맞장구치다의 뜻을 나타낸다. 應援, 應答. 부수는 心(마음 심)

鳴 울 명(총14획) 입(口)과 새(鳥)의 뜻을 결합한 회의문자. 새(鳥)가 입(口)으로 지저귄다라는 데서 울다, 부르짖다의 뜻을 나타낸다. 自鳴鼓, 悲鳴

001 :: 日 날 일, 夕 저녁 석

早 이를 조(총6획). 早자는 해(日)와 풀(十)의 뜻을 결합한 회의문자이다. 해가(日) 풀(十) 위로 떠오르는 모습을 나타냈다. 해는 일찍 뜨므로 이르다, 일찍, 새벽의 뜻을 나타낸다. 早歸, 早朝

昇 오를 승(총8획). 升(되 승. 손잡이 달린 바가지를 본뜬 글자이다. 바가지는 물이나 곡식을 떠서 올려야 하므로 오르다의 뜻이 파생되었다), 日이 합해졌다. 해가 솟아오른다는 뜻이다. 昇降機, 昇進, 昇天

晝 낮 주(총11획). 聿(붓 율)과 旦(아침 단)이 합해졌다. 해가 있는 시간에 붓으로 글 쓰고 공부한다는 데서 낮의 뜻이 나왔다. 晝間, 晝耕夜讀

暗 어두울 암(총13획). 밤이 깊어 가면 해(日)도 지고 소리도(音) 없이 어둡다는 데서 어둡다의 뜻을 나타낸다. 어둡다, 외우다, 남몰래 의 뜻으로 사용된다. 明暗, 暗室

昏 어두울 혼(총8획). 氏(뿌리)와 日(해)의 뜻을 결합한 회의문자이다. 해가(日) 나무뿌리(氏)처럼 땅 밑으로 떨어져 있는 것을 나타낸다. 昏昧

婚 혼인할 혼(총11획). 여자(女)가 혼인 할 때는 어두운(昏) 저녁때에 혼례를(婚) 올렸다는 데서 혼인, 결혼하다의 뜻을 나타낸다. 婚禮, 婚談, 婚期, 婚姻. 부수는 女(계집 녀)

昆 맏/곤충 곤(총8획). 比는 두 사람이 나란히 선 모양이다. 사람들의 머리 위에 높이 뜬 태양을 형상화했다. 높이 뜬 해의 이미지에서 형, 맏의 뜻이 생겼다. 곤충의 뜻은 파생된 것이다. 昆蟲, 昆孫

混 섞일 혼(총11획). 물이 섞이므로 氵가 들어갔고 昆은 소리부로 들어갔다. 뜨거운 태양(日) 아래 여러 사람들이(匕, 匕) 땀(氵)을 흘려가며 한데 섞여 일하다로 외우면 된다. 混雜, 混同. 부수는 氵(물 수)

棍 몽둥이 곤(총12획). 나무로 몽둥이를 만들므로 木이 의미부, 昆은 소리부로 들어갔다. 태양(日) 아래 사람들이(匕, 匕) 나무(木) 몽둥이를 가지고 무예훈련을 하다로 외우면 된다. 雙節棍, 棍棒. 부수는 木(나무 목)

春 봄 춘(총9획). 풀(艸풀 초)과 싹(屯진칠 둔. ㅂㅂ과 一을 합한 것. 땅에 돋아난 싹을 본뜬 글자), 해(日)의 뜻을 결합한 회의문자이다. 햇빛을(日)받아 풀이(艸) 싹트는(屯) 계절인 봄을 나타낸다.

봄, 청춘 의 뜻을 나타낸다. 三, 人, 日이 합해진 것으로 보고, 사람들이 삼삼오오 따뜻한 햇살받으며 놀러가는 계절로 외워도 된다. 春耕期, 春困, 春雨

椿 참죽나무 춘 (총13획). 봄에(春) 심는 나무(木)라는 데서 참죽나무 의 뜻을 나타낸다. 椿府丈. 부수는 木(나무 목)

晳 밝을 석 (총12획). 햇빛(日)이 나누어(析쪼갤 석) 비추니 밝다, 분명하다의 뜻을 나타낸다. 明晳

晶 맑을 정 (총12획). 해(日)를 세 개 합쳐서 빛이 빛나는 뜻을 나타내는 회의문자이다. 옛글자에서 晶은 여러 별이 반짝거리는 모습을 그렸다. 水晶, 晶光

旭 아침해 욱 (총6획). 旭은 태양이 9개나 되어 더 없이 밝음을 나타낸 데서 아침해, 해뜨다의 뜻을 나타낸다. 旭日, 旭日昇天, 旭光

昊 하늘 호 (총8획). 하늘(天)에 떠있는 해(日)를 뜻하며, 태양이(太陽) 반짝이며, 빛나는 하늘의 뜻이다. 昊天罔極

昶 해길 창 (총9획). 昶자는 日과 永(길 영)이 결합한 회의문자이다. 해가(日) 길다(永)라는 데서 해가길다, 환하다, 밝다의 뜻을 나타낸다. 和昶

晉 나아갈 진 (진나라 진)(총10획). 해(日)와 至(이를지) 두 개를 결합했다. 해가(日) 솟아(至) 만물이 자라난다는 데서 나아가다의 뜻을 나타낸다. 나라이름으로도 사용했다.(=晋)

暹 햇살치밀 섬 (총16획). 해와(日) 나아갈 진(進)의 뜻을 결합한 회의문자이다. 햇살(日)이 앞으로 나아가듯(進) 치민다는 데서 햇살이 치밀다, 해가 돋다, 나라이름(태국) 등의 뜻을 나타낸다. 暹羅

外 바깥 외 (총5획). 저녁(夕)과 점치다(卜)의 뜻을 결합한 회의문자이다. 옛날에는 주로 아침에 점을 치는 것이 상례였으나 저녁에 점을 치면 뜻밖의 결과가 나온다는 데서 바깥, 벗어나다 의 뜻을 나타낸다. 外家, 外資, 外務

夜 밤 야 (총8획). 亦(또 역)이 소리부로 夕(저녁 석)이 의미부로 들어갔다. 저녁(夕)이 오면 또(亦) 밤이(夜) 된다는 데서 밤의 뜻을 나타낸다. 夜間, 夜勤, 晝夜

多 많을 다 (총6획). 夕자를 두 개 겹쳐놓은 글자이다. 저녁(夕)이 지나면 밤(夕)이 되고, 다시 아침이 된다는 의미를 뜻한다. 옛글자를 보면 고기 덩어리를 쌓아 놓은 모습으로, 많다는 의미를 가지고 있다. ^{회의문자} 多感, 多福, 多少

移 옮길 이 (총11획). 벼(禾)를 많이(多) 생산하기 위해 옮긴다는 데서 옮기다의 뜻을 나타낸다.(회의) 고대에 이미 이앙법이 실행되었음을 알 수 있다. 移動, 移住, 移徙. 부수는 禾(벼 화)

002 :: 木 나무 목

林 수풀 림(총8획). 木자 두개가 겹쳐(木, 木) 나무가 많은 수풀의 뜻을 나타내는 회의문자이다. 山林, 林野

森 수풀 삼(총12획). 나무가 빽빽하고 많이 서 있는 모양을 뜻하는 글자이다. 木이 셋으로 나무가 빽빽함을 나타냈다. ^{회의문자} 森林, 森羅萬象

李 오얏/성 리(이)(총7획). 오얏나무의(木) 열매(子)를 의미한다. 李花, 李成桂, 李舜臣

梨 배 리(이)(총11획). 사람 몸에 이(利)로운 열매가 달리는 나무(木)가 배나무라는 뜻이다. 梨花, 梨園

桑 뽕나무 상(총10획). 桑은 손(又)과 나무(木)의 뜻을 결합한 상형문자이다. 여러 사람의 손(叒)으로 누에를 치는 나무(木)라는 데서 뽕나무(桑)의 뜻을 나타낸다. 桑田碧海, 桑業

栗 밤 률(율)(총10획). 열매(覀)와 나무(木)의 뜻을 결합한 회의문자이다. 나무(木) 위에 가시로 덮고(覀) 벌어진 밤송이가 매달린 모습을 나타냈다. 밤나무, 떨다의 뜻을 나타낸다. 栗木

楓 단풍 풍(총13획). 가을바람이(風) 불면 잎이 붉어지는 나무(木)인 단풍나무의 뜻을 나타낸다. 楓嶽山, 丹楓

樹 나무 수(총16획). 樹자는 나무 목(木)과 尌(세울 주. 악기豈를 손寸으로 세운다는 뜻)가 합쳐진 글자로서 나무를(木) 세우다, 심다의 뜻으로 사용된다. 樹齡, 常綠樹

枚 낱 매(총8획). 원뜻은 나무의 줄기이다. 지팡이나 몽둥이(攵)로 쓸만한 나무(木)를 뜻하는 글자였으나 후에 나무를 세는 단위인 낱으로 쓰이게 되었다. 枚數, 十枚

村 마을 촌(총7획). 나무(木)로 집을 짓고 살며 법도(寸)에 맞게 살아가는 곳이 마을이라는 데서 마을의 뜻을 나타낸다. 村家, 村鷄

析 쪼갤 석(총8획). 나무(木)의 뜻과 도끼(斤)의 뜻을 합친 회의문자이다. 도끼로(斤) 나무(木)를 쪼갠다 라는 데서 쪼갠다, 나누다, 갈라지다의 뜻을 나타낸다. 分析, 解析, 析薪

業 업 업(총13획). 악기 또는 북을 걸 수 있는 받침대의 모양을 본떠 만든 상형문자이다. 악기뿐 아니라 많은 물건을 걸 수 있다는 데서 일의 뜻을 나타낸다. 業界, 業報, 業績

極 다할/극진할 극(총13획). 원뜻은 마룻대이다. 나무로(木)만든 마룻대는 사람의 입(口)이나 손(又)이 닿지 않는 집의 가장 높은 곳(極)에 있다 하여 다하다, 극진하다의 뜻을 나타낸

다. 極端, 極惡, 極秘

本 근본 본(총5획). 木자의 뿌리 부분에 기호(一)를 더했다. 根本, 本家

鉢 바리때 발(총13획). 바리때는 중의 밥그릇을 뜻한다. 金이 의미부로 本이 소리부로 쓰였다. 衣鉢, 周鉢

棄 버릴 기(총12획). 맨 윗부분은 子가 거꾸로 된 모습이고 가운데는 키(箕키 기), 木은 廾(두손 공)이 변한 것이다. 죽은 아이를 키에 담아 버리는 것을 의미한다. 외우기 쉽게 나무(木)로 만든 키라고 생각해도 된다. 弃로 쓰기도 한다. 抛棄, 廢棄

札 편지 찰(총5획). 원뜻은 서사(書寫)용의 작은 나뭇조각이다. 乙은 소리부로 들어갔다. 의미가 확대되어 편지, 돈의 의미를 갖는다. 나무(木)에 편지를 써서 새(乙, 비둘기)에 물려 날린다로 외우면 된다. 名札, 現札

柔 부드러울 유(총9획). 矛(창 모)와 木(나무 목)의 뜻을 합친 회의문자이다. 창(矛)을 만들 때는 부드러운 나무(木)를 쓴다 해서 부드럽다 의 뜻을 나타냈다. 柔道, 外柔內剛

束 묶을 속(총7획). 나무(木)를 감아서 묶은(口) 모양으로 묶다의 뜻을 나타낸다. 木＋口＝束^{회의}^{문자} 束縛, 束手

速 빠를 속(총11획). 나뭇꾼이 나무를 묶어서(束) 빨리 집에 간다(辶)는 데서 빠르다의 뜻이 되었다. 速決, 早速, 速成

勅 조서/칙서 칙(총9획). 조서(詔書)-임금의 명령을 알리는 문서. 의미부인 力(힘 력)과 소리부인 束이 더해졌다. 권력자(力)이신 임금님의 명령을 적은 문서가 조서라는 뜻이다. 조서를 신하에게 알릴 때 잘 묶어서(束) 전했으므로 束도 들어갔다. 부수는 力(힘 력)

剌 어그러질 랄/수라 라(총9획). 어그러지다: 잘 맞물려 있는 물체가 틀어져서 맞지 아니하다. 묶어(束) 놓은 나무를 칼(刂)로 쳐서 어그러지게 한다는 의미이다. 剌(찌를 자)와 헷갈리지 말아야 한다. 水剌(수라-임금의 진지), 潑剌(뿌릴 발). 부수는 刀(칼 도)

梁 들보 량(총11획). 집짓는 인부들이 땀(氵)을 흘려가며 칼(刀)로 나무(木)를 다듬어서(丶, 丶)들보로 올린다는 뜻이다. 확대되어 다리의 뜻도 갖는다. 橋梁, 棟梁, 梁上君子

樑 들보 량(총15획). 들보 梁에 木을 더해 뜻을 강화했다. 柱樑

染 물들 염(총9획). 나무(木)에서 뽑은 진액(氵)을 옷감에 여러 번(九) 물들이는 것을 나타냈다. 染色, 感染

末 끝 말(총5획). 末자는 나무(木)의 위쪽에 一을 써서 나무의 끝을 표시한 것이다. 週末, 終末

靺 말갈 말(총14획). 뜻을 나타내는 가죽 혁(革)과 음을 나타내는 末이 결합한 글자이다. 중국에서 멀리 떨어진(末) 변방에 사는 종족을 뜻한다. 그들은 말갈족(靺鞨族)을 짐승의 가죽

(革)만 걸치고 다니는 미개한 사람들로 인식했던 것이다. 鞈鞸

楚 초나라 초(총13획). 수풀(林)과 발(疋)의 뜻을 결합한 회의문자이다. 숲을 거닐 때 발을 찌르는 나무를 나타냈다. 이런데서 회초리, 가시나무 의 뜻을 나타내며 나라이름으로 쓰인다. 西楚霸王

礎 주춧돌 초(총18획). 나무(木, 木)의 발(疋) 부분에 받친 돌(石)을 나타낸다. 주춧돌, 기초 라는 뜻이다. 礎石, 基礎, 定礎. 부수는 石(돌 석)

桀 하 왕 이름/홰 걸(총10획). 舛(어그러질 천. 두 발을 의미)과 木을 합했다. 두 발이 나무위에 올랐으니 높다, 뛰어나다의 뜻이 나왔으며 닭이 올라가는 나무인 홰의 뜻이 파생되었다. 하나라의 마지막왕을 일컫기도 한다. 桀紂

傑 뛰어날 걸(총12획). 높다는 의미의 桀에 亻을 더해 뜻을 강화했다. 女傑, 豪傑. 부수는 亻(사람 인)

杰 뛰어날 걸(총8획). 나무에 불이 나도 타지 않고 의연이 남아 있는 나무로 뛰어나다 의 뜻을 나타낸다. 李連杰

楞 네모질 릉(총13획). 方(모 방)은 네모라는 뜻이다. 그물도(罒) 네모지고, 나무 도막(木)도 네모지다는 뜻이다. 楞角

杏 살구 행(총7획). 살구나무 따위의 열매로서 사람이 먹으면(口) 몸에 좋은 열매나무(木)를 나타낸다. 杳(어두울/아득할 묘)와 구별해야한다. 杏木, 杏林

杜 막을 두(총7획). 나무(木)와 흙(土)을 빚어 집을 지어서 비와 바람을 막는데서 막다의 뜻을 나타낸다. 杜甫

---

07 자연

003 :: 火 불화

然 그럴 연(총12획). 원래의 뜻은 태우다 이다. 개(犬) 고기(月)를 불(灬)에 구워 먹는 일은 흔히 있는 일이라 하여 당연하다, 그러하다의 뜻을 나타낸다. 然則, 自然

燃 탈 연(총16획). 태우다의 뜻인 然자가 그러하다 의 뜻으로 쓰이자 불火 자를 추가하여 불타다의 뜻을 더욱 명확히 한 글자이다. 燃燒, 燃料

炙 고기구울 자(총8획). 肉(=月 고기육)과 火가 더해졌다. 불 위에 고기를 얹어 굽는다는 뜻이다. 膾炙(날고기 회)

煩 번거로울 번(총13획). 불 화(火)와 머리 혈(頁)의 뜻을 합친 회의문자이다. 머리(頁)에 열(火)이 난다는 데서 가슴의 답답함과 번민을 나타냈다. 번거롭다, 성가시다, 괴로워하다, 번민의 뜻을 나타낸다. 煩惱, 煩雜

焉 어찌 언(총11획). 장강(長江)과 회수(淮水) 일대에 사는 누런 빛깔의 새를 본떠 만든 상형문자이다. 새 이름을 뜻하였으나 가차되어 어찌의 뜻으로 사용된다. 焉敢生心, 於焉間

災 재앙 재(총7획). 강물(巛)이 넘치면 홍수가 나서 재앙을 가져오고 불(火)이 크게 나도 재앙(災)을 가져온다는 데서 재앙의 뜻을 나타낸다. 災難, 火災, 災害

炯 빛날 형(총9획). 불(火)이 멀리(冂멀 경)까지 비춰 사람(口)까지 빛나게 한다는 데서 빛나다, 밝다의 뜻을 나타낸다. 炯炯

烋 아름다울 휴(총10획). 추위에 떨며 나무(木) 밑에서 얼어 죽어가고 있는 사람(亻)에게 따뜻한 불(灬)을 지펴주는 것은 아름다운 행동이라는 데서 아름답다의 뜻을 나타낸다.

爕 불꽃 섭(총17획). 원뜻은 화하다(和也)이다. 모닥불(火,火)에 손(又)을 쪼여가며 정겨운 이야기(言)를 나누는 모습인데 火,火 때문에 불꽃의 뜻이 파생되었다.

炭 숯 탄(총9획). 山의 언덕(厂) 밑에서 나무 장작을 불태워(火) 숯(炭)을 굽는다 라는 데서 숯, 석탄의 뜻을 나타낸다. 炭鑛, 炭坑

灰 재 회(총6획). 손(厂)과 火가 합해졌다. 불타고 난 뒤의 것을 손으로 만지고 있는 모습이다. 불탄 뒤 만질 수 있는 것은 재이다. 灰色, 石灰

炅 빛날 경(총8획). 炅자는 日의 뜻과 火의 뜻을 결합한 회의문자이다. 태양(日)이 불(火)처럼 빛난다 라는 뜻을 나타낸다.

燕 제비 연(총16획). 제비의 모양을 본뜬 상형문자이다. 양 날개를 활짝 펴고 나는 모양을 본떴다. 제비, 잔치의 뜻을 나타낸다. 燕京, 燕尾服

熊 곰 웅(총14획). 곰을 나타내는 상형문자인 能(능할 능)자에 곰의 발(灬)을 추가하여 곰이란 뜻을 나타냈다. 熊女, 熊膽

熙 빛날 희(총13획). 눈(臣)과 몸(巳)이 타오르는 불(灬)처럼 빛나다 라는 데서 빛나다, 화락하다, 기뻐하다 라는 뜻을 나타낸다. 熙熙

烏 까마귀 오(총10획). 까마귀의 모양을 본떠 만든 상형문자이다. 까마귀는 몸이 검어서 눈이 어디 있는지 알 수 없기 때문에 새(鳥)의 눈 부분의 한 획을 생략했다. 烏鵲橋, 三足烏

嗚 슬플 오(총13획). 까마귀가(烏) 입(口)으로 슬피운다 라는 데서 슬프다, 목메어 울다, 탄식

하다 의 뜻을 나타낸다. 嗚咽, 嗚呼. 부수는 口(입 구)

07 자연

004 :: 土(흙 토)

吐 토할 토(총3획). 뜻을 나타내는 口(입구)와 음을 나타내는 土로 이루어졌다. 입에 흙이 들어갔으니 웩 토할 수밖에! 吐瀉, 吐露. 부수는 口(입 구)

坐 앉을 좌(총7획). 坐는 땅(土)과 두 사람(人)의 뜻을 결합한 회의글자이다. 두 사람(人, 人)이 땅(土) 위에 마주 앉은 모습이다. 坐席, 坐視, 坐定

座 자리 좌(총10획). 座는 움집(广)과 앉다(坐)의 뜻을 결합한 글자이다. 집안에 앉을 수 있게 마련한 자리라는 뜻이다. 座右銘, 座談. 부수는 广(집 엄)

執 잡을 집(총11획). 幸(다행 행)자는 죄인의 목과 손목을 채우는 칼의 상형이고 丸(알 환)은 丮(잡을 극. 꿇어앉은 사람의 두 손을 묶은 모습)자의 변형이다. 죄인을 잡아(丮) 칼(幸)을 채워놨다는 뜻이다. 다행(幸)스럽게도 좋은 둥근(丸 환약)약을 얻어서 꼭 잡았다 로 외워도 된다. 執權, 執行, 執筆

報 갚을 보, 알릴 보(총12획). 幸(죄수의 목에 씌우는 칼), 卩(병부 절. 사람), 又(또 우. 손)이 합해졌다. 손(又)으로 죄인(卩)을 잡아서 칼(幸)을 씌운 다음 상부에 알리고 보고한다는 뜻이다. 報告, 報賞, 報恩

服 옷 복(총8획). 月(배 주舟의 변형), 卩(사람), 又(손)이 더해졌다. 죄수를 잡아 배에 싣고 간다는 것으로 원뜻은 '굴복시키다'이다. 죄수의 몸에 죄수복을 입혀야 하므로 옷이라는 뜻도 나온 것이다. 服자는 달 월月 부수에 속한다. 屈服, 服裝, 軍服

墻 담 장(총16획). 土, 來(올 래. 보리 맥麥의 원래 글자), 回(창고와 둘러친 담장)이 합해졌다. 곡식(來)을 창고(回)에 넣고 흙(土)으로 담을 쌓았다는 뜻이다. 路柳墻花, 墻內

均 고를 균(총7획). 均자는 땅(土)을 두 손(二又=又(勹))으로 고르게 나눈다에서 고르다, 평평하다 의 뜻을 나타낸다. 均等, 均配

壓 누를 압(총17획). 땅이(土) 울릴 정도로(厭) 세게 누른다 라는 데서 누르다, 싫어하다(=厭)의 뜻을 나타낸다. 壓倒, 壓卷, 壓迫

116

塵 티끌 진 (총14획). 사슴(鹿)과 흙(土)의 뜻을 결합한 회의문자이다. 사슴(鹿) 떼가 달릴 때 땅(土)에서 일어나는 먼지, 티끌의 뜻을 나타낸다. 塵土, 塵世

塞 막힐 색, 변방 새 (총13획). 추위(寒)를 막기 위해서는 흙(土)으로 그 틈을(寒) 막는다 라는 데서 막히다, 막다, 변방(새)의 뜻을 나타낸다. 塞源, 塞翁之馬

址 터 지 (총7획). 발이 서(止) 있는 땅(土) 라는 데서 터의 뜻을 나타낸다. 址臺

祉 복 지 (총9획). 제탁(示) 앞에 가서(止-그칠 지. 발의 상형. 걷다의 뜻이 있다) 복을 빈다는 의미이다. 福祉. 부수는 示 (보일 시)

齒 이 치 (총15획). 입 안에 나란히 있는 이의 모양을 본뜬 상형문자이다. 윗니, 아랫니가 사실적으로 그려졌다. 그칠지(止)자가 더해있어 형성문자로도 자원해석을 한다. 齒牙, 齒痛. 부수는 齒 (이 치)

企 꾀할 기 (총6획). 사람(人)과 발(止) 자의 뜻을 결합한 회의문자이다. 발꿈치(止)를 들고 멀리 사물을 바라보는 사람(人)의 모습을 나타냈다. 바라다보다, 희망하다 의 뜻이 생겨났다. 꾀하다, 도모하다의 뜻을 나타낸다. 企劃, 企圖. 부수는 人 (사람 인)

坤 땅/따 곤 (총8획). 土에 소리부인 申 (납/펼 신. 번개를 본뜬 글자)을 더했다. 하늘의 번개(申)가 땅(土)에까지 펼쳐(申) 꽂힌다는 뜻이다. 乾坤, 春坤

墺 물가 오 (총16획) 土와 奧(속 오. 살필 심審의 생략형과 두손 공廾의 변형인 大가 합해졌다. 두 손으로 깊은 속안에 있는 물건을 살피며 찾는다는 의미)가 합해졌다. 육지(土) 속(奧)으로 파고든 물가를 의미하는 글자이다. 지명에 쓰인다. 墺地利(오스트리아Austria)

---

07 자연

005 :: 金 쇠금

鐵 쇠 철 (총21획). 원뜻은 '검은 금속'이다. 金을 뺀 나머지 글자는 士 (선비 사. 도끼의 상형), 戈 (창 과), 口(나라 국의 옛글자), 王(임금 왕. 도끼)으로 이루어져 날카롭다는 뜻이다. 이 두 글자가 합해져서, 나라와 왕을 지키기 위해 날카로운 창이나 도끼를 만들 때 사용하는 것이 쇠라는 뜻을 나타낸다. 쇠 철자는 銕로도 쓴다. 金과 夷를 합한 것으로 동쪽 이민족(東夷) 사람들인 우리 한민족이 쇠(金)를 잘 다루었다는 것을 방증하는 글자이다. 그래서 우리

나라에는 김씨(金氏)가 가장 많은 것이다. 중국의 왕조인 청(淸)나라는 만주족이 세운 나라로 시조는 누르하치이고 그가 처음 세운 나라는 후금(後金)이었으며 그의 선조인 아골타(阿骨打)는 금(金)나라를 세웠었다. 금나라의 역사서인 금사(金史)에 의하면 아골타의 선조는 고려(高麗-고려라고 나오지만 시기적으로 고찰하면 후기신라에서 고려의 교체기였음)에서 온 사람으로 이름은 함보라고 분명히 나와있다. 함보는 신-고 교체기에 만주지방으로 망명한 신라의 왕족으로 추정되며, 그렇다면 함보의 성은 김씨였을 것이고 따라서 아골타가 나라이름을 금(金)이라고 한 것은 결코 우연이 아니다. 鐵甲, 鐵筋

針 바늘 침(총10획). 쇠로(金) 만든 바늘(ㅣ)을 의미한다. 一은 실이다. 秒針, 針小棒大

鎖 쇠사슬 쇄(총18획). 작은(小) 조개(貝)껍질을 엮은 것과 같이 생긴 쇠(金)사슬을 의미한다.
鎖國, 鎖骨, 封鎖

錦 비단 금(총12획). 帛(비단 백. 희고白 고운 비단巾)이 의미부로 金이 부수이면서 소리부 역할을 한다. 금값(金)처럼 비싼 비단(帛)을 의미하는 글자이다. 錦江, 錦上添花, 錦繡江山

釜 가마솥 부(총10획). 쇠(金)로 만든 가마솥을 말하는 데서 父자는 소리부이다. 아버지(父)께서 쇠(金)로 만든 가마솥에 올라 타셨다로 외워도 된다. 釜山

鈺 보배 옥(총13획). 황금(金)과 옥(玉)은 모두 귀한 보배라는 뜻이다.

07 자연

006 :: 水물 수

溫 따뜻할 온(총13획). 囚(가둘 수. 죄인人을 가두어口 놓은 모습)와 물(氵), 그릇(皿)이 합해졌다. 죄수에게 물을 한 그릇 전해주는 따뜻한 마음을 가진 사람을 뜻하는 글자이다. 溫水, 溫度, 冷溫

永 길 영(총5획). 永자는 彳(갈 척. 거리를 본뜬 글자), 亻, 水(물 수)가 합해져서 원래의 뜻은 수영하다 이다. 그러나 수영할 때 몸을 길게 펴야하므로 길다의 뜻으로 바뀌게 되었고, 사라진 헤엄치다의 뜻은 氵를 또 더해 泳(헤엄칠 영)을 또 만들었다. 丶(물방울), 一(한 일), 水(물 수)가 합해져서, 한(一) 방울(丶)의 물(水)이 긴(永) 강을 이룬다 로 외워도 된다. 永劫, 永訣式, 永久

深 깊을 심 (총11획). 氵의 오른쪽 부분이 이미 깊다는 뜻이다. 뜻을 강화하기 위해 氵를 더한 것이다. 물(氵)이 나무(木) 위에 올라간 사람(儿)을 덮을(冖)정도로 그 깊이가 깊다 라고 외워도 된다. 深刻性, 水深

探 찾을/더듬을 탐 (총11획). 설문해자에는 扌의 오른쪽 부분이 穴(구멍 혈. 동굴을 의미)과 又(또 우. 손), 氵(물 수. 손에서 나는 땀방울을 의미)로 이루어져 깊은 곳에 들어가 더듬으며 무언가를 찾는다가 원뜻이라고 하였다. 나뭇잎으로 덮여(冖)있는 나무(木) 위에 올라간 사람(儿)을 찾기 위해 손(扌)으로 더듬는다로 외워도 된다. 探求, 探險. 부수는 扌(손 수)

沒 빠질 몰 (총7획). 사람(勹-人의 변형)이 물(氵)에 빠져서 손(又)으로 어우적거림을 나타냈다. 더 나아가서 없어지다, 죽다 의 뜻으로도 사용된다. 沒人情, 沒有

沐 머리감을/목욕 목 (총7획). 나무(木)로 만든 욕조나 대야에 물(氵)을 부어 머리를 감고 목욕을 한다는 데서 머리감다, 목욕하다의 뜻이 나왔다. 沐浴, 沐間

漁 고기 잡을 어 (총14획). 강(氵)이나 바다(氵)에 가서 물고기(魚)를 잡는다 라는 데서 고기잡다, 고기잡이, 어부의 뜻을 나타낸다. 漁夫, 漁歌, 漁具

漏 샐 루 (총14획). 尸(주검 시. 여기서는 집의 의미), 雨(비 우), 氵(물 수)가 합해졌다. 비가오니 집에 물이 샌다는 것을 의미하는 글자이다. 漏泄, 脫漏

添 더할 첨 (총11획). 氵, 夭(예쁠 요), 心(=忄마음 심)이 합해졌다. 화초를 사랑하고 예뻐하는(夭) 마음(心)으로 물(氵)을 더해준다는 데서 더하다의 뜻이 되었다. 添加, 添附, 別添

滿 찰/가득찰 만 (총14획). 氵의 오른쪽에 있는 글자에 대해서 설문해자는 평평하다(平也)라고 했다. 현재 학자들의 견해에 따르면 그것은 천칭(天秤- 줏대를 세우고 가로장을 걸친다음 양쪽에 저울판을 단 저울)의 상형이라 한다. 천칭이 수평을 유지하는 것이므로 평평하다의 뜻이 나온 것은 당연하다 하겠다. 수평을 유지하는 저울의 접시에 물(氵)을 부어 가득 채우다로 외우면 될 것 같다. 滿足, 充滿

瞞 속일 만 (총16획). 目(눈 목)과 저울이 더해졌다. 물건의 무게를 잴 때 속일 수도 있으니 눈을 똑바로 뜨고 바라봐야 한다는데서 속이다의 뜻이 나왔다. 阿瞞(언덕 아), 欺瞞(속일 기). 부수는 目(눈 목)

濯 씻을 탁 (총17획). 氵와 翟(꿩 적)이 합해졌다. 翟은 소리부도 겸한다. 새가(隹) 이슬에 젖은 깃(羽)을 물(氵)에 씻는다 라는 데서 씻다, 빨다 의 뜻을 나타낸다. 濯足, 洗濯

滑 미끄러울 활 (총13획). 뼈(骨) 위에 물기(氵)가 있으면 미끄럽다는 데서 미끄럽다, 부드럽다의 뜻이 나왔다. 潤滑油, 圓滑, 滑走路

濕 젖을 습 (총17획). 실(糸, 糸)을 물(氵)에 빨아 볕(日)에 말리고 있음을 나타낸 글자이다. 다 마

르지 않고 아직 젖어있음을 나타낸다. 濕度計, 濕氣, 乾濕

法 법 법 (총8획). 법 法자는 원래 氵, 去(갈 거. 제거하다의 의미), 廌(해태 치)가 합해진 글자였다. 해태는 상상속의 동물로, 선악을 구별하여 악한 사람을 뿔로 들이받아 물에 빠뜨리는 행동을 한다는 짐승이다. 따라서 法은 해태가(廌) 악당을 들이받아 제거(去)하여 물(氵)에 빠뜨려 법을 집행한다는 뜻이다. 시간이 지나면서 해태는 사라지고 氵와 去만 남게 되었다. 물(水)은 높은데서 낮은 곳으로 흘러가는(去) 자연의 법칙이 있다라고 외워도 된다. ^{회의문자}
法規, 法律

涉 건널 섭 (총10획). 걸어서(步) 물(氵)을 건넌다는 뜻이다. 涉獵, 交涉

演 펼 연 (총14획). 寅(범 인)은 소리부이다. 호랑이(寅)가 물(氵) 속에서 몸을 펴 헤엄을 쳐 간다는 데서 펴다, 행하다 라는 뜻을 나타낸다. 演劇, 講演, 演奏

派 갈래 파 (총9획). 물(氵)이 여러 갈래로 나누어져 흐른다는 데서 물갈래, 갈라지다 의 뜻을 나타낸다. 派遣, 派閥, 宗派

脈 줄기 맥 (총10획). 몸(月) 속의 핏줄기가 여러 갈래로 나뉘어 흐른다는 데서 맥, 혈관의 뜻을 나타낸다. 脈動, 脈搏. 부수는 月(=肉 고기 육)

流 흐를 류(유) (총10획). 川의 윗부분은 子가 거꾸로 된 모습이다. 아기가 어머니의 몸속에서 양수(氵)와 함께 냇물(川)이 흐르듯이 태어난다는 데서 흐르다의 뜻이 되었다. 流水, 流行

硫 유황 류(유) (총12획). 돌(石)에 열을 가하면 녹아 흘러내린다(流)는 유황을 의미한다. 石硫黃

涯 물가 애 (총11획). 氵와 厓(언덕 애)를 결합했다. 물과 접하는 언덕인 물가를 의미한다. 生涯, 天涯

淚 눈물 루(누) (총11획). 잘못(戾, 어그러질 려)을 뉘우치고 눈물(氵)을 흘린다 라는 데서 눈물의 뜻을 나타낸다. 발에 걸어차인 개(犬)가 자기집(戶)에 들어가 눈물(氵)을 흘린다로 외워도 된다. 淚水, 落淚

激 격할 격 (총16획). 계속해서 떨어지는 폭포수(氵)가 바위에 부딪쳐 흰(白) 물이 사방(方)으로 튕기는 것이 손에 무기를 들고 치는(攵) 것처럼 과격하다 라는 데서 과격, 부딪치다, 세차다의 뜻을 나타낸다. 過激, 急激

泰 클 태 (총10획). 大(큰 대), 廾(두손 공), 水가 합해졌다. 원뜻은 매끄럽다(滑也)이다. 크다는 뜻은 파생된 것이다. 세(三) 사람(人)이 물(氺)로 목욕을 하려면 큰 욕조가 있어야 한다로 외우면 된다. 泰斗, 泰然, 泰平, 泰山

漆 옻 칠 (총14획). 옻나무(木)에 흠(丿, 乀)을 내어 수액(氵, 氺)을 추출한다는 데서 옻의 뜻이 나왔다. 漆板, 漆器

津 나루 진(총9획). 물(氵)과 붓(聿)의 뜻을 결합한 회의문자이다. 붓(聿)이 벼루의 먹물(氵)에 머무는 것과 같이 배가 강가에서 머무른다는 뜻을 나타냈다. 唐津

汝 너 여(총6획). 물가(氵)에서 빨래하는 여자(女)에게 너라고 부른다는 데서 너의 뜻을 나타낸다. 汝輩 汝諧

如 같을 여(총6획). 여자(女)는 부모님의 말(口)을 잘 따라야 한다는 데서 같다의 뜻이 되었다. 如干, 如何

恕 용서할 서(총10획). 상대편을 이해하게 되면 같은(如) 마음(心)이 되어 용서한다 라는 데서 용서하다, 어질다 의 뜻을 나타낸다. 容恕, 忠恕

潭 못 담(총15획). 일찍부터(早) 물(氵)이 땅을 덮어(覀) 연못을 이루었다는 데서 못, 물가의 뜻을 나타낸다. 白鹿潭

淵 못 연(총12획). 원뜻은 도는 물(回水也)이다. 氵의 옆에 있는 丨, 丨은 물가를 의미하고 두 개의 丨 사이에 있는 것이 흐르는 물의 모습이다. 후에 연못의 뜻이 파생되었다. 淵源

沔 물이름 면(총7획). 뜻을 나타내는 물(氵)과 음을 나타내는 면(丏, 가릴 면)이 합쳐진 글자로서 강의 이름으로 쓰이던 글자이다. 沔水

泗 물이름 사(총8획). 강 이름. 산동성(山東省)에서 발원하여 강소성(江鮇省)을 거쳐 회수(淮水)에 흘르드는 강의 이름이다. 우리나라에 泗川이라는 지방도 있다. 泗水

07 자연

007 :: 山 뫼 산, 川 내 천

岳 큰산 악(총8획). 岳자는 언덕(丘)과 산(山)의 뜻을 결합한 회의문자이다. 산 위에 언덕이 또 있다하여 큰 산의 뜻을 나타낸다. 岳父, 岳母, 冠岳山

島 섬 도(총10획). 鳥(새 조)와 山이 합해졌다. 새(鳥)가 바다 가운데 있는 산(山)의 모습처럼 생긴 섬(島)에 모여있다 하는 데서 섬의 뜻을 나타낸다. 島嶼, 獨島

州 고을 주(총6획). 강(川)의 사이에 형성된 모래톱을 점으로 찍어 표시한 것이다. 사람들이 모여살았으므로 고을의 뜻이 되었다. 州郡, 州里

洲 물가/물 주(총9획). 강, 바다(氵)에 둘러싸인 고을, 마을로서 섬, 물가의 뜻을 나타낸다. 三

角洲, 濠洲. 부수는 氵(물 수)

巢 새집 소(총11획). 나무(木)위에 새집(田)이 있고 그 위에 세 마리의 새(巛)가 앉아있는 모양을 본떠 만든 상형문자이다. 巢居, 巢窟

07 자연

008 :: ++풀초, 石돌석, 雨비우, 冫 얼음 빙

草 풀 초(총10획). 새벽 일찍 이슬을 맞은 풀(++)들이 돋아난다는 데서 풀이란 뜻을 나타낸다. 草間, 草木, 草創

苗 모/싹 묘(총9획). 苗자는 풀(艸)과 밭(田)의 뜻을 결합한 회의문자이다. 밭(田)에 풀(++)이 솟아 나오는 것을 나타낸다. 모, 모종, 곡식의 뜻을 나타낸다. 苗木, 苗板

菊 국화 국(총10획). 보통 10월에서 11월에 피는 꽃(++)으로서 꽃잎이 마치 쌀알(米)이 모여(勹 쌀 포) 있는 것 같아 보이는 꽃인 국화를 의미하는 글자이다. 菊花, 秋菊, 菊版

菌 버섯 균(총12획). 菌자는 벼를(禾) 창고(囗)에 가둬놓으면 풀(++)의 일종인 버섯이나 곰팡이가 생긴다는 데서 그 뜻을 나타낸다. 菌毒, 菌類

茶 차 차/차 다(총10획). 사람(人)이 풀(++)과 나무(木)의 잎사귀와 열매 등을 따서 달여 차(茶)로 마신다는 뜻을 나타낸다. 茶果, 茶房

蘇 되살아날 소(총20획). 겨울 내내 얼어붙었던 풀(++)과 물고기(魚)와 벼(禾)가 봄에 다시 깨어난다는 데서 되살아나다, 깨어나다의 뜻을 나타낸다. 蘇東波, 蘇生

葬 장사지낼 장(총13획). 사람들이 손(廾두손 공)으로 죽은(死)이를 운반하여 풀밭(++)위에 놓은 것이 고대의 장례였다고 한다. 葬禮式, 葬儀, 葬地

蒙 어두울/덮을 몽(총14획). 돼지(豕)가 새끼를 낳으면 한(一) 마리 한 마리 소중하게 풀(++)로 덮어(冖)서 보호하는 것을 뜻한 글자이다. 啓蒙, 蒙昧

薦 천거할 천(총17획). 원래의 뜻은 '짐승이 먹는 풀(獸之所食艸)'이다. 艸(풀 초)와 廌(해태 치)가 합해졌다. 〈說文解字〉 옛날에 신선(神仙)이 황제(黃帝-중국 민족의 시조)에게 해태(廌)를 선물했다고 한다. 황제가 묻기를 "저 동물은 무엇을 먹으며 어디에 살고 있습니까?' 신선이 대답하길, "천초(薦草)를 먹습니다. 여름에는 연못가에 살고 겨울에는 소나무와 잣

나무 아래에 삽니다." 이런 전설에서 해태(廌)가 먹는 풀(艸)이라는 의미였는데 후에 일반 짐승들이 먹는 풀 이라는 뜻으로 확대되었다.

艹(풀), 鹿(사슴 록), 鳥(새 조)가 합해진 걸로 보고 사슴이 풀을 먹어보고 맛이 있으니 새에게 추천을 했다 로 외우면 된다. 薦擧, 推薦

蔑 업신여길 멸(총15획). 艹(풀 초), 目(눈 목), 戍(지킬 수. 人과 戈의 결합)가 합해졌다. 원래의 뜻은 '피곤해서 기운이 없는 눈(勞,目無精也)'이다.

창(戈)을 들고 풀(艹)밭에 쓰러진 병사(人)의 눈(目→罒)에 힘이 없다는 뜻이니, 다른 동료 병사가 말을 붙여도 모두 무시하고 업신여겨 버린다는 의미이다. 蔑視, 侮蔑, 凌蔑

蒸 찔 증(총14획). 원뜻은 '삼의 껍질을 벗긴 후 남은 중간줄기(折麻中幹也→원문의 꺾을 절折은 쪼갤 석析으로 바꿔야함)'이다. 중간 줄기를 가공하여 섬유를 뽑아내리려면 물로 쪄내야 하므로 찌다의 뜻이 파생되었다. 그릇(一)에다 물(水)과 겅그레(了)를 넣고 풀(艹)을 찐다(灬)라고 외우면 된다. 蒸發, 蒸氣, 汗蒸幕

蓋 덮을 개, 어찌 합(총14획). 그릇(皿)속의 물건이 엎질러지지(去)않도록 풀(艹)로 엮은 뚜껑으로 잘 덮는다 라는 데서 덮다, 덮어 씌우다 라는 뜻을 나타낸다. 蓋然, 無蓋車

萬 일만 만(총13획). 萬자는 전갈을 그린 상형문자이다. 艹부분은 두 집게발을 曰은 머리를, 內부분은 발과 꼬리를 그린 것이다. 전갈은 새끼를 많이 치므로 많다, 일만의 뜻으로 가차되었다. 萬感, 萬物

艾 쑥 애, 다스릴 예(총6획). 뜸을 뜨는데 쓰는 풀인 쑥을 의미하는 글자이다. 병을 다스리기 (乂다스릴 예)위해 칼로 베어(乂벨 예) 온 풀(艹)인 쑥을 뜻한다. 艾年, 艾葉

薛 성/쑥 설(총17획). 언덕(阜의 생략형)에 난 쌉쌀한(辛매울 신→쓰다로 뜻의 변형) 맛을 내는 쑥을 (艹) 나타내는 글자였다. 辛(형벌도구로서의 칼)은 칼을 의미하기도 하므로 쑥을 베는데 사용한 도구의 뜻으로 들어갔을 수도 있다. 姓氏로 주로 쓰인다. 薛聰

確 굳을 확(총15획). 하늘 높이 나는 학(학 확/높이날 확雀→鶴의 줄임형)은 지조와 절개가 돌처럼(石) 굳어있다 라는 데서 굳다, 확고하다, 확실하다의 뜻을 나타낸다. 正確, 明確, 確固

碎 부술 쇄(총13획). 石이 의미부, 卒(군사 졸)이 소리부와 의미부를 겸한다. 태권도 격파연습을 많이 한 병사(卒)가 벽돌(石)을 산산조각내어 부순다는 의미이다. 粉碎(가루 분), 粉骨碎身

靈 신령 령(영)(총24획). 사람들이 입으로(口) 비(雨)가 오기를 기원하고 무당(巫-하늘과 땅을 연결하는 사람들인 무당을 의미함)은 신령께 빈다는 데서 신령, 혼백, 영혼의 뜻을 나타낸다. 靈感, 靈驗

雪 눈 설(총11획). 원래의 글자는 雨에 彗(빗자루 혜)가 합해진 것인데 변천 과정에서 크(손)만

남게 되었다. 비처럼(雨) 하늘에서 내리는데 손(⺕)으로 쓸어 모아야 하는 것이니 눈의 뜻을 나타낸다. 雪寒, 暴雪

雷 우레 뢰(총13획). 밭에(田) 비가(雨) 내리니 천둥 소리가 들린다 라는 데서 우레, 천둥의 뜻을 나타낸다. 雷雨, 落雷

霸 으뜸/두목 패(총21획). 비가(雨)내리고, 달(月)빛이 흐릴 때 혁명(革命)을 일으켜 패권을 차지한다는 데서 으뜸, 두목의 뜻을 나타낸다. 霸王, 霸氣

冬 겨울 동(총5획). 夂(뒤져올 치. 천천히의 뜻)와 冫(얼음빙)의 뜻을 결합한 회의문자이다. 얼음(冫)과 같은 차가운 날이 길게(夂) 가는 계절을 나타낸다. 겨울의 뜻을 나타낸다. 冬季, 冬服

---

07 자연

009 :: 厂 언덕 한, 阝 언덕 부

厚 두터울 후(총9획). 산 언덕(厂)에 햇살(日)이 노는 아이들에게(子) 두텁게 비친다라는 데서 두텁다, 두껍다의 뜻을 나타낸다. 厚德, 厚意

厭 싫어할 염(총14획). 옛글자를 보면 口, 月(=肉. 고기 육), 犬(개 견)이 합해진 것으로 나온다. 개(犬)가 언덕(厂)아래에서 고기(月)를 너무 많이 먹어(日) 물려서 이제 먹기를 싫어한다는 뜻이다. 厂(언덕 한)은 소리부로 들어간 듯하다. 厭世觀, 厭症

危 위태할 위(총6획). 勹(人의 변형), 厂(언덕 한), 卩(병부 절. 사람)이 합해졌다. 언덕위에 사람이 있으니 아래에 있는 사람이 위태하니까 내려오라고 소리치는 모습이다. 危急, 危險. 부수는 卩(병부 절)

厄 액/재앙 액(총4획). 언덕(厂)위에 있는 사람이 떨어져서 없어졌다. 그는 재앙을 입었다. 厄運, 橫厄

厥 그 궐(총12획). 원래의 뜻은 '돌을 던지다(發石也)'이다. 후에 '그것'으로 가차되었다. 欠(하품 흠)의 왼쪽에 있는 글자는 사람이 거꾸로 있는 모습이다. 언덕(厂)아래에 입벌리고(欠) 쓰러져있는 사람의 모습이므로 '그' 사건이 벌어졌다 정도로 외우는게 나을 듯하다.

闕 대궐/빠질 궐(총18획). 의미부인 門과 그 속에 있는 소리부가 합해졌다. 원래의 뜻은 '궁궐 문의 양쪽에 세운 누대(樓臺)'이다(門觀也). 대궐, 문벌, 빠지다의 뜻이 파생되었다. 너

124

무나 큰 대궐을 보고 너무 놀라 입을 쩍 벌리고(欠) 대궐 문(門) 앞에 쓰러졌다(欠옆 거꾸로 된 사람)로 외우면 된다. 大闕, 宮闕

陸 뭍 륙/육(총11획). 뭍 陸은 언덕(厂)과 흙덩이 륙(坴)을 결합한 글자. 언덕(厂)이 있고 흙(土)와 흙(土)이 나뉘어(八) 퍼져 있으니 땅이요, 뭍(陸)이라는 뜻이다. 陸橋, 陸路, 陸上

睦 화목할 목(총13획). 땅(土)과 땅(土)이 널리 나뉘어(八) 펼쳐진 것을 눈(目)으로 보았을 때 얼굴의 모습은 화목한 모양으로 비추어진다. 자기의 땅이 많으니까. 親睦, 和睦. 부수는 目(눈 목)

隱 숨을 은(총17획). 숨을 隱자의 원래 형태는 阝와 心이 없는 것이었다. 두 손(爫, ㅋ)안에 어떠한 물건(工)을 간직하고 숨긴다는 뜻이었다. 후에 언덕(阝)에 숨는다는 데서 阝가 들어갔고 숨고 싶어하는 마음상태를 표현하기 위해 心도 추가된 것이다. 장인(工)이 자신의 명 작품을 두 손(爫, ㅋ)에 간직하고 언덕(阝)에 숨고 싶어한다로 외우면 된다. 隱匿, 進隱

陣 진칠 진(총10획). 언덕(阝)에 전차(車)를 배치한다는 데서 진(陣)을 치다 라는 뜻을 나타낸다. 陣中, 陣營

陟 오를 척(총10회). 언덕 부(阝)와 걸음 보(步)를 결합한 회의문자. 언덕을(阝) 걸어서(步) 올라간다라는 데서 올리다, 오르다의 뜻을 나타낸다. 進陟

降 내릴 강/항복할 항(총9획). 언덕에서(阝) 천천히(夂) 발로(止) 내려온다는 데서 내려오다, 내려와서 적에게 항복하다의 뜻을 나타낸다. 降等(강등), 降雨(강우), 昇降(승강), 降服(항복), 投降(투항)

陳 베풀 진(총11 획). 東은 나무 장대에 보따리 짐을 묶어놓은 모습으로 '물건'의 뜻이다. 동쪽이라는 의미는 가차된 것이다. 언덕(阝)에서 짐(東)을 풀어 여러 물건들을(東) 베풀어 진열(陳列)한다는 데서 베풀다, 늘어놓다, 진열하다의 뜻이 나왔다. 오래되다의 뜻인 묵다의 뜻도 파생되었다. 陳列, 陳腐

葡 포도 도(총12획). ++가 의미부, 匍가 소리부이다. 그릇(匐)에 담아 내온 포도(++)로 외우면 된다. 葡萄(포도포). 부수는 ++(풀 초)

陶 질그릇 도(총11획). 언덕(阝)처럼 생긴 가마(勹)에서 독(缶-장군 부)을 구워 도자기, 질그릇(陶)을 만든다는 의미이다. 陶工, 陶器

隔 사이뜰 격(총13획). 의미부인 阝(언덕 부)와 鬲(솥 력/오지병 격)이 합해졌다. 鬲은 의미부와 소리부를 겸한다. 阝는 공간과 공간을 떼어놓는 의미에서 들어갔고 鬲은 세 발 솥을 본뜬 글자인데 세 발의 사이가 다 떨어져 있다는 의미로 들어갔다. 隔離, 隔日

陝 땅이름 섬(총10획). 중국에 있는 성(省)의 하나인 섬서성(陝西省)을 이르는 글자이다. 좁을 협陜과 구별해야한다. 섬에는 大의 양쪽에 入이 있고 협에는 大양쪽에 人이 있다. 陝西

010 :: 竹 대 죽, 禾 벼 화, 米 쌀 미

穀 곡식 곡(총15획). 禾(벼 화), 殼(껍질 각)이 합해졌다. 벼(禾)의 껍질(殼)을 벗겨야 진정한 곡식이 된다는 뜻이다.

殼 껍질 각(총12획) 殳(창 수. 손에 농기구를 든 모습)와 껍질에 싸인 곡물의 상형문자를 결합한 것이다. 선비(士)와 인부(儿)가 농기구(殳)를 들고 껍질이 덮여(冖)있는 한(一)알의 알곡을 벗기고 있다로 외우면 된다. 糧穀, 穀物 . 부수는 殳(창 수)

科 과목 과(총9획). 禾(벼 화), 斗(말 두. 바가지의 상형). 곡식(禾)을 바가지(斗)로 퍼서 쌀과 보리, 콩 등의 종류대로 분류한다는 데서 과목, 품목 등의 뜻을 나타낸다. 科擧, 科目, 科學

私 사사 사(총7획). 수확한 곡물(禾)을 자신, 개인(厶 사사 사)의 것으로 만든다는 것을 의미한다. 개인, 사사롭다의 뜻을 나타낸다. 私有, 私學

穩 편안할 온(총19획). 곡식(禾)을 나름대로 숨겨(隱) 놓으면 마음이 든든하고, 걱정없이 편안하다라는 데서 편안하다, 안정되다의 뜻을 나타낸다. 穩當, 穩全

秉 잡을 병(총8획). 벼(禾)와 손(彐)을 결합한 회의문자. 벼를(禾) 한 손(彐)에 쥐고 있는 것을 나타낸다. 잡다, 볏단의 뜻을 나타낸다. 秉權, 秉燭

稷 피 직(총15획). 농부가(儿) 밭(田)에 나가 천천히(夂) 열심히 농사를 지어 수확한 것이 기장, 피(禾)라는 데서 기장, 피, 곡신(穀神 오곡의 신)을 나타낸다. 稷神, 宗廟社稷

穫 거둘 확(총19획). 숲(艹)속의 새(隹새 추)를 손으로(又) 잡아 곡식에게 피해를 주지 않고 벼를(禾) 수확한다라는데서 거두다, 벼 베기의 뜻을 나타낸다. 收穫

稱 일컬을 칭(총14획). 爫(손톱 조. 손을 의미함)아래에 있는 글자는(冓)저울을 본뜬 글자이다. 손(爫)에 저울(冓)을 들고 벼(禾)의 무게를 달아 무게를 말한다는 데서 일컫다, 저울질하다의 뜻을 나타낸다. 稱號, 稱頌

秦 성 진(총10획). 秦은 두 손으로 절굿공이를 들고 벼(禾)를 찧고(舂찧을 용. 두속 공廾, 낮 오午-절굿공이의 상형, 절구 구臼) 있는 모습을 나타낸 글자이다.
〈설문해자〉에 의하면, 秦은 백익(伯益)이 봉해진 나라 이름이다. 그 곳은 벼농사 짓기에 알맞으므로 禾와 舂(찧을 용)이 합해졌다. 秦은 벼의 한 품종이기도 하다 라고 했다. 秦始皇(진시황)-진시황의 성씨는 진씨가 아니고 영(嬴)씨이다.

穆 화목할 목 (총16획). 화목할 목(穆)자는 벼(禾)익어 작고(小) 흰(白)알곡의 모양(彡)을 볼 때 농부의 마음이 온화해지고 기쁘다는데서 화목하다는 뜻을 나타낸다. 和穆

粟 조 속 (총12획). 원래는 곡식(米)이 익어 이삭이 드리워진 모습(覀)을 나타내어 원뜻은 '아름다운 곡식이 잘 익은 모습(嘉穀實也)'이다. 모양이 많이 변했다. 覀(덮을 아)를 중요할 요 要의 줄임형으로 보고, 쌀(米)과 같이 중요한(要) 곡식이 조 이다 라고 외우면 된다. 조, 좁쌀, 곡식등의 뜻이 있다. 粟豆, 粟米

粹 순수할 수 (총14획). 說文解字에, '잡스럽지 않은 깨끗한 쌀이다(不雜也)'라고 했다. 원래 깨끗하고 하얗게 찧은 쌀을 의미하는 글자였는데 순수하다의 뜻으로 확대 사용되었다. 卒(군사 졸)은 노예, 군사의 의미를 갖는 글자이다. 하얗고 깨끗한 쌀(米)를 골라내는 노예(卒)의 마음이 순수하다로 외워도 된다. 純粹(순수할 순), 粹然(그럴 연)

等 무리 등 (총12획). 대(竹)와 관청(寺)이 결합한 회의문자. 관청(寺)에서 죽간(竹簡)에 쓴 문서를 무리(等)를 지어서 등급(等級)별로 정리한다 라는 데서 무리, 등급의 뜻을 나타낸다. 等價物, 平等

篤 도타울 독 (총16획). 대(竹)로 만든 말을(馬) 타며 우정이 도타워(篤)진다는 데서 도탑다의 뜻을 나타냈다. 竹馬故友, 篤實

算 셈 산 (총14획). 대나무(竹)와 갖출 구(具)를 결합한 회의문자. 양손(八→廾)에 대나무(竹)로 만든 산가지를 갖추고(具) 셈하는 것을 나타냈다. 셈, 계산의 뜻을 나타낸다. 計算, 打算

築 쌓을 축 (총16획). 竹, 工, 丮(잡을 극→凡으로 변형됨), 木이 합해졌다. 장인이(工) 대나무와 나무를 가지고 자(工)로 재가며 건축물을 쌓는다는 뜻이다. 築成, 築臺

001 :: 穴 구멍혈, 广 집엄

究 연구할 구 (총7획). 동굴(穴) 속을 아홉(九) 번씩이나 들어가서 연구할 대상을 찾는다는 데서 연구하다, 궁구하다(파고들어 깊이 연구하다)의 뜻이 생겼다. 究考, 探究, 窮究

突 갑자기 돌 (총9획). 구멍(穴)과 개(犬)의 뜻을 결합한 회의문자. 개 구멍(穴)에서 개(犬)가 갑자기 뛰어나오는 것을 나타냈다. 갑자기, 충돌하다의 뜻을 나타낸다. 突擊, 突出, 突風

窓 창 창 (총11획). 囪(창 창)으로 쓰기도 하며 窗(창 창)으로 쓰기도 한다. 窓은 窗의 생략형이다. 집(宀)에 사는 사람들(儿)이 개인적으로(厶사사 사) 마음(心)속에 창문이 있었으면 한다로 외우면 된다. 窓門, 北窓

竊 훔칠 절 (총22획). 허신은 穴과 米에 근거하여 '구멍을 통해 쌀을 훔쳐내는 것(盜自中出曰竊)'이라고 말한다. 지금의 자형에서도 穴과 米가 보인다(米가 분별할 釆으로 변했지만). 竊 자를 자세히 분해하면, 穴(구멍 혈), 釆(분별할 변), 禸(짐승발자국 유), 內(안 내), 卜(점칠 복)이 보인다. 도둑이 일진이 어떤가 점(卜)을 치고 집주인이 있나 없나를 잘 분별하여(釆) 담장 아래 구멍(穴)을 파고 안(內)으로 들어가 물건을 훔치고 발자국(禸)을 남겨놓고 나왔다 로 외우면 된다. 竊盜

廟 사당 묘 (총15획). 아침(朝)에 제사를 지내는 집(广)이 있으니 사당의 뜻을 나타낸다. 宗廟, 廟堂

床 상/평상 상 (총7획). 집(广)에서 쓰려고 나무(木)로 만든 평상, 책상, 밥상 등을 뜻하는 글자이다. 平床, 沈床

庫 곳집 고 (총10획). 집(广)에 수레(車)를 보관하는 장소를 뜻하는 데서 곳집을 나타낸다. 倉庫, 金庫, 車庫

庶 여러 서 (총11획). 집 엄(广), 스물 입(卄), 불 화(灬)를 합친 회의문자이다. 집(广)뜰에 여러(卄) 사람이 불(灬)을 쬐고 있는 모습을 나타냈다. 여러, 무리의 뜻을 나타낸다. 庶子, 庶務

廢 폐할 폐 (총15획). 전쟁이 일어나서(發) 사람들이 모두 집(广)도 버리고 피난간다는 데서 폐하다, 버리다의 뜻을 나타낸다. 廢業, 廢墟

度 법도 도, 헤아릴 탁 (총9획). 庶(무리 서)와 又(또 우)를 합했다. 庶는 소리부도 겸한다. 집(广)에 있는 많은(卄) 식구들을 손(又)으로 법도 있게 다스린다는 데서 법도, 헤아리다의 뜻이

나왔다. 度量, 制度

渡 건널 도(총12획). 물(氵)의 깊이를 헤아리면서(度) 강을 건넌다 라는 데서 건너다의 뜻이 나왔다. 渡江, 渡來. 부수는 氵(물 수)

庵 암자 암(총11획). 广의 아래에 있는 글자는 大(사람)와 申(펼 신. 번개의 상형)이 합해진 것이다. 번개(申)가 치자 사람(大)이 암자(广)에 몸을 숨겼다는 의미이다. 庵子, 草庵(풀 초)

庾 곳집 유(총12획). 广(집 엄)과 잠깐 유(臾)자가 결합된 글자. 臾(잠깐 유. 두 손臼으로 사람人의 머리채를 잡아 끌고가는 모습) 사람의 머리채를 잡고(臾) 끌고 와서 가두어 두는 헛간이나 곳집(广)을 의미하는 글자이다. 곡식을 임시로(臾) 쌓아두는 창고(广)라고 외워도 된다. 庾廩

庄 씩씩할/농막 장(총6획). 장(莊)의 속자(俗字)로 쓰이며 농토(土) 주변에 세운 집(广)으로, 농막, 전장의 뜻이다. 庄園

粧 단장할 장(총12획). 농막(庄)을 쌀(米)의 빛깔인 흰 빛으로 단장한다는 뜻이다. 粧飾, 粧面

08 생활과 문화

002 :: 宀 집면

家 집 가(총10획). 豕(돼지 시)와 宀(집 면)을 합한 회의문자. 고대에는 파충류, 특히 뱀의 습격을 막기 위해 집집마다 돼지를 키웠다고 한다. 家家戶戶, 家訓

守 지킬 수(총6획). 집(宀)과 손(寸)을 결합한 회의문자. 손(寸)으로 집(宀)을 지킨다는 데서 지키다의 뜻을 나타냈다. 守備, 守門將

字 글자 자(총6획). 집(宀)에서 자식(子)에게 글자를 가르친다는 데서 글자의 뜻을 나타낸다. 字解, 字源

實 열매 실(총14획). 집(宀), 꿸 관(貫)을 결합한 회의문자. 집(宀)에 돈 꿰미(貫)가 가득찼다는 데서 열매, 참되다라는 뜻을 나타낸다. 돈은 시간과 노력에 대한 열매이다. 實感, 果實

害 해할 해(총10획). 說文解字에 의하면, '다치다'이다. 宀과 口의 뜻이 합해져서 뜻을 나타낸다. 宀과 口가 합해진 이유는 다음과 같다. 상처를 주는 말은 집에서 발생하기 때문이다. 丰(풀 개/예쁠 봉)가 소리부이다(傷也, 從宀從口. 宀口, 言從家起也. 丰聲)'라고 해설을 했으나 억지 해설 같아 보인다. 옛 글자에 의하면 집(宀)과는 관련 없는 글자이다. 금문(金文)에 의

하면, 害는 아귀가 맞지 않아 잘못 만들어진 청동기물의 모습이라고 한다. 해하다, 다치다의 뜻은 여기에서 파생된 것이다. 집(宀) 앞에 난 풀(丰)을 막 먹으면(口) 몸에 해롭다로 외우면 된다.

割 벨 할(총12획). 남을 해롭게(害) 하면 칼(刂)로 벤다 라는 데서 베다의 뜻을 나타낸다. 分割, 割當. 부수는 刂(칼 도)

轄 다스릴/관장할/비녀장 할(총17획). 說文解字에 '수레소리이다. 車가 의미부, 害가 소리부이다. 파생된 뜻으로 轄은 비녀장의 의미도 있다(車聲也. 從車害聲. 一日轄, 鍵也)'라고 했다. 수레(車)의 소음이 인간에게 해로움(害)을 주니 수레를 잘 다스려야 하며 특히 수레바퀴의 부속품인 비녀장을 잘 관장해야한다 로 외워도 된다. 管轄, 直轄市. 부수는 車肉(수레 차)

寡 적을 과(총14획). 집(宀), 머리혈(頁), 나눌 분(分)을 결합한 회의문자. 원래의 뜻은 분배하다이다. 사람이(頁) 집(宀)에 있는 돈을 분배하면(分) 남아있는 것이 적다는데서 적다, 작다, 과부의 뜻으로 쓰인다. 寡德, 寡婦, 衆寡不敵

寬 너그러울 관(총15획). 寬의 원뜻은 '넓은 집'이다. 宀을 제외한 나머지 글자는 가느다란 뿔을 가진 산양(山羊)의 모습으로 소리부로서 들어갔다. 집(宀)안에 꽃(艹)을 놓고 보게(見)되면 마음이 너그러워져서 식구들의 작은(丶) 잘못 같은 것은 이해한다 로 외우면 된다. 너그럽다, 관대하다의 뜻을 나타낸다. 寬大, 寬待

宿 잘 숙/별자리 수(총11획). 옛 글자를 보면 百자는 돗자리의 모습으로 나타난다. 사람(人)이 집(宀)에서 돗자리(百)를 깔고 잔다는 뜻이다. 집(宀)에 백(百) 사람(亻)이 잔다 로 외워도 된다. 사람이 잠자는 시간인 밤에 보이는 별들의 모임인 별자리를 의미하기도 한다. 별자리의 경우는 수로 읽어야 한다. 宿泊(숙박), 寄宿舍(기숙사), 宿命(숙명), 28宿(수)

縮 줄일 축(총17획). 실(糸)이나 옷감을 여러 밤 재우면(宿) 저절로 줄어든다는 뜻이다. 萎縮, 收縮, 縮小. 부수는 糸(실 사)

宮 집 궁(총10획). 집(宀)과 呂(음률/등뼈 려)를 결합한 회의문자. 등뼈처럼 방과 창문이 잘 맞추어져 있는 집이라는 데서 집, 궁궐, 대궐의 뜻을 나타낸다. 呂를 아랫방, 윗방이 갖추어진 것으로 봐도 된다. 宮闕, 宮合

寒 찰 한(총12획). 사람이(人) 집에서(宀) 이불을 높이 덮었으나 얼음처럼 찬(冫)바람이 들어와 여전히 춥다는 의미이다. 寒暑, 寒冷

宜 마땅 의(총8획). 宀(집 면)과 且(또 차)를 결합했다. 且는 조상의 이름과 관직을 적은 '위패'의 모습이다. 그렇다면 宀은 사당이나 종묘를 의미한다. 사당(宀)에서 위패(且)를 모시고 제사를 지내는 일은 해야 마땅하다는 데서 마땅하다, 옳다의 뜻을 나타낸다. 宜當, 時宜,

永宜

審 살필 심(총15획). 宀(집 면), 番(차례 번)을 결합했다. 番은 采(분별할 변-짐승의 발자국), 田(여기서는 밭이 아니라 짐승의 발자국을 의미한다)이 더해진 것으로 순서와 차례의 뜻과 함께 '살피다'의 뜻도 가지고 있다. 집(宀)을 순서대로, 차례대로(番) 잘 살피고(番) 가꾼다는 뜻이다.
審査, 審理

瀋 즙낼 심(총18획). 과일이나 야채 등을 잘 살펴서(審) 즙(氵)을 낸다는 뜻이다. 성씨나 지명에 쓰인다. 瀋陽. 부수는 氵(물 수)

寅 범/동방 인(총11획). 화살을 본뜬 글자인데 12지(支)의 하나로 가차되어 사용되고 있다. 호랑이띠를 의미한다. 화살을 본뜬 글자는 寅과 함께 矢(화살 시), 黃(누를 황)이 있다. 寅時

宰 재상 재(총10획). 궁궐(宀)이나 조정에서 형벌(辛 매울 신. 형벌도구)을 담당하는 직책인 재상을 의미하는 글자이다. 宰相

宋 성/나라이름 송(총7획). 설문해자에 '살다(居也)이다. 宀과 木을 더한 회의문자이다' 로 나온다. 여러 경전(經典)에 살다의 뜻으로 나오는 용례는 없다. 나무(木)로 집(宀)을 지으므로 살다의 뜻이 나온 것 같다. 원뜻과는 무관하게 중국 산동지방에 있던 나라이름으로 쓰였고 현재는 성씨로 쓰이고 있다. 南宋

---

08 생활과 문화

003 :: 戶 지게문 호, 門 문 문

所 바 소(총8획). 도끼(斤)가 있는 집(戶)이라는 데서 곳(所)의 뜻을 나타낸다. 바, 처소 등의 뜻으로 사용된다. 회의문자 所感, 所聞

扈 따를 호(총11획). 집(戶)이 있는 곳에는 마을, 고을(邑)이 형성되며 이 고을에 사는 백성들은 임금, 제후를 뒤따라야(扈)한다는 데서 따르다의 뜻을 나타낸다. 跋扈, 扈聖功臣

開 열 개(총12획). 문(門)의 빗장(一)을 두 손(廾)으로 연다는 데서 열다의 뜻이 되었다. 열다, 펴다, 개척하다의 뜻을 나타낸다. 開刊, 開架式

關 관계할 관(총19획). 끈을 의미하는 幺(작을 요. 실 사糸의 줄임)의 아래에 있는 丱자는 쌍상투관 자로 소리부 역할을 한다. 문(門)을 동아줄로 묶어놨다는 데서 빗장, 잠그다의 뜻이 되

었다. 좌우의 문을 연결했으므로 관계하다의 뜻도 파생되었다. 關係, 關羽

閉 닫을 폐(총11획). 문(門)과 나무빗장(才)의 뜻을 결합한 회의문자. 닫다, 막다, 막히다의 뜻을 나타낸다. 閉門, 閉鎖, 閉幕

間 사이 간(총12획). 사이 간(間)자는 문(門) 사이에 햇볕(日)이 들어온다는 데서 사이, 틈, 때의 뜻을 나타낸다. 其間, 間歇

簡 대쪽/간략할 간(총18획). 대쪽 간(簡)자는 대나무(竹)쪽 사이에(間) 간략하게 편지를 쓴다라는 데서 대쪽, 편지, 문서 등의 뜻으로 쓰인다. 簡潔, 簡單, 竹簡. 부수는 竹(대 죽)

閑 한가할 한(총12획). 한가할 한(閑)자는 문(門)안에 나무(木)가 한가히 서 있다(閑)를 나타내는데서 한가하다 뜻을 나타낸다. 閒으로 쓰기도 한다. 閑客, 閑居, 閑暇

閏 윤달 윤(총12획). 윤달 윤(閏)자는 문(門)과 임금(王)의 뜻을 결합한 회의문자이다. 고대 중국의 임금(王)은 윤달이 되면 종묘출입을 안하고 대궐문(門) 안에 머문다는 풍습을 반영하는 글자이다. 閏月, 閏年

潤 불을/윤택할 윤(총15획). 윤달(閏月)에는 임금이 문(門) 안에 머물게 되므로 물(氵)로 깨끗이 닦아야 한다. 그러면 문이 윤택해지고, 나무로 만들었으니 물을 먹어 불어나게 됨을 나타낸 글자이다. 潤澤, 潤文. 부수는 氵(물 수)

閼 막을 알(총16획). 막을 알(閼)자는 뜻을 나타내는 門과 음을 나타내는 於(어조사 어)를 합했다. 사람들(人)이 여러 방향(方)에서 들어오려 해도 차가운(冫) 말을 하며 문(門)을 막아버린다 로 외워도 된다. 金閼智

閃 번쩍할 섬(총10획). 문(門) 앞에서 남의 이야기를 엿듣던 사람(人)이 문이 확 열리자 부딪쳐서 눈에 불이 번쩍하였다는 뜻이다. 閃光, 閃電

---

08 생활과 문화

004 :: 邑 阝;고을 읍, 里 마을 리, 冂 멀 경, 囗 에울 위

邪 어찌 나/어조사 내(총7획). 마을 고을에 적어 쳐들어 왔으나 칼이(刀) 두자루(二)밖에 없다. 어찌하나! 원뜻은 고을 이름이었다. 那邊, 刹那

鄭 나라 정(총15획). 제사(奠)를 담당하는 고을(阝)이라는 뜻에서 나라이름에 사용했던 글자이

며 현재 성씨로도 쓰인다. 奠(제사지낼 전)- 酋(두목 추. 술병을 본뜬 글자)、廾(두손 공. 大로 변형되었다)이 합해져서, 두 손으로 술병을 들고 조상에게 제사지냄을 나타낸 글자이다. 鄭周泳

邕 막힐 옹 (총10획). 내 천(巛)과 고을 읍(邑)을 결합한 회의문자로 주위가 물(巛)로 둘러 쌓인 고을(邑)은 교통이 막힌다는 데서 막히다의 뜻이 되었다. 마을이 고립될수록 사람들은 서로 의지하며 뭉치므로 화목하다의 뜻도 생겼다. 邕水, 邕睦

量 헤아릴 량(양) (총12획). 원래의 뜻은 '무게를 재다(稱輕重也)'이다. 日(해 일)과 重(무거울 중)을 합했다. (상인이)밖에서(日) 물건의 무게를(重) 재고 헤아린다는 뜻이다. 度量衡, 器量

糧 양식 량(양) (총12획). 쌀(米)을 헤아리는(量) 것은 먹을 양식이기 때문이다. 糧食, 糧穀. 부수는 米(쌀 미)

册 책 책 (총5획). 죽간(竹簡)을 실로 매어놓은 모양을 본떠 만든 상형문자이다. 册卷, 册櫃

再 두 재 (총6획). 저울(천칭天秤)을 본뜬 글자로 사물의 무게를 거듭 재야한다는 데서 두 번, 거듭의 뜻을 나타낸다. 再開, 再建

冒 무릅쓸 모 (총9획). 무릅쓸 모(冒)자는 冂(멀 경. 여기서는 투구를 의미)과 目이 합해졌다. 투구를 쓴 병사의 반짝이는 눈(目)을 형상화 하여 '무릅쓰다'의 뜻이 나왔다. 冂의 안에 있는 二는 계급장으로 보면 된다. 冒자는 帽(모자 모)의 원래 글자이기도 하다. 再開, 冒險

帽 모자 모 (총12획). 冒(무릅쓸 모)자에도 모자의 뜻이 있는데 무릅쓰다로 많이 쓰이자 뜻을 강조하기 위해 巾(수건 건)을 더했다. 帽子 帽標. 부수는 巾(수건 건)

四 넉 사 (총5획). 口는 사방(四方)을 본뜨고 팔(八)은 나눈다는 뜻으로 곧 사방(口)을 동서남북 네 개로 나누었다(八)는 뜻이다. 四書, 四季

國 나라 국 (총11획). 나라 국(國)자는 울타리(口)와 혹시 혹(或)자를 결합한 회의문자이다. 무기, 창(戈)을 들고 자기들의 지역(口)과 땅(一)을 지키기 위해 국경(口)을 에워싸고, 적이 침입하지 못하게 했다는 데서 나라의 뜻을 나타낸다. 國家, 國旗

困 곤할 곤 (총7획). 울타리(口) 속에 나무(木)가 갇혀서 자라지 못하고 난처하게 된 뜻을 나타낸다. 회의문자 困難, 困窮, 疲困

囚 가둘 수 (총5획). 가둘 수(囚)자는 감옥(口)속에 사람(人)이 갇혀있음을 나타내는 회의문자이다. 囚人, 罪囚

圖 그림 도 (총14획). 그림 도(圖)자는 啚(쌀창고 비)와 에워쌀 위(口)자를 합한 글자(회의문자)로서 쌀창고가 있는 지역을 그린 지도를 의미한다. 고대 전쟁에 있어서 적국의 쌀 창고가 어디 있는가는 아주 중요한 정보의 하나였다. 적국의 식량을 빼앗아 아군을 먹여야 하기 때문이다. 地圖, 圖形

回 돌/돌아올 회(총6획). 돌 회(回)자는 일정한 지점을 중심으로 빙빙 돌아가는 모양을 본떠 만든 상형문자이다. 回轉, 回顧

廻 돌/피할 회(총9획). 길을 가다가(辶) 위험을 만나면 다시 돌아서(回)온다는 뜻으로 돌다, 피하다의 뜻이 되었다. 巡廻, 廻避. 부수는 辶(멀리갈 인)

005 :: 田밭 전, 力힘 력, 斗말 두, 耒쟁기 뢰

男 사내 남(총7획). 사내남(男)자는 밭 전(田)과 힘 력(力)을 합친 회의문자로 밭에서 힘을 쓰는 사람을 남자라 칭했다는 뜻이다. 男妹, 男兒當自强

畓 논 답(총9획). 물(水)과 밭 전(田)자를 결합한 회의문자로 물이 담긴 밭, 즉 논의 뜻을 나타낸다. 우리나라에서 만든 글자이다. 田畓, 畓主

界 지경 계(총9획). 지경 계(界)자는 논 밭(田) 사이에 끼인(介끼일 개) 경계선의 뜻이다. 지경, 경계, 둘레, 한계의 뜻을 나타낸다. 世界, 學界

畏 두려워할 외(총9획). 두려워할 외(畏)자는 鬼(귀신 귀)나 異(다를 이)와 자원이 비슷한 글자로 무시무시한 탈(田)을 쓰고 있는 사람의 모습을 그린 글자이다. 田은 탈을 쓴 얼굴이고 나머지 부분은 長(긴 장. 머리카락이 긴 노인)에서도 알 수 있듯이 사람의 팔과 다리를 의미한다. 敬畏, 畏服

畜 기를 축(총10획). 玄(검을 현)은 소의 창자를, 田(밭 전)은 소의 위(胃)를 본뜬 것이다. 창자 (玄)가 길고 위(胃)가 여러 개인 '가축'을 의미하는 글자였으나 후에 가축을 '기르다'라는 뜻으로 파생되어 쓰이고 있다. 家畜, 畜産業

蓄 모을 축(총14획). 가축(畜)을 먹이기 위해 풀(艹)을 베어 모은다는 데서 모으다의 뜻이 되었다. 貯蓄, 蓄膿症. 부수는 艹(풀 초)

畫 그림 화/꾀할 획(총13획). 聿(붓 율), 밭 전(田), 一(한 일. 여기서는 종이의 의미)을 결합한 회의 문자로 붓으로 밭을 도화지에 그린다 라는 데서 그림, 그리다의 뜻을 나타낸다. 그을 획으로 읽기도 한다. 그림 화(畵)자는 총12획(一二畵)이다. 畫는 畵로 쓰기도 한다. 畵家, 東洋畵, 計畵(계획), 畵策(획책)

劃 그을 획(총14획). 칼(刂)로 그림(畫)을 그릴 때 획을 그어야 한다는 뜻이다. 計劃 劃策. 부수는 刂(칼도)

畢 마칠 필(총11획) 원래의 뜻은 '긴 손잡이가 있는 사냥용 그물(田罔也)'이다. 田과 이하 얼기설기 되어있는 부분이 그물이고 丨이 손잡이 이다. 그물로 사냥감을 다 잡았다는 데서 마치다, 다하다의 뜻을 나타내게 되었다. 畢竟, 檢查畢

甸 경기 전(총7획). 田은 밭 또는 구획을 정연하게 해 놓은 왕성(王城)의 상형이고 勹는 둘러싸다의 뜻이다. 왕성을 둘러싼 주위 500 리 이내의 땅의 뜻을 나타낸다. 畿甸, 甸地

彊 굳셀 강(총19획) 弓(활 궁)이 의미부로 들어갔고 畺(지경 강-밭 전田자 두 개와 구획과 경계선을 의미하는 一자 세 개를 더하여 지경의 뜻을 나타냄)이 소리부로 들어갔다. 타인이 나의 밭(田)에 침범하지 못하게 활(弓)을 들고 굳게(彊) 지킨다로 외우면 된다. 彊은 활 弓부수에 속한다. 自彊, 盛彊

疆 지경 강(총19획). 土(흙 토)와 彊(굳셀 강)이 모두 의미부로 들어갔으며 彊은 소리부도 겸한다. 사람들이 자기의 영토(土)를 굳게(彊) 지키려면 국경과 지경에 신경써야 한다는 뜻이다. 疆界, 疆土

勞 일할 로(노)(총12획). 熒(등불 형)의 생략형과 力(힘 력)이 합해졌다. 밤 늦은 시간에도 등불(熒)을 켜고 힘써(力) 일한다는 데서 일하다, 수고하다, 애쓰다의 뜻이 나왔다. 勞動, 慰勞

劣 못할 렬(열)(총6획). 적을 소(少)와 힘 력(力)을 결합한 회의문자로 힘(力)이 적다(少)라는 데서 못하다, 졸렬하다, 힘이 모자라다의 뜻을 나타낸다. 劣等感, 鄙劣

勵 힘쓸 려(여)(총17획). 언덕(厂)밑에 있는 논과 밭에서 만(萬)번 이상 힘(力)을 써서 일한다 라는 데서 힘쓰다, 권면하다의 뜻을 나타낸다. 激勵, 獎勵

礪 숫돌 려(여)(총20획). 언덕(厂)밑에서 칼 만(萬)자루 이상 갈아낼 수 있는 돌(石)인 숫돌을 의미한다. 부수는 石(돌 석)

勃 노할/우쩍일어날 발(총9획). 力(힘 력)과 孛(초목자랄/살별 패)가 합해졌다. 孛는 소리부와 의미부를 겸한다. 孛는 초목이 자라는 모습을 본뜬 글자이다. 초목이(孛) 힘차게(力) 솟아오른다는 데서 우쩍 일어나다, 노하다의 뜻이 파생되었다.

渤 바다이름 발(총12획). 물(氵)이 힘차게(勃) 강에서 바다로 밀려 나간다는 데서 바다이름으로 사용되는 글자이다. 우리나라 서해의 윗부분, 중국의 산동반도와 요동반도를 접하고 있는 바다를 이른다. 고구려의 후예인 대조영(大祚榮)이 세운 나라 이름이기도 하다. 渤海(698~926)- 건국초기에는 스스로 진국(震國)이라 칭했으며 고구려를 계승한다는 점을 강조하여 고려(高麗)로 일컫기도 했다. 현재 중국에서는 어용사학자들에 의해 중국사의

일부로 연구되어지고 있지만 여러 모순을 가지고 있다. 부수는 氵(물 수)

耗 줄을 모(총10획). 평생 농사(耒)를 지어온 농부의 머리털(毛)이 점점 줄어든다는 의미이다. 消耗

料 헤아릴 료(총10획). 쌀 미(米)와 말 두(斗 바가지를 본뜬 글자)를 결합한 회의문자로 쌀(米)의 양을 바가지(斗)로 헤아린다라는 데서 헤아리다, 되질하다의 뜻을 나타낸다. 料理

---

08 생활과 문화

006 :: 工장인공, 冖덮을멱, 两덮을아, 衣옷의, 巾수건건, 罒그물망

左 왼 좌(총5획). 왼손 좌(屮)와 장인 공(工 직각 자를 본뜬 글자)을 결합한 회의문자로 왼손에 자를 들고 일하는 것을 나타냈다. 오른손에 붓을 들고 선을 그리려면 자는 왼손에 잡아야 한다. 左顧右眄, 左側

巧 공교할 교(총5획). 원래의 뜻은 '기술(技也)'이다. 工의 오른쪽에 있는 글자는 '고'라고 읽으며 기(氣)가 하늘로 솟구치는 모습이다. 一에 의해 막힌 모습으로 丂(어조사 우), 于(어조사 우)와 같은 글자이다. 물건을 만드는(工) 기술이 하늘로 솟구치듯 뛰어나다는 데서 교묘하다, 공교하다의 뜻이 나왔다. 巧妙, 工巧, 巧言

差 다를 차(총10획). 설문해자에 의하면, 원래의 뜻은 '다르다(貳也, 差不相值也)'라고 했다. 左(왼 좌)와 垂(드리울 수)가 합해진 회의문자라고 한다. 오른손은 사용하기 편하고 왼손은 사용하기 불편하니 '다르다'의 뜻이 생겼고 垂(드리울 수)는 초목의 잎이 아래로 드리워진 모습이니 들쭉날쭉 규칙적이지 않다는데서 역시 '다르다'의 뜻이 된다는 것이다.
羊과 左가 합해진 것으로 보고, 좌(左) 우(右)에 늘어서 있는 양(羊)들의 크기가 서로 다르다 라고 외우면 된다. 差度, 差額

冥 어두울 명(총10획). 어두울 명(冥)자는 덮을 멱(冖), 날 일(日), 여섯 륙(六) 결합한 회의문자로 매월 16日엔 달이 이지러지기 시작해 밤이 더욱 어두워지므로 어둡다, 그윽하다의 뜻이 되었다. 冥想, 冥福

西 서녘 서(총8획). 새가 둥지에 있는 모습을 본떴다는 설과 대나무 바구니를 본떴다는 설이 있다. 둥지설은 허신의 설인데, 해가 서쪽으로 떨어지면 새는 둥지에 돌아가서 쉰다는

것이다. 대나무 바구니설은 갑골문을 바탕으로 나온 의견이다. 西가 원래는 대나무 바구니를 의미하는 글자였는데 '서쪽'으로 가차되었다는 것이다. 현대 중국어에서 東西 (뚱시)라고 하면 막연한 '물건'을 의미하는 단어인데, 東은 막대를 가로지른 보따리를 본뜬 글자이고 西도 물건을 담는 바구니를 본뜬 글자이기 때문에 東西에 물건이라는 뜻이 나왔다는 것이다. 東西南北, 西京

要 요긴할 요(총9획). 설문해자에, '허리이다. 사람이 자기의 두손臼으로 허리를 잡은 모습이다(身中也, 象人要自臼之形)'라고 했다. 襾(덮을 아)는 두 손(臼→부수편 臼참조)과 사람의 상체가 변형된 것이다. 女(계집 녀)자는 사람을 나타내는 글자가 변한 것이다. 要는 원래 허리라는 뜻이었는데 허리는 우리 몸에서 아주 중요한 부분이므로 '중요하다, 요긴하다'의 뜻으로 바뀌어 쓰이게 되자 몸을 의미하는 月(=肉)을 더해 腰(허리 요)자를 다시 만든 것이다. 襾(덮을 아)와 女를 더한 글자로 보고, 여자(女)가 장에 가서 물품을 구입하고 덮을 수(襾)있는 보자기가 있다면 매우 요긴하다(要)라고 외우면 된다. 要求, 要件, 重要

腰 허리 요(총13획). 몸(月)중에서 허리는(腰) 매우 중요(要)한 구실을 한다는 데서 허리의 뜻을 나타낸다. 腰痛, 腰帶, 腰刀. 부수는 月(=肉 고기 육)

表 겉 표(총8획). 털 모(毛)와 옷 의(衣)를 결합한 회의문자. 털(毛)로 만든 옷(衣)을 겉에 입는다는 뜻이다. 表具, 表裏不同

衷 속마음 충(총10획). 옷(衣)속(中)에 입는 옷인 속옷을 의미하는 글자이다. 마음속(中)에 있는 진실한 마음이라는 뜻이 파생되었다. 衷心, 衷情

衰 쇠할 쇠(총10획). 우비(雨備)의 하나인 도롱이의 모양을 본뜬 글자이다. 도롱이는 띠나 볏짚, 보릿짚 등을 엮어서 만든 비옷이다. 衣(옷 의) 사이에 있는 표은 엮어놓은 풀을 본뜬 글자이다. 도롱이를 걸쳐 입고 비를 맞은 농부의 모습이 초라하고 쇠약하게(衰) 보인다는 데서 쇠약하다, 약하다의 뜻을 나타낸다. ++(풀 초)를 더해 도롱이 蓑를 다시 만들었다. 衰殘, 衰年

布 베/펼 포(총5획). 손을 의미하는 屮(왼손 좌)의 변형과 巾이 더해졌다. 베(巾)를 손(屮)으로 쫙쫙 편다(布)는 의미이다. 呂布, 布木, 公布, 宣布

怖 두려울 포(총8획). 의미부인 忄(=心마음)에 소리부인 布가 더해졌다. 다른 사람이 베(布)를 쫙쫙 펴니 찢어질까봐 마음(忄)이 두려워진다는 의미이다. 恐怖, 驚怖. 부수는 心(마음 심)

希 바랄 희(총7획). 希자는 올을 듬성듬성 엉성하게(爻) 짠 베(巾)를 그려 원래의 뜻은 드물다, 성기다였다. 세상에 드문(希) 물건은 귀한 것이고 많은 사람들이 이것을 갖기 바라므로 후에 바라다의 뜻이 생겼다. 希望, 希求

137

稀 드물 희(총12획). 希(바랄 희)가 원래 드물다의 뜻이었으나 후에 바라다의 뜻으로 바뀌어 쓰이자 禾(벼 화)를 더해 다시 만든 글자이다. 논에 듬성듬성 난 벼를 연상하면 된다. 벼(禾)농사는 언제나 풍작이기를 바라지만(希) 사실상 풍년은 드물게(稀) 온다로 외워도 된다. 稀少, 稀薄. 부수는 禾(벼 화)

席 자리 석(총10획). 집(广)에 여러(卄 스물 입)사람이 천(巾)으로 만든 방석과 같은 자리에 앉는다는 데서 자리의 뜻이 나왔다. 席捲, 席藁待罪

帶 띠 대(총11획). 一이 허리띠를 의미하고 巾(수건 건)은 허리띠의 재료를 나타내며 冖(덮을 멱)은 허리에 두른다는 의미로 들어간 것이다. 玉帶, 地帶, 熱帶

滯 막힐 체(총14획). 물(氵)이 담긴 주머니를 띠(帶)로 조여 묶으면 입구가 막힌다는 뜻이다. 遲滯, 延滯. 부수는 氵(물수)

罪 허물 죄(총13획). 罒(그물 망), 非(아닐 비)가 합해졌다. 잘못한(非) 사람을 그물(罒)로 잡아 죄를 묻는다는 되서 허물, 죄의 뜻을 나타낸다. 원래 죄, 허물이라는 뜻을 가진 글자는 自(스스로 자. 코를 본뜬 글자)자 아래에 辛(매울 신. 형벌도구를 본뜬 글자)자를 썼었다. 형벌(辛)받은 죄수가 그 고통에 코(自)를 찡그린다는 뜻이었다. 그런데 그 글자가 皇(임금 황)자와 닮았다 해서 진시황(秦始皇)이 사용을 금지시키고 罪를 다시 만들었다고 한다. 罪過, 犯罪

罰 벌할 벌(총14획). 말로(言) 꾸짖고, 그물로(罒) 잡아가서 칼로(刀) 벌을 준다는 뜻이다. 刑罰

罷 마칠 파, 고달플 파(총15획). 罒(그물 망)과 能(능할 능. 곰을 본뜬 글자)을 결합한 회의문자. 곰을 그물로 잡았으니 사냥이 끝났다는 데서 마치다, 그만두다, 고달프다의 뜻이 나왔다. 罷免, 罷業

---

08 생활과 문화

007 :: 幺 작을 요, 玄 검을 현, 糸 실 사

幻 헛보일 환(총4획). 予(나 여)자를 거꾸로 한 모습이다. 予의 원뜻은 주다인데 予를 거꾸로 한 것은 받다의 뜻을 나타내기 위해서이다. 다른 사람이 나에게 어떤 물건을 줄 때 속이려 한다는 데서 미혹하다, 허깨비 등의 뜻이 파생되었다.

力에서 丿이 빠진 것이니 힘이 없는 것으로 생각하여, 힘이 없으니(ㄱ) 실(糸)인지 요(幺)

인지 헛갈려서 허깨비가 보인다 로 외우면 된다. 幻覺, 幻想

率 비율 율, 거느릴 솔 (총11획). 새를 잡는 그물의 모양을 본떠 만든 글자이다. 亠와 十은 모두 그물의 긴 손잡이 자루이다. 그 사이의 것들은 그물이 된다. 그물로 새를 많이 잡아 거느리고 간다는 데서 거느리다의 뜻이 나왔고 率자를 반으로 딱 접을 수 있으니 비율의 뜻도 파생되었다.

亠(머리부분 두)는 우두머리, 十은 열 명의 노예, 幺는 끈, 점 네 개는 땀으로 보고, 우두머리가 열 명의 노예를 끈으로 묶어 땀을 흘려가며 인솔하며 거느리고 간다 로 외우면 된다. 率先(솔선), 比率(비율)

絲 실 사 (총12획). 실타래의 모양을 본떠 만든 상형문자이다. 生絲, 毛絲

素 흴/본디/바탕 소 (총10획). 원래의 뜻은 '희고 가느다란 실'이다. 垂(드리울 수)와 糸(실 사)가 합해졌다. 糸의 윗부분인 주(主)와 닮은 부분은 실이 쌓여 있는 모습으로 생각하고, 아직 가공하지 않은 희고 가느다란 실(糸)로 외우면 된다. 흰색은 실의 본디 색이고 흰색은 모든 색의 바탕이 되므로 본디, 바탕의 뜻이 파생되었다. 素麵, 素服, 素朴

系 이어맬 계 (총7획). 실(糸)을 어디엔가(丿)에 이어 맨 모습을 본뜬 글자이다. 이어매다, 잇다의 뜻을 나타낸다. 系列, 系統

係 맬 계 (총9획). 사람(人)이 실(糸)을 어디엔가(丿)에 붙들어 맨다는 의미이다. 잇다, 혈통, 핏줄의 뜻이 파생되었다. 關係, 係長. 부수는 亻(사람 인)

綿 솜 면 (총14획). 솜 면(綿)자는 실 사(糸)와 비단 백(帛)을 결합한 회의문자. 실(糸)도 뽑을 수 있고 흰(白) 천(巾)도 짤 수 있는 솜의 뜻을 나타낸다. 綿密, 綿布

絹 비단 견 (총13획). 누에의 몸(月)의 일부인 입(口)에서 나온 실(糸)로 짠 명주(絹) 비단의 뜻을 나타낸다. 絹紡, 生絹, 絹絲

捐 버릴/덜 연 (총10획). 說文解字에는 '버리다(棄也)'라고만 써 있는데 주준성(朱駿聲)은 설문해자의 주석서(通訓定聲)에서 '똥과 같은 오물을 버리다라는 뜻으로 쓰였다(糞除薉汚謂之捐)'고 했다. 손으로 벌레의 똥을 버린다는 의미이다. 義捐金, 捐補. 부수는 扌(손 수)

繫 맬/얽어맬 계 (총19획). 毄(부딪칠 격)과 糸(실 사)가 합해졌다. 毄은 車, 口, 殳가 합해졌다. 殳를 뺀 나머지는 수레바퀴의 굴대를 의미하는 글자이다. 창(殳)을 든 병사가 타고 있는 수레(車)가 적의 수레와 부딪친다는 뜻이다. 毄이 繫로 들어갈 때는 口가 凵으로 모습이 약간 변한다.

전투용(殳) 수레(車)를 주차해 놓을 때 다른 수레와 부딪치지(毄) 않도록 끈(糸)으로 얽어 맨다는 뜻이다. 連繫

細 가늘 세 (총11획). 산 위에서 본 밭(田)의 경계선이 실(糸)처럼 가느다랗다 라고해서 가늘다, 잘다, 자세하다의 뜻을 나타낸다. 細密, 零細民

繼 이을 계 (총20획). 베틀(ㄴ)에 끊어진(一) 실들을(幺, 幺) 다른 실(糸)로 잇는다는 뜻이다. 繼承, 繼母, 繼續

累 여러 루 (총11획). 밭(田)에서 수확한 농작물과 누에로부터 뽑아낸 실(糸)들을 포개어(累) 놓는다는 데서 여러, 자주의 뜻을 나타낸다. 累積, 連累

緣 인연 연 (총15획). 실사(糸)를 뺀 나머지는 머리가 있는(彑 돼지머리 계) 돼지(豕)이다. 나 자신과 돼지가 끈으로(糸)연결되었으니 이것도 끈끈한 '인연'이라는 뜻이다. 因緣, 緣由

總 다 총 (총17획). 실(糸)로 바쁘게(悤바쁠 총. 창문 창 囱은 소리부, 마음 심心은 의미부) 베를 짜도록 모든 일꾼을 독려한다는 데서 모두, 다의 뜻을 나타낸다. 總決算, 總計

終 마칠 종 (총11획). 실(糸)로 옷감을 짜는 일이 겨울(冬) 이전에는 끝내야(終) 한다는 데서 마치다, 끝내다의 뜻을 나타낸다. 終講, 終了

索 찾을 색/동아줄 삭 (총10획). 원래의 뜻은 '동아줄'이다. 糸와 초목이 자라는 모습이 합쳤다고 한다. 초목의 줄기와 잎을 가공하여 동아줄을 만든다는 것이다(艸有莖葉, 可作繩索). 糸의 위, 초목의 부분은 알아보기 힘들다. 十, 冖(덮을 멱), 糸가 합해진 것으로 보고, 다른 물건에 덮여 보이지 않는 실을 열군데나 돌아보며 찾았다 로 외우면 된다. 索引, 搜索

縣 고을 현 (총16획). 이을 계(系)와 머리 수(首)를 거꾸로 쓴 것을 더했다. 죄수의 목을(首)베어 거꾸로 매달아(系) 놓은 모습에서 '매달다'가 원뜻이었으나, 고을 앞에 매달았다 해서 '고을'의 뜻으로 더 많이 쓰이게 되었다. 郡縣, 縣監

懸 매달 현 (총20획). 죄수의 목을 매달아 고을(縣)에 달아 놓는 모습이 마음에(心) 걸린다 하여 매달다, 매달리다 뜻을 나타낸다. 懸鼓, 懸垂幕, 懸案. 부수는 心(마음 심)

絶 끊을 절 (총12획). 실(糸)과 칼(刀), 巴(뱀 파. 사람의 상형. 己, 已, 巳과 통함)를 결합한 회의문자. 사람(巴)이 칼(刀)로 실(糸)을 자른다는데서 끊다, 단절하다, 숨이 끊어지다의 뜻을 나타낸다. 絶望, 絶壁

繩 노끈 승 (총19획). 맹꽁이 맹(黽)과 糸를 합했다. 맹꽁이를 노끈으로 묶어 잡았다는 뜻이다. 自繩自縛, 沖繩

緬 멀 면 (총15획). 얼굴(面)이 자세하게 안 보이고 실(糸)처럼 가느다랗게 보이니 멀다의 뜻이 생겼다. 緬憶

008 :: 酉닭 유, 鬯울창주 창, 玉구슬 옥

配 나눌 배, 짝 배(총10획). 酉(닭 유. 술병)과 몸 기(己)를 결합한 회의문자. 신랑(己), 신부(己)가 혼례를 올린 후에 술(酉)을 부어 나누며 마신 뒤 짝이 된다는 데서 짝, 나누다의 뜻을 나타낸다. 配給, 配堂

酒 술 주(총10획). 술병의 모양을 본 떠 만든 유(酉)자에 물 수(氵)자를 더해 술의 뜻을 분명하게 나타냈다. 酒의 부수는 酉이다. 酒客, 酒量

醜 추할 추(총17획). 술(酉)을 마신 뒤 머리를 흔들며 비틀비틀 마치 귀신(鬼)처럼 행동하는 것이 추하게 보인다 하여 추하다의 뜻을 나타낸다. 醜男, 醜行, 醜惡

醫 의원 의(총18획). 환자의 몸에 박힌 화살(矢)을 잘 감추고(匸) 수술용 칼을 들어(殳) 상처부위를 째고 술(酉)로 소독하여 치료하는 사람인 의원을 의미하는 글자이다. 醫師, 醫術

鬱 답답할 울, 울창할 울(총29획). 缶(장군 부. 항아리를 의미), 冖(덮을 멱), 鬯(울창주 창. 술을 의미함), 彡(터럭 삼. 향기를 의미함), 林(수풀 림. 빽빽하고 울창한 숲을 의미)이 합해졌다. 항아리(缶)에 여러 재료를 담아 술(鬯)을 발효시키고 있는 중에 향기(彡)가 나오려 하지만 뚜껑을 덮었(冖)으므로 가득하다, 빽빽하다, 답답하다의 뜻이 나왔고 뜻을 강조하기 위해 林을 보태게 되었다. 沈鬱, 鬱陵島

瑞 상서로울 서(총13획). 원래의 뜻은 '옥으로 만든 신표(以玉爲信也)'이다. 이것은 황제가 제후에게 주던 신표로서 옥으로 만든 홀(笏)을 의미하는 글자이다. 옥(玉)으로 예쁘게(耑 시초 단. 돋아나는 새싹과 뿌리를 본뜬 글자) 다듬어 만든 홀(笏)이니 자연히 상서롭다, 복되다의 뜻이 나왔다. 瑞榮, 瑞光

琢 다듬을 탁(총12획). 玉(구슬 옥), 豕(다리묶은돼지걸음 축)이 더해졌다. 원래의 뜻은 '옥을 다스리다(治玉也)'이다. 돼지를 묶어(豕) 다스리듯 옥(玉)을 돌에서 캐어 다스린다는 데서 옥을 다듬다, 쪼다의 뜻이 나왔다. 琢磨, 琢器

班 나눌 반(총10획). 옥(玉)과 칼(刂)을 결합한 회의문자. 옥을 칼로 나누었다는 데서 나누다의 뜻을 나타낸다. 兩班, 班長

環 고리 환(총17획). 구슬 옥(玉)과 睘(놀라서볼 경)이 더해졌다. 睘은 目(눈 목), 衣(옷 의), 口(입이 아니고 둥근 옥玉을 의미한다. o→口)가 합해진 글자로 자기 옷에 달린 둥근 옥을 기뻐하며

보는 모습이다. 睘이 들어간 글자는 둥글다는 뜻을 공통적으로 갖고 있다. 따라서 環은
옥(玉)으로 만든 둥근(睘) 귀고리를 의미하는 글자이다. 環境, 花環

還 돌아올 환(총17획). 길을 가다가(辶) 둥글게(睘) 돌아 다시 돌아온다는 의미이다. 還給, 歸
還. 부수는 辶(갈 착)

珍 보배 진(총9획). 사람(人)의 고운 머릿결(彡) 같이 고운 무늬가 있는 구슬(玉)을 나타냈다.
구슬은 왕이나 임금이 사용하던 보배로운 것이라는 데서 보배, 진귀하다의 뜻을 나타낸
다. 珍貴, 珍奇, 珍味

診 진찰할 진(총12획). 환자의(人) 겉모습(彡)을 보며 말(言)을 듣고 진찰하다(診) 라는 데서 진
찰하다, 보다의 뜻을 나타낸다. 診察, 診脈. 부수는 言(말씀 언)

現 나타날 현(총11획) 구슬(玉)이 보인다(見)는 것은 눈앞에 나타났다는 것이므로 나타나다,
드러내다의 뜻을 의미하게 되었다. 現在, 現實, 出現

峴 고개 현(총10획). 산(山)처럼 보이는데(見) 자세히 보니 작은 고개라는 데서 고개의 뜻을 갖
는다. 峴山, 阿峴洞. 부수는 山(메 산)

硯 벼루 연(총12획). 돌(石)을 보기(見)좋게 깎아서 벼루를 만든다는 의미이다. 硯滴, 紙筆硯
墨. 부수는 石(돌 석)

珏 쌍옥 각(총9획). 구슬(玉)자가 두 개 합해진 회의문자. 쌍옥의 뜻을 나타낸다. 珏圭

瓊 구슬 경(총19획). 원래의 뜻은 '붉은 빛의 옥(赤玉也)'이다. 玉과 敻(구할 형 營求也)이 합해졌
다. 敻은 소리부이다. 敻은 人, 穴, 目, 攵이 합해져서 사람이 동굴위에 서서 눈짓으로 아
랫사람을 지휘하는 모습이다. 여기서 구하다, 이끌다의 뜻이 파생되었다. 따라서 瓊은
지휘관(敻)이 지니는 진귀한 옥(玉)을 의미하는 글자이다. 瓊園, 瓊玉

珥 귀고리 이(총10획). 귀(耳)에 다는 구슬(玉)로서 귀고리의 뜻을 나타낸다. 李珥

---

08 생활과 문화

009 :: 食 먹을 식, 匸 감출 혜, 皿 그릇 명, 臼 절구 구, 匚 상자 방, 凵 그릇 감

飢 주릴 기(총11획). 먹을(食) 것은 없고 밥상(几)만 있다는 데서 굶주리다, 흉년들다의 뜻을
나타낸다. 几는 소리부도 겸한다. 飢餓, 飢死

飾 꾸밀 식 (총14획). 食, 人, 巾(수건 건. 여기서는 비단)이 합해졌다. 사람이 먹고 살만 하니까 비단으로 치장하며 자신을 꾸민다는 뜻이다. 修飾, 粧飾

飮 마실 음 (총13획). 입을 크게 벌리고(欠) 물을 먹다(食)라는 데서 마시다의 뜻을 나타낸다. 飮料水, 飮福

欽 공경할/신음할 흠 (총12획). 값비싼 청동기(金)를 보면서 입을 벌려(欠) 부러워하는 모습을 나타냈다. 공경하다, 흠모하다의 뜻을 나타낸다. 欽慕, 欽仰, 欽欽新書

匹 짝 필 (총4획) 원래의 뜻은 '넉 장 길이의 비단(四丈也)'이다. 감출 혜(匚)와 八(여덟 팔. 여기서는 나누다의 의미)을 결합했다. 비단을 나누어(八) 잘라 보관(匚)했다는 뜻으로 비단의 묶음을 세는 단위로 쓰였던 글자이다. 비단이라는 것은 결혼할 때 폐백드릴 때 쓰는 것이므로 '짝'의 뜻도 파생되었다. 匹夫, 匹馬, 配匹

匠 장인 장 (총6획). 장인은 현재의 기술자를 의미한다. 연장으로서의 도끼(斤)를 상자(匚) 안에 잘 보관해 둔 모습에서 장인의 뜻이 나왔다. 匠人, 弓匠

盡 다할 진 (총14획). 원래의 뜻은 '그릇이 비었다(器中空也)'이다. 灬(불 화)의 위에 있는 것은 聿(붓 율)이 아닌 것에 주의해야한다. 聿보다 한 획이 적다. 그것과 灬가 합해져서 하나의 솔을 의미하며 皿은 그릇이다. 그릇을 솔로 닦아서 비운다는 데서 '다하다'의 뜻이 생겼다. 盡人事待天命, 一網打盡

盜 도둑 도 (총12획). 침(氵+欠)과 그릇(皿)의 뜻을 결합한 회의문자. 타인의 그릇(皿)에 담긴 음식을 보고 침을 흘리는 모습을 나타냈다. 도둑, 도둑질, 훔치다의 뜻을 나타낸다. 盜用, 盜講

益 더할 익 (총10획). 물(水)과 그릇의(皿) 뜻을 합한 회의문자. 그릇(皿) 위로 물(水)이 넘친다는 데서 더하다의 뜻을 나타낸다. 皿위의 水가 옆으로 누웠다. 利益, 益鳥, 有益

鎰 무게이름 일 (총18획). 쇠(金)는 무거워 무게를 더한다(益)라는 데서 무게의 단위를 나타낸다. 李鎰

隘 좁을 애 (총13획). 의미부인 阝(阜-언덕 부)와 益이 더해졌다. 益은 의미부와 소리부를 겸한다. 주위에 언덕(阝)이 겹쳐(益)있어서 공간이 매우 좁다는 의미이다. 隘口, 隘路事項. 부수는 阝(언덕 부)

盈 찰 영 (총9획). 원래의 뜻은 '가득 찬 그릇(滿器也)'이다. 皿(그릇 명)과 夃(이문벌어들일 고)가 합해졌다. 夃는 다시 及(미칠 급. 다다르다의 뜻), 夂(뒤져올 치. 걷다의 뜻)가 합해져서 시장에 걸어가서 물건을 팔아 이문을 얻는다는 뜻이다. 따라서 盈은 이문을 많이 벌어들인(夃) 사람의 음식그릇(皿)에는 음식이 가득 찬다는 의미이다. 盈月, 盈溢

函 함 함(총8획). 함은 상자를 의미한다. 凵은 화살을 담는 전통이고 나머지 부분은 화살이다. 화살을 넣는 동개에 화살이 들어있는 모양을 본떠 상자, 함의 뜻을 나타낸다. 投票函

舊 예 구(총18획). 새가(隹) 절구(臼) 통 주변에 있는 오래된 풀(艹)을 뜯어 먹는다는 데서 옛날, 오래다의 뜻을 나타낸다. 절구 구臼는 소리부도 겸한다. 舊習, 舊時代, 親舊

興 일 흥(총16획). 일어날 흥(興)자는 舁(마주들 여. 손이 모두 4개 보인다.), 同(같을 동)을 결합했다. 네 손으로 힘을 다해 함께 드는 모습을 나타냈다. 興味, 復興, 興起

09 전쟁, 제사, 형벌

001 :: 方 모방, 弓 활궁, 矢 화살시, 至 이를지

於 어조사 어(총8획). 원래 까마귀(烏)를 본뜬 글자이다. 까마귀가 우는 소리를 나타내는 의성어로 쓰였는데 후에 가차되어 어조사로 쓰인다. ~에서 등의 뜻으로 한문에 쓰인다.
於焉間, 甚至於

旋 돌 선(총11획) 方과 人이 합해진 글자는 휘날리는 깃발을 의미한다. 於(어조사 어)를 제외한 거의 모든 글자들이 깃발, 군대 등과 관련이 있다. 깃발(方+人) 발(疋)의 뜻을 결합했다. 장수가 병사들의 사기 진작을 위하여 깃발(方+人)을 들고 달리며(疋) 도는 것을 의미한다.
旋風, 旋盤

璇 옥 선(총15획). 모난 데가 없이 잘 돌고(旋) 굴러가는 아름다운 구슬(玉)을 의미한다. 璇珠.
부수는 玉(구슬 옥)

旌 기 정(총11획). 生은 소리부로 쓰였다. 깃발(方+人)을 나타내는 글자이다. 새털로 장식한 기를 의미한다. 旌善郡

施 베풀 시(총9획). 也(어조사 야)는 여성의 음문을 본뜬 글자로 여성을 의미한다. 병사들이 원정을 다녀온 뒤에 적국의 여성(也)들을 포로로 잡아온 뒤 깃발(方+人)아래 모이게 한 것이다. 고대에 포로로 잡힌 여성들은 전리품 신세로, 공을 세운 장수나 병사들에게 주어졌으므로 베풀다의 뜻이 파생되었다. 施工, 施設, 布施

族 겨레 족(총11획). 깃발아래 화살(矢)을 가지고 모여든 같은 씨족의 구성원들을 의미하는 글자이다. 겨레, 일가, 친족, 무리의 뜻을 나타낸다. 族譜

旅 나그네 려(총10획). 깃발(方+人)과 두 명의 사람(人, 人 여기서는 병사)을 그린 것이다. 깃발을 중심으로 모여든 사람들이 멀리 원정을 떠난다는 데서 '나그네', '군사들'의 뜻을 나타낸다. 지금도 여단(旅團)이라 하여 군대 편제의 단위로 사용하고 있다. 旅行, 旅券

遊 놀 유(총13획). 어린 아이들(子)이 선생님이 들고 계신 깃발(方+人)을 보며 놀러 간다는 데서 놀다, 여행하다, 즐기다의 뜻을 나타낸다. 遊擊手(유격수), 遊說(유세), 說-말씀 설, 달랠 세, 기쁠 열. 부수는 辶(갈 착)

引 끌 인(총4획). 화살을(ㅣ) 활에(弓) 얹어서 당긴다는 의미이다. 牽引

弘 클 홍(총5획). 활 궁(弓)과 사사 사(厶)가 합해졌다. 厶는 구부린 팔의 모양으로, 튼튼한 팔

로 큰 활을 당긴다는 데서 '크다'의 뜻이 나왔다. 弘益人間, 弘大

泓 물 깊을 홍(총8획). 물이(氵) 크고(弘) 깊다는 데서 깊다의 뜻을 나타낸다. 泓量. 부수는 氵(물 수)

强 강할 강(총12획). 클 홍(弘)과 벌레 충(虫)이 합해졌다. 커다란(弘) 벌레(虫)를 뜻하는 글자로 나중에 강하다의 뜻을 나타냈다. 强弱

弔 조상할 조(총4획). 원래의 뜻은 '조문하다(問終也)'이다. 亻과 弓이 합해졌다. 활에 의해 사망한 사람을 조문하다 로 외우면 된다. 弔問, 弔禮

弱 약할 약(총10획). 원래의 뜻은 '꺾이다(橈也)'이다. 털(彡)이 꺾인 모습이 마치 활 弓자처럼 보이는 것이다. 활 궁(弓)자 두 개와 彡(터럭 삼)자 두 개를 결합한 것으로 보고, 활(弓)이 털(彡)처럼 가볍다고 해서 약하다, 어리다로 외우면 된다. 弱冠, 弱國

溺 빠질 닉, 익(총13획). 물(氵)에 약한(弱) 사람은 헤엄을 치지 못하고 물에 빠지고 만다는 뜻이다. 耽溺. 부수는 氵(물 수)

弼 도울 필(총12획). 활(弓)로 백성(百)들을 돕고 지킨다는 뜻이다. 輔弼, 王弼

彊 굳셀 강(총16획). 밭(田)에 침범하는 도적을 활(弓)을 들고 막는다하여 굳세다, 힘쓰다의 뜻을 나타냈다. 彊記

彌 활부릴/미륵/오랠 미(총17획). 원래는 활을 부린다는 뜻이었다. 파생되어 퍼지다, 두루, 오래다, 지내다의 뜻을 나타낸다. 彌勒

知 알 지(총8획). 矢(화살 시), 口가 합해져서 친구에게 화살이 날아가면 입으로 알려준다는 뜻이다. 知能 知覺

智 지혜 지(총12획). 날마다(日) 지식(知)을 탐구하는데 있어 슬기로워지고, 지혜로워 진다는 데서 슬기, 지혜를 나타낸다. 智慧, 智略. 부수는 日(날 일)

短 짧을 단(총12획). 豆(콩 두. 제기를 본뜬 글자. 약 15cm정도였다고 한다.) 화살의 길이가 제기 정도이니 짧은 화살이라는 뜻이다. 短縮, 短篇

矣 어조사 의(총7획). 원래의 뜻은 '말이 끝날 때 쓰이는 어조사(語以詞也)'이다. 矢와 以(써 이)의 생략형인 厶가 합해졌다. 厶는 소리부로 쓰였고 矢는 화살이 꽂히면 동작을 멈추게 되므로 의미부로 쓰였다. 한문에서 ~이로다 의 뜻으로 쓰인다. 萬事休矣

埃 티끌 애(총10획). 土가 의미부요 矣가 소리부로 쓰였다. 화살(矢)이 땅(土)에 폭 꽂히면 티끌과 먼지가 일어난다 로 외우면 된다. 塵埃. 부수는 土(흙 토)

臺 대/돈대 대(총14획). 길할 길(吉), 冖(덮을 멱), 이를 지(至)를 결합한 회의문자. 지붕에 장식물이 달린 높은 건축물의 모습에 至(이를지)가 더해진 글자이다. 사람들이 높은 곳까지

올라가(至) 사방을 두루 살펴볼 수 있게 지어진 대를 의미한다. 대 흙이나 돌 따위로 높이 쌓아올려 멀리 바라볼 수 있게 만든 것. 舞臺, 臺本

09 전쟁, 제사, 형벌

002 :: 刀칼도

初 처음 초(총7획). 옷감(衤)을 재단할 때 처음 하는 일이 칼(刂)이나 가위로 헝겊을 자르는 것이므로 처음의 뜻이 나왔다. 最初, 初旬, 初演

利 이로울/날카로울 리, 이(총7획). 벼(禾)를 벨 수 있는 날카로운 칼(刂)이라는 데서 이롭다, 날카롭다의 뜻을 나타낸다. 便利, 利器

劉 죽일/성씨 류(총15획). 파자(破字)하여 묘금도(卯金刂) 류 라고도 한다. 卯(토끼 묘)는 어떤 물건이 두 토막 난 모습이다. 쇠(金)로 만든 칼(刂)로 두 토막(卯)을 내어 죽인다는 의미이다. 중국과 우리나라의 성씨로 쓰이기도 한다. 劉備, 劉邦

制 절제할 제(총8획). 未(아닐 미, 여기서는 나무와 나뭇가지를 의미)와 刀(칼 도)가 합쳐졌다. 칼(刀)로 자라는 나뭇가지를(未) 쳐낸다는 데서 '절제하다', '억제하다', '만들다'의 뜻이 되었다. 抑制, 制度

製 지을 제(총14획). 옷(衤)을 만든다(制)라는 데서 짓다, 재단하다, 만들다의 뜻을 나타낸다. 製菓, 製鋼. 부수는 衣(옷 의)

切 끊을 절, 온통 체(총4획). 일곱(七)개의 칼(刀)로 온통 끊어버린다는 데서 끊다, 베다, 온통, 모두의 뜻을 나타낸다. 切感, 切親

刺 찌를 자, 찌를 척(총8획) 가시(朿 가시 자)와 칼(刂)은 모두 찌르는 용도로 쓰인다는 뜻이다. 刺客, 諷刺

策 꾀 책(총12획). 원래의 뜻은 '말을 때리는 채찍(馬箠也)'이다. 대나무(竹)나 가시나무(朿)로 만든 채찍을 뜻한다. 竹때문에 책, 문서, 꾀의 뜻이 파생되었다. 策略, 對策. 부수는 竹(대 죽)

別 나눌/다를 별(총7획). 刂의 왼쪽에 있는 글자는 骨(뼈 골)의 줄임형이다. 죄수의 살과 뼈(骨)를 칼로(刂) 나눈다는 뜻을 가진 글자이다. 중국의 가장 참혹한 형벌인 능지처참(陵遲處斬)을 연상하게 하는 글자이다. 別居, 別名, 區別

劇 심할 극(총15획). 호랑이(虎)와 멧돼지(豕)를 잡기위해 사람이 칼(刀)을 가지고 싸우는 형상이 매우 극심하다(劇)라는 데서 심하다 라는 뜻을 나타낸다. 劇團, 劇場

刷 인쇄할 쇄(총8획). 원래의 뜻은 '깎다(刮也)'이다. 파생되어 새기다, 인쇄하다의 뜻이 나왔다. 사람(尸)이 칼(刂)을 헝겊(巾)으로 닦아 낸 다음 나무를 깎고, 글씨를 새겨 인쇄를 한다는 뜻이다. 印刷, 縮刷

前 앞 전(총9획). 止(그칠지, 여기서는 발)와 月(舟배 주의 변형)이 합쳐진 것이 원래 앞 전자였는데 '가위'라는 뜻을 나타내기 위해 刀(칼 도)를 붙여 前을 만들었다. 그러나 가위도 앞으로 나아가며 물건을 자르므로 前이 '앞'이라는 뜻으로 계속 사용되었던 것이다. '가위'라는 뜻은 刀를 또 붙여 剪(가위 전)을 다시 만들었다. 前後, 食前

刹 절 찰(총8획). 칼(刀)로 나무(木)을 베어(乂) 절(刹)을 짓는다하여 절이란 뜻을 나타낸다. 寺刹, 刹那

到 이를 도(총8획) 장수가 칼(刀)을 가지고 전쟁터에 이른다(至)라는 데서 이르다, 다다르다의 뜻을 나타낸다. 到來, 到達

倒 넘어질 도(총10획). 장수가 칼을(刀) 가지고 전쟁터에 이르러(至) 싸움을 하여 칼(刀)로 적을(人) 넘어지게 하다라는 데서 넘어지다의 뜻을 나타낸다. 倒産, 卒倒. 부수는 亻(사람 인)

---

09 전쟁, 제사, 형벌

003 :: 斤도끼 근, 士선비 사, 戈창 과, 干방패 간

斥 물리칠 척(총5획). 도끼(斤)로 찍어(丶) 적을 물리친다는 데서 물리치다, 넓히다의 뜻을 나타낸다. 排斥, 斥和, 斥候

斷 끊을 단(총18획). 도끼(斤)로 베틀에 (乚)묶인 실들을(幺, 幺) 끊는다(一)는 뜻이다. 決斷, 斷絶, 斷念

斯 이 사(총12획). 其(그 기. 원래의 뜻은 키)와 斤(도끼 근)을 합친 회의문자. 키(其)를 만들려고 이 도끼(斤)로 나무를 쪼갠다에서 '이것'의 뜻을 나타낸다. 斯界, 斯文亂賊

壹 한 일(총12획). 一(한 일)을 위조하거나 변조하는 것을 방지하기 위하여 만든 갖은자. 선비(士)가 제기(豆) 하나를 덮었다(冖)로 외우면 된다.

戒 **경계할 계**(총7획). 경계할 계(戒)는 두 손(廾)과 창(戈)을 결합했다. 두 손(廾)에 창(戈)을 들고 주변을 경계한다는 데서 경계하다, 주의하다의 뜻을 나타낸다. 警戒, 戒護, 訓戒

械 **기계 계**(총11획). 경계하며(戒) 조심하며 사용해야하고, 나무(木)로 만든 물건인 '기계'를 의미한다. 機械. 부수는 木(나무 목)

戌 **개 술**(총6획). 戈(창 과)자가 보인다. 戌은 창에 큰 도끼날이 달린 의장용 무기를 본뜬 글자이다. 12지(支)에 가차되어 개띠를 의미한다. 戌時, 戌日

戊 **천간 무**(총5획). 戈(창 과)자가 보인다. 왼쪽에 곁가지를 뺀 창의 일종을 본뜬 글자이다. 10간(干)에 가차되어 다섯 번째에 쓰인다. 戊戌政變, 戊午

茂 **무성할 무**(총9획). 창(戊)으로 풀(艹)을 헤치고 나가야 할 만큼 풀이 무성하다는 뜻이다. 茂盛

我 **나 아**(총7획). 戈(창 과)자가 보인다. 이 창은 왼쪽에 톱니가 달린 것으로 적을 쓸 수도 있는 무기였다. 이 무기는 적을 찍고 나서 내 방향으로 당겨야 올바른 사용법이므로 '나'의 뜻이 파생되었다. 我國, 我軍

餓 **주릴 아**(총16획). 먹지(食) 못해 굶주리는 사정은 나(我) 자신부터 안다라는 의미이다. 餓鬼, 餓死, 飢餓. 부수는 食(먹을 식)

戍 **수자리/지킬 수**(총6획). 수戍자리: 나라의 국경을 지키던 일. 옛날에는 국방의 의무를 다하는 것을 수자리 살러 간다라고 이야기 했었다. 人과 戈가 합해진 글자이다. 사람(人)이 창(戈)을 들고 나라를 지킨다는 의미이다. 戌(개 술), 戊(천간 무)는 도끼와 창을 본뜬 글자이다. 혼동하지 말 것. 戍兵

〈閑山島歌〉寒山島月明夜, 上戍樓撫大刀, 深愁時何處, 一聲羌笛更添愁. 한산도 달 밝은 밤에 수루에 올라가서, 큰 칼 어루만지며 깊은 시름 하던 차에, 어디서 일성강적은 나의 시름을 더하누나. (이충무공)

矜 **자랑할 긍**(총9획). 說文解字-창의 자루이다(矛柄也). 矛는 의미부, 今은 소리부이다. 장수가 지금(今) 창(矛)의 자루를 잡고 늠름하게 서 있는 모습에서 자랑하다의 뜻이 나왔다. 矜持, 矜恤

幸 **다행 행**(총8획). 죄수의 목에 채우는 '칼'(춘향이가 옥에 갇혔을 때 목에 찬 것과 비슷함)을 본 따 그린 것이다. 죄수가 잡혀 칼을 차면 다행스럽다 라는 데서 '다행'의 뜻을 나타내게 되었다. 幸福, 幸運, 多幸

年 **해 년**(총6획). 禾(벼 화)와 亻(사람 인)이 합해진 글자였는데 모양이 많이 변했다. 사람이 벼를 베는 일은 일년에 한 번 한다는 데서 '해'의 뜻이 나왔다. 年少, 年金

004 :: 示 보일 시, 豆 콩 두, 血 피 혈, 卜 점 복, 辛 매울 신

祝 빌 축(총10획). 빌 축(祝)자는 맏이(兄)가 제사상(示)앞에서 신에게 제사를 지내며 소원을 빌고 있는 모습을 그렸다. 祝賀, 祝歌, 祝禱

社 모일 사(총8획). 토지(土)신에 제사(示)를 지낸다는 데서 땅귀신(社)을 뜻하고, 제사를 지내려고 사람들이 모인다는 데서 단체, 사회의 뜻도 생겼다. 社宅, 會社, 入社

禁 금할 금(총13획). 숲(林) 속에 신(示)을 모시는 제단은 신성하다고 하여 잡인의 출입을 금(禁)했다고 한다. 대궐이나 감옥도 함부로 출입 하는 것을 금(禁)했으므로 대궐, 감옥의 뜻도 나타낸다. 禁錮, 禁止, 禁忌

豊 풍년 풍(총18획). 풍년 풍(豊)자는 제사용 그릇(豆)에 음식을 담아 올린 모양을 본 떠 만든 상형문자이다. 豊은 豐의 약자인데 현재는 豊이 정자처럼 쓰이고 있다. 豊年, 豊作, 豊富

豈 어찌 기(총10획). 어찌 기(豈)자는 장식용 북의 모양을 본 뜬 상형문자이다. 가차되어 의문, 감탄의 뜻을 나타낸다. 어조사로 주로 사용되는 글자이다. 豈敢毁傷

凱 개선할 개(총12획). 전쟁에 이겨서 북(豈)을 치며 돌아온다는 뜻이다. 凱旋, 凱歌. 부수는 几(안석 궤)

塏 높은땅 개(총13획). '땅(土)이 어찌(豈) 이렇게 높은가!' 에서 높은 땅의 뜻을 나타낸다. 勝塏. 부수는 土(흙토)

衆 무리 중(총12획). 피(血)먹기 위해 사람들(人, 人, 人)이 모였다는 데서 무리, 많다의 뜻을 나타낸다. 중국에서는 참수(斬首)된 사람의 피에 만두(饅頭-우리의 만두와는 다르다. 팥이 없는 찐 빵같은 것으로 생각하면 된다)를 찍어 먹으면 병을 고치고 장수한다는 속설이 있어서 청나라 때까지도 그 일이 행해졌었다. 20세기 중국 문학의 거장 노신(魯迅 1881~1936)의 소설 '약(藥)'을 보면 병에 걸린 아들을 위해 아버지가 새벽에 만두를 들고 처형장에 가는 장면이 나온다.

옛글자를 보면 日(해 일) 아래에 세 사람이 있는 것으로 나타난다. 뜨거운 태양아래 노예들이 무리지어 노동하는 모습을 그린 것으로 보이는데 日이 나중에는 罒(눈 目이 누운 것)으로 바뀌어 감시함을 강조했었다. 후에 罒이 血로 바뀌어 지금에 이르고 있다. 衆口, 難防, 衆寡不敵, 公衆

禼 사람이름 설(총11획). 어떤 짐승을 본뜬 상형문자이다. 중국 고대 은(殷)나라의 왕이었던 탕(湯)의 조상이름이 禼이었다고 한다. 탕임금이 현명한 임금이었으므로 그의 조상이름이었던 禼을 우리나라에서도 이름자에 사용했었다. 李相禼(만국평화회의가 열리던 헤이그에 고종의 특사로 파견됐던 조선의 문신)

卞 성 변(총4획). 우리나라의 성씨이다.

辭 말씀 사(총19획). 원래의 뜻은 '송사訟事에 관한 진술(訟也)'이다. 辛(매울 신)은 형벌도구를 의미하고 그 옆의 글자는 헝클어진 실(幺)을 두 손(爫, 又)으로 실패(冂)에 감고 있는 모습이다. 따라서 辭자는 법정(辛)에서 얽힌 송사에 대해 진술하는 말을 뜻한다. 辭典, 祝辭, 辭退

辨 분별할 변(총16획). 형벌(辛)을 줄때에는 옳고 그름을 칼(刀)로 베듯이 분별하여(辡) 집행하여야 한다는데서 분별하다의 뜻을 나타낸다. 辨理士

辯 말씀/말잘할 변(총21획). 형벌(辛)을 주기 전에 죄인들에게 말(言)을 할 기회를 준다는 뜻으로 말, 말을 잘하다의 뜻이 되었다. 辯明, 辯護士, 雄辯家

001 :: 車 수레 차, 거, 行 다닐 행

軟 연할/부드러울 **연**(총11획). 수레(車)가 부드럽게 굴러 말이 입을 벌려(欠) 즐거워 할 정도
　로 땅이 부드러운 데서 연하다의 뜻을 나타낸다. 軟骨, 連繫

軌 바퀴자국 **궤**(총9획). 수레(車) 아홉(九)대가 지나가면 땅 위에 새겨지는 바퀏자국을 의미
　한다. 파생되어 도로, 수레바퀴, 바퀴의 굴대 등의 뜻을 나타낸다. 軌道, 軌跡

輯 모을 **집**(총16획). 수레(車)를 타고 여행하며 여러 곳의 사람이 입(口)으로 말하는 것을 귀
　(耳)로 듣고 정보를 모은다는 데서 모으다의 뜻을 나타낸다. 編輯, 集成

衍 넓을 **연**(총9획). 물(氵)이 거침없이 흘러가는(行) 크고 넓은 강을 의미하는 글자이다. 衍義

衡 저울대 **형**(총16획). 角(뿔 각), 大(큰 대. 소 우牛의 변형), 行(다닐 행. 사거리의 상형)이 합해졌다.
　원래의 뜻은 '소를 몰고 길을 갈 때 뿔에 가로질러 놓은 나무(牛觸, 橫大木其角)'이다. 사람
　들이 뿔에 받히는 것을 방지하기 위해 놓은 나무이다. 그 나무의 모양이 저울대를 닮았
　다고 해서 '저울대'의 뜻이 생겼다. 平衡, 均衡, 度量衡

002 :: 彳 걸을 척

役 부릴 **역**(총7획). 걷다(彳)와 창(殳)을 결합했다. 창을(殳) 들고 변방을 왔다갔다(彳) 하는 모
　습에서 부리다, 부역의 뜻을 나타냈다. 役割, 役事, 兵役

疫 전염병 **역**(총9획). 창에(殳) 찔린 상처가 병(疒)으로 확대되고 그 병이 다른 사람에게 옮
　겨진다는 데서 전염병, 돌림병의 뜻이 되었다. 疫疾, 防疫, 疫病. 부수는 疒(병들 녁)

御 거느릴/어거할 **어**(총11획). 彳(걸을 척. 길을 의미)과 卩(병부 절. 사람을 의미)의 사이에 있는 글
　자는 幺의 변형으로 말의 고삐를 의미한다. 사람(卩)이 말고삐(幺)를 잡고(→말을 몰고) 길
　(彳)을 간다는 데서 거느리다, 어거하다의 뜻이 되었다. 御駕, 御命, 御使

禦 막을 어(총16획). 의미부인 示(보일 시. 제탁의 상형. 신神을 의미)와 의미부와 소리부를 겸하는 御가 합해졌다. 신(示)께서 나를 이끌어(御)주시며 위험을 막아 주신다는 의미이다. 防禦(막을 방). 부수는 示(보일 시)

徒 무리 도(총10획). 土는 大의 변형으로 사람을 의미한다. 사람이 발(止)로 길(彳)을 간다는 것을 나타냈으나 일반적으로 여러 사람이 함께 다니므로 무리라는 뜻이 파생되었다. 徒黨, 徒步, 學徒

徙 옮길 사(총11획). 彳에 두 개의 발(止, 止)이 더해졌다. 여러 사람(止, 止)이 바삐 물건을 옮겨 간다(彳)는 의미이다. 移徙(옮길 이), 遷徙(옮길 천)

後 뒤 후(총9획). 彳, 幺(작을 요. 끈을 의미), 夊(천천히갈 쇠. 止의 변형으로 가다를 의미)를 결합했다. 끈에 발을 묶인 노예가 간다는 뜻인데 뒤에 처져 끌려옴을 나타낸 글자이다. 後退, 後來, 後輩

往 갈 왕(총8획). 彳(가다)에 소리부로 㞷이 들어갔었는데 㞷이 主(주인 주)로 모습이 바뀌었다. 주인(主) 가는(彳) 곳에 종도 간다 로 외우면 된다. 往來, 往年

得 얻을 득(총11획). 원래는 彳(거리), 寸(마디 촌. 손을 의미), 貝(조개 패. 돈을 의미)가 합해져서 길에서 손으로 돈을 주웠다는 뜻이었는데 貝가 旦(아침 단)으로 모습이 바뀌었다. 아침에 길을 걷다가 돈을 손으로 주워서 공짜로 얻었다 로 외우면 된다. 得意, 獲得, 所得

微 작을 미(총13획). 彳, 長(산발을 한 노인), 夊(칠 복. 몽둥이를 든 손)으로 이루어져, 노인(長)의 머리를 몽둥이(夊)로 때려죽이는(彳→저승으로 가시게) 모습을 나타낸 글자다. 옛날에는 피를 흘려야 시신과 영혼이 분리된다고 여겨 행해지던 풍습이라고 한다. 몽둥이에 맞은 노인의 목숨이 가늘게 남아 있으므로 작다, 가늘다의 뜻이 파생되었다. 믿기 싫은 글자의 유래이다. 微軀, 微笑, 微賤

從 좇을 종(총11획). 彳, 人, 人, 止(그칠 지. 발을 의미) 앞 사람을 뒷사람이 따른다는 뜻이다. 현대 중국어에서는 사람 人자 두개만 나란히 쓰고 있다. 從屬, 服從

縱 세로 종(총17획). 따라오는(從) 사람들을 한 줄(糸)로 세워보니 일렬종대, 즉 세로로 섰다는 데서 세로의 뜻이 나왔다. 縱隊, 縱斷, 縱橫. 부수는 糸(실사)

徵 부를 징(총15획). 微(작을 미)와 壬(줄기/착할 정)을 합한 글자이다. 몸을 작게(微)하고 숨어 살고 있는 착한(壬) 사람을 불러낸다는 뜻이다. 徵發, 象徵, 特徵

懲 징계할 징(총19획). 마음으로 뉘우치게 하는 것이 징계이므로 心(마음 심)이 들어갔고 徵은 소리부이다. 부름(徵)에 응하지 않으면 야단쳐서 마음(心)으로 뉘우치게 한다 로 외우면 된다. 懲戒, 懲役

徹 통할 철(총15획). 아이를 회초리(攵) 때려서 가르치며 기르면(育) 그 아이가 어디를 가든(彳) 자신의 능력이 잘 통할 수 있다는 뜻이다. 徹底, 徹夜, 透徹

撤 거둘 철(총15획). 撤은 원래 徹과 力을 더한 형태였다. 원래의 뜻은 제거하다, 거두다 이다. 힘써 제거해야 하므로 力이 들어갔던 것이다. 徹은 통하다의 뜻이다. 길을 잘 가려면 장애물을 제거해야 하고 그래야 잘 통하는 것이므로 徹이 들어간 것이다. 예서로 접어들면서 彳대신 扌(손 수)가 들어갔고, 力은 생략되었다. 撤軍, 撤去, 撤收. 부수는 扌(손 수)

澈 맑을 철(총15획). 물(氵)이 어디를 가든 잘 흐르고 통한다는(徹의 생략형) 것은 물이 맑기 때문이다(澈). 鄭澈

徽 아름다울 휘(총17획). 微(작을 미), 糸(실 사)가 합해졌다. 작고 가는 실로도 아름답게 꾸밀 수 있다는 데서 아름답다, 훌륭하다의 뜻을 나타낸다. 徽號, 徽章, 徽文

---

10 도로, 교통

003 :: 辶 쉬엄쉬엄 갈 착, 廴 길게 걸을 인

道 길 도(총13획). 설문해자에 의하면 道는, '갈림길이 없고 크게 쭉 뻗은 길(所行道也, 一達謂之道)'이다. 그래서 우두머리, 으뜸을 뜻하는 首(머리 수)가 들어간 것이다. 道자에는 인간이 걸어가야 할 크고 곧은 길, 인간이 지켜야할 도리 등의 숭고한 이념이 들어가게 된다. 그래서 道를 닦는다고 말하는 것이다. 道可道非常道, 道理, 道德

導 인도할 도(총16획). 진리의 길(道)을 향해 갈 수 있도록 손(寸)을 잡아 이끌고 인도한다는 뜻이다. 이끌다, 소통하게 하다의 뜻을 나타낸다. 引導, 指導, 導入. 부수는 寸(마디 촌)

連 이을 련/연(총11획). 길(辶)위에 수레가(車) 연달아 달리고 있음을 나타낸다. 連勝, 連續, 連結

蓮 연꽃 련/연(총15획). 연꽃의 씨는 그 생명력이 놀라울 정도로 길다. 3천년이 지나도 발아할 수 있다고 한다. 긴 시간이 이어져도(連) 능히 싹(艹)을 틔울 수 있는 꽃인 연꽃을 의미하는 글자이다. 蓮花, 木蓮, 蓮根. 부수는 艹(풀 초)

漣 잔물결 련(총14획). 물(氵)이 연(連)이어 흐르며 잔 물결이 친다는 데서 잔물결의 뜻이 되었다. 細漣, 漣川. 부수는 氵(물 수)

逆 거스를 역(총10획). 辶(갈 착)을 뺀 나머지 부분은 사람이 거꾸로 서 있는 모습이다. 거꾸로 가다가 원뜻인데 거스르다의 뜻이 파생되었다. 莫逆之友, 逆賊

朔 초하루 삭(총10획). 한 달(月)의 날짜를 거꾸로 거슬러 올라가면 도달하는 날짜가 초하루, 1일 이라는 뜻이다. 초하루, 처음의 뜻을 나타낸다. 朔風, 朔望, 朔月. 부수는 月(달 월)

退 물러날 퇴(총10획). 艮(그칠/어긋날 간)은 눈을 부릅뜨고 서 있는 사람의 모습이다(부수편 참조). 길을 가다가(辶) 눈을 부릅뜨고 있는 사람(艮)을 보게 되면 무서워서 일단 뒤로 물러난다는 뜻이다. 退却, 退勤, 後退

邊 가 변(총19획). 스스로(自) 굴(穴)의 모서리 방향(方)으로 간다(辶)라는 데서 가장자리, 변방의 뜻을 나타낸다. 邊方, 邊塞, 海邊

遮 가릴 차(총15획). 사람이 무리지어(庶) 길을 걷게(辶) 되면 다른 사람들의 통행을 막거나 가리게 된다는 뜻이다. 가리다, 차단하다의 뜻을 나타낸다. 遮斷, 遮陽

達 통달할 달(총13획). 羍(새끼양 달. 목동 大이 보살펴주는 羊인 새끼양), 辶이 합해졌다. 羍은 소리부도 겸한다. 새끼양도 다니던 길을 매일 다니다보면 그 길이 어디로 통하는지 훤히 꿰뚫는다는 데서 통달하다, 이르다, 깨닫다 등의 뜻이 나왔다. 達筆, 通達

撻 매질할 달(총16획). 扌(손 수)가 의미부, 達이 소리부로 쓰였다. 선생님이 손(扌)에 회초리를 들고 학생을 때린다는 의미이다. 학문의 높은 경지에 이르도록 말이다. 指導鞭撻. 부수는 扌(손 수)

迷 미혹할 미(총10획). 길(辶)이 쌀(米)처럼 자잘하고 갈림길이 무수히 많아 알기 힘들어 헤매게 된다는 데서 미혹하다, 헤매다의 뜻이 되었다. 迷惑, 迷宮, 迷路, 迷信. 부수는 扌(손 수)

遺 남길 유(총16획). 귀한(貴) 물건이나 재산을 남기고 간다(辶)라는 데서 남기다의 뜻을 나타냈다. 遺産, 遺物, 遺傳

遣 보낼 견(총14획). 遣에서 辶을 뺀 나머지 부분은 양손으로 묶은 고기를 드는 모습이다. 고기를 보존식량으로 가지고 군대가 원정하러 가다(辶)의 뜻을 나타낸다. 파견하다, 보내다, 놓아주다 등의 뜻이 파생되었다. 派遣, 遣使

送 보낼 송(총10획). 辶을 뺀 나머지부분은 火아래 廾(두손 공)이 변형된 것으로 불씨의 뜻이다. 옛사람들은 불씨를 매우 소중하게 여겼다. 그래서 그것을 다른 사람에게 보내 줌으로 해서 깊은 정을 표현하기도 했다.

손에 횃불을 들고 있는 모습으로, 불을 밝혀 손님을 보낸다로 외워도 된다. 送金, 送舊迎新

遷 옮길 천(총16획). 襾(덮을 아. 두 손으로 뭔가를 잡는 모습-要의 경우와 같음), 大(큰 대. 두손 공 廾의 변형-襄의 경우와 같음), 卩(병부 절. 사람), 辶이 합해졌다. 여러 사람이(卩) 자기들의 두 손으로

155

(襾, 大) 물건을 다른 곳으로 옮겨 간다(辶)는 것을 의미한다. 遷都, 遷職, 變遷

逸 달아날 일(총12획). 토끼(兔)가 달아나서(辶) 숨어 있으니 편안하다는 데서 편안하다, 숨다, 달아나다의 뜻이 나왔다. 逸話, 安逸, 獨逸

遲 더딜 지(총16획). 犀(무소 서. 꼬리 미尾와 牛가 합해짐), 辶이 합해졌다. 무소가 천천히 걸어 간다(辶)는 뜻이다. 더디다, 늦다, 느리다, 지체하다의 뜻이 파생되었다. 遲刻, 遲延

遞 갈릴/갈마들 체(총14획). 갈마들다 서로 번갈아들다. 虎(범 호), 厂(언덕 한), 辶이 합해졌다. 암수 호랑이(虎) 두 마리가 그들의 언덕(厂)을 번갈아가며 올라온다(辶)는 뜻이다. 遞信, 交遞, 郵遞

逮 잡을 체(총12획). 隶(미칠 이. 손에 잡힌 짐승의 꼬리), 辶이 합해졌다. 짐승을 따라가서(辶) 붙잡음(隶)을 나타냈다. 逮捕令狀

延 늘일 연(총7획). 廴(멀리갈 인), 止(그칠 지. 발의 상형), 丿(삐침 별)이 합해졌다. 멀리 가야하는데(廴) 발(止)에 상처(丿)가 났으니 기간이 늘어나고 지체됨을 의미한다. 延長, 延着, 延期

誕 낳을/거짓 탄(총14획). 원래의 뜻은 '거짓말(詞誕也)'이다. 말을(言) 길게 늘여(延) 허풍을 떤다는 데서 거짓의 뜻이 나왔다. 성인탄생의 예언이 거짓말(誕) 같았지만 실제로 성인이 탄생(誕生)했다 해서 탄생하다, 낳다의 뜻도 파생되었다. 誕生, 聖誕, 誕辰(탄신). 부수는 言(말씀 언)

001 :: 丶 점주, 丿 삐침 별, 丨 뚫을 곤, 亅 갈고리 궐

丹 붉을 단(총4획). 井(우물 정. 광물을 캐는 구덩이을 의미함), 丶(점 주. 이것은 단사丹砂라고 하는 붉은 색 광물)이 합해진 글자이다. 구덩이에서 丹砂를 캔다는 뜻이다. 丹心, 丹石, 丹青

丸 둥글 환(총3획). 사람이 몸을 둥글게(九) 해서 씨앗(丶)을 잡고 있는 모습이다. 씨앗도 둥근 모양이다. 둥글다, 알의 뜻을 나타낸다. 埶(심을 예)에 있는 丸이 씨앗을 들고 있는 농부의 모습이다. 丸藥, 彈丸

乃 이에 내(총2획). 자원 해석이 분분한 글자이다. 가슴과 배가 불룩불룩 튀어나온 사람의 모습으로 보는 것이 일반적이다. 人乃天, 乃至

之 갈 지(총4획). 땅을 의미하는 一위에 발을 의미하는 止가 합해진 글자이다. 자연히 가다의 뜻이 되었다. 어조사로 쓰이는 경우는 '~의', '그것'의 뜻이다. 易地思之, 愛之重之(그것), 管鮑之交(~의)

芝 지초 지(총8획). 향내 나는 풀(艹)인 지초(芝草)를 말한다. 之는 소리부이다. 芝蘭之交. 부 수는 艹(풀 초)

乏 다할/가난할/모자랄 핍(총5획). 說文解字에서 허신(許慎)은 춘추좌씨전(春秋左氏傳)을 인 용하여 이 글자를 설명했다. '춘추전에 이르기를, 정(正)을 뒤집은 것이 핍(乏)이다라고 했다(春秋傳曰, 反正爲乏).' 즉 바르지 않다(不正)는 데서 다하다, 가난하다, 모자라다의 뜻 이 파생된 것으로 보인다. 窮乏, 缺乏

乎 어조사 호(총5획). 兮(어조사 혜)자에 丿이 합해졌다. 兮는 입에서 나온 기운이 퍼지는(八) 모습이라고 한다. 丿도 氣가 더욱 위로 올라가는 모습으로 乎자는 '부르다'가 원뜻으로 보인다. 현재 부르다는 呼(부를 호)를 쓰고 있다. 의문조사로 한문에서 사용된다. 不亦說 乎(불역열호)-또한 기쁘지 아니하랴!

呼 부를 호(총8획). 입(口)으로 호(乎)하고 부른다는 데서 부르다, 숨내쉬다의 뜻을 나타낸다. 歡呼聲, 呼稱, 呼吸

乘 탈 승(총10획). 亻(사람 인), 舛(두개의 발), 木(나무 목)이 합해졌다. 乘자 중간의 北(북)은 나무 에 오른 사람의 두 발이 변한 것이다. 나무에 잘 오른다는 데서 '타다'의 뜻이 되었다. '우리말에 나무를 잘 탄다'는 말도 있지 않은가. 乘車, 搭乘, 乘客

久 오랠 구(총3획). 사람(人)의 엉덩이 쪽에 뜸을 뜨는 모습을 나타낸다. 그래서 뜸을 뜰 때는 오래 기다려야 하므로 오래다의 뜻이 되었다. 사라진 뜸의 뜻은 火를 더해 灸를 만들었다. 永久, 恒久, 悠久

灸 뜸 구(총7획). 오랠 久가 원래 뜸의 뜻이었으나 오래다의 뜻으로 바뀌어 쓰이자 火를 더해 뜸 구를 다시 만들었다. 鍼灸. 부수는 火(불화)

玖 옥돌 구(총7획). 오래(久)되어도 빛이 변하지 않는 옥돌을 의미한다. 玖璇. 부수는 玉(구슬옥)

串 꿸 관/땅이름 곶/꿰미 천(총7획). 엽전 두 개를 끈으로 꿴 모양을 본떴다고 생각하자. 長山串

事 일 사(총8획). 손(⺕)에 장식이 있는 붓을 들고 있는 모습을 그린 것이다. 정신을 한(一) 가운데(中)로 집중하여 손으로(⺕) 일한다로 외워도 된다. 事件, 事故

了 마칠 료(총2획). 설문해자에 의하면 '걸을 때 두 다리가 서로 교차된 모습이다. 子에서 팔을 생략했다'라고 했다. 수업을 마친 아이가 차려 자세를 해서 두 팔이 몸에 붙어 구분이 되지 않아 了의 자형이 되었다고 생각하자. 完了

11 기타

002 :: 一 한 일, 二 두 이, 八 여덟 팔

上 윗 상(총3획). 경계선(一) 위에 점(ヽ)을 찍어 위를 표현했는데 점이 길어져서 지금의 모양이 되었다. 上陸, 上級

下 아래 하(총3획). 경계선 아래에 점을 찍어 아래를 표현했는데 점이 길어져서 지금의모양이 되었다. 下流, 部下

三 석 삼(총3획). 석 삼(三)은 작대기 세 개를 놓은 모습이다. ^{지사문자} 三唱, 三權

七 일곱 칠(총2획). 옆으로 놓여있는 사물을(一) 칼로 끊었다(丨)는 것을 표현한 글자로 원래의 뜻은 자르다 이다. 열 십十과 구별을 위해 丨의 끝을 꺾어서 지금의 모습이 되었다. 그러나 일곱이라는 뜻으로 가차되자 刀를 더해 切(끊을 절)을 다시 만들었다. 安應七

丑 소 축(총4획). 손(⺕)으로 소의 고삐(丨)를 잡은 모양을 본뜬 것이다. 丑時

丈 어른 장(총3획). 손(丿과 乀)에 지팡이(一)를 든 노인이란 데서 어른을 뜻한다. 설문해자에

서는 길이의 단위로 설명하고 있다. 丈, 十尺也. 從又持十(장은 십척이다. 손又에 十을 잡고 있
는 것으로 이루어졌다.) 春府丈, 丈人

丘 언덕 구(총5획). 원래의 뜻은 '사람이 만들지 않은 언덕(土之高也, 非人之所爲也)'이다. 땅(一)
에 무기인 도끼(斤)를 언덕처럼 쌓았다로 외우면 된다. 천하가 통일되고 나면 통치자는
전국에 있는 무기를 빼앗은 경우가 역사에 있었다. 진시황(秦始皇)은 천하를 통일하고 나
서 전국의 무기를 거두어들여 녹여서 동상을 세우기도 했고 일본의 풍신수길(豊臣秀吉)
도 일본 전국시대를 종식시키며 무기몰수를 했는데 그것을 도수(刀狩-카타나가리)라고 한
다. 孔丘, 丘陵

邱 언덕 구(총8획). 丘가 공자의 이름이었다. 옛 중국인들은 성인 공자의 이름자를 함부로 쓰
기를 꺼려했다. 그래서 다시 만든 글자가 邱라고 한다. 마을(阝) 주위에 언덕(丘)을 쌓았
다로 외울 수 있다. 大邱. 부수는 阝(고을읍, 邑)

亞 버금 아(총8획). 무덤의 현실(玄室- 시체가 안치되는 무덤 속의 방. 널방)을 위에서 보고 그린 글
자이다. 죽음이란 이승세상과 비교해서 다음 세상에 해당하므로 버금의 뜻이 나왔다.
亞流, 亞熱帶, 亞細亞

惡 악할 악/미워할 오(총12획). 죽음(亞)에 대한 생각(心)은 누구나 하기 싫어하므로 싫어하다
의 뜻이 되었고, 사람들은 악하고 나쁜 것을 싫어하므로 악하다의 뜻도 나왔다. 憎惡(증
오), 惡德(악덕). 부수는 心(마음 심)

互 서로 호(총4획). 아래위의 두 획(二)이 어떤 고리 같은 것에 의해 연결되어 있음을 표시했
다. 자연스레 서로의 뜻이 나왔다. 相互, 互助

六 여섯 육(총4획). 원래 집의 모습을 본뜬 글자인데 여섯으로 가차되었다. 六角亭, 六甲

兮 어조사 혜(총4획). 어조사 혜(兮)자는 八(나누다의 뜻)과 丂(어조사 우. 입에서 기운이 나오는 모
양)를 합쳤다. 한문에서 ~로다의 뜻이다.

力拔山兮氣蓋世

時不利兮騅不逝

騅不逝兮可奈何

虞兮虞兮奈若何

典 법 전(총8획). 冊(책 책)과 丌(책상 기)가 합해졌다. 법을 적은 책을 책상위에 올려놓은 모습
이다. 辭典, 特典, 字典

兵 병사 병(총7획). 斤(도끼 근. 무기), 廾(두손 공)을 합했다. 두 손에 도끼를 잡고 있는 것을 나
타냈다. 군사, 병사, 무기, 전쟁의 뜻을 나타낸다. 將兵, 兵卒

具 갖출 구(총8획). 鼎(솥 정), 廾(두손 공)을 결합했다. 두 손에 솥을 들고 있는 것으로 갖추다, 구비하다의 뜻을 나타낸다. 具現, 具體的

俱 함께 구(총10획). 사람(人)은 자기의 배우자를 만나 함께 살아야 비로소 갖추었다(具)라고 할 수 있는 것이다. 이런 광고가 있다. 나레이터 "배용준, 그는 모든 것을 갖춘 남자다" 배용준 "나는 아무것도 갖추지 못한 남자다. 내가 필요한 건, 아내…. 그리고….'' 俱存, 俱樂部. 부수는 亻(사람 인)

---

11 기타

003 :: 入 들 입, 十 열 십, 小 작을 소

全 온전 전(총6획). 入(들 입), 玉(구슬 옥)을 결합했다. 귀한 옥(玉)을 흠집 없이 잘 간직함을 나타냈다. 온전하다, 전부, 모두의 뜻을 나타낸다. 소으로도 썼었는데 工은 玉을 잘 다듬는다는 의미로 들어간 것이다. 全體, 全盛, 全國

千 일천 천(총3획). 亻(사람인)의 다리부분에 一을 그어 일천(一千)의 뜻을 나타냈다. 千金, 千軍萬馬

南 남녘 남(총9획). 허신은 초목의 가지와 잎이 무성함을 표현한 글자라고 했다. 그러나 갑골문과 금문을 비교하면 공중에 매달아놓은 악기를 본뜬 글자임을 알 수 있다. 十은 매달도록 만든 꼭지이고 나머지 부분이 악기이다. 남쪽의 뜻은 가차된 것이다. 南海

升 되 승(총4획). 손잡이 자루가 있는 바가지를 본뜬 글자이다. 그 바가지의 용량이 한 되에 해당했던 것이다. 바가지는 물이나 곡식을 떠서 올리므로 升에는 오르다의 뜻도 있다. 바가지를 본뜬 글자로는 斗(말 두)도 있다. 斗升

午 낮 오(총4획). 똑바로 세운 절구공이의 모양을 본 뜬 글자이다. 공이질은 낮에 해야 하므로 '낮'의 뜻이 생겼다. 가차되어 십이지지의 일곱 번째가 되었고 시간으로는(午時) 오전 11시~오후 1시이다. 그래서 정오(正午)라고 하면 낮 12시가 되는 것이다. 자시(子時)는 밤11시~새벽1시이다. 그래서 자정(子正)은 밤12시가 된다. 甲午

許 허락할 허(총11획). 낮에는(午) 공이질을(午)해도 된다 라고 말로(言) 허락한다는 뜻이다. 許可, 許容

卒 군사/마칠 졸(총8획). 설문해자에, '卒은 노예나 하인들에게 입혔던 옷인데 옷에 표시(一)가 되어 있었다(卒, 隷人給事者衣爲卒. 卒, 衣有題識者)'라고 했다. 노예나 하인들이 전쟁이 나면 졸병(卒兵)이 되었으므로 자연스레 '군사'의 뜻이 나왔고 군사들은 전쟁이 끝나기를 바랬으므로 '마치다', '끝내다', '갑자기'의 뜻이 파생되었다. 卒業, 卒倒, 卒兵

醉 취할 취(총15획). 술(酉) 마시기를 다 마치니(卒) 취한다 라는 데서 취하다의 뜻을 나타낸다. 醉罵, 醉拳. 부수는 酉(닭 유)

尖 뾰족할 첨(총6획). 小, 大가 합해졌다. △ 삼각형을 보면 알 수 있는 글자이다. 尖端, 尖銳

音 聲

제3부
소리글자와 그에 따른
글자들

漢 字

소리글자 기역(ㄱ)

001

옳을 가

회의자	可能(능할능), 可決(결단할결)

口와 농기구를 의미하는 丁(고무래 정)이 합해졌다. 사람들이 함께 입(口)모아 노래 부르며 일을 하면(丁) 피곤함도 덜 느끼고 일도 잘 된다는 데서 '옳다', '가능하다'의 뜻이 만들어졌다.

歌 노래 가(총14획). 옳고 좋은 일을 많이 하게 되면(可, 可) 입만 벌리면(欠) 자연스레 노래가 나온다는 뜻이다. 歌曲(가락 곡), 歌手(손 수)

河 물 하(총8획). 중국 문명의 발상지인 황하(黃河)를 뜻하는 고유명사였다. 可는 중국어로 "크어"라고 발음하는데, 황하의 세찬 물결의 의성어로서 소리부로 들어갔다. 河川

阿 언덕 아(총8획). 阝(언덕 부)는 의미부로 可는 소리부로 들어갔다. 언덕처럼 허리를 구부려 (可) 아첨 한다는 데서 '아첨'의 뜻도 있다. 阿陷, 阿鼻叫喚(코 비, 외칠 규, 외칠 환)

軻 수레 가(총12획). 車는 의미부로 可는 소리부로 들어갔다. 孔子의 후계자인 孟子의 이름 자로 쓰인다. 맹자는 이름이 孟軻, 字는 (편하게 부르는 제2의 이름) 子車로 본명과 字 모두 '수레'였다. 王道政治를 주장하며 15년 동안 수레(車, 軻)를 타고 전국을 누볐으나 이상을 실현시키지 못하고 은거하였다.

柯 가지 가(총9획). 나뭇가지를 뜻하는 말로 木이 의미부 可가 소리부이다. 南柯一夢(꿈몽, 꿈 처럼 헛된 부귀영화) 중국 당나라 때 순우 분 이라는 사람이 자기 집 남쪽에 있는 느티나무 아래에서 잠이 들었는데 온갖 부귀영화를 누렸으나 한낮 꿈이었다는 이야기이다.

002 加
더할 가

회의자 | 加減(덜 감), 參加(참여할 참)

쟁기로(力)농사일을 할 때 입으로(口)구령을 맞추거나 노래를 부르며 힘을 더할 수 있다는 뜻을 나타낸다.

架 시렁 가(총9획). 시렁=선반. 나무로(木) 만든 것으로 다른 물건을 그 위에 더(加) 얹을 수 있는 물건이 시렁이라는 뜻이다. 高架道路(높을 고, 길 도, 길 로), 架空(빌 공)

賀 하례할 하(총12획). 하례하다=축하하다. 결혼식 등에서 여러 사람이 각자의 재물을(貝) 모아(加) 주며 하례한다는 뜻이다.

伽 절 가(총7획). 사람이(亻) 머물면 보탬이(加) 되는 곳인 절을 뜻한다. 伽藍(쪽풀 람, 중이 살며 불도를 닦는 곳)

迦 부처이름 가(총9획). 중생에게 도움을 주고 행복을 더해주기(加) 위하여 자신은 고행의 길을 갔던(辶) 분이 부처이시다. 釋迦

嘉 아름다울 가(총14획). 원뜻은 아름답다(美也)이다. 壴(악기 주-북을 세워놓은 모습. 북 고鼓를 보면 알 수 있다)와 加가 더해진 형성문자이다. 악기(壴)를 진설(加)하니 음악소리가 아름답다는 의미이다. 嘉納, 嘉禾

003 叚
빌 가

회의자

언덕 아래 두점은 광물을 의미하고 나머지는 두 손으로 그 광물을 캔다는 뜻이다. 땅에서 나온 광물이 인간의 소유가 아닌 자연의 것으로 인간이 임시로 쓴다는 중국인의 생각을 알 수 있다. 여기서 '임시', '빌리다'의 뜻이 나왔다.

假 거짓/빌릴 가(총11획). 거짓/빌리다의(叚)의 뜻을 강화하기 위해 亻을 붙였고 빌린 것도 진정한 나의 것이 아니라는 데서 '거짓'이란 뜻까지 파생되었다. 假借(빌 차), 假定(정할 정)

暇 겨를/틈 가(총13획). 바쁜 와중에 임시로 빌려온(叚) 날(日)이라는 뜻으로 '한가하다', '겨를'의 뜻을 나타낸다. 休暇(쉴 휴)

瑕 티/흠 하(총13획). 빌려온(叚) 옥(玉)을 잘 못 다루어 흠집을 냈다는 의미이다. 瑕疵(흠 자)

004

회의자   各自, 各色

各

각각 각

거꾸로 된 발(夊)에 집(口)을 그렸다. 각각의 집으로 들어간다의 뜻을 갖는다.

閣 집/누각 각(총14획). 문이 달린(門) 높은 집을 의미하며 확대 되어 누각을 뜻하기도 한다.
樓閣(다락 루)

格 격식 격(총10획). 원 뜻은 "키 큰 나무"이다. 나무의(木) 줄기, 가지, 잎이 각각(各) 쭉쭉 뻗
어 있음을 표현했다. 크고 곧은 나무를 잘라 자(尺)를 만들어 썼으므로 격식, 바로잡다,
연구하다의 뜻으로 확대되어 사용된다. 格式(법 식), 格心(올바른 마음), 格物致知(사물을
(物) 깊이 연구하여(格) 진정한 앎(知)에 도달하다(致).)

客 손 객(총9획). 집에(宀) 들어오는(各) 손님을 의미한다. 客地, 客席(자리 석)

額 이마 액(총18획). 손님이(客) 오면 머리를(頁) 숙여 인사하는데, 그 때 번듯하게 보이는 부
분이 바로 이마이다. 이마는 머리부분에서 눈에 가장 잘 띄는 부분이다. 지폐의 눈에 가
장 잘 보이는 곳에 금액을 적게 되므로 금액, 액수라는 뜻도 파생되었다. 全額, 扁額(평평
한 나무에 글씨를 써서 문 위에 걸게 되는 액자, 숭례문 화재 때 편액이 그나마 온전해서 다행스럽게 여긴
적이 있었음.)

洛 물 이름 락(총9획). 각각의(各) 작은 물들이(氵) 모여 강을 이루었다는 뜻으로 낙양의 남쪽
을 흐르는 강 이름이다. 洛水(낙양의 남쪽을 지나 황하로 흘러들어가는 강 이름.)

絡 이을 락(총12획). 각각으로(各) 나뉜 실들을(糸) 서로 얽어매서 잇는다는 뜻이다. 連絡(=聯
絡), 經絡

落 떨어질 락(총13획). 풀잎에(艹) 맺힌 물방울이(氵) 하나씩(各) 떨어진다는 뜻이다. 落葉(잎
엽) 落榜(과거제도 시절 합격자의 이름을 쓴 방문에(榜) 이름이 떨어졌다(落)는 뜻이었다.)

略 간략할 략(총11획). 자신과 타인 각각의(各) 토지를(田) 구분하기 위해 "땅에 경계선을 긋
다"가 원뜻이다. 파생된 뜻으로, 자신의 땅을 '간략하게', '다스리다', 남의 땅을 꾀로
'침범하다', '빼앗다' 등이 있다. 經略(날줄 경, 나라를 다스리다), 侵略(침범할 침), 戰略(싸울 전)

賂 뇌물줄 뢰(총13획). 원뜻은 '재물을 보내드리다(遺也)'이다. 자기가 존경하는 윗분을 각자
(各) 찾아뵙고 재물(貝)을 드린다는 의미였는데 확대되어 뇌물을 주다의 뜻이 되었다. 賄
賂(뇌물줄 회)

路 길 로(총13획). 각자의(各) 발로(足) 밟고 다니는 길을 의미한다. 進路(나아갈 진), 道路(길 도)

露 이슬 로(총20획). 비가(雨) 온 것처럼 길 위에(路) 촉촉하게 내려앉은 이슬을 의미한다. 맑고 깨끗한 이슬의 이미지에서 '윤택하다'의 뜻이 나왔고 윤택함의 그 모습을 잘 드러내 보여주므로 '드러나다'의 뜻도 파생되었다. 露骨(뼈까지 드러내듯 숨김없이 있는 그대로를 보여주다)

鷺 백로/해오라기 로(총23획). 路는 露의 줄임형으로 이슬처럼(露→路) 맑고 깨끗한 새(鳥)로서 선비들의 지조의 상징이었던 백로, 해오라기를 의미한다.

[시조] 까마귀 싸우는 곳에 백로야 가지마라.

　　　　성낸 까마귀들이 너의 흰 빛을 시샘하나니

　　　　맑은 물에 깨끗이 씻은 몸을 더럽힐까 하노라.

포은 정몽주 先生이 이성계를 문병 가던 날, 팔순이 가까운 그의 노모가 말리면서 부른 노래이다. 그러나 정몽주는 어머니의 말을 듣지 않고 갔다가 오는 길에 선죽교에서 피살되고 만다. 사람들은 포은의 노모가 타계한 후 선죽교 옆에 그녀의 비석을 세웠는데 그 비석은 항상 물기에 젖어 있었다고 한다. 마치 눈물처럼.

005

회의자

柬

가릴 간

나의 것을 가려내기 위해 나무를 묶어(束) 표시를(‥)해 놓은 모습이다.

諫 간할 간(총16획). 옳고 그름을 잘 분별(柬)하도록 신하가 임금에게 하는 말(言)이다. 司諫院(맡을 사, 집 원), 諫臣

練 익힐 련(총15획). 좋은 실을(糸) 가려내는(柬) 기술은 충분히 익히고 연습해야 한다는 뜻이다. 修練(=修鍊, 익히고 연습한다는 뜻으로 練과 鍊(쇠불릴 련)은 함께 서로 통용된다.)

鍊 쇠불릴 련(총17획). 쇠 중에서(金) 좋은 것을 가리기 위해(柬) 쇠를 불리다, 단련하다의 뜻이 된다. 鍛鍊(쇠불릴 단), 敎鍊(가르칠 교)

煉 달굴 련(총13획). 불에(火) 달구어 나쁜 성분을 가려낸다(柬)는 데서 달구다의 뜻이 나왔다. 煉炭(숯 탄)

蘭 난초 란(총21획). 난초는 옛 선비들이 사악한 마음을 가로막기 위해(闌, 가로막을 란) 키우던 풀(艹)이라는 뜻이다. 蘭草, 金蘭之交(두 친구의 돈독한 우정이란 뜻으로, 우정의 단단함이 쇠와

같고, 그 향기가 난초(蘭)와 같다는 뜻 이다.)

欄 난간 란(총21획). 문을(門) 건너질러 함부로 출입함을 가로막는(?) 나무(木)의 뜻이다. 欄干
(방패 간)

爛 빛날 란(총21획). 남들이 찾기 쉽게(柬) 문 앞에(門) 등불을(火) 걸어 놓은 모습이다. 絢爛(무
늬 현), 能手能爛

006

방패간

상형자 　干城(성 성, 나라를 지키는 인물이나 군대), 干戈(창 과, 무기 · 전쟁)

공격과 방어를 함께 할 수 있는 방패의 그림이다. 윗부분의 갈라진 것으로 찌를 수도 있었다.

肝 간 간(총7획). 방패(干)처럼 우리 몸에(月) 독소를 막아주는 장기인 간을 뜻한다. 肝膽相照
(쓸개 감, 서로 상, 비출 조, 서로의 간과 쓸개를 꺼내어 보일 수 있다는 뜻으로 서로 속마음을 털어놓고 사
귀는 사이를 말한다.), 肝臟(오장 장)

刊 새길/책펴낼 간(총5획). 방패처럼(干) 평평한 나무에 칼로(刂) 글씨를 새긴다는 뜻이다. 刊
行(다닐 행), 創刊(비로소 창)

杆 몽둥이 간(총7획). 방패를(干) 내려치는 나무(木)인 몽둥이를 뜻한다. 操縱杆(잡을 조, 세로
종).(地名字)

岸 언덕 안(총8획). 방패처럼(干) 적을 막기 위해 작은 산(山) 같이 쌓아놓은 언덕(厂)을 뜻한
다. 沿岸(물 따라갈 연), 海岸

汗 땀 한(총6획). 우리 몸을 방패처럼(干) 보호하기 위해 흘리는 물이(氵) 땀이라는 뜻이다. 汗
牛充棟(소 우, 채울 충, 마룻대 동, 많은 책을 의미한다. 책이 많아 소가 땀을 흘리며 끌고, 책을 쌓았더니
마룻대까지 높이 올라갔단 뜻이다.)

旱 가물 한(총7획). 방패로(干) 막아야 할 만큼 볕(日)이 강해서 가뭄이 들었다는 뜻이다. 旱魃
(가물귀신 발)

軒 집 헌(총10획). 원 뜻은 채(수레를 막는 방패처럼 앞쪽에 양옆으로 길게 댄 나무)가 길게 뻗은 수레
이다. 길게 뻗은 지붕의 '처마', 처마가 있는 '집'등의 뜻이 파생되었다. 東軒(동녘 동), 軺
軒(수레 초), 軒軒丈夫

007

艮 그칠 간

회의자　　艮卦(점괘 괘)

싸우듯, 경쟁하듯 머리를 돌려 눈을 크게 뜨고 노려보는 모습이다. 타인을 그렇게 노려보면 좋았던 관계도 나빠진다는 의미로 '그치다'의 뜻이 되었다.

眼　눈 안(총11획). 艮에 눈의 뜻이 있고 의미를 강화하기 위해 目을 붙였다. 眼球(공 구), 眼下無人

根　뿌리 근(총10획). 서로 경쟁하듯(艮) 얼기설기 뻗어있는 나무의(木) 뿌리를 의미한다. 根據(의거할 거), 根底(밑 저)

銀　은 은(총14획). 눈을 부릅뜨고(艮) 금메달(金)을 향해 전진했으나 金앞에 그치게(艮) 되어 은메달을 땄다고 외우면 된다. 銀行(다닐 행), 銀幕(장막 막)

垠　지경 은(총9획). 영토가(土) 끝나는 곳(艮)인 지경, 가장자리를 의미한다. (人名字)

痕　흉터 흔(총11획). 상처 난 곳의 통증(疒)이 그치고(艮) 나았지만 그 자리에 흉터가 남았다는 의미이다. 痕迹(자취 적), 傷痕(다칠 상)

懇　간절할 간(총17획). 들짐승이 많았던 시절, 짐승의(豸) 습격이 그치길(艮) 간절히 바란다(心)는 뜻이다. 懇切(끊을 절), 懇談會(말씀 담,모일 회)

恨　한(원망) 한(총9획). 서로 눈을 부릅뜨고 노려보는(艮) 사람들의 마음속(心)에는 한과 원망이 담겨 있다는 뜻이다. 怨恨(원망할 원), 恨歎(탄식할 탄)

限　한할(한정) 한(총9획). 노려보는 시선(艮) 앞에 가로막힌 언덕(阝)이 있다는데서 한계의 뜻이 생겼다. 限界(지경 계), 限定(정할 정)

008

曷 어찌 갈

형성자

말할 왈(曰)과 구걸할 개(匃)가 합해졌다. 匃는 다시 亡과 人(=勹)으로 나뉘는데, 아무것도 없는(亡=無) 사람이(人=勹) 구걸한다는 뜻이다. 따라서 曷은 구걸하는(匃) 사람이 저는 어찌 살아 갑니까 하며 말한다(曰)는 뜻이다.

渴　목마를 갈(총12획). 물을(氵) 마시고 싶은데 어찌 합니까(曷) 라고 하는 것은 목이 마르다는 뜻이다. 渴症(증세 증), 枯渴(마를 고)

葛　칡 갈(총13획). 어떻게(曷) 해서든지 넝쿨을 뻗으려 하는 식물(艹)이 칡이라는 뜻이다. 葛

藤(등나무 등, 칡과 등나무는 줄기와 넝쿨이 뻗쳐 마구 얽혀있는 것이 특징이다. 개인이나 집단 사이에 목표나 이해관계가 달라 서로 불화를 일으키는 상태를 비유하여 갈등이라 한다.)

鞨 오랑캐이름 갈(총18획). 짐승 가죽으로(革) 옷을 해 입고, 구걸하는(匃) 말을 하는(曰) 종족을 뜻한다. 靺鞨族(오랑캐이름 말, 겨레 족)

謁 뵐 알(총16획). 높은 사람을 뵙고 우리는 어찌(曷)삽니까 하며 말(言)을 한다는 뜻이다. 謁見(나타날 현), 拜謁(절 배)

揭 걸/높이들 게(총12획). 어떻게(曷) 해야 합니까 하며 묻기 위해 손을(扌) 높이 든다는 뜻이다. 揭揚(날릴 양), 揭示(보일 시)

009	지사자	甘言利說(말씀 언, 이로울 이, 말씀 설), 甘味(맛 미)
甘 달 감	입안에 있는 '단' 음식을 표현한 글자이다.	

邯 조나라 서울 한, 이름 감(총8획). 달고 맛있는(甘) 음식이 많은 마을(阝)인 조나라의 서울을 뜻한다. 邯鄲之步(조나라 서울 단, 어조사 지, 걸음 보, 자기 본분을 잊고 남을 따라하면 많은 것을 잃게 된다는 뜻.)

010	회의자	勇敢(날랠 용), 果敢(과실 과)
敢 감히 감	옛 모습을 보면 爪(손)+古(소리부)+又(손)로 이루어졌던 것인데 모습이 많이 변했다. 두 손으로(爪+又) 무언가를 빼앗는 모습으로 '용감히 나아감'이 본 뜻이었다. 敢은 다시 攻(칠공)+耳(귀 이)로 나눌 수 있는데 용감히 적을 공격하여(攻) 적의 귀를(耳) 베어오다로 외우면 된다.	

嚴 엄할 엄(총20획). 용감한(敢) 병사들을 모아놓고 언덕위에 올라 그들에게 명령을(口, 口) 내릴 때는 아주 엄하게 해야 한다는 뜻이다. 嚴格(격식 격), 嚴禁(금할 금)

巖 바위 암(총23획). 산에(山) 엄한 자태로(嚴) 떡 버티고 있는 큰 바위를 뜻한다. 巖石(돌 석), 巖居川觀(살 거, 볼 관, 속세를 떠나 자연에 묻혀 살다.)

| 011 | 회의자 | 監督(감독할 독), 監獄(옥 옥) |

臣은 눈, 人(사람 인), 一은 어떤 물건, 皿(그릇 명)이 합해져서 사람이 눈으로 그릇에 뭐가 있나 보고 있는 모습을 그린 것이다.

볼 감

覽 볼 람 (총21획). 監에 見(볼견)을 더해 '보다'는 뜻을 강화시켰다. 觀覽(볼 관), 閱覽(볼 열)

鑑 거울 감 (총22획). 얼굴을 보기위해(監) 쇠로(金) 만든 것이 거울이라는 뜻이다. 鑑賞(상줄 상, 즐길 상), 明心寶鑑(밝을 명, 마음 심, 보배 보)

濫 넘칠 람 (총17획). 잔에 있는 물이(氵) 보이기(監) 시작하는 것은 흘러넘치고 있다는 뜻이다. 濫觴(술잔 상), 濫伐(칠 벌)

藍 쪽 람 (총18획). 풀의 이름이다. 파란 염료를 채취하는 원료가 쪽풀 이였다. 보기(監) 좋은 염색 원료를 채취하는 풀(艹)인 쪽풀을 뜻한다. 靑出於藍(푸를 청, 날 출, 어조사 어), 藍色(빛 색)

艦 큰배/싸움배 함 (총20획). 적을 잘 볼 수 있게(監) 누각 같은 것을 세워 놓은, 큰 싸움배를 말한다. 조선의 판옥선(板屋船, 판자로 집을 지어놓은 배)이 그것이다. 李舜臣 艦隊(무리 대), 航空母艦(배 항, 빌 공, 어머니 모)

鹽 소금 염 (총24획). 소리부인 監을 뺀 나머지 글자는 鹵(소금 로)이다. 포대안에 소금이 있다는 것을 표현한 글자이다. 맛을 제대로 드러내 보이려면(監) 소금을(鹵) 뿌려야 한다는 뜻이다. 鹽田(밭 전), 食鹽水(먹을 식, 물 수) (약)塩

| 012 | 상형자 | 甲論乙駁(논할 론, 새 을, 논박할 박) |

거북의 등딱지를 네모 형태로 다듬은 모양이라는 설이 있다. 쇠붙이를 네모 모양으로 잘라 엮어서 이어놓은 병사들의 갑옷의 모양으로 보기도 한다. 간지(干支)로 사용된다.

갑옷 갑

鉀 갑옷 갑 (총13획). 쇠로 만든(金) 갑옷(甲)이라는 뜻이다. (人名字)

岬 곶/산허리 갑 (총8획). 곶: 바다 쪽으로 길고 좁게 뻗어있는 육지의 부분. 바다를 통하여 침범하는 적을 막기(甲) 위해 보루를 쌓을 수 있도록 산처럼(山) 솟은 땅을 말한다. 長山岬(긴 장, 뫼 산)

押 누를 압(총8획). 손으로(扌) 갑옷을(甲) 만들 때 쇠붙이를 꾹꾹 누르며 만든다는 뜻이다. 押
釘(못 정), 押送(보낼 송)

鴨 오리 압(총16획). 갑옷처럼(甲) 널찍하고 딱딱한 부리를 가진 새(鳥)가 오리라는 뜻이다.
鴨綠江(푸를 록, 강 강)

013	형성자	岡皁(언덕 부)
岡	의미부인 山과 소리부인 网(그물망)이 합해졌다. 산 · 언덕의 뜻 외에 강하고 단단한 느낌을 주는 글자에 주로 들어간다.	
산등성이 강		

剛 굳셀 강(총10획). 칼이(刂) 마치 산의(岡) 견고함처럼 굳세고 단단함을 뜻한다. 外柔內剛(바
깥 외, 부드러울 유, 안 내)

綱 벼리 강(총14획). 벼리 그물의 코를 꿰어놓은 굵고 튼튼한 줄. 비유되어 일이나 글의 뼈대
가 되는 줄거리를 의미한다. 마치 산(岡)처럼 강하고 튼튼한 끈(糸)으로 그물의 벼리를 만
든다는 뜻이다. 三綱(석 삼), 要綱(요긴할 요)

崗 언덕 강(총11획). 산과(岡) 산을(山) 넘고 보니 또 언덕이 나온다는 뜻이다. 원래 岡과 同字
이다.

鋼 강철 강(총16획). 강하고 단단한(岡) 쇠붙이를(金) 강철이라고 부른다는 뜻이다. 鋼鐵(쇠 철)

014	회의자	皆骨山(뼈 골, 뫼 산)皆是(이 시)
皆	比(두사람)와 白(日 말할 왈의 변형)이 합해져서 '총괄하여 말하다'가 원뜻이다. 두 사람(比) 모두 '다' 백인(白)이다로 외우면 된다.	
다 개		

階 섬돌 계(총12획). 섬돌 돌층계. 언덕을(阝) 다(皆) 오르려면 돌층계를 놓아야 한다는 뜻이
다. 階段(층계 단), 階級(등급 급)

015	회의자	介入(들 입), 紹介(이을 소), 仲介(버금 중)
介		사람이 갑옷을 잘 끼어 입은 모습이라고 한다.
낄개		

价 클/착할 개(총6획). 원 뜻은 '갑옷을 잘 끼어 입은(介) 사람(亻)'이다. 갑옷을 입은 사람은 장수이므로 '크다', '착하다(나라를 지켜주니까)'의 뜻이 파생되었다. 현재 중국에서는 价가 價(값 가)의 간체자로 쓰이고 있다.

芥 겨자 개(총8획). 우리말 겨자는 개자(芥子)가 바뀐 것으로 생각된다. 겨자 싸리 가루는 향신료나 조미료로 쓰여 다른 여러 재료들 틈에 끼어(介) 들어가 맛을 낸다.

016	상형자	巨山(큰 대), 巨額(이마 액)
巨		금문을 보면 사람이 큰 자(工)를 들고 있는 모습인데 사람은 없어지고 자와 주먹만 남았다.
클거		

拒 막을 거(총8획). 누군가가 내려치면 손을(扌) 크게 올려(巨) 막는다는 뜻이다. 拒否(아닐 부), 拒絶(끊을 절)

距 상거할/떨어질 거(총12획). 상거(相距) 서로 떨어져 있는 거리. 두 발을 (足) 크게 벌리면 (巨) 발과 발 사이에 일정한 거리가 생기게 된다. 距離(떠날 리)

017	형성자	乾坤(땅 곤), 乾杯(마를 간 · 건, 잔 배)
乾		원뜻은 '위로 올라가다'이다. 乙을 뺀 나머지 글자는 해가(日)솟아 빛을 발하는 모습이다(해 솟을 간). 새가 하늘로 솟구쳐 오른다는 의미에서 '하늘'이라는 뜻과 태양이 솟음에 따라 지면의 물기가 말라 간다는 데서 '마르다'의 뜻도 생겼다. '마르다'의 뜻으로 쓰이는 단어에서는 '간'으로 읽어야 하나 현재는 '하늘', '마르다' 모두 '건'으로 굳어졌다.
하늘건, 마를간		

幹 줄기 간(총13획). 이 글자의 本子는 榦(담결기둥 간)으로 황토로 만든 담장의 흙이 새지 못하도록 막아 놓은 (干) 나무(木) 기둥을 뜻했었다. 후에 木이 干으로 바뀌면서 뜻도 변화

173

를 겪었는데, 나무 기둥에서 '줄기'란 뜻이, 어느 조직에서 중요한 줄기의 자리에 있는 '간부'의 뜻이 나왔다.

翰 편지/글/날개 한(총16획). 乾(하늘 건)과 羽(깃 우)가 합해진 글자로 하늘을 나는 비둘기의 날개(羽)를 뜻한다. 이 비둘기는 전서구(傳전할 전, 書글 서, 鳩비둘기 구)로서 편지를 전달한다는 뜻이다. 書翰(글 서)

韓 나라이름 한(총17획). 韋(가죽 위)는 두 발(舛)로 성이나 나라(口)를 에워 싼 모습으로 '에워싸다(圍)', '포위하다', '지키다'의 뜻이 있다. 아침의 해뜨는 나라(朝)로, 국방의 의무를 (韋) 다하는 우리 대한민국(大韓民國)을 뜻한다.

斡 돌 알/주장할 간(총14획). 說文解字에, '표주박의 손잡이이다. 斗(말 두)가 의미부고, 나머지는 소리부이다. 작은 수레의 바퀴를 斡이라고 하는 학자도 있다(蠡柄也, 從斗. 皆以爲軺車輪斡)'라고 했다. 바가지의 둥근 모습에서 수레바퀴와 돌다의 뜻이 나왔고, 바가지의 손잡이를 잡는다는데서 잡다, 주장하다, 주관하다의 뜻까지 파생되었다. 斡旋(돌 선)

018

회의자 | **建國**(나라 국), **建設**(베풀 설)

廴(길게 걸을 인-멀리가다)에 聿(붓율)이 합해졌다. 廴은 彳(걸을척)자의 제3획을 약간 길게 변행시켜 놓은 것이다. 가다, 길의 뜻이 있다. 建은 붓으로(聿) 길을(廴) 닦을 계획을 '세우다'의 뜻이다.

세울 건

健 굳셀 건(총11획). 몸을 꼿꼿하게 세운(建) 굳세고 건강한 사람(亻)의 뜻이다. 健康(편안 강), 健鬪(싸움 투)

鍵 자물쇠/열쇠 건(총17획). 쇠를(金) 세워서(建) 문을 잠그는 '자물쇠'의 뜻이나 그것을 여는 '열쇠'의 뜻도 있다. 關鍵(빗장 관), 鍵盤(소반 반)

019

兼

겸할 겸

회의자	兼職(직분 직), 兼業(일 업)

벼 두 포기를 한손에 잡고 있는 모습이다.

謙 겸손할 겸 (총17획). 같은 말을(言) 두 번씩(兼) 하는 사람은 무척 겸손해 보인다는 뜻이다.
謙遜(공손할 손), 謙讓(사양할 양)

廉 청렴할 렴 (총13획). 벼슬이 높음에도 불구하고 창고에(广) 있는 곡식이 벼 두포기(兼)밖에 없다면 그는 청렴한 것이다. 淸廉(맑을 청), 廉恥(부끄러울 치)

嫌 싫어할 혐 (총13획). 여자(女) 두 명(兼)을 겸해서 사귀는 남자를 싫어한다는 뜻이다. 嫌惡 (미워할 오), 嫌疑(의심할 의)

濂 물 이름 렴 (총16획). 중국 호남성에 있는 물의 이름이라고 한다. 주로 청렴(淸廉)한 관리들이 이 물가에 거했다 해서 붙여진 이름인 모양이다. 濂溪(시내 계)

敬

공경 경

회의자	恭敬, 敬老

口와 攵을 뺀 나머지는 조심하며 앉아있는 사람의 모습이었다. 여기에서 '근신하다'의 뜻이 나왔으며 말도 조심해야 하므로 口가 추가되었고 또 攵도 추가되어 어떤 강제성을 띄는 글자로 자리 잡았다. (진실되게(苟) 살라며 회초리를 들고(攵) 때리시는 부모님을 공경해야 한다 로 외우면 편하다)

儆 경계할 경 (총15획). (人名字) 사람은(亻) 윗사람을 공경하며(敬) 매사에 조심하고 경계하며 살아야 한다는 뜻이다. 儆戒(경계할 계)

警 깨우칠/경계할 경 (총20획). 어른을 공경(恭敬)하라고 말이나(言) 매로(攵) 조심하게 하고 깨우쳐 준다는 뜻이다. 警察(살필 찰), 警句(글귀 구)

驚 놀랄 경 (총23획). 말을(馬) 채찍으로 치니(攵) 깜짝 놀란다는 뜻이다. 驚愕(놀랄 악), 驚歎(탄식할 탄)

021

更 고칠 경/다시 갱

회의자 | 更新(고칠 경, 새로울 신), 更生(다시 갱, 날 생)

악기나 돌을 매놓고 손에 채를 잡고 치는 모습이다. 아마도 시간을 알리는 용도로 쓰였을 것이다. 一更(경), 二更, 三更(밤11시~새벽1시)과 같이 시간의 단위로 쓰였기 때문이다. 시간이 바뀔 때 마다 이것을 때렸으므로 '고치다', '다시' 등의 뜻이 파생되었다.

硬 굳을 경(총12획). 때리고 다시(更) 때려도 깨지지 않는 단단하고 굳은 돌(石)의 뜻이다. 硬直(곧을 직), 硬性(성품 성)

便 편할 편/똥오줌 변(총9획). 사람이(亻) 잘못된 일을 다시(更) 고치고(更) 또다시(更) 확인하면 나중에 편하게 된다는 뜻이다. 사람이(亻) 매일 하고 다시(更)하는 일 중에 하나가 변을(便) 보는 것이다. 便安(편안 안), 便紙(종이 지), 便所(바 소)

022

庚 별/천간 경

회의자 |

庚은 전쟁에서 후퇴를 알릴 때 쓰였던 징과 같은 타악기를 그린 것이다. 그러나 소전단계에서는 두 손으로 절구공이를 들어올리는 모습으로 나타난다. 곡식을 찧는 가을, 별, 가차되어 천간의 일곱 번째로 쓰인다. 사람이(人) 집에서(广) 손으로(彐) '별'뜨는 밤까지 일한다로 외우면 된다.

康 편안 강(총11획). 두 손으로 절구공이를 들고 있는 모습인 庚에 쌀(米)을 더했다. 米가 水처럼 바뀌었다. 농작물(米→水)을 공이로(庚) 찧어 저장하니 마음이 편안하다는 뜻이다. 집에서(广) 손으로(彐) 물 한잔(水) 떠 마셔도 그 속에 참된 즐거움이 있으니 마음이 편안하다로 외워도 된다. 健康(굳셀 건), 康寧(평안 녕)

唐 당나라 당(총10획). 원 뜻은 '큰소리치다', '황망한 말'이다. 징처럼(庚) 시끄럽고 요란한 말이(口) 황망한 내용이라는 뜻이다. 옛날부터 과장하기 좋아하고 뺑(唐)이 센 중국인을 대표하는 글자로서 '당나라'의 뜻도 된다. 唐麵(밀가루 면), 唐人(사람 인). 당나라는 당시로서 세계적으로 볼 때 뛰어난 선진국이었고 국제적 성격을 띤 나라였다. 그래서 중국을 대표하는 글자로 종종 사용된다.

糖 엿 당, 사탕 탕(총16획). 뺑이 센 당나라(唐) 사람들은 당나라 산 쌀은(唐米) 맛이 엿이나 사탕처럼 달다고 이야기 한다는 뜻이다. 糖分(나눌 분), 沙糖(모래 사)

塘 못 당(총13획). 당나라 때(唐) 그들은 땅을(土) 파서 연못(塘)을 만들었다는 뜻이다. 池塘(못 지)

상형자	京鄕(시골 향), 京畿(경기 기)

높은 건물을 그렸다. 높은 건물은 서울에 많기에 '서울'의 뜻이 되었다.

京 서울 경

景 볕 경 (총12획). 서울(京) 하늘에 해가(日) 떠서 볕이 쬔다는 뜻이다. '경치'의 뜻이 파생되었다. 景致(이를 치), 景福宮(복 복, 집 궁)

影 그림자 영 (총15획). 볕을(景) 쬐면 나의 모양과(彡) 비슷한 것이 땅에 그려지는 것이 그림자라는 뜻이다. 影像(형상 상), 影響(울릴 향) 凉(량)은 속자(俗字)

涼 서늘할 량 (총11획). 서울(京) 사람들의 인심은 차가운 물(氵)처럼 서늘하고 차다는 의미이다. 淸涼(맑을 청), 納涼(들일 납)

諒 살펴알/믿을 량 (총15획). 서울 사람들은(京) 서로를 잘 모르므로 말을(言) 할 때는 미리 상대를 살펴 안 다음에 해야 한다는 뜻이다. 그래야 서로 간에 믿음도(諒) 생기는 것이다.
諒解(풀 해), 諒知(알 지)

掠 노략질 할 략 (총11획). 다른 나라를 침략하게 되면 일단 서울로(京) 진격하여 병사들이 손으로(扌) 노략질을 한다는 뜻이다. 掠奪(빼앗을 탈), 侵掠(침노할 침)

璟 옥빛 경 (총16획). 구슬이(玉) 볕을(景) 받으니 옥의 빛이 더욱 돋보인다는 뜻이다. (人名字)

회의자	究竟(궁구할 구), 필경(마칠 필)

효과 같이 보이는 것은 피리와 같은 악기, 曰은 口의 변형, 儿은 사람이다. 악기의 연주가 '끝나다'가 원 뜻이고, 마치다, 다하다, 마침내 등의 뜻이 파생되었다.

竟 마침내/다할 경

境 지경 경 (총14획). 지경(地境) 나라나 지역 따위의 구간을 가르는 경계. 우리 영토의(土) 끝나는(竟) 곳에 지경이 있다는 뜻이다. 境界(경계 계), 國境(나라 국)

鏡 거울 경 (총19획). 청동 거울을 의미한다. 청동을(金) 끝까지(竟) 문질러대면 얼굴이 보이는 거울이 된다는 뜻이다. 破鏡(깨뜨릴 파), 眼鏡(눈 안)

025

물줄기 경

이 글자에 대해서는 두 가지 견해가 있다. ① 허신의 설인데, 제1획은 땅, 《《은 川(내천), 工은 壬(줄기 정)의 생략 형으로 보고 땅 속에 흐르는 물줄기라는 것이다. ② 현대학자들의 설로, 베틀(壬 베틀의 상형)에 세로 실인 날줄이 묶인 모습으로 經(날줄 경)의 원래자라는 것이다. 어쨌든 곧고 길게 뻗는 느낌을 주는 글자에 주로 들어간다.

輕 가벼울 경(총14획). 수레가(車) 곧게 뻗은 물줄기처럼(巠) 빠르게 달리려면 짐이 없이 가벼워야 한다는 뜻이다. 輕減(덜 감), 輕重(무거울 중)

經 지날/글/날줄 경(총15획). 날줄인 실이(糸) 베틀 위를(巠) 지나고 있다는 뜻이다. 날줄은 베틀 뒤에 고정되어 묶여 있는 실이다. 따라서 변하지 않는 진리를 담은 책인 성경(聖經), 경전(經典)의 뜻이 파생되었다. 佛經(부처 불), 經濟(건널 제)

徑 지름길 경(총10획). 곧게 뻗어서(巠) 빨리 갈(彳) 수 있는 길이 지름길이란 뜻이다. 捷徑(빠를 첩), 口徑(입 구)

026

평평할 견

잘 깎고 다듬은 두개의 방패를 나란히 놓아 평평하다의 뜻을 나타낸다.

硏 갈 연(총11획). 돌을(石) 평평하게(幵) 하려면 갈아야 한다는 뜻이다. 硏究(궁구할 구), 硏磨(갈 마)

姸 고울 연(총9획). 외모도 중요하지만 내면의 아름다움을 갈고 닦은(幵) 여인(女)이야 말로 진정으로 곱다는 뜻이다.

027

夬 터놓을 쾌/깍지 결

상형자

夬자는 엄지손가락에 낀 깍지의 모습이다. 두 번째 획 까지가 깍지이고 人자는 又자가 변형된 손의 모습이다. 깍지는 활을 쏠 때 엄지를 보호하기 위해 끼우는 골무같이 생긴 물건이다. 활시위를 놓는다의 의미와 함께 터놓다의 의미도 파생되었다.

決 결단할 결 (총7획). 화살이 통쾌하게 활시위를 떠나듯(夬) 막힌 물이(氵) 둑을 허물며 힘차게 흘러 나간다는 의미이다. 물의 나아갈 방향을 결정한다는 데서 '결단하다'의 뜻이 파생되었다. 決斷(끊을 단), 決定(정할 정)

缺 이지러질 결 (총10획). 이지러지다 한 쪽 귀퉁이가 떨어져 없어지다. 화살이 시위를 떠나(夬) 질그릇에(缶 장군 부) 맞아 귀퉁이가 깨졌다는 뜻이다. 缺席(자리 석), 缺損(덜 손)

訣 이별할/비결 결 (총11획). 화살이 시위를 떠나듯(夬) 사람들이 이별할 때 하는 말(言)이라는 뜻이다. 활을 잘 쏘는(夬) 사람에게 묻는다(言), 그 비결이 뭡니까? 로 외워도 된다. 訣別(나눌 별), 永訣(길 영)

快 쾌할 쾌 (총7획). 원 뜻은 '기쁘다'이다. 화살이 시위를 시원스럽게 떠나(夬) 과녁을 잘 맞추었을 때의 기분(忄)으로 즐겁다, 쾌하다의 뜻이 되었다. 빠른 화살(夬)의 의미로 빠르다의 뜻도 있다. 快樂(즐거울 락), 快速(빠를 속)

028

古 예 고

회의자   **古代**(대신 대), **古典**(법 전)

열 세대(十代)의 옛날 이야기를 말(口)로 전한다는 데서 '옛날', '오래되다'의 뜻이 되었다.

故 연고 고 (총9획). 몽둥이로(攵) 때리며 옛 일(古)을 들추어 그 까닭과 이유, 연고를 캐낸다는 뜻이다. 확대되어 옛날, 죽다 등의 뜻도 생겼다. 故鄕(시골 향), 故人(사람 인)

苦 쓸 고 (총9획). 오래 묵은(古) 풀은(艹) 그 맛이 쓰다는 뜻이다. '고생'의 뜻도 있다. 苦盡甘來(다할 진, 달 감, 올 래) 苦難(어려울 난)

姑 시어머니 고 (총8획). 여자가(女) 오랜 시간을(古) 지내면 시어머니가 된다는 뜻이다. 姑婦(지어미 부), 姑母

枯 마를 고 (총9획). 나무가(木) 오래 묵으면(古) 수분이 마른다는 뜻이다. 枯渴(목마를 갈), 枯木

固 굳을 고(총8획). □는 성벽을 의미하는 것으로 圍(에워쌀 위)의 본래자이다. 오랜 시간 동안 (古) 굳고 튼튼하게 에워싸고 있다(□)는 뜻이다. 堅固(굳을 견)

個 낱 개(총10획). 사람들은(亻) 딱딱하게 굳어있는(固) 물건을 한 개 한 개 낱으로 센다는 뜻이다. 個人, 個性(성품 성)

胡 오랑캐 호(총9획). 부수는 肉(=月)이다. 胡자는 중국의 북쪽에 살던 민족, 지금의 몽골을 가리키는 글자였다. 초원에서 유목생활을 해 오던 그들은 옛날부터(古) 고기가(月) 주식이었다. 특히 양고기와 양젖을 많이 먹었다고 한다. 유목 민족이기에 농작물을 재배하지는 못했고 주로 약탈에 의지했다. 역사가 시작된 이래 중국인의 주된 골칫덩이 중의 하나가 胡였다. 亡秦者胡: 진시황(秦始皇)이 천하를 통일한 후 예언서에 亡秦者胡(망진자호, 진을 망하게 하는 자는 호이다.) 네 글자를 발견하고 胡인 흉노족(匈奴族)을 막기 위해 쌓기 시작한 것이 만리장성이다. 하지만 진나라는 진시황의 아들인 호해(胡亥)에 의해 혼란이 가중되어 멸망하게 되는데 망진자호의 胡는 흉노가 아닌 그의 아들 胡亥를 뜻하는 것이었다.

湖 호수 호(총12획). 북방민족(胡)의 원류는 큰 물(氵), 즉 바이칼 호수에서 시작했다는 뜻이다. 江湖(강 강), 湖水

祜 복 호(총10획). 오랜 시간 동안(古) 꾸준히 신을 잘 모시면(示) 신께서(示) 복을 주신다는 뜻이다. (人名字)

029 高 높을고	상형자	高句麗(글귀 구, 고울 려)
	높은 건물을 그린 모습이다. 다른 글자 속에서는 맨 아래 口자가 빠진 형태로 나타나기도 한다.	

稿 볏짚/원고 고(총15획). 벼를(禾) 탈곡한 후 높이(高) 쌓은 짚을 의미하는 글자이다. 정리되지 않은 짚을 가다듬지 않은 시문(詩文)에 비유하여 원고, 초고의 뜻으로도 사용한다.(= 稾) 草稿(풀 초), 拙稿(못날 졸)

鎬 호경 호(총18획). 호경(鎬京 고대 周나라의 수도) 원래 구리로 만든(金) 키가 큰(高) 냄비를 의미했으나 周나라 大王이 도읍을 정하며 鎬京이라 명명하면서 지명으로 쓰이게 되었다. 커다란 청동기는 고대 중국에서 왕실의 상징물이었다.

毫 터럭 호(총11획). 가벼워서 작은 바람에도 높이(高) 날아가 버리는 작은 털(毛)을 의미한다. 파생되어 붓을 뜻하기도 한다. 秋毫(가을 추), 揮毫

豪 호걸 호(총14획). 멧돼지(豕)의 등에 높이(高) 나 있는 털의 모습을 힘세고 호탕한 사나이에 비유하여 호걸의 뜻을 만들었다. 돼지시(豕)는 사납고 힘센 남성미를 상징하기도 한다. 豪傑(뛰어날 걸), 酒豪(술 주)

濠 호주/해자 호(총17획). 성 주위를 넓게(豪) 파서 물을(氵) 부어놓은 해자를 의미했으나 지금은 넓은(豪) 바다에 쌓인 넓은 대륙인 호주를 의미한다. 濠洲

壕 해자 호(총17획). 성 주위의 땅을(土) 널찍하게(豪) 파 놓은 해자를 의미한다. 塹壕(구덩이 참)

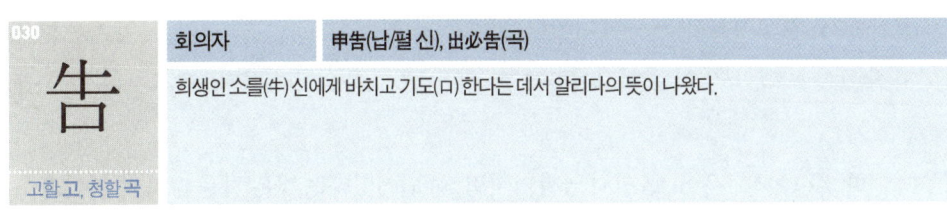

030 告 고할고, 청할곡	회의자	申告(납/펼 신), 出必告(곡)
		희생인 소를(牛) 신에게 바치고 기도(口)한다는 데서 알리다의 뜻이 나왔다.

浩 넓을 호(총10획). 사람들에게 널리 알려진(告) 물은(氵) 좁고 얕은 물이 아닌 크고 넓은 물이라는 뜻이다. 浩然之氣, 浩氣

皓 흴 호(총12획). 흰 빛이 멀리 퍼져 자기의 존재를 확실히 알릴(告) 정도의 흰(白) 빛을 의미한다. 丹脣皓齒, 皓月

晧 밝을 호(총11획). 해가(日) 자기의 존재를 알리며(告) 떠오르니 세상이 밝아졌다는 뜻이다.

澔 넓을 호(총15획). 浩와 同字이다. 넓다고(浩) 명백하게(白) 알려주는(告) 넓은 물(氵)을 의미한다.

酷 심할/독할 혹(총14획). 술병의(酉) 술이 자기 향기를 알릴 정도로(告) 독한 술이라는 데서 심하다의 뜻이 되었다. 苛酷(가혹할 가), 酷使(부릴 사)

造 지을 조(총11획). 희생인 소를(牛) 잡아 신에게 알리러(告) 나아간다(辶)는 것으로 그래야 신이 인간에게 많은 것을 만들어 주신다는 것을 의미한다. 造成(이룰 성), 造形(모양 형)

031

谷
골곡

회의자　　溪谷(시내 계), 深山幽谷(깊을 심, 산산, 그윽할 유)

제 4획까지는 水의 변형으로 흘러내리는 물의 모습이고 口는 골짜기의 입구를 상징하였다. 골짜기에는 물이 고이기 마련이다. 골짜기는 물이 다니는 길이자 사람들이 모이는 길이기도 하므로 받아들임과 여유를 의미하기도 한다.

俗 풍속 속(총9획). 골짜기에(谷) 사람들이(亻) 모여 살다보면 그들만의 풍속이 생기기 마련이다. 風俗(바람 풍), 世俗(인간 세)

浴 목욕할 욕(총10획). 골짜기에(谷) 고인 물에서(氵) 목욕을 한다는 뜻이다. 沐浴(목욕할 목), 浴室(집 실)

欲 하고자할 욕(총11획). 텅 빈 계곡처럼(谷) 입을 크게 벌리고(欠) 무엇이든 들어오길 바라는 모습에서 '하고자하다'는 뜻이 나왔다. 欲求(구할 구)

慾 욕심 욕(총15획). 무엇이든 하고자하는(欲) 마음을(心) 욕심이라 한다. 慾心(마음 심), 慾望(바랄 망)

裕 넉넉할 유(총12획). 옷이(衤) 접혀 골짜기처럼(谷) 되어있다는 것은 천을 많이 쓴 것이고 그렇다면 그는 생활이 넉넉한 것이다. 餘裕(남을 여), 富裕(부자 부)

032

工
장인공

회의자　　工場(마당 장), 工業(일 업)

장인(기술자)들이 사용하던 직각자를 본뜬 글자이다. 장인은 물건을 만드는 사람이므로 '만들다'의 뜻도 있다.

空 빌 공(총8획). 장인이(工) 나무에 구멍(穴)을 뚫으니 속이 비게 되었다는 뜻이다. 空氣(기운 기), 太空(클 태)

腔 빈속 강(총12획). 우리 몸(月)에 있는 콧구멍(穴)과 같은 곳의 속이 비어(空) 있다는 뜻이다. 鼻腔(코비), 口腔

功 공 공(총5획). 장인이(工) 힘써(力) 물건을 만드니 그것 역시 큰 공을 세우는 것이라는 뜻이다. 功績(길쌈할 적), 功勞(수고할 로)

攻 칠 공(총7획). 장인이(工) 연장을 손에 들고(攵) 내리친다는 뜻이다. 攻擊(칠 격), 專攻(오로지 전)

貢 바칠 공 (총10획). 장인이(工) 재물로써(貝) 가치가 높은 물건을 만들어 임금에게 바친다는 뜻이다. 朝貢(아침 조, 조정 조), 貢獻(드릴 헌)

恐 두려울 공 (총10획). 工과 凡(무릇 범, 이것은 丮 잡을 극자의 변형이다. 丮은 사람이 무릎을 꿇고 두 손으로 무언가를 잡고 있는 모습이다), 心이 합해졌다. 직각자(工)와 같은 물건도 잡아서(丮) 사람을 내리치면 마음으로(心) 두렵다는 뜻이다. 恐龍(용 룡), 恐怖(두려울 포)

江 강 강 (총6획). 물살이(氵) 바위에 부딪쳐 꽁~(工)하는 소리를 내는 중국 남부의 장강(長江. 양자강)을 지칭하는 고유명사였으나 후대에 일반적인 강을 가리키게 되었다. 漢江(한수 한), 江湖(호 호)

項 목 항 (총12획). 頁이 의미부, 工이 소리부이다. 장인이(工) 머리를(頁) 숙여 작업하다 보면 목이(項) 뻐근하다로 외우면 된다. 項目(눈 목), 項羽(깃 우)

紅 붉을 홍 (총9획). 실을(糸) 보기 좋게 만들려면(工) 붉은 색으로 염색을 한다는 뜻이다. 紅茶(차 차), 紅巾賊(수건 건, 도둑 적)

鴻 큰기러기 홍 (총17획). 큰 강(江) 위를 유유히 날아가는 새(鳥)인 큰 기러기를 뜻한다. 黃飛鴻(누를 황, 날 비), 燕雀安知鴻鵠之志(제비 연, 참새 작, 어찌 안, 알 지, 고라니 곡, 어조사 지, 뜻 지)

033 회의/지사/형성자 共同(한가지 동), 共産主義(낳을 산, 주인 주, 옳을 의)

共 함께공

어떠한 물체를 두 손으로 들고 있는 모습이다. 卄(스물 입)과 廾(두손 공, 卄의 변형)으로 이루어졌으니 많은 물건을 여러 개의 손으로 '함께' 들다로 외우면 된다. 卄은 종종 共의 아랫부분처럼 나타나는 경우가 있다.

供 이바지할 공 (총8획). 여러 사람들이(亻) 함께(共) 힘 모아 일하는 것이 나라 발전에 이바지하는 것이라는 뜻이다. 供給(줄 급), 供與(줄 여)

恭 공손할 공 (총10획). 여러 사람이 함께(共) 더불어 살아가려면 공손한 마음을(忄=心) 가져야 한다는 뜻이다. 恭敬(공경 경), 過恭非禮(지날 과, 아닐 비, 예도 례)

洪 넓을 홍 (총9획). 세상의 물이(氵) 함께(共) 모이니 크고 넓은 물이 되었다는 뜻이다. 洪水(물 수), 宇宙洪荒(집 우, 집 주, 거칠 황)

巷 거리 항 (총9획). 巳(뱀 사)는 원래 己(몸 기)자의 변형으로 己는 '사람'의 뜻이다. 많은 사람들이(巳→己) 함께 지나다니는(共) 거리를 뜻한다. 巷間(사이 간), 街談巷說(거리 가, 말씀 담, 말씀 설)

港 항구 항(총12획). 배가 드나드는 물의(氵) 거리가(巷) 항구라는 뜻이다. 港口(입 구), 空港(빌/하늘 공)

034 公 공평할/공변될 공

| 회의자 | 公平(평평할 평), 公共(함께 공) |

八과 口(입→사람)로 이루어졌다. 八에는 '나누다'의 뜻이 있으니 어떤 물건을 사람들에게(口) 공평하게 나눈다(八)는 의미이다.

松 소나무 송(총8획). 온 나라안에 공평하게(公) 가장 널리 분포하는 나무가(木) 소나무라는 뜻이다. 松林(수풀 림), 松柏(잣 백)

頌 기릴/칭송할 송(총13획). 공평한(公) 판결과 분배를 하시는 우두머리(頁)를 백성들이 기리고 칭송한다는 뜻이다. 稱頌(일컬을 칭), 頌歌(노래 가)

訟 송사할 송(총11획). 공평하지(公) 못하니 옳게 판결해 달라고 법원에 말(言)하는 것을 송사한다고 한다. 訟事(일 사), 訴訟(하소연할 소)

翁 늙은이 옹(총10획). 公은 성인 남자에 대한 높임의 호칭으로 사용된다(金公, 李公 등). 성인 남자(公)로서 깃털처럼(羽) 흰 수염이 있는 이를 노인이라 한다는 뜻이다. 老翁(늙을 로), 塞翁之馬(변방 새, 어조사 지, 말 마)

035 喬 높을교

| 형성자 | 喬木, 喬傑 |

높은 누각 위에 휘날리는 깃발을 그려 높다의 뜻을 나타낸다.

橋 다리 교(총16획). 강 위에 나무를(木) 높이(喬) 걸쳐놓은 다리를 의미한다. 橋脚(다리 각), 橋梁(들보 량)

矯 바로잡을 교(총17획). 굽은 화살은 높이, 멀리 보낼 수 없다. 화살을(矢) 높이(喬) 쏘려면 곧게 바로 잡아야 함을 의미한다. 矯角殺牛, 矯導所(인도할 도, 바 소)

僑 더부살이/객지에 살 교(총14획). 사람이(亻) 높은(喬) 지위에 오르려면 때로는 고향을 떠나

객지에 살 때도 있다는 뜻이다. 僑胞(태보 포), 華僑(빛날 화)

036	상형자	交流(흐를 류), 交換(바꿀 환)
交 사귈 교		사람의 두 다리가 교차된 그림이다. '교차', '교류', '사귐', '사이' 등의 뜻이 파생되었다.

校 학교 교(총10획). 목조건물(木) 안에서 아이들이 친구를 사귀는(交) 공간이 학교라는 뜻이다. 學校(배울 학), 校長(긴 장)

較 견줄/비교 교(총13획). 교차하며(交) 지나가는 차를(車) 보고 어느 것이 나은지 견주고 비교한다는 뜻이다. 比較(견줄 비), 日較差(날 일, 다를 차)

絞 목맬 교(총12획). 끈을(糸) 목에 교차시켜(交) 맨다는 뜻이다. 絞殺(죽일 살), 絞首(머리 수)

效 본받을 효(총10획). 교육을 시킬 때 때려가며(攵) 좋은 친구를 사귀고(交) 좋은 점을 본받으라는 뜻이다. 效果(과실 과), 無效(없을 무)

037	상형자	果實(열매 실), 結果(맺을 결)
果 과실 과		나무에 달린 열매의 모습이 밭전(田)자로 변화되었다. 나무 열매는 농사꾼이 나무를 잘 가꾼 뒤의 결과물이므로 '결과'라는 뜻도 갖는다.

課 공부할/매길 과(총15획). 학교에서 배운 결과(果)를 집에서 다시 읽고(言) 외운다는 데서 '공부하다'의 뜻이 나왔다. 課題(제목 제)

菓 실과/과자 과(총12획). 果의 뜻을 강화하기 위해 艹를 더했다. 뜻이 확대되어 우리나라와 일본에서는 과자의 뜻으로 쓰인다. 菓子, 製菓(지을 제)

裸 벗을 라(총13획). 햇빛에 드러나 탐스럽게 익은 과일(果)처럼 옷을(衤) 벗어 몸이 밖으로 드러남을 나타낸다. 예전엔 짧을 치마를 입으면 '시뻘건 다리를 내 놓는다'라고 했다. 赤裸裸(붉을 적)는 시뻘건 몸을 다 드러낸다는 뜻이다.

038

상형자   瓜年(해 년), 瓜菜(나물 채)

넝쿨에 홀로 매달린 오이를 그린 글자이다.

오이 과

孤 외로울 고(총8획). 원뜻은 '아버지가 없음(無父)'이다. 확대되어 외롭다의 듯이 되었다. 瓜
는 '하나'의 오이를 그린 것이다. 따라서 홀로 있는 아이는 외롭다는 의미이다. 孤獨(홀로
독), 孤立(설 립)

회의자   官吏(벼슬아치 리), 官廳(관청 청)

언덕부(阜)의 생략 형과 ''(집 면)이 합해졌다. 언덕위에 지은 집으로 출장 온 관리들이 묵는 '객사'가 원 뜻
이다. 관리들이 묵는 집이 후에 '관리', '벼슬'의 뜻으로 파생되었다.

벼슬 관

管 대롱 관(총14획). 속이 비어서 대롱으로 사용할 수 있는 竹이 의미부이고 官이 소리부로
들어갔다. 관리를(官) 즐겁게 해 드리기 위해 객사(官)에서 대나무(竹) 대롱(管)으로 피리
연주를 하다로 외우면 된다. 管樂器(음악 악, 그릇 기), 氣管(기운 기)

館 집 관(총17획). 관리에게(官) 밥도(食) 제공되는 객사(官)를 의미해 '집'이라는 뜻이 파생되
었다. 飯館(밥 반), 賓館(손 빈)

琯 옥피리 관(총12획). 관리를(官) 위해 옥(玉)으로 장식한 피리를 연주하다로 외우면 된다.
(人名字)

040

상형자

뿔털을 강조한(++) 큰 새를 그린 것이다. 일설에 의하면, '이 글자는 황새의 모습이 아니라 백로다. 황새에는
뿔털이 없다'라고 한다. 어쨌든 눈을 크게 뜬(口.口)큰 새임은 분명해 보인다.

황새 관

觀 볼 관(총25획). 소리부인 雚에 의미부인 見이 붙었다. 새가(雚) 눈을(口.口) 크게 뜨고 보다

(見)라는 뜻이다. 觀察(살필 찰), 觀光(빛 광)

勸 권할 권(총20획). 큰 새와(藋) 같이 큰 인물이 되라고 힘써(力) 권한다는 뜻이다. 勸奬(권할 장), 勸告(고할 고)

權 권세 권(총22획). 큰 새가(藋) 나무 위에(木) 올라 앉아 권세를 뽐내고 있다는 뜻이다. 權勢(권세 세), 權利(이로울 리)

歡 기쁠 환(총22획). 큰 새가(藋) 입을 크게 벌려(欠) 기뻐한다는 뜻이다. 歡迎(맞을 영), 歡聲(소리 성)

041 상형자
뼈 괘/입비뚤어질 와
고대 중국에서 점칠 때 사용하던 소의 어깨뼈를 그린 것이다. 그래서 뼈골(骨)과 모양과 발음이 닮았다.

過 지날 과(총13획). 점을 치기 위해 소의 뼈(咼)를 가지고 거리를 지나가다(辶)의 뜻이다. '지나가다'의 뜻이 '지나치다'의 뜻이 되었고, 지나친 일은 좋지 않은 것이므로 '허물', '잘못'의 뜻도 파생되었다. 猛龍過江(사나울 맹, 용 룡, 강 강), 過失(잃을 실)

禍 재앙 화(총14획). 고기가 아닌 고작 뼈만(咼) 제단에(示)올려 제사지내면 신이(示) 노하셔서 재앙을 내린다는 뜻이다. 士禍(선비 사), 轉禍爲福(구를 전, 될 위, 복 복)

042 회의자 區域(지경 역), 區分(나눌 분)
구분할 구
감출 혜(匸)와 물건 품(品)이 합해져서 물건을(品) 종류별로 구분하여 큰 상자에 감추려(匸)했음을 나타낸다. 구분하다, 나누다, 숨기다의 뜻이다.

驅 몰 구(총21획). 말을(馬) 등급별로 나누어(區) 사육하는 곳으로 몰고 간다는 뜻이다. 驅步(걸음 보), 驅迫(닥칠 박)

鷗 갈매기 구(총22획). 바닷가에서 사람들이 살고 있는 구역(區)에 모여 사는 새(鳥)가 갈매기라는 뜻이다. 白鷗

歐 구라파/토할 구 (총15획). (사람) 입을 벌려(欠) 음식물을 토해내니 무얼 먹었는지 구분해 (區) 낼 수 있다는 뜻이다. 가차되어 유럽(Europe)을 뜻하기도 한다. 歐羅巴(비단 라, 뱀 파), 歐洲(물가 주)

042

句 글귀 구

| 형성자 | 詩句, 句句節節(마디 절) |

句의 자원에 대해서는 아직 정설이 없다. 원 뜻은 굽었다(曲)이다.(설문) 소전을 보면 소리부인 口와 넝쿨을 의미하는 글자가 합쳐진 것으로 보인다. 넝쿨은 구불구불하며 위로 올라가므로 구부러지다의 뜻을 갖게 된 것으로 보인다. 사람의 입(口)에서 나오는 소리를 잘 싸서(勹 쌀 포) 연결하면 그것이 글귀요 단어다 라고 외우면 된다.

拘 잡을 구 (총8획). 손으로(扌) 상대의 손을 꺾어(句) 제압한다는 뜻이다. 拘束(묶을 속), 拘禁 (금할 금)

狗 개 구 (총8획). 원래는 개(犭) 가운데 등이 구부정한(句) 놈을 가리켰으나 지금은 일반적인 개를 가리키게 되었다. '말귀를(句) 알아듣는 짐승(犭)'으로 외울 수 있다. 走狗(달릴 주), 羊頭狗肉(양 양, 머리 두, 고기 육)

苟 진실로/구차할 구 (총9획). 원 뜻은 구부정하게(句) 나는 풀(艹)이였다. 후에 가차되었는데 풀만 먹으며(艹) 글공부를(句) 열심히 하는 선비의 생활이 비록 구차하지만 정신만은 진실 되고 꼿꼿하다로 외우면 된다. 苟且(또 차), 苟生

044

求 구할 구

| 상형자 | 求婚(혼인할 혼), 求職(직분 직) |

원 뜻은 '가죽옷'이다. 짐승의 털가죽으로 만든 옷을 그린 것이다. 좋은 품질 때문에 여러 사람들이 '구하였'으므로 구하다, 찾다의 뜻이 되었다. 사라진 '갖옷'의 뜻은 裘(갖옷 구)로 표현했다.

救 구원할 구 (총11획). 추위에 떠는 사람에게 가죽옷(求)을 벗어도와주고, 물에 빠진 사람을 손에 막대기를(攵) 쥐고 구원해주는 것을 뜻한다. 救援(도울 원), 救國(나라 국)

球 공 구 (총11획). 구슬을(玉) 구해(求)오니 모두 공처럼 둥글다는 뜻이다. 蹴球(찰 축), 地球(땅 지)

045 冓 쌓을 구

상형자

나무를 얼기설기 쌓아 놓은 모습이다.

構 얽을 구(총14획). 나무를(木) 얼기설기 쌓아서(冓) 얽어 맨 모습이다. 冓에 木을 더해 의미를 강화시킨 것이다. 構圖(그림 도), 構造(지을 조)

講 욀 강(총17획). 머리 속에 쌓아 놓은(冓) 지식을 말로(言) 욀다는 뜻이다. 講義(옳을 의), 講論(논할 론)

購 살 구(총17획). 쌓아 놓은(冓) 나무 목재를 돈(貝) 주고 사온 것이라는 뜻이다. 購買(살 매), 購讀(읽을 독)

046 弓 활 궁

상형자 | 弓術(재주 술), 弓矢(화살 시)

활의 모습을 본뜬 것이다.

躬 몸 궁(총10획). 활을 쏘려면(弓) 몸을(身) 바르게 해야 한다는 뜻이다. 몸(身) 궁(弓). 躬行(다닐 행)

窮 다할/궁할 궁(총15획). 동굴(穴)의 끝까지 몸소(躬) 들어간다는 뜻이다. 여기서 '끝', '다하다'의 뜻이 나왔다. 無窮花(없을 무, 꽃 화), 窮餘之策(남을 여, 어조사 지, 꾀 책)

047 圭 홀/서옥 규

회의자 | 圭撮, 圭璋

홀이란 고대 중국의 황제가 제후를 봉할 때 주던 물건으로 상아나 옥으로 길쭉하게 깎아 만들었다. 서옥은 진귀한 옥이란 뜻이다. 깊은 땅 속(土, 土)에서 캔 옥으로 홀을 만들었다고 외우면 된다.

奎 별 규(총9획). 큰(大) 서옥(圭)처럼 빛나는 별을 뜻한다. 중국에서는 하늘의 별자리를 28수

라 하여 스물여덟개로 나누었는데 奎는 안드로메다자리에 속한다. 奎章閣(글 장, 다락 각)

珪 홀 규(총10획). 홀 규(圭)에 구슬 옥(玉)을 더해 뜻을 강화했다.

閨 안방 규(총14획). 귀한 홀이나 서옥은(圭)은 집안의(門) 안방에 둔다는 뜻이다. 집안의 옥
처럼 귀한 아녀자를 뜻하기도 한다. 閨房(방 방), 閨秀(빼어날 수)

佳 아름다울 가(총8획). 그 어떤 귀한 옥(玉)이라 할지라도 사람이(亻) 훨씬 더 아름답다는 뜻
이다. 가수 안치환의 노래-이 모든 외로움 이겨낸 바로 그 사람, 누가 뭐래도 그대는 꽃보
다 아름다워-라는 노래도 있다. 佳人, 佳作(지을 작), 佳映

街 거리 가(총12획). 길쭉한 홀(圭)처럼 쭉 뻗은 거리(行)를 의미한다. 街는 동서로 쭉 뻗은 길
이고 路(길 로)는 남북으로 뻗은 길이다. 鐘路1街, 世宗路, 街路燈, 街道

桂 계수나무 계(총10획). 곧은 홀(圭)처럼 굵고 곧게 뻗은 나무로(木) 계수나무를 의미한다.
桂林(수풀 림), 月桂冠

卦 점괘 괘(총8획). 卜(점 복)은 의미부, 圭는 소리부와 의미부를 겸한다. 옛 중국에서는 시초
(蓍草)를 손에 들고 점을 쳤다고 한다. 그래서 신하나 제후가 손에 들고 있었던 圭가 더해
卦를 이루었다. 占卦(점칠 점), 入卦

掛 걸 괘(총11획). 잘 나온 점괘를(卦) 손으로(扌=手) 잘 보이는 곳에 건다는 뜻이다. 掛鐘, 掛圖

048
빛 광

회의자 | 光明(밝을 명), 榮光(영화 영)
사람의(儿) 머리 위에 빛나는 불의 뜻에서 '빛'의 뜻을 나타낸다.

晃 밝을 황(총10획). 해가(日) 빛나니(光) 세상이 밝아졌다는 뜻이다. (人名字)

滉 깊을 황(총13획). 밝은 빛도(晃) 미치지 못하는 깊은 물(氵)을 뜻한다. (人名字) 李滉

049
군사 군

회의자　　軍隊(무리 대), 軍士(선비 사)

勹에 車를 더해 본뜻은 '포위하다'이다. 후에 군사란 뜻이 자연스레 파생되었고 44명 단위의 병사들을 의미하기도 했다. '군'이 '휘'로 소리가 변해 소리부로 쓰이기도 한다.

運　옮길 운(총13획). 군사들이(軍) 이동한다(辶)는 뜻이다. 군사가 이동할 때 천막, 무기, 식량 등을 옮긴다는 뜻이다. 運搬(옮길 반), 運送(보낼 송)

揮　휘두를/지휘할 휘(총12획). 손을(扌) 휘두르며 군사들을(軍) 지휘한다는 뜻이다. 發揮(펼 발), 指揮(손가락 지)

輝　빛날 휘(총15획). 군사들의 무기, 눈빛 등이 빛난다는(光) 뜻이다. 輝煌(빛날 황), 明輝

050
책/말 권

형성자　　卷甲(갑옷 갑), 卷頭言(머리 두, 말씀 언)

卩(병부 절)은 구부리고 앉은 사람의 모습이다. 卩을 뺀 나머지 글자는 소전에서 보면 알 수 있듯 米와 廾(두 손 공)이 합해졌다. 두 손으로 밥을 둥글게 뭉치고 있는 모습으로 '둥글다', '말다'의 뜻을 갖고 있다. 따라서 卷은 무릎을 꿇고 앉은 사람(卩)이 둥글게 말린(米, 廾) 책을(卷) 본다는 뜻이다.

券　문서 권(총8획). 둥글게 말린(米, 廾) 대나무 책을 펴서 칼로(刀) 거래 내역을 새겨놓은 것이 문서라는 뜻이다. 旅券(나그네 려), 證券(증거 증)

圈　우리 권(총11획). 울타리를(囗) 둥글게(米, 廾) 설치하여 짐승 기르는 우리를 만든다는 뜻이다. 文化圈(글월 문, 될 화), 首都圈(머리 수, 도읍 도)

拳　주먹 권(총10획). 손을(手) 둥글게 말아(米, 廾) 주먹을 쥔다는 뜻이다. 跆拳道(밟을 태, 길 도), 拳擊(칠 격)

051 상형자 | 鬼神(신 신), 神出鬼沒(신 신, 날 출, 잠길 몰)

얼굴에 귀신 형상의 가면을 쓴 사람을 그렸다. 鬼자는 부정적 의미에서의 귀신이란 뜻과 인간보다 뛰어난 능력을 가진 긍정적 존재의 뜻도 갖는다.

鬼
귀신 귀

愧 부끄러울 괴(총13획). 귀신같은(鬼) 행색을 하고 다니면 마음이(忄) 부끄럽다는 뜻이다. 慚愧(부끄러울 참)

塊 흙덩이 괴(총13획). 귀신의(鬼) 형상을 흙으로(土) 만들어 모시기 위해 흙을 뭉쳐 덩어리를 만들었다는 뜻이다. 金塊(쇠 금), 土塊(흙 토)

傀 허수아비 괴(총12획). 사람(亻)이나 귀신(鬼)의 모양을 한 꼭두각시, 허수아비의 뜻이다. 傀儡(허수아비 뢰), 傀奇(기이할 기)

槐 회화나무/느티나무 괴(총14획). 회화나무 높이 25m, 가지는 사방으로 퍼지고 잎은 달걀 모양이다. scholar tree라고도 하며 잡신을 쫓고 마을을 지키는 수호목의 역할도 했다. 귀신을(鬼) 쫓은 나무인(木) 회화나무를 뜻한다. 槐安國(편안 안, 나라 국)

052 상형자 | 百斤(일백 백), 斤量(헤아릴 량)

도끼의 날과 자루까지 그린 글자이다. 묵직한 도끼라는 데서 무게의 단위로도 쓰인다.

斤
도끼 근

近 가까울 근(총8획). 무거운 도끼를(斤) 들고 일하러 갈(辶) 때에는 먼데 가지 말고 가까운데 가라는 뜻이다. 近代(대신대), 遠近(멀 원)

祈 빌 기(총9획). 제탁 위에(示) 도끼를(斤) 엎어놓고 사냥의 성공을 빈다는 뜻이다. 祈願(원할 원), 祈禱(빌 도)

沂 물 이름 기(총7획). 도끼(斤)도 떠서 흘러간다는 유명한 강(氵)의 이름을 뜻한다. 沂水

회의자

소전을 보고 연구를 했던 허신은 《설문해자》에서, '진흙이다(黏土也), 黃의 생략 형과 土가 합해졌다(從 土, 從黃省)'라고 했으나 갑골문과 금문을 보면 머리가 허공에 매달린 채 불 위에서 타들어가는 사람의 모습 으로 여겨진다. 제물로 바쳐진 사람으로 생각되는데 벌린 입을 강조하여 고통스러워하는 모습을 나타냈다.

僅 겨우 근(총13획). 진흙 밭에서(堇) 사람이(亻) 겨우 빠져 나왔음을 나타낸다. 僅少(적을 소), 僅僅

勤 부지런할 근(총13획). 진흙 밭을(堇) 옥토로 바꾸려고 힘써(力) 일하는 사람은 부지런하다 는 뜻이다. 勤勉(힘쓸 면), 勤勞(힘쓸 로)

謹 삼갈 근(총18획). 사람을 제물로 바치는(堇) 제사가 엄숙하듯 말도(言) 항상 삼가며 해야 한 다는 뜻이다. 謹賀(하례할 하), 謹愼(삼갈 신)

槿 무궁화 근(총15획). 진흙 밭에서도(堇) 끈질긴 생명력으로 잘 자라는 나무가(木) 무궁화라 는 뜻이다. 槿域(지경 역), 槿花(꽃 화)

瑾 아름다울 근(총15획). 진흙 밭에서도(堇) 그 빛을 잃지 않는 아름다운 옥(玉)을 뜻한다. (人 名字)

歎 탄식할 탄(총15획). 진흙탕에(堇) 빠진 사람이 입을 벌려(欠) 탄식한다는 뜻이다. 또는 화 형(火刑, 堇)을 앞둔 사람이 입 벌려(欠) 탄식한다는 뜻이다.

難 어려울 난(총19획). 원래는 어느 '새'의 종류를 이르는 글자였으나 이미 오래전부터 '어 렵다'로 쓰여 본 뜻을 잃었다. 진흙 밭(堇)에 빠진 새가(隹) 푸드득거리며 어려워하고 있 다로 외우면 된다. 難關(빗장 관), 難易(쉬울 이)

灘 여울 탄(총22획). 여울 강이나 바다의 바닥이 낮거나 폭이 좁아 물살이 세게 흐르는 곳. 물살이(氵) 세서 건너기 어려운(難) 여울을 뜻한다. (地名字), 月灘(달 월)

漢 한수/한나라 한(총14획). 진흙 지대(堇) 옆을 흐르는 강(氵)인 한수(漢水)를 이르는 글자였 다. 후에 나라이름으로 사용하였다. 漢朝(아침 조), 漢王(임금 왕)

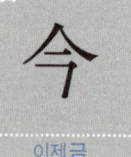

054 **상형/가차자** **今方(모 방), 今年(해 년)**

今
이제금

간단한 글자임에도 그 유래가 명확히 밝혀지지 않은 글자이다. 제 3획까지가 거푸집, 나머지 ㄱ이 구리의 용액으로 보아 청동기를 만드는 거푸집이라는 견해가 힘을 얻어가고 있다. 숲의 약자라고 하는 학자도 있다. 그렇다면 今은 가차된 글자가 된다.

念 생각 념(총8획). 지금(今) 마음속에(心) 있는 '생각'을 뜻한다. 고대 중국인은 생각의 부위가 머리가 아닌 심장(心)으로 생각했다. 念慮(생각 려), 信念(믿을 신)

陰 그늘 음(총11획). 今이 소리부이다. 언덕 위에(阝) 지금(今) 구름(云-雲의 本字)이 있으니 그늘이 졌다는 뜻이다. 陰陽(볕 양), 陰謀(꾀 모)

琴 거문고 금(총12획). 王자 두개는 거문고의 끈과(絃) 그것을 묶어 고정시키는 기러기발이다. 今은 소리부이다. 琴瑟(큰 거문고 슬), 心琴(마음 심)

含 머금을 함(총7획). 지금(今) 입에(口) 음식물을 머금고 있다는 뜻이다. 잠시 후 삼켜서 아래로 내려갈 것이므로 口가 아래에 있다고 생각할 것. 含蓄(모을 축), 含有(있을 유)

吟 읊을 음(총7획). 지금(今) 잎에서(口) 노래나 시가 흘러나와 읊는다는 뜻이다. 입에서 앞으로 소리가 나오므로 口가 今 앞에 있다고 생각할 것. 吟遊(놀 유), 吟味(맛 미)

貪 탐낼 탐(총11획). 지금(今) 눈앞에 값진 재물(貝)이 있으니 탐난다는 뜻이다. 貪慾(욕심 욕), 貪官汚吏(벼슬 관, 더러울 오, 벼슬아치 리)

055 **회의자** **及第(차례 제), 普及(넓을 보)**

及
미칠급

人과 又가 합해졌다. 달아나는 사람(人)의 몸에, 따라가는 이의 손이(又) 다다랐다, 미쳤다는 뜻이다.

急 급할 급(총9획). 及에 心이 붙은 字로 달아나는 사람(人)의 마음과(心) 따라가는 손의(又) 마음이(心) 모두 급하다는 뜻이다. 急行(다닐 행), 危急(위태할 위)

級 등급 급(총10획). 옛날에는 비단, 실, 곡식 등 특산품으로 세금을 냈었다. 세금으로 바칠 실(糸)이나 비단이(糸) 미쳐야(及) 할 일정한 기준 이상의 등급을 의미한다. 等級(무리 등), 階級(섭돌 계)

吸 마실 흡(총7획). 입으로(口) 공기를 마셔 허파에까지 미치게 된다(及)는 뜻이다. 呼吸(부를,

194

숨 내쉴 호), 吸收(거둘 수)

형성자　　**奇特(특별할 특), 奇異(다를 이)**

奇
기특할 기

≪설문해자≫에 의하면 '다르다'가 본 뜻이다. 크게(大) 좋고 옳은 일(可)은 보기 드물다는데서 기특하다, 기이하다, 다르다 의 뜻이 되었다.

寄 부칠 기(총11획). 부치다 : 편지를 부치다, 몸을 어떤 곳에 의탁하다. ① 기이한(奇) 사람도 집에(宀) 의탁하고 살아가니까 宀이 들어갔다. ② 기특하고(奇) 좋은 소식을 집에(宀) 알리기 위해 편지를 부치므로 부칠 기도 된다. 寄贈(줄 증), 寄生

騎 말 탈 기(총18획). 말(馬) 등 위에서 기이한(奇) 묘기를 부릴 정도로 말을 잘 탄다는 뜻이다. 騎士

琦 옥 이름 기(총12획). 세상에서 보기 드물게 기이한(奇) 옥(玉)을 뜻한다.

형성자　　**其他(다를 타), 各其(각각 각)**

其
그 기

곡식을 까부르는 기구인 '키'를 본 뜬 글자이다. 지시대명사 '그것'이라는 뜻으로 가차되자 다시 만든 글자가 箕(키 기)이다.

基 터 기(총11획). 키와(其) 같은 곳에 흙을(土) 담아 와서 집 지을 터를 닦는다는 뜻이다. 基本(근본 본), 基礎(주춧돌 초)

旗 기 기(총14획). 소리부인 其를 뺀 나머지는 휘날리는 깃발의 상형이다(方+人). 그 글자가 들어간 글자는 거의 '깃발', '군대 (깃발로 지휘했으므로)'의 뜻과 관련 있다. ex) 族(겨레 족) - 깃발아래 화살(矢)을 들고 모인 씨족 사회의 구성원인 겨레를 의미. 旅(나그네 려) - 깃발아래 여러 사람(人, 人)들이 모였는데 이들은 멀리 원정을 떠나는 군인들이라는 데서 '나그네'의 뜻이 나옴. 遊(놀 유) - 아이들이(子) 깃발을 보며 멀리 놀러 나가다(辶) 太極旗(클 태, 다할 극), 國旗(나라 국)

期 기약할 기(총12획). 달이(月) 밝은 그(其) 날 만나자고 약속하는 것이 기약하는 것이라는 뜻

이다. 期間(사이 간), 期約(맺을 약)

欺 속일 기 (총12획). 입 벌려(欠) 이야기 할 때 진실 되게 하지 않고 막연하게 그것(其)이라고
말하는 것은 속이려는 의도 때문이다. 詐欺(속일 사), 欺君罔上(임금 군, 없을 망, 위 상)

棋 바둑 기 (총12획). 나무판(木) 위에 돌을 놓으며 사람을 무아지경으로 빠지게 하는 바로 그
(其) 정신 스포츠가 바둑이다. 棋院(집 원), 棋聖(성인 성)

琪 아름다운 옥 기 (총12획). 세상에서 가장 아름다운 바로 그(其) 옥(玉)이라는 뜻이다. (人名字)

淇 물 이름 기 (총11획). 세상에서 가장 맑은 바로 그(其) 강(氵)이라는 뜻이다. (人名字) 淇水

箕 키 기 (총14획). 其가 원래 '키'의 뜻이었으나 '그것'으로 뜻이 바뀌자 키의 재료인 竹을 더
해 다시 만든 글자이다. 箕子 : 은나라(殷) 마지막 왕 주(紂)의 숙부로 아주 어진 사람이었
다. 주(紂)가 폭정을 일삼자 옳은 말을 자주 올렸으나 받아들여지지 않자 동쪽으로 망명
했다고 한다. 그가 온 곳이 단군조선이었고 여기서 그는 왕이 되었다고 한다. 고려와 조
선시대에는 중화사상(中華思想)에 젖은 우리 조상들이 기자 조선을 높이 평가하고 기자
를 모시기도 했으나 여러 가지 모순점으로 인해 현재는 이를 부정하는 견해가 지배적이
다. 단군 조선의 서쪽지역(중국의 동쪽 지역)에 봉해진, 단군 조선의 지방 정권일 가능성도
제기되고 있다.

騏 준마 기 (총18획). 세상에서 가장 훌륭한 바로 그(其) 말(馬)을 준마라고 부른다는 뜻이다.
(人名字)

麒 기린 기 (총19획). 상상의 동물로서 사슴과(鹿) 닮은 바로 그(其) 동물이 기린이라는 뜻이
다. 麒麟兒(기린 린, 아이 아) - 슬기와 재주가 뛰어난 젊은이를 비유한 말.

058
既
이미기

형성자   既出(날 출), 既望(바랄 망)

목멜 기(旡)는 고개를 돌려 입을 벌린 모습이고 나머지는 그릇에 담긴 밥이다. 밥을 '이미' 다 먹었다는 뜻이
다.

慨 슬퍼할 개 (총14획). 나의 밥을 다른 사람이 이미(既)다 먹어버려 나의 마음(忄)이 슬프다는
뜻이다. 慨歎(탄식할 탄), 憤慨(성낼 분)

概 대개 개 (총15획). 나무가(木) 이미(既) 다 자랐다면 대략, 대강 살펴도 된다는 뜻이다. 大概

059 气

상형자

하늘에 떠 있는 구름과 대기를 그린 것이다. 의미를 강화하기 위해 米를 더해 氣가 되었다. 현재 중국에서는 气로 다시 되돌아와 사용하고 있다.

기운 기

氣 기운 기(총10획). 원래 气로 사용 하였으나 의미의 강화를 위해 米를 더했다. 氣運(옮길 운), 氣體(몸 체)

汽 물 끓는 김 기(총7획). 물이(氵) 끓을 때 위로 올라가는 수증기(气)를 표현한 글자이다. 汽車(수레 차), 汽船(배 선)

060 幾

상형자   幾何(어찌 하), 幾微(가늘 미)

幺(작을 요)두개와 戌(지킬 수 人, 戈)가 합해졌다. 병사가(人) 창을 들고(戈) 적진의 어디가 약한지(幺)를 알아보는 모습이다. 여기서 '기미', '낌새', '몇' 등의 뜻이 나왔다.

몇, 기미 기

畿 경기 기(총15획). 경기(京畿) 서울을 중심으로 한 가까운 지방. 서울에 임금이 계시므로 논밭이(田) 있어야 하고, 작은(幺幺) 낌새도(幾) 잘 살피는 군사들도(戈) 있어야 하는 곳이 경기라는 뜻이다. 京畿(서울 경), 畿內(안 내)

機 틀 기(총16획). 몇 개(幾)인지 모를 많은 부품이 들어간, 나무로(木) 만든 베틀(機)이나 기계를 의미한다. 機械(기계 계), 飛行機(날 비, 다닐 행)

璣 별이름/구슬 기(총16획). 하늘에 몇 개인지(幾) 모르게 떠서 옥이나 구슬처럼 반짝이는 별을 이르는 글자다. (人名字)

061

상형자 | 克己(이길 극), 知己(알 지)

己

몸 기

구불구불한 '실'이 놓여 있는 것을 그린 것으로 보인다. (사람이 무릎을 꿇고 허리는 구부린 모습이라고 하는 학자도 있다.) 실과 끈은 문자가 발명되기 전 표기의 수단으로 이용 했었다. 결승(結繩)문자가 바로 그것이다. 이후 '몸', '사람'의 뜻으로 가차 되었다.

記 기록할 기(총10획). 사람의 말(言)을 새끼 매듭(己)등으로 기록한다는 뜻이다. 선생님의 말씀을(言) 내 몸에(己) 간직하려면 기록을 해야 한다 로 외워도 된다. 記錄(기록할 록), 日記(날 일)

起 일어날 기(총10획). 몸이(己) 달리려면(走) 먼저 일어서야 한다는 뜻이다. 起床(평상 상), 起立(설 립)

紀 벼리/법/적을 기(총9획). 중요한 내용은 실과(糸) 끈(己)을 묶어 '기록하다'가 원뜻이다. 그물에 있어서 중요한 부분인 '벼리' 그리고 '법' 등의 뜻으로 파생되었다. 그물을 놓치지 않고 내 몸의(己) 옆에 두려면 가장 튼튼한 끈(糸)인 벼리를 잡아야 한다로 외우면 된다. 벼리: 그물의 코를 엮은 줄. 사물의 줄거리나 중요한 부분. 軍紀(군사 군), 檀紀(박달나무 단)

忌 꺼릴 기(총7획). 꺼리다 어떤 일이 해가 될까하여 피하거나 싫어하다. 몸이(己) 하고 싶어 하지 않는 마음(心)의 상태를 '꺼린다'라고 한다. 忌日(날 일), 禁忌(금할 금)

改 고칠 개(총7획). 자기를(己) 채찍질(攵)하며 나쁜 버릇을 고친다는 뜻이다. 改正(바를 정), 知過必改(알 지, 허물 과, 반드시 필)

妃 왕비 비(총6획). 여자로서(女) 가장 존귀한 몸(己)은 왕비의 신분이다. 王妃(임금 왕), 貴妃(귀할 귀)

062

회의자 | 吉夢(꿈 몽), 吉凶(흉할 흉)

吉

길할 길

吉자에는 몇 가지 견해가 있다. 하나는, 받침대에(口) 놓여진 도끼(士, 무기)라는 견해로 전쟁이 없으니 길하다 라는 것과 둘째, 士를 우뚝한 남성의 성기로 보고, 복을 바라기 위해 집 앞(口)에 설치한 남성 숭배물(士)이라는 견해이다.

結 맺을 결(총12획). 짧은 실을(糸) 길게 묶어 연결하여 여러 가지 좋은 용도(吉)로 사용한다는 의미이다. 結婚(혼인할 혼), 結草報恩(풀 초, 갚을 보, 은혜 은)

喆 밝을 철(총12획)(人名字). 좋은(吉)일이 계속 일어나면 세상은 더욱 더 밝게 될 것이다.

소리글자 니은(ㄴ)

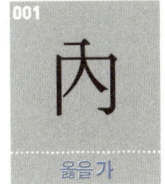

001	회의자	內容(얼굴 용), 內部(거느릴 부)
內 옳을 가		집(冂) 안으로 들어온다(入)는 뜻이다.

納 들일 납(총10획). 밖에 있는 실(糸)을 안으로(內) 들여놓는다는 뜻이다. 納付(줄 부), 納稅(세금 세)

芮 성 예(총8획). 원뜻은 '연한 풀'이다. 풀의(艹) 안쪽 면(內)이니 당연히 연할 것이다. 姓氏로 쓰인다.

소리글자 디귿(ㄷ)

001	회의자	元旦(으뜸 원), 旦夕(저녁 석)
旦 아침 단		갑골문을 보면 해와 수면 위의 그림자로 보여 지는데, 바다를 보기 힘든 중국 내륙지방에 살던 사람들이 이 글자를 만들었다고 생각한다면 日 밑의 것은 역시 땅, 지평선으로 여겨진다.

但 다만 단(총7획). 사람은(人) 다만 아침을(旦) 기다릴 뿐이다. 但只(다만 지)

壇 단/제단 단 (총16획). 亶(믿음 단)은 높이 지은 창고를 의미한다(창고에 곡식을 넣어두니 안심이 된다는 뜻이다). 흙을(土) 높이(亶) 쌓아 만든 제단을 의미한다. 祭壇(제사 제), 教壇(가르칠 교)

檀 박달나무 단 (총17획). 박달나무 깊은 산에 자라며 높이 약 30m 정도의 높이(亶) 자라는 나무로, 목재가 아주 단단하여 건축재, 가구재로 쓰인다. 檀君

002
耑
시초 단

상형자

식물이 뿌리를 뻗고 싹이 올라오는 모습을 그렸다. 사물이 시작되는 '시초', '발단'의 뜻이다. 식물의 싹이 곧게 자란다는 뜻에서 '곧다'의 뜻도 파생되었다.

端 끝/바를 단 (총14획). 사람이 곧게(耑) 서 있다(立). 즉, 머리끝부터 발끝까지 바르고 단정하게 서있다는 뜻이다. 端正(바를 정), 尖端(뾰족할 첨)

湍 여울 단 (총12획). 여울 강이나 바다의 바닥이 얕거나 폭이 좁아 물살이 세게 흐르는 곳. 바닥이 얕아서 물풀이 자랄만하고(耑), 폭이 좁아서 물살이(氵) 센 곳을 여울이라 한다. 湍流 (흐를 류), 激湍(격할 격)

003
單
홀 단/오랑캐이름 선

상형자 | **單獨(홀로 독), 單語(말씀 어)**

單은 방패의 윗부분 양쪽 끝에 돌 두개를 매달아 공격도 겸할 수 있는 '무기'를 그렸다. 이것 '하나' 만으로 공격과 방어를 할 수 있다는데서 '홀', '하나'의 뜻이 되었다.

戰 싸움 전 (총16획). 무기의 일종인 單에 창(戈)을 더해 '전쟁'을 의미했다. 戰爭(다툴 쟁), 戰鬪 (싸움 투)

彈 탄알 탄 (총15획). 고대의 활(弓) 중에는 하나의 (單) 등근 탄알을 쏘는 것도 있었다고 한다. 彈藥(약 약), 彈丸(알 환)

禪 선/참선 선 (총17획). 선(禪) 〈불교〉 마음을 한 곳에 모아 고요히 생각하는 일. 제탁(示) 앞에 홀로(單) 무릎 꿇고 앉아 있듯 고요하게 마음을 모으는 것을 '선'이라 한다. 參禪(참여할 참), 禪院(집 원)

004

代

대신 대

형성자 　代理(이치 리), 代表(겉 표)

人과 弋(주살 익 줄 달린 화살, 사냥도구)이 합해졌다. 전쟁이 났을 때 창이(戈) 없으면 주살(弋)이라도 '대신' 들고 나간다는 뜻이다.

貸 빌릴 대 (총12획). 남의 물건이나 재물을(貝) 빌려 대신(代) 사용한다는 뜻이다. 賃貸(품삯 임)

垈 집터 대 (총8획). 비어있는 땅을(土) 그냥 놀리는 대신(代) 집지을 터로 삼는다는 뜻이다. 이 글자는 중국에는 없는, 우리 조상이 만든 글자다. 垈地(집터로서의 땅)

袋 자루/주머니 대 (총11획). 衣(옷 의)는 의미부, 代는 소리부로 들어갔다. 물건을 나르기 위해 옷(衣)을 벗어서 자루 대신(代) 사용했다 로 외우면 된다. 袋鼠(쥐 서)

005

東

동녘 동

상형/가차자 　東洋 : 아시아를 의미하기도 하고 중국에서는 동쪽바다(洋) 끝에 있는 일본을 의미하기도 한다.

나무 작대기에 묶은 보따리를 본뜬 글자인데 가차되어 동쪽의 뜻으로 사용되었다. 서녘서(西)자는 대나무 바구니를 본뜬 글자로 역시 가차한 것이다. 보따리(東) 안에 여러 물건이 있고 대바구니(西) 안에도 여러 물건을 넣게 되므로 현대 중국에서는 東西라고 하면 동쪽과 서쪽이라는 뜻 외에 어떤 '물건'을 뜻한다. ('똥시'라고 발음한다).

凍 얼 동 (총10획). 겨울 해가 질 때 해로부터 먼 곳인 동쪽(東)부터 얼기(冫) 시작한다는 뜻이다. 凍土, 凍傷(상처 상)

棟 마룻대 동 (총12획). 남향의 집지을 때 지붕에 올리는 나무(木)로 한쪽 끝이 동쪽(東)을 향하게 되므로 棟자가 되었다. 현재는 '건물'의 뜻으로 자주 사용된다. 病棟(병 병), 棟梁之材 (들보 량, 재목 재)

006

童

아이동

회의자 　兒童(아이 아), 童顔(얼굴 안)

童자는 辛(매울 신. 형벌도구), 目(눈 목), 東(동녘 동-소리부)의 세 글자가 모여 원뜻은 '노예'였다. 어린 아이를 노예로 잡아와 한 쪽 눈을(目) 송곳으로 (辛) 찔러 멀게 한 뒤 부렸던 고대 중국의 사회상을 엿볼 수 있는 글자다. 民(백성 민. 目+丨)도 같은 맥락의 글자다.

鐘 쇠북 종 (총20획). 童은 소리부로 쓰였지만 의미의 역할도 한다. 쇠(金)로 만든 종(鐘)을 치

면도 - 옹 - (童)하는 소리가 난다는 뜻이다.

회의자 | 同苦同樂(쓸 고, 즐거울 락), 同姓(성씨 성)

입(口)과 가마와 같은 들것을 합했다. 가마를 여러 사람이 구령(口)에 맞추어 함께 들어 올리는 모습을 그린 것으로 보인다.

同 한가지 동

洞 골 동/밝을 통(총9획). '물(氵)이 함께(同) 세차게 흐르다'가 원뜻이나 물이 모이는 '골짜기' 또는 '동굴'의 의미로 더 많이 쓰인다. 골짜기에 흐르는 맑고 깨끗한 물의 이미지에서 '밝다'의 뜻도 파생되어 洞察(통찰)이라는 단어에도 쓰인다. 우리나라에서 만은 乾川洞(건천동), 上一洞(상일동) 등의 마을 이름에도 붙는다.

銅 구리 동(총14획). 황금(金)의 색과 비슷한(同) 누런빛을 띠는 쇠붙이가 구리라는 뜻이다.
銅錢(돈 전), 靑銅(푸를 청)

桐 오동나무 동(총10획). 사람들과 같이(同) 살아가는 나무(木)가 오동나무라는 뜻이다. 오동나무는 집 마당에 심어 사람들과 함께(同) 했던 나무였고 성장이 빨라 15년 정도면 목재로 삼을 수 있어서 베어다가 거문고나 장롱 등을 만들어 썼다고 한다. 梧桐(오동 오, 나(吾)와 함께 하는(同) 나무(木))

상형자 | 豆乳(젖 유), 種豆得豆(씨 종, 얻을 득), 豆腐(썩을 부)

제사용 그릇을 본뜬 글자이다. 그 제기에 콩을 많이 담았었는지 콩의 뜻으로 많이 쓰인다.

豆 콩 두

頭 머리 두(총16획). 콩(豆)처럼 둥근 머리(頁)라는 뜻이다. 頭目(눈 목), 頭師父一體(스승 사, 아버지 부, 몸 체)

鬪 싸움 두(총20획). 豆와 寸을 뺀 나머지가 원래 싸움 투의 본자(本字)이다. 뜻을 강화하기 위해 손(寸)이 들어갔고 소리부로써 豆가 들어갔다. 두 사람이 서서 손(寸)으로 콩(豆)을 던지며 싸운다로 외우면 된다. 鬪爭(다툴 쟁), 拳鬪(주먹 권)

| 008 | 회의자 | 駐屯(머무를 주), 屯田(밭 전) |

진칠둔

첫 번째 획은 땅을 의미하고 나머지는 屮(싹날 철)의 변형이다. 땅을 뚫고 나오는 새싹의 의미에서 '단단하다(땅이)', '힘겹다(새싹이)', '어렵다'의 뜻이 생겼고 邨(마을 촌)과 통용하게 되면서 사람들이 '모이다', 병사들이 모여 '진치다' 등의 다양한 뜻을 나타내게 되었다.

鈍 둔할 둔 (총12획). 땅에서 돋아난 풀(屯)을 계속 자르게 되면 낫이나 칼이(金) 점점 무디어지고 둔해진다는 뜻이다. 鈍感(느낄 감), 愚鈍(어리석을 우)

頓 조아릴 돈 (총13획). 조아리다 - 존경의 뜻으로 머리를 숙이다. 땅에 있는 새싹(屯)을 보며 머리(頁)를 숙이는 모습이 조아리는 것 같다는 뜻이다. 頓首(머리 수), 頓悟(깨달을 오)

| 010 | 회의자 | 登山(메 산), 登龍門(용 룡, 문 문) |

오를등

갑골문을 보면 맨 위는 두개의 발(止), 가운데는 제기(豆), 맨 아래는 두개의 손(廾)으로 이루어졌음을 알 수 있다. 두 손으로 제기를 들고 제단을 '오르는' 모습이다.

燈 등불 등 (총16획). 전등(電燈), 가로등(街路燈)의 등이다. 전구를 높이 올려(登) 등불(火)을 밝힌다는 뜻이다.

鄧 나라이름 등 (총15획). 고을(阝)이 살기 좋아지면서 지위가 승격(登) 되어 나라가 되었다는 뜻이다. 성씨로도 쓰인다. 鄧小平(작을 소, 평평할 평)

證 증거 증 (총19획). 증언대에 올라(登) 증거를 진술(言) 한다는 뜻이다. 證據(의거할 거), 證券 (문서 권)

소리글자 리을(ㄹ)

001	상형/전주자	快樂(쾌할 쾌) 락, 音樂(소리 음) 악, 樂山(메 산) 요

즐길 락, 노래 악, 좋아할 요. 白, 幺, 木이 합해져서 흰 실을 나무에 걸어 만든 악기의 모습이다. 악기로 음악을 연주하면 사람들이 그것을 즐기며 좋아한다는 뜻이다.

즐길 락

藥 약 약(총19획). 약초(艹)를 먹어서 환자가 즐겁게(樂) 되었으니 좋은 약(藥)을 먹었다는 뜻이다. 藥局(판 국), 洋藥(큰바다 양)

002	상형자	良心, 良藥苦口(약 약, 쓸 고)

금문과 소전에서 보면 가운데 둥근 공간은 궁전이고 위 아래로 길쭉한 것은 지붕을 덮은 복도인 회랑(回廊)이다. 비나 눈을 피할 수 있으므로 '좋다', '어질다'의 뜻이 생겼다. 이러한 회랑은 北京의 이화원(頤和園 : 황제의 피서지)에 가면 볼 수 있다.

어질 량

朗 밝을 랑(총11획). 달(月)이 아주 좋아 보일 때는 (良) 휘영청 밝을 때라는 뜻이다. 朗讀(읽을 독), 朗誦(욀 송)

浪 물결 랑(총10획). 물(氵)이 가장 좋아 보일(良) 때는 수면이 찰랑찰랑 물결이 칠 때이다. 風浪(바람 풍), 浪費(쓸 비)

郞 사내 랑(총10획). 마을(阝)을 살기 좋은(良) 곳으로 만드는 일꾼들은 사나이들이란 뜻이다. 新郞(새 신), 花郞(꽃 화)

廊 행랑 랑(총13획). 집의(广) 대문 안에 쭉 벌여서 주로 남자(郞) 하인들이 거처하던 방이 행랑이다. 行廊(다닐 행)

娘 아가씨 낭(총10획). 발음에 주의. 원음이 '낭'이다. 여자(女)의 일생에서 가장 아름다운 (良) 시기는 아가씨 때이다. 뜻이 확대되어 '어머니'의 뜻도 갖는다(내가 가장 좋아하는 良 여

인女- 엄마). 娘子, 姑娘(시어미 고)

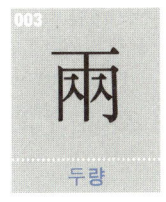

003	상형자	兩班(나눌 반), 兩面(낯 면)
兩 두 량	두 마리 말의 목에 얹은 멍에를 본뜬 글자이다.	

輛 수레 량(총15획). 두 마리(兩)의 말이 끄는 수레(車)라는 뜻이다. 車輛(수레 차)

倆 재주 량(총10획). 두(兩) 사람(人)이 짝을 이루어 재주(서커스)를 부린다는 뜻이다. 技倆(재주 기)

004	회의자	
厤 다스릴 력	언덕 아래(厂) 심어놓은 벼(禾)를 가꾸고 다스린다는 뜻이다.	

歷 지낼 력(총16획). 지나가다, 지내다의 뜻이다. 止(그칠지)는 농부의 발로, 벼(禾)를 가꾸고 다스리기(厤) 위해 발(止)로 논을 지나간다는 뜻이다. 歷史(역사 사), 履歷書(밟을 리, 글 서)

曆 책력 력(총16획). 책력(册曆) 일 년 동안의 월, 일, 일식, 월식, 절기 등을 적은 책. 벼(禾)를 잘 가꾸고 다스리려면(厤) 날짜(日) 계산을 잘 해야 하는데, 그 날짜를 적은 책을 책력이라 한다. 陰曆(그늘 음), 陽曆(볕 양)

005	형성자	戀愛(사랑 애), 戀人(사람 인)
戀 그리워할/사모할련	心을 뺀 나머지는 言과 糸 두개가 합해져서 '어지럽다', '다스리다', '이어지다'(亂也, 治也, 不絕也)의 뜻을 갖는다. 마음과 마음(心)이 서로 이어져서 사랑하고 그리워한다는 뜻이다.	

變 변할 변(총23획). 戀에서 心이 빠지고 칠 복(攵)이 들어갔다. 사랑했던 마음 대신 손에 몽

205

둥이를 든 것이다. 사랑이 미움으로 변했다는 뜻이다. 變化(변할 화), 變更(고칠 경)

蠻 오랑캐 만 (총25획). 중국 남부지역의 민족을 일컫는 글자다. 기후가 덥고 습도가 높아 벌레(虫)가 많이 살고 중국의 문화가 전파되지 않아 제멋대로 어지럽게(糸, 糸, 言) 살고 있는 민족으로 중국의 다스림이(糸, 糸, 言) 필요한 지역이라는 뜻이다. 중국이 중심이고 문화가 높다고 생각하는 중국인의 사상이 반영된 글자다.

灣 물굽이 만 (총25획). 해안(氵)이 활(弓)처럼 구부러져 이어있는(言, 糸, 糸) 곳을 말한다. 港灣(항구 항), 臺灣(돈대 대)

006	회의자	列車(수레 차), 列島(섬 도)
列 벌일 렬		앙상한 뼈(歹)와 칼(刂)을 그린 모습이다. 칼(刀)로 고기를 잘 저미며 뼈(歹)를 발라내어 벌여놓는다는 뜻이다.

裂 찢어질 렬 (총12획). 뼈를 발라내듯(列) 옷(衣)을 잘라내어 찢음을 뜻한다. 分裂(나눌 분), 龜裂(갈라질 균)

烈 매울 렬/세찰 렬 (총12획). 발라낸 뼈(列)를 불로 태울 때 그 불이 세차게 오름을 나타낸다. 東烈, 烈士, 義烈團(옳을 의, 둥글 단)

例 법식 례 (총8획). 사람(亻)이 칼(刂)을 들고 뼈(歹)를 발라내는데도 일정한 법식이 있음을 뜻한다. 庖丁解牛(부엌 포, 장정 정, 풀 해, 소 우) : 솜씨가 뛰어난 庖丁(포정=백정)이 소(牛)의 뼈와 살을 발라낸다(解)의 뜻으로 신기에 가까운 솜씨나 그 기술을 칭찬할 때 쓰인다. 《장자(莊子)》에 나오는 말이다.

포정이 문혜군 앞에서 소를 잡은 일이 있었다. 그의 손놀림이 너무나도 빠르고 정교하여 문혜군이 감탄하며 물었다. "어떻게 하면 그런 경지에 오르느냐?" 포정이 대답한다. "제가 반기는 것은 도(道)입니다. 제가 처음 소를 잡을 때는 소만 보여 손을 댈 수 없었으나 3년이 지나자 눈이 아닌 정신으로 소를 접하게 되었습니다. 그렇게 되면 하늘의 이치에 따라(天理) 가죽, 고기, 살, 뼈의 틈에 칼이 타고 들어 베어나갑니다. 솜씨 좋은 소잡이도 1년에 한번은 칼을 바꾸는 이유는 살 그 자체를 가르기 때문이고 평범한 소잡이가 한달에 한번 칼을 가는 것은 무리하여 뼈를 베기 때문입니다. 하지만 제 칼은 19년 동안 수천마리의 소를 잡았지만 아직도 날카롭기 그지없습니다. 뼈마디에는 틈새가 있고 칼날에는 두께가 없습니다. 두께 없는 것을 틈새에 넣으면 칼날을 움직이는데 여유가 있습니다……" 문혜군은 포정의 말을 듣고 양생의 도를 터득했다며 감탄했다.

회의자　　　命令(목숨 명), 令監(볼 감)

제 3획까지는 집이고 卩(병부절-사람)은 꿇어 않은 사람이다. 집은 궁전 쯤될 것이다. '명령'이 원뜻이고 명령은 다른 사람으로 하여금 하게 하는 것이니 '하여금'의 뜻도 파생되었다.

하여금 령

冷 찰 랭(총7획). 얼음(冫)도 차갑고 명령(令)도 차갑게 마련이다. 冷水(물 수), 冷麵(밀가루 면)

領 거느릴 령(총14획). 頁(머리 혈)이 의미부, 令은 소리부이다. 옷옷에서 머리부분(엄밀히 말하면 목부분)에 닿는 '옷깃'이 원뜻이다. 옷깃부분은 잡아 올리면 옷을 벗길 수 있으므로 '거느리다'의 뜻이 되었다. 領袖(소매 수), 領導者(인도할 도, 놈 자)

嶺 고개/재 령(총17획). 큰 산(山)은 여러 개의 크고 작은 고개들을 거느리고(領) 있다는 뜻이다. 鳥嶺(새 조), 峻嶺(높을 준)

零 떨어질 령(총13획). 비(雨)와 명령(令)은 떨어지는 공통점이 있다. 零下(아래 하), 零點(점 점)

玲 옥소리 령(총9획). 구슬(玉)에게 '굴러라'하며 명령(令)하면 옥소리를 내며 구른다는 뜻이다.(人名字)

齡 나이 령(총20획). 이(齒)에게 명령(令)을 내려 빠지게 하는 것이 나이라는 뜻이다. 年齡(해년), 高齡(높을 고)

상형자

두개의 옥이 제기 안에 들어있는 모습이다. 禮의 古字이다. 옛날에는 제기에 음식 뿐 아니라 옥(玉)도 담아서 제사지냈다고 한다. 지금은 豐의 약자로 사용되기도 한다.

제사그릇 례

禮 예도 례(총18획). 제탁(示) 위에 제기(豊)를 놓고 예절에 맞게 제사를 지낸다는 뜻이다. 禮節(마디 절), 儀禮(거동 의)

醴 단술 례(총20획). 제기(豊)에 담아 신에게 올리는 술(酉)은 달콤한 술이라는 뜻이다. (地名

字) 경상북도 醴泉(샘 천)

體 몸 체(총23획). 骨이 의미부, 豊(례→체)가 소리부로 쓰였다. '뼈(骨)와 풍성한 (豊을 豐의 약자로 보고) 살로 이루어진 몸'으로 외울 수 있다. 身體(몸 신), 體操(잡을 조), 약자는 体.

009

밥그릇 로

형성자 ｜ **盧**랗(활 궁)

곡식(田)을 담는 그릇(皿)을 의미한다. 虍는 소리부로 들어갔다. 나중에 이 그릇은 화로(火爐)로 사용하면서 '검다'의 뜻도 파생되었으며 지명이나 성씨에도 쓰인다.

爐 화로 로(총20획). 불(火)을 담는 그릇(盧)이니 화로의 뜻이다. 火爐, 煖爐(따뜻할 난)

廬 농막집 려(총19획). 농막(農幕) : 농사짓기 편리하도록 논밭 근체에 간단하게 지은 집. 밥그릇(盧) 몇 개만 갖다놓고 사는 간단한 집(广)을 농막이라 한다. 草廬(풀 초)

蘆 갈대 로(총20획). ++는 의미부, 盧는 소리부로 쓰였다. (地名字) 蘆岸(언덕 안), 蘆管(대롱 관)

010

깎을 록

형성자

맨 위는 도르래, 중간은 두레박, 아래는 물방울의 그림이다. 〈〈설문해자〉에서 '나무를 깎다', '뚜렷이 새기다'의 뜻으로 쓰인다고 했다. 彑(돼지머리 계)는 ⋻의 변형이고 자형의 유사성으로 인해 ⋺(又, 손)의 변형이기도 하다. 손(彑)에 땀(水)을 내가며 나무나 땅에 글씨를 '새기다'로 외우면 된다.

錄 기록할 록(총16획). 쇠(金)에 글씨를 새겨(彔) 기록한다는 뜻이다. 記錄(기록할 기), 登錄(오를 등)

祿 녹/복 록(총13획). 녹(祿)=녹봉(祿俸). 벼슬아치에게 내리던 일종의 월급이나 연봉이다. 좋은 나무를 깎아(彔) 위패를 만들어 신(示)을 받드니 복을 주신다는 뜻이다. 벼슬아치는 자신이 받는 노동의 대가를 신이 주는 복에 비유하여 녹(祿)이라고 불렀다. 國祿(나라 국), 福祿(복 복)

綠 푸를 록(총14획). 彔은 소리부로 쓰였다. 비단에 뚜렷한 무늬를 새기기(彔) 위해 푸른 실(糸)을 사용한다는 뜻이다. 綠色(빛 색), 綠茶(차 차)

형성자

火가 없는 나머지 글자가 원래 횃불 료 였다. 의미강화를 위해 火가 옆에 들어간 것이다. 갑골문을 보면, 木 밑에 火가 있음을 알 수 있고 木 주위의 점들은 불꽃을 의미한다.

횃불 료

僚 동료 료(총14획). 어두운 길을 갈 때 곁에서 횃불(燎)을 밝혀주는 사람(亻)이 동료라는 뜻이
다. 同僚(한가지 동), 官僚(벼슬 관)

療 병고칠 료(총17획). 아픈(疒) 사람의 어두운 마음이 횃불(燎)을 밝힌 듯 밝아졌다는 것은 그
의 병을 고쳤기 때문이다. 治療(다스릴 치), 診療(진찰할 진)

遼 멀 료(총16획). 횃불(燎)을 밝혀 들고 먼 길을 간다(辶)는 뜻이다. 遼遠(멀 원), 遼東(동녘 동)

상형자　　**龍顔(얼굴 안), 靑龍(푸를 청)**

상상의 동물인 용을 그린 것이다. 서양의 dragon은 악의 화신이지만 동양의 용은 귀하고 신비한 존재로 여겨진다. 왕이나 황제의 상징이기도 하며 중국인들은 스스로를 용의 후예라고 한다.

용 룡

籠 대바구니 롱(총22획). 대나무(竹)로 만든 상당히 큰(龍) 바구니를 의미한다. 籠球(공 구), 籠
城(성 성)

寵 사랑할 총(총19획). 용(龍)에 비유되는 외아들, 외동딸이 집(宀)에서 사랑을 독차지 한다는
뜻이다. 寵愛(사랑 애)

龐 높은집 방(총19획). 황제나 왕(龍)이 살고 있는 집(广)인 크고 높은 집을 뜻한다.(姓)

襲 엄습할 습(총22획). 엄습하다 뜻하지 않은 상태에서 습격하다. 원뜻은 '시신에 입히는 좌
임(左袵)의 옷'(左袵袍)이다. (중국은 전통적으로 우임(右袵) : 상의의 겉섶이 착용자의 오른쪽에 위
치)을 했고 사자(死者)에 입히는 옷은 좌임을 시켰다. 삼국시대 초기만 해도 우리나라는 기타 북방 유목
민족의 습관처럼 좌임을 했으나 통일신라 이후 중국의 영향으로 우임이 되어 현재의 한복에까지 이른다.
고구려 고분벽화를 보면 초기에는 좌임으로만 나타나다가 후기로 갈수록 좌임과 우임이 섞여 나온다.)
죽음이란 뜻하지 않을 때 엄습하여 올 수 있으므로 '엄습하다'의 뜻이 파생되었다. 殮襲
(염할 염) : 襲의 원뜻인 '수의'의 뜻이 남아있는 경우다. 空襲(빌 공)

209

013

회의자

여자의 머리 위에 많은 물건이 포개어져 있음을 표현했다. 원뜻은 '포개다'이고 그 여자를 '끌어 당긴다'의 뜻도 파생되었다. 두 손이 여자의 머리위에 물건을 쌓고 있는 모습이다.

婁
끌 루

數 셈 수/자주 삭(총15획). 여자의 머리 위에 있는 짐(婁)이 몇 개인지 다른 사람이 손에 작대기를 들고(攵) 세고 있다는 뜻이다. 數學(배울 학), 算數(셈 산), 頻數(자주 빈, 자주 삭), 鳥數飛(새 조, 자주 삭, 날 비)

屢 여러 루(총14획). 포개어져(婁) 있는 집(尸) 즉 아파트처럼 '여러' 가구가 사는 것을 뜻한다. 屢次(버금 차), 屢月(달 월)

樓 다락 루(총15획). 다락 : 이층으로 지은 집인데 멀리 볼 수 있도록 기둥만 있고 벽이 없는 집. 나무(木)를 포개어(婁) 이층집인 다락을 짓는다는 뜻이다. 廣寒樓(넓은 광, 찰 한), 望樓(바랄 망), 樓閣(다락 각)

014

회의자

집에 책이 있는 모습으로, 옛날 책인 죽간(竹簡)을 둥글게 둘둘 말아 보관했으므로 '둥글다', '모으다'의 뜻이 나왔고 조리 있게 쓰인 책이라고 해서 '조리'의 뜻도 갖는다.

侖
둥글 륜

論 논할 론(총15획). 사람들이 둥글게 모여(侖) 조리 있는(侖) 말(言)로 의논한다는 뜻이다. 論語(말씀 어), 論述(지을 술)

輪 바퀴 륜(총15획). 수레(車)의 부속 중에 둥근 것(侖)은 바퀴라는 뜻이다. 輪回(돌 회), 輪禍(재앙 화)

倫 인륜 륜(총10획). 사람(亻)들이 둥글게 모여(侖) 살아갈 때 지켜야 할 도리가 인륜이라는 뜻이다. 倫理(이치 리), 天倫

崙 산이름 륜(총11획). 山이 의미부, 侖이 소리부로 쓰였다. 崑崙山(산이름 곤)-강소성에 있는 산의 이름이다. 《千字文》에 玉出崑岡(옥은 곤륜산에서 나온다)이라 하여 곤륜은 좋은 옥이 나오는 곳으로 유명하다. '和氏璧'이라는 고사가 있다. 초나라사람 변화라는 이가 곤륜에서 옥의 원석을 구해다가 임금에게 바쳤다. 그러나 안목이 짧은 옥공들에 의해 평범한

돌로 오인되고 임금을 속였다는 죄로 여러 형벌을 받았으나 결국 최고의 옥으로 판명되게 되었다. 이 고사는 재주는 있으나 때를 만나지 못할 인재들에게 참고 기다려보라는 메시지를 전한다.

015	회의자	
언덕릉	언덕(土)을 오르는 사람(人)의 발(夊)을 그린 글자이다.	

陵 언덕 릉(총8획). 夌에 阝(阜)를 더해 뜻을 강화하였다. 丘陵(언덕 구), 王陵

016	형성자	燐火(불 화)
도깨비불린	火가 없는 상태가 원래 도깨비불 린이다. 사람의 정면 모습인 大와 舛(두발 천)을 그렸으며 점을 4개 찍어 번쩍거림을 나타냈다. 축제 때 몸을 번쩍거리게 치장하고 춤추는 모습을 그린 것이다. 소전에 들어오며 舛의 윗부분이 두개의 불화(火)로 변형이 되고 이마저도 米(쌀 미)로 변해 현재에 이르렀다.	

隣 이웃 린(총15획). 阝(언덕 부)가 의미부요, 도깨비불 린은 단순한 소리부이다. '언덕(阝)이 있어도 서로 왕래(舛)하며 쌀(米)을 나누어 먹으면 역시 이웃사촌이다'로 외우면 된다. 丘近隣(가까울 근), 交隣(사귈 교)

麟 기린 린(총23획). 여기서의 기린은 아프리카의 기린이 아니고 상상 속의 상서로운 동물로서의 기린이다(수컷은 麒, 암컷이 麟). 중국의 예 문헌《역전(易傳)》에, "몸이 사슴(鹿)같고 꼬리는 소와 같으며 발굽과 갈기는 말과 같으며 빛깔은 번쩍번쩍(燐) 5색이다."라고 했다. 麒麟(기린 기)

憐 불쌍히 여길 련(총15획). 도깨비불 린이 소리부로 쓰였다. '못사는 사람에게 쌀(米)을 가지고 가서(舛 : 두 발) 도와주는 것은 마음(忄)으로 그를 불쌍히 여기기 때문이다'로 외우면 된다. 憐憫(민망할 민), 可憐(옳을 가)

立

설 립

땅(一)에 서있는 사람(大)을 그렸다.

拉 끌/당길 랍(총8획). 서있는(立) 사람을 손(扌)으로 끌어당긴다는 뜻이다. 拉致(이를 치), 拉
北(북녘 북)

泣 울 읍(총8획). 사람이 서서(立) 눈물(氵)을 흘리며 운다는 뜻으로 소리 없이 눈물만 흘린다
는 뜻이다. 泣哭(울 곡), 感泣(느깔 감)

粒 낟알 립(총11획). 米(쌀 미)가 의미부, 立이 소리부이다. 낟알: 껍질을 벗기지 아니한 곡식
의 알. 농부가 서서(立) 벼의 낟알(米)을 줍는다는 의미이다. 粒子, 顆粒(낟알 과)

昱 햇빛/밝을 욱(총9획). 서있는(立) 사람 머리 위에 해가 떠서 빛이 밝다는 뜻이다. (人名字)

煜 빛날 욱(총13획). 햇빛 밝은(昱) 곳에 불도 켜 놓으니 더욱 더 빛난다는 뜻이다. (人名字)

翊 도울 익(총11획). 서있는(立) 새가 날려면 날개(羽)의 도움을 받아야 한다는 뜻이다. (人名字)
翊成(이룰 성).

翌 다음날 익(총11획). 翌은 원래 羽와 日이 합해진 것이었는데 日의 모양이 立으로 바뀌었
다. 아침해(日)가 뜨면 날개(羽)를 세우고(立) 나는 새를 의미하는 글자였다. '내일'의 뜻
이 파생되었다. 翌日

소리글자 미음(ㅁ)

001

麻

삼 마

형성자

벗겨낸 삼의 껍질을 집(广)에 널어놓고 말리는 것을 그렸다. 삼은 재배역사가 가장 오래된 작물로 여겨진다. 기원전 2000년경 중앙아시아에서 이미 재배되었고 중국에 전파된 것도 BC.1500년경이다. 섬유를 얻기 위해 재배한다. 삼의 잎이나 꽃에는 마취물질이 있어 대마초의 원료가 되기도 한다.

磨 갈 마(총16획). 돌(石)로 삼 껍질(麻)을 갈아낸다는 뜻이다. 鍊磨(단련 련), 切磋琢磨(끊을 절, 갈 차, 쪼을 탁)

摩 문지를 마(총15). 손(手)으로 삼(麻)을 문질러 가공한다는 뜻이다. 摩擦(문지를 찰), 按摩(누를 안)

魔 마귀 마(총21획). 귀신(鬼)이 대마초(麻)를 피워서 마귀가 되었다는 뜻이다. 魔力, 魔術(재주 술)

痲 저릴 마(총13획). 疒(병들 녁)과 麻의 생략형이 합해졌다. 대마초(麻)에 의해 병(疒)이 난 사람은 온몸이 저리고 아프다는 뜻이다. 痲痺(저릴 비), 痲醉(취할 취)

002

莫

없을 막

회의자   莫逆(거스를 역), 莫大(큰 대)

옛 글자를 보면 알 수 있듯 위아래 풀들 사이에 해가 들어간 모습이다. 아래의 풀들은 大로 모습이 변했다. 원뜻은 '저물다'이다. 날이 저물며 해가없어지니 후에 '없다'의 뜻이 되었다. 저물다의 뜻을 위해 다시 만든 글자가 暮(저물 모)이다.

漠 넓을/ 사막 막(총4획). 물(氵)이 없는(莫) 곳이 사막이라는 뜻이고 사막이 넓게 펼쳐있다는 데서 '넓다'의 뜻이 되었다. 沙漠(모래 사), 大漠(고비사막), 漠然(그럴 연)

幕 장막 막(총14획). 밖에서 안을 볼 수 없게(莫) 막아놓는 헝겊(巾)이 장막이란 뜻이다. 帳幕(휘장 장), 銀幕(은 은)

213

膜 꺼풀/막 막(총15획). 우리 몸(月)에 있는 것으로, 외부에서 균이 침투할 수 없도록(莫) 세포나 기관을 싸고 있는 층이 꺼풀이라는 뜻이다. 鼓膜(북 고), 角膜(뿔 각)

慕 사모할/그릴 모(총15획). 이 자리에 없는(莫) 연인을 마음(忄=心)으로 그리워하며 사모한다는 뜻이다. 思慕(생각 사), 愛慕(사랑 애)

模 본뜰/모범 모(총15획). 현재 없는(莫) 물건을 제작하기 위해 나무(木)로 만든 '거푸집'이 원뜻이다. 거푸집의 모양을 그대로 '본뜬' 물건이 만들어지므로 '본뜨다', '모범'의 뜻이 나왔다. 模範(법 범), 模倣(본뜰 방)

暮 저물 모(총15획). 앞서 언급했듯이 莫이 원래 '저물다'였으나 '없다'로 쓰이자 日을 더해 '저물다'를 다시 만들었다. 날이 저물어서 해(日)가 사라졌다(莫)로 외우면 된다. 歲暮(해 세), 日暮途遠(길 도, 멀 원) -날은 저물고 갈 길은 멀다. 늙고 쇠약한데 할 일은 많음을 비유하는 말.

謨 꾀 모(총18획). 현재 할 수 없는(莫) 일을 이루기 위해 의논(言)을 통해서 꾀를 내고 대책을 세운다는 뜻이다.(人名字) 謨訓(가르칠 훈), 皇謨(임금 황)

募 모을/ 뽑을 모(총13획). 일할 사람이 없어서(莫) 새로운 일꾼을 힘써(力) 모은다는 뜻이다. 募集(모을 집), 募兵(군사 병)

墓 무덤 묘(총14획). 생명이 없는(莫) 사람을 땅(土)에 묻은 곳이 무덤이라는 뜻이다. 墓地(땅 지), 省墓(살필 성)

003

회의자

曼
길게끌/예쁠 만

갑골문을 보면, 두 손으로 눈을(罒→目) 벌리고 있는 모습이다. 금문에서는 曰(冒 무릅쓸 모의 생략 형)가 들어가 소리부를 맡았다. 원뜻은 끌다(引也)이다.

漫 질펀할/흩어질 만(총14획). 물이(氵) 사방으로 길게 퍼지면(曼) 땅이 질펀해진다는 뜻이다. 漫畫(그림 화), 浪漫(물결 랑)

慢 거만할/게으를 만(총14획). 어떤 일을 함에 있어 질질 끌며(曼) 노력하지 않는 사람의 마음(忄)은 거만해 보이며 또한 게을러 보인다는 뜻이다. 怠慢(게으를 태), 慢性(성품 성)

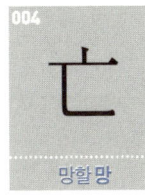

004

亡
망할 망

회의자　　逃亡(달아날 도), 亡身(몸 신)

간단해보이지만 자원이 밝혀지지 않은 글자이다. 《설문해자》에서는 乚(숨을 은)과 入(들 입)이 합쳐져서 원 뜻은 '도망하다'라고 했다. 도망하여 숨을 곳에 들어간다는 뜻이다. '하던 일이 망해서 도망간다'로 외우면 된다. '도망가다'외에 '죽다', '없다'의 뜻으로도 쓰인다.

望 바랄 망(총11획). 亡은 소리부이다. 亻, 土, 月이 합쳐졌다. 사람(亻)이 땅(土)에 서서 달(月)을 바라본다는 뜻이다. 希望(바랄 희), 望遠鏡(멀 원, 거울 경)

茫 아득할 망(총10획). 육지의 풀(艹)까지 모두 물(氵)에 잠겨 없어져서(亡) 물이 넓고 아득하다는 뜻이다. 茫茫大海(큰 대, 바다 해), 茫然自失(그럴 연 스스로 자, 잃을 실)

忘 잊을 망(총7획). 일이나 사업이 망(亡)했던 기억은 마음(心) 속에서 지워버려 잊어야 한다는 뜻이다. 忘却(물리칠 각), 勿忘草(말 물, 풀 초)

忙 바쁠 망(총6획). 일시적으로 망했다(亡) 하더라도 마음(忄)을 다잡아 재기하면 다시 바빠진다는 뜻이다.(忘에서 깔려있던 心이 忙에서는 일어서 있다) 忙中閑(가운데 중, 한가할 한), 奔忙(달릴 분)

妄 망령들 망(총6획). 망령 : 늙거나 정신이 흐려서 말이나 행동이 정상을 벗어나는 상태. 늙은 여인(女)의 머리가 정상적이지 아니한(亡) 상태를 망령들었다고 한다는 뜻이다. 여자가 남자보다 수명이 길었으므로 옛날에는 치매에 걸린 할머니가 할아버지보다 많았을 것이므로 妄이라 쓴 것 같다. 妄靈(신령 령), 日本政治人妄言(날 일, 근본 본, 정사 정, 다스릴 치, 말씀 언)

罔 없을 망(총8획). 그물(网 그물 망)이 없어졌다(亡)는 뜻이다. 罔測(헤아릴 측), 罔極(다할 극)

網 그물 망(총14획). 그물(网)이 없어(亡)졌지만 실(糸)을 가져다 그물을 다시 만든다는 뜻이다. 因特網(인할 인, 특별할 특, 그물 망. internet의 중국식 표현), 魚網(물고기 어)

荒 거칠 황(총10획). 시냇물(川)도 없고(亡), 풀(艹)도 나지 않는 거친 황무지를 뜻한다. 荒蕪地(거칠 무, 땅 지), 荒野(들 야)

盲 소경 맹(총8획). 눈(目)이 없어서(亡) 볼 수 없는 사람의 뜻이다. 盲人(사람 인), 文盲(글월 문)

005

每 매양 매

상형자　　每日(날 일), 每週(돌 주)

원뜻은 '잘 차려입은 여자'이다. 여자는 항상 예쁘게 꾸미고 싶어 하니 '매양'이라는 뜻이 생겼다. 母의 윗부분은 비녀를 의미한다. 母는 '어머니'를 의미하기도 하며 '일반 여성'을 뜻하기도 한다. 毒(독할 독)은 치장을 화려하게 한 화류계 여인이라는 뜻이다.

侮 업신여길 모(총9획). 어머니(母)의 말을 듣지 않는 불효자식(亻)이 어머니를 업신여긴다는 뜻이다. 侮辱(욕될 욕), 受侮(받을 수)

梅 매화 매(총11획). 항상(每) 변치 않는 지조를 의미하는 나무(木)의 꽃이 매화라는 뜻이다. 梅花(꽃 화), 梅雨(비 우)

敏 민첩할 민(총11획). 어머니(每)의 회초리를 드신 손(攵)이 매우 민첩하다는 뜻이다. 敏捷(빠를 첩), 銳敏(날카로울 예)

繁 번성할 번(총17획). 실(糸)을 뽑는 작업이 상당히 민첩해서(敏) 그 상점이 번성한다는 뜻이다. 繁盛(성할 성), 繁榮(영화 영)

海 바다 해(총10획). 《설문》에 의하면 '하늘의 못, 천지(天池)이다. 자연적으로 생긴 큰 연못으로 세상의 물을 받아들인다.'(天池也. 以納百川者)라고 했다. 어머니(每)와 같이 모든 걸 용서하고 받아들이는 큰 물(氵)인 바다를 의미한다. 東海(동녘 동), 海軍(군사 군)

悔 뉘우칠 회(총10획). 어머니(每)께 항상(每) 잘해드리지 못한 자식의 마음(忄), 뉘우침을 뜻한다.(侮와 연결되어) 後悔(뒤 후), 悔改(고칠 개)

006

買 살 매

회의자　　購買(살 구), 買入(들 입)

조개는 고대에 화폐로 쓰였다. 그물(罒)로 조개(貝)를 잡아들여 그것으로 필요한 물품을 '살' 수 있음을 나타낸다.

賣 팔 매(총15획). 士는 出(날 출)의 변형이다. 도매 값으로 사온(買) 물품을 다시 내다(出→士) 판다(賣)는 뜻을 나타낸다. 賣買(살 매), 賣盡(다할 진)

讀 읽을 독(총22획). 물건을 팔(賣) 때 소리(言)를 지르는 것처럼, 소리 내어(言) 글을 읽는다는 뜻이다. 速讀(빠를 속), 讀者(놈 자)

續 이을 속(총21획). 실(糸)을 내다 팔려면(賣) 끊어진 부분은 이어야 한다는 것이다. 連續(이

을 련), 續刊(책펴낼 간)

회의자	免除(덜 제), 免稅(세금 세)

투구를 쓰고 있는 사람(儿)의 모습이다. 투구는 머리를 보호하여 부상이나 죽음을 면하게 해주는 장비이다.

勉 힘쓸 면(총9획). 투구를 쓴 사람(免)이 전투에서 죽음을 면하기(免) 위해 열심히 힘쓴다(力) 는 뜻이다. 勤勉(부지런할 근), 勸勉(권할 권)

晩 늦을 만(총11획). 우리가 해(日)를 면하는(免) 때는 해가 지는 늦은 시간이다. 大器晩成(큰 대, 그릇 기, 이룰 성)

冕 면류관 면(총11획). 면류관 - 신하가 정복에 갖추어 쓰던 관(冠). 제4획까지는 日이 아니고 모자의 상형이다. 썼다, 벗었다(免) 할 수 있는 면류관을 의미한다. 冠冕(벼슬을 비유하는 말)

俛 힘쓸/구푸릴 면(총9획). 사람(亻)이 위험을 면하기 위해(免) 힘쓰다. 날아오는 것을 피하기 위해(免) 몸을 구푸리다(구부리다)는 뜻이다. 俛首(머리 수)-머리를 숙이다, 俛仰(우러를 앙)- 구부림과 쳐듦.

娩 낳을 만(총10획). 여자(女)가 면하고(免) 싶어 하는 고통은 아기를 낳는 고통이다. 分娩(나 눌 분)

회의자	明月(달 월), 明熙(빛날 희)

해(日)와 달(月)이 합해졌다는 견해와 창문(囧)에 비친 달(月)이라는 견해도 있다.

盟 맹서 맹(총13획). 그릇(皿)에 피를 받아놓고 해(日)와 달(月)에 맹서한다는 뜻이다. 盟誓(맹 세 서), 同盟(한가지 동)

萌 싹 맹(총12획). 밝은 빛(明)을 보기 위해 땅을 뚫고 돋아나는 싹(艹)의 뜻이다. 萌芽(싹 아)

217

務 힘쓸 무(총11획). 창(矛)을 휘두르고 치며(攵) 힘써(力) 무예연습을 한다는 뜻이다. 義務(옳을 의), 勤務(부지런할 근)

霧 안개 무(총19획). 힘써(務) 노력하는 사람에게 비(雨) 정도는 안개에 불과하다는 뜻이다. 五里霧中(다섯 오, 마을 리, 가운데 중)

柔 부드러울 유(총9획). 창(矛)의 자루를 만드는 나무(木)는 그 재질이 좀 부드러워야 한다는 뜻이다. 柔道(길 도), 柔能制剛(능할 능, 제압할 제, 굳셀 강)

茅 띠 모(총9획). 띠- 산이나 들의 볕이 잘 드는 곳에 자라는 풀. 잎의 길이가 20~50cm 정도로 끝이 뾰족하다. 한방에서 열을 내리게 하는 약재로 쓰인다. 잎의 끝이 창(矛)처럼 뾰족한 풀(艹)이 띠라는 뜻이다. 茅屋(집 옥)

010
회의자   某國(나라 국), 某氏(성씨 씨)

(총9) 달 甘과 나무 木이 합해져서, 처음에 시지만 오래물고 있으면 단맛(甘)이 생기는 나무(木) 열매인 '매실'이 원뜻이었다. 누구나, 아무나 먹을 수 있는 것이라는 데서 '아무'의 뜻이 나왔다.

아무 모

謀 꾀 모(총16획). 이런저런 쓰라린 맛(某)을 참아가며 여러 가지 논의(言)를 통해, 난관을 극복해 가려는 대책이 바로 '꾀'라는 뜻이다. 謀略(간략할 략), 謀陷(빠질 함)

媒 중매 매(총12획). 아무개 처녀(某)와 아무개(某) 총각을 연결시켜주는 여자(女)가 중매쟁이라는 뜻이다. 仲媒(버금 중), 觸媒(닿을 촉)

218

011

卯 토끼/무성할 묘

| 상형자 | 卯時(때 시) |

갑골문을 보면, 어떤 물건을 반으로 자른 모습이다. 그래서 '자르다', '죽이다'의 파생의가 생겼다.

昴 별이름 묘(총9획). 해(日)처럼 하늘에 떠있는 별을 의미한다. 卯는 소리부이다. 昴星(별 성)

留 머무를 류(총10획). 농작물을 낫으로 잘라(卯) 밭(田) 위에 '남겨 놓음'을 뜻했다. 다른 농부가 올 때까지 잠시 '머물러' 그것을 지키고 있어야 하므로 '머무르다'의 뜻이 생겼다. 留學(배울 학), 保留(지킬 보)

劉 묘금도/죽일 류(총15획). 쇠(金)로 만든 칼(刂)로 잘라서(卯) 죽인다는 뜻이다. 속칭 묘금도(卯金刀)류 라고도하며 성씨로도 쓰인다. 劉備(갖출 비)

柳 버들 류(총9획). 분리하기(卯) 쉬운 나무(木)인 버드나무를 의미한다. 버드나무는 물이 오르면 껍질과 속이 쉬 분리(卯)되는 속성이 있다. 버들피리도 만든다. 楊柳(버들 양), 柳眉(눈썹 미)

貿 무역할 무(총12획). 나누어진(卯) 두 나라 사이에서 재물(貝)을 사고파는 행위인 무역을 뜻한다. 貿易(바꿀 역), 外貿(바깥 외)

012

無 없을 무

| 상형자 | 無名(이름 명), 無道(길 도) |

무당이 손에 소의 꼬리나 나뭇가지를 들고 춤을 추는 모습이다. 원뜻은 춤추다(舞)이다. 악귀를 없애는(無) 의식을 행하는 것이다 보니 '없다'의 뜻으로만 쓰이자 無에 두 발(舛)을 합쳐 '舞(춤출무)를 만들었다.

舞 춤출 무(총14획). 無에 춤추는 사람의 두 발(舛)을 더한 글자이다. 舞姬(계집 희), 舞踊(뛸 용)

013

글월문

| 상형자 | 文學(배울 학), 文字(글자 자) |

《설문해자》에서는 '교차된 무늬'(錯畫也, 象交文.)라 했지만 갑골문에 의하면 '문신'이 원뜻임을 알 수 있다. 성인 남자의 가슴에 문신을 새긴 것을 본뜬 것이다. 몸에 글도 새기므로, '글', '무늬'의 뜻이 파생되었다.

紋 무늬 문(총10획). 비단(糸)에 무늬(文)를 새긴다는 뜻이다. 紋樣(모양 양), 指紋(손가락 지)

紊 문란할/어지러울 문(총10획). 실(糸)로 글씨(文)를 흉내 내어 쓰면 어지러워 보인다는 뜻이다. 文이 糸 위에 있어 누르고 있다. 부정적인 의미에서 '어지럽다'로 생각할 것. 紋과 구별. 紊亂(어지러울 란), 紊棄(버릴 기)

閔 성(姓) 민(총12획). 글(文)하는 가문(門)인 민씨 가문으로 외우면 된다. 閔泳煥(헤엄칠 영, 빛날 환)

憫 민망할 민(총15획). 글(文)공부는 하였으나 급제하지 못하여 집(門)에 들어가기 민망한 선비의 마음(忄)을 나타낸 글자이다. 憫惘(멍할 망), 憐憫(불쌍히 여길 련)

玟 옥돌 민(총8획). 무늬(文)를 넣을 수 있는 아름다운 옥돌(玉)을 뜻한다. (人名字)

旻 하늘 민(총8). 햇살(日)이 무늬(文)처럼 퍼지는 파란 가을 하늘을 의미한다. (人名字)

旼 화할 민(총8). 따뜻한 볕(日)을 받으며 글공부(文)하는 모습이 평화로워 보인다는 데서 '화하다'의 뜻이 되었다. (人名字) 秀旼(빼어날 수)

汶 물이름 문(총7획). 氵(물 수)가 의미부, 文이 소리부로 들어갔다.

014

말물

| 상형자 | 勿論(논할 론), 勿忘草(잊을 망, 풀 초) |

쟁기질을 할 때 갈라지는 흙덩이를 그렸다는 견해와 칼에 묻은 핏방울이라는 견해가 양립하고 있다. 《설문해자》에서는 휘날리는 깃발이라 했는데 갑골문을 보면 믿기 어렵다. 칼에 피 묻히는 일은 하지 말라(勿)에서 보면 후자가 맞는 것 같다.

物 물건/만물 물(총8획). 소(牛)를 칼로 (勿) 잡으면 많은 물건을 얻을 수 있다는 데서 '물건', '만물'의 뜻이 나왔다. 物件(물건 건), 物體(몸 체)

忽 갑자기/문득 홀(총8획). 해서는 아니 되는(勿) 나쁜 생각이 마음(心) 속에서 갑자기, 문득 떠오를 때가 있다는 뜻이다. 忽然(그럴 연), 忽必烈(쿠빌라이의 중국식 표기)

015

未

아닐 미

| 상형자 | 未成年(이룰 성, 해 년), 未來(올 래) |

나무에 뻗기 시작하는 나뭇가지를 그렸다. 여기서 '어리다, 조금, 아직~하지 않다'는 뜻까지 확대되어 사용되었다. 不과는 조금 달리 '아직~않다'의 뜻이다.

味 맛 미 (총8획). 아직 먹어보지(口) 아니했어도(未) 음식의 맛을 알 수 있다는 뜻이다. 山海珍味(메 산, 바다 해, 보배 진), 趣味(뜻 취)

妹 아랫누이 매 (총8획). 나보다 어린(未) 여자(女) 형제를 뜻한다. 兄弟姉妹(맏 형, 아우 제, 손윗누이 자), 妹夫(지아비 부)

昧 어두울 매 (총9획). 해(日)가 아직 뜨지 아니하여(未) 세상이 어둡다는 뜻이다. 蒙昧(어릴 몽), 讀書三昧

寐 잠잘 매 (총12획). 퇴근하여 집(宀)에 왔는데 피로가 풀리지 않으니(未) 침대(爿)에서 잠을 잔다는 의미이다. 寤寐不忘, 寐語

魅 매혹할 매 (총15획). 귀신(鬼)이 사람을 제정신이 아니게(未) 만든다는 데서 매혹하다의 뜻이 나왔다. 彩(도깨비 매)와 同字인데 彩는 번쩍번쩍(彡) 도깨비불을 발하는 도깨비(鬼)를 뜻한다. 魅了(마칠 료), 魅惑(미혹할 혹)

016

民

백성 민

| 상형자 | 人民(사람 인), 民主(주인 주) |

目에 丨(뚫을 곤)으로 이루어져서 한쪽 눈을 송곳으로 찌른 모습이다. 고대 중국에서는 전쟁포로들을 끌어와서 한쪽 눈을 멀게 한 다음 거리감을 없애 도망가기 불편하게 만들었던 것이다. 원뜻은 '노예'였으나 뜻이 확대되어 '백성'을 나타낸다.

眠 잠잘 면 (총10획). 노동력을 착취당하는 노예(民)의 눈(目)은 피곤하기 때문에 항상 잠자고 싶어 한다는 뜻이다. 睡眠(졸음 수), 冬眠(겨울 동)

珉 옥돌 민 (총9획). 노예들이(民) 채취해 온 옥돌(玉)이라는 뜻이다.

221

소리글자 비읍(ㅂ)

001

反

돌이킬 반

| 회의자 | 反對(대할 대), 反感(느낄 감) |

언덕을(厂) 기어오르는 손(又)을 그렸다. 언덕을 내려오지 않고 반대로(反) 올라간다는 뜻이다. '돌이키다', '반대'의 뜻이 있다.

返 돌이킬 반/돌아올 반 (총8획). '反'의 뜻을 강화하기 위해 '辶'이 들어갔다. 길을 가다가(辶) 반대로 (反) 돌아온다는 뜻이다. 返納(들일 납), 返還(돌아올 환)

板 널 판/널빤지 판 (총8획). 나무의(木) 한쪽을 매끈하게 밀고 또 반대쪽도(反) 매끈하게 미니 널빤지가 되었다는 뜻이다. 黑板(검을 흑), 看板(볼 간)

版 판 목/조각 판 (총8획). 판목→인쇄를 위해 글씨를 새긴 나무. 인쇄를 위해 글자의 조각을(片 조각 편) 나무에 반대로(反) 새겨 놓은 것이 판목이라는 뜻이다. 出版(날 출), 版木(나무 목)

販 팔 판 (총11획). 싸게 사들여 온 재물(貝)을 이윤을 붙여 반대로(反) 내다 판다는 뜻이다. 販賣(팔 매), 街販(거리 가)

飯 밥 반 (총13획). 밥(食)·반(反)으로 외우자! 白飯(흰 백), 飯店(가게 점)

叛 배반할 반 (총9획). 같은 편의 절반이(半) 반대하며(反) 떠나가는 것이 배반이라는 뜻이다. 背叛(등질배), 叛亂(어지러울 란)

阪 언덕 판 (총7획). 반대로(反) 거슬러 오르기 힘든 언덕(阝)이라는 뜻이다. 山阪, 大阪(오사카)

002 般

일반 반

회의자   **一般的(과녁 적)**

'舟'에 노를 잡은 손(殳)이 합해졌다. 원뜻인 '선회하다'에서 '돌다', '일반적이다'의 뜻으로 파생되었다. 일반적인 배는 노에 의해 전진하기도 돌기도 하기 때문이다.

盤 쟁반 반/소반 반(총15획.) 일반적인(般) 음식을 담을 수 있는 넓은 그릇(皿그릇 명)인 쟁반을 의미한다. 盤石(돌 석), 音盤(소리 음)

搬 운반할 반(총13획). 일반적인(般) 물건은 손(殳)으로 옮길 수 있다는 뜻이다. 運搬(옮길 운), 搬入(들입)

003 半

반반

회의자   **半島(섬 도)**

'八'과 '牛'가 합쳐진 글자이다. '八'은 '나누다'는 의미로, 제사에 쓰일 소를(牛) 반으로 나눈다는(八) 의미이다.

伴 짝 반(총7획). 사람의(亻) 또 다른 반쪽(半)이 그의 짝이라는 것을 의미한다. 伴侶(짝 려), 同伴者(같을 동, 놈 자)

判 판단할 판(총7획). 칼로(刂) 정확하게 절반으로(半) 나누듯이 확실하게 판단함을 의미한다. 判決(결단할 결), 判斷(끊을 단)

004 犮

달릴 발

회의자

'犬'에 丿(삐침 별)이 더해져서 개가 달린다는 뜻을 나타낸다

拔 뽑을 발(총8획). 손으로(扌) 개의(犬) 털을(丿) 뽑는다는 뜻이다. 選拔(가릴 선), 拔本塞源(근본 본, 막을 색, 근원 원)

髮 터럭 발(총15획). 개의(犬) 긴(長) 털을(丿, 彡)을 의미한다. 사람의 머리칼의 뜻도 파생되었

223

다. 毛髮(털 모), 理髮(다스릴 리)

형성자   芳年(해 년), 芳名錄(이름 명, 기록할 록)

풀과(艹) 꽃이 여러 방향에(方) 있어서 향기가 높고 꽃답다는 뜻이다. '方'은 쟁기를 본뜬 글자로 '네모', '방향', '모서리' 등의 뜻을 갖는다.

꽃다울 방

妨 방해할 방(총7획). 고대 남성중심사회가 만든 글자이다. 여자가(女) 여러 방면(方)으로 진출하고자하나 사회는 그녀의 길을 방해한다는 뜻이다. 妨害(해할 해), 無妨(없을 무)

防 막을 방(총7획). 여러 방향이(方) 다 언덕으로(阝) 막혀 있다는 뜻이다. 防衛(지킬 위), 防禦(막을 어)

放 놓을 방(총8획). 짐승들을 여러 방향으로(方) 가도록 툭툭 쳐준다(攵)는 뜻으로 '놓아주다'의 뜻이다. 釋放(풀 석), 解放(풀 해)

房 방 방(총8획). 집(戶)의 여러 방향에(方) 만들어져 있는 공간인 '방'을 의미한다. 工夫房(장인 공, 지아비 부), 茶房(차 다)

訪 찾을 방(총11획). 궁금한 것을 참지 못하여 여러 곳(方)에 있는 전문가들에게 묻고 말하기(言) 위해 찾아 다닌다는 뜻이다. 訪問(물을 문), 探訪(찾을 탐)

倣 본뜰 방/모방할 방(총10획). 사람은 학습의 동물이라 가르쳐주지 않아도 삶의 기본을 스스로 배운다. 사람은(亻) 그냥 내버려(放) 두어도 남을 본뜨고 모방하며 학습한다는 뜻이다. 模倣(본뜰 모), 倣似(비슷할 사)

紡 길쌈 방(총10획). 길쌈→실을 내어 옷감을 짜는 일의 총칭. 실을(糸) 여러 방향으로(方) 지나가게 하여 길쌈한다는 뜻이다. 紡織(짤 직), 紡績(길쌈할 적)

旁 두루 방/곁 방(총10획). '方'은 소리부이고 나머지는 왜 있는지 알 수 없다. 대학자인 허신(許愼) 선생도 모른다고 했다. '立'과 '冖'(덮을 멱)으로 보고, 어떤 방면으로(方) 출세해서 입신(立身)하고 싶으나 상황이 여의치 않아(冖) 곁을 맴돌 수밖에 없다고 외우자! 旁死魄(죽을 사, 넋 백)

傍 곁 방(총12획). '旁'을 강조하기 위해 '亻'이 들어갔다. 傍觀(볼 관), 傍系(맬 계)

006

倍 곱 배/갑절 배

형성자 | 倍數(셈 수), 倍加(더할 가)

'亻'과 '立', 'ㅁ'로 이루어졌다. '亻'을 뺀 나머지 글자는 다시 '立'과 'ㅁ'로 이루어져 '함께 말하다'의 뜻이다. 따라서 사람들이(亻) 모여 함께 토론을(立+ㅁ) 통해 일을 추진하면 '곱절'의 성과를 올릴 수 있다는 뜻이다.

培 북돋을 배 (총11획). 북돋우다→기운·정신 따위를 더욱 높여 주다. 비유되어, 식물을 배양한다는 뜻으로도 쓰인다. 여러 사람들이 함께(立+ㅁ) 식물을 지탱하는 흙을(土) 엎고 거름을 주며 북돋운다는 뜻이다. 培養(기를 양), 栽培(심을 재)

賠 물어줄 배 (총15획). 돈으로 물어주다, 배상하다의 뜻이다. 채무자와 채권자가 함께(立+ㅁ) 대화를 통해 줄 돈과(貝) 받을 돈(貝)을 결정한다는 뜻으로 '물어주다'의 뜻이 되었다. 賠償(갚을 상)

部 떼 부/거느릴 부 (총11획). 여러 사람들이 함께(立+ㅁ) 마을에(阝) 떼 지어 살고 있으니 그들을 잘 거느려야 한다는 뜻이다. 部品(물건 품), 部族(겨레 족)

剖 쪼갤/가를 부 (총10획). 모여 살던 사람들이(立+ㅁ) 서로의 정이 쪼개져서 칼(刂)을 들고 싸운다는 데서 쪼개다, 가르다의 뜻이 나왔다. 解剖(풀 해)

007

白 흰 백

상형자 | 白頭山(머리 두, 메 산), 白髮(터럭 발)

쌀알, 태양, 엄지손가락 등 여러 가지 설이 있으나, 엄지손가락이 가장 유력해 보인다. 그래서 '희다'의 뜻 외에 '첫째', '맏'의 뜻도 들어있다.

伯 맏 백 (총7획). 여러 형제들(亻) 중 첫 번째(白)의 사람이 맏이라는 뜻이다. 伯·仲·叔·季(버금 중·아재비 숙·막내 계)→네 명의 형제 순서를 나타내는 말. 옛날에는 字(두번째이름)에 이 글자들을 써서 그가 몇째 아들인가를 알 수 있게 했다. 伯대신에 孟(맏 맹)을 쓰는 경우도 있다.《삼국지》의 조조의 자(字)는 孟德이므로 그가 첫째 아들임을 알 수 있고, 손권의 字는 仲謀이니 그는 둘째였으며, 管鮑之交의 管仲은 둘째, 鮑叔牙는 셋째 아들이었다.

百 일백 백 (총6획). 100은 '白'으로 사용했으나, '희다'의 뜻이 강해지자 숫자 '一'을 더해 '百'을 만들었다. 百發百中(필 발, 가운데 중)

柏 잣나무 백 (총9획). 하얀(白) 잣이 열리는 나무(木)라는 뜻이다. 松柏(소나무 송)

帛 비단 백(총8획). 의미부인 巾과 소리부인 白(흰 백)이 더해졌다. 희고(白) 고운 비단(巾)을 의미한다. 帛書

拍 칠 박(총8획). 손(扌)으로 빽! (白)소리가 나도록 치고 때린다는 뜻이다. 拍手, 拍掌大笑(손 바닥 장, 웃음 소)

迫 꿉박할 박/닥칠 박(총9획). 얼굴이 하얗게(白) 질려 달아나는(辶) 것은 남에게 꿉박을 받거나 좋지 않은 일이 닥쳤다는 뜻이다. 逼迫(꿉박할 핍), 開封迫頭(열 개, 봉할 봉, 머리 두)

泊 머무를 박/배댈 박(총8획). 하얀(白) 물거품을(氵) 내며 배를 항구에 대고 그곳에 머무른다는 뜻이다. 碇泊(닻 정), 民泊(백성 민)

舶 배 박/큰 배 박(총11획). 매우 커서 확실하고 명백(白)하게 잘 보이는 배(舟)를 의미한다. 船舶(배 선)

碧 푸를 벽(총14회). 옥의(玉) 원석(石)이 희다(白)못해 푸른빛까지 띤다는 뜻이다.

魄 넋 백(총15획). 흰(白) 소복을 입은 귀신(鬼)은 망자의 넋이 변한 것이라는 뜻이다. 魂魄(넋 혼), 魂飛魄散(날 비, 흩어질 산 몹시 놀라 넋을 잃음)

貊 맥국 맥/북방민족 맥(총13획). 백 마리의(百) 짐승들과(豸) 함께 사는 미개한 북방 종족이라는 뜻으로 사용된 글자이다. '貊'은 중국의 역사서에서 고구려인을 지칭했고, 濊(깊을 예/더러울 예)자는 고조선을 가리켰다. 흔히 '濊貊'이라 하여 우리 한민족을 의미한다. '濊族(겨레 족)'과 '貊族' 모두 東夷에서 分派(물결 파)된 민족으로, 우리민족 형성의 근간이 되었다.

상형/ 형성자	番號(이름 호), 順番(순할 순)

'釆(분별할 변)'과 '田(밭 전)'이 합해졌다. '釆'은 발톱이 뾰족한 짐승의 발자국이고, '田'은 발가락이 뭉툭한 짐승의 발자국이다. 따라서 '番'은 '짐승의 발자국'이 원뜻이었으나, 발자국이 '차례'로 찍혀 짐승이 어디로 사라졌는지 알려준다고 해서 '살펴보다', '차례'의 뜻이 파생되었다.

播 뿌릴 파(총15획). 밭에서 순서와 차례(番)를 지켜 손으로(扌) 씨를 뿌린다는 뜻이다. 播種(씨 종), 傳播(전할 전)

飜 번역할 번/뒤칠 번(총21획). 자국의 문학작품을 외국에 날려(飛) 보내려면 꼼꼼히 살펴(番) 번역해야한다는 뜻이다.

뒤칠 번→뒤치다 : 뒤집거나 엎어놓다. 날던(飛) 새가 땅을 잘 살피다가(番) 먹이를 발견하고, 잡기위해 갑자기 몸을 뒤집는 데서 '뒤치다'의 뜻이 나왔다. '翻'으로 써도 뜻은 같다. 飜譯(번역할 역), 飜覆(덮을 복)

潘 성 반/쌀뜨물 반(총15획). 쌀을 잘 살펴(番) 씻은 후에 남은 물(氵)이 쌀뜨물이라는 뜻이다. 주로 성씨에 쓰이는데 반기문(潘基文)사무총장의 경우이다.

磻 반계(磻溪) 반(총17획). 돌이(石) 잘 보이는(番) 계곡을 이르는 글자이다. 강태공이 여기에서 세월을 낚았다고 한다.

009	회의자	征伐(칠 정), 伐草(풀 초)
伐	\multicolumn{2}{}{창으로(戈) 사람을(亻) 친다는 뜻이다. 확대되어 '베다', '정벌하다'의 뜻도 있다.}
칠벌		

筏 뗏목 벌(총12획). 대나무를(竹) 쳐서(伐) 베어내어 엮어서 뗏목을 만든다는 뜻이다. 筏夫(지아비 부)

閥 문벌 벌(총14획). 문벌-) 대대로 내려오는 사회적 신분이나 지위. 가문(家門)이라는 뜻에서 '門'이 들어갔다. 고대의 문벌은 왕조가 성립함으로써 주로 만들어졌다. 초대 왕을 도와 전쟁을 치른 장군과 공신들이 제후로 봉해지면서 문벌이 형성되기 때문이다. 그래서 '전쟁'의 뜻인 '伐'이 들어갔다. 門閥(문 문), 財閥(재물 재)

010	형성자	氾濫(넘칠 람)
氾	\multicolumn{2}{}{'巴(병부 절)'은 사람이 무릎 꿇고 있는 모습이다. 둑이나 제방이 넘쳐 사람(巴)이 물(氵)에 잠길 정도가 되었다는 뜻이다.}
넘칠 범		

犯 범할 범(총5획). 개가(犭=犬) 사람을(巴) 습격하여 범했다는 뜻이다. 犯人, 犯罪(허물 죄)

範 법 범(총15획). 원뜻은 '산행을 떠나기에 앞서 길에서 지내는 제사(範軷也)'이다. 도제(道祭)에 있어서 지킬 법도를 의미했다. 竹(책)·車·巴(사람)로 보고 사람이(巴) 차를(車) 운전할 때 교통법규(법)를 알기 위한 책(竹)을 보다 로 외우면 된다. 規範(법 규), 相範(서로 상)

范 성씨 범/풀이름 범(총9획). 물이 넘치는(氾) 곳에서도 잘 자라는 생명력이 끈질긴 풀(艹)을 의미한다. 뜻이 좋아 성씨로도 쓰인다. 范增(더할 증 '항우'를 도왔던 책사)

011	상형자	平凡(평평할 평), 凡石(돌 석)
凡	돛을 본뜬 글자이다. 무릇 평범한 배에는 돛이 다 있었기에 '무릇'이란 뜻으로 더 많이 쓰이자 '帆(돛 범)'을 다시 만들었다.	
무릇 범		

汎 넓을 범(총6획). 돛을(凡) 단 배가 넓은 바다로(氵) 나간다는 뜻이다. 汎愛(사랑 애), 汎國民(나라 국, 백성 민)

012	회의자	
辟	죄수(尸)·집행자(口)·형벌도구(辛)가 합해졌다. 본뜻은 형벌에 관한 '법(法)'이다. 나중에 이 형벌의 주재자(主宰者)인 '임금'을 뜻하게 되었다.	
임금 벽		

壁 벽 벽(총16획). 임금님을(辟) 지키기 위해 흙(土)으로 쌓은 벽을 뜻한다. 壁紙(종이 지), 壁畵 (그림 화)

避 피할 피(총17획). 형벌(辟)로부터 달아나서(辶) 피한다는 뜻이다. 避難(어려울 난), 避暑(더울 서)

僻 궁벽할 벽(총15획). 궁벽하다→매우 후미지고 으슥하다. 窮僻 : 형벌을(辟) 피해 사람이 (亻) 없는 궁벽한 곳에 숨는다는 뜻이다. 窮僻(다할 궁), 僻村(마을 촌)

013
남녘 병

상형자   **丙子胡亂(오랑캐 호, 어지러울 란)**

물건의 받침대, 물고기의 꼬리 등의 설이 있으나, 확실하지 않다. 한(一) 사람(人)이 울타리의(冂) 남쪽에 있다고 외우면 된다. 지금은 천간(天干)의 하나로 쓰인다.

病 병 병(총10획). 병(疒)·병(丙)으로 간편하게 외우자! 病院(집 원), 病者(놈 자)

炳 불꽃 병(총9획). 불꽃(火)·병(丙). 남쪽의(丙) 따뜻한 이미지와 불화(火)가 합해졌다. 炳然 (그럴 연 인명자)

昺 밝을 병(총9획). 남향(丙)으로 집을 짓는 이유는 햇볕(日)을 받아 밝기 때문이다.

昺 밝을 병(총9획). '昺'과 동자(同字)

柄 자루 병(총9획). 남쪽의(丙) 따뜻한 볕을 받고 잘 자란 나무가(木) 튼튼하므로 어느 도구의 손잡이인 자루(柄)로 쓰일만하다의 뜻이다. 國柄(나라 국), 斗柄(말 두)

014
아우를 병

회의자

두 사람이 나란히(二)서있다는 뜻으로 '함께', '아우르다'의 뜻을 갖는다.

屛 병풍 병(총11획). 시신과(尸) 문상하는 두 사람(幷) 사이에 병풍을 세운다는 뜻이다. 屛風 (바람 풍)

倂 아우를 병(총10획). '幷'의 뜻을 강화하기 위해 '亻'을 더했다. 倂合, 倂呑

015
넓을 보

형성자   **普及(미칠 급), 普通(통할 통)**

두 개의 '立(설 립)'과 '日'이 합해졌다. 여러 사람들을(立, 立) 널리 비추어주는 해(日)라는 데서 '넓다'의 뜻이 되었다.

譜 족보 보(총19획). 전국에 널리(普) 퍼져 있는 자손의 명단을 말로(言) 다 할 수 없어서 적어

놓은 책이 족보라는 뜻이다. 族譜(겨레 족), 年譜(해 년)

譜 물이름 보(총15획). 넓고(普) 길게 흐르는 강(氵)의 이름이다. 尹潽善(성 윤, 착할 선)

016	회의자	杜甫(막을 두), 甫炅(빛날 경)

'田'과 'ㄐ(싹날 철)'이 합해졌다. 원뜻은 '밭'이다. 밭에서 일하는 건장한 '사나이', '크다' 등으로 뜻이 파생되었다.

클보

補 기울 보(총12획). 옷에(衤) 큰(甫) 구멍이 나면 기워야한다는 뜻이다. 補充(채울 충), 補助(도울 조)

輔 도울 보(총14획). 원뜻은 '수레의 덧방나무이다.(덧방나무 수레의 양쪽 가장자리에 덧대는 나무)수레의(車) 양쪽에 대는 큰(甫)나무인 덧방나무를 뜻한다. 수레가(車) 빨리 달릴 수 있게 큰(甫) 도움을 주는 부속이므로 '돕다'의 뜻이 되었다. 輔車相依(서로 상, 수레 거, 의지할 의), 輔導(인도할 도)

浦 물가 포/개 포(총10획). 개→강이나 내에 바닷물이 드나드는 곳. 강이나(氵) 내에(氵) 큰(甫) 바닷물이 드나드는 곳을 '개'라고 한다. 浦口(입 구), 浦港(항구 항)

捕 잡을 포(총10획). 손을(扌) 크게(甫) 벌려 물건을 잡는다는 뜻이다. 捕獲(잡을 획), 捕卒(군사 졸)

哺 먹일 포(총10획).입(口)에 많은(甫) 음식을 넣어 먹인다는 의미이다. 反哺之孝, 吐哺, 哺乳類

葡 포도 포(총13획). 큼직한(甫) 알맹이가 넝쿨에 싸여(勹) 있는 식물(艹)인 '포도'를 뜻한다. 葡萄(포도 도)

鋪 펼 포/가게 포(총15획). 큼직한(甫) 쇠붙이들(金), 망치·삽·곡괭이 등을 쭉 펼쳐 놓고 파는 '가게'를 뜻한다. 店鋪(가게 점), 典當鋪(법 전, 마땅 당)

傅 스승 부(총12획). 'イ'과 '尃(펼 부)'가 합해졌다.(尃: 농작물을 밭에(甫) 손으로(寸) 나란히 깔 듯 심는다는 데서 '펴다', '깔다'의 뜻이 되었다.) 농사일도 아무나 하는 것이 아니므로 사람들이(イ) 밭일(尃)을 배울 때 농부를 스승으로 삼아야 한다는 뜻이다. 師傅(스승 사), 大傅

敷 펼 부(총15획). '尃'를 강조하기 위해 여러 방향으로 편다 해서 '方(모 방/방향 방)'과 맨손(寸)이 아닌 농기구를 든 손이라는 뜻에서 '攵(칠 복)'이 들어갔다. '尃'와 뜻이 같다. 敷地

(땅 지), 敷衍(넓을 연)

簿 문서 부(총19획). 대나무로 만든 책에(竹) 농사지을 때(甫·寸) 사용한 물의(氵) 양과 비용을 적었다는데서 '문서'의 뜻이 되었다. 帳簿(장막 장), 簿記(기록할 기)

博 넓을 박(총12획). 많은(十) 농작물을 밭에(甫) 심으려면(寸) 밭이 넓어야 한다는 뜻이다. 明博(밝을 명), 博士(선비 사)

017	형성자	幸福(다행 행), 祝福(빌 축)
福 복 복		제탁과(示) 술병이 합쳐진 글자다. 조상께 술을 올리고 복을 빈다는 뜻이다.

幅 폭 폭/너비 폭(총12획). 너비→평면이나 넓은 물체의 가로를 건너지른 거리. 술 단지의 위를 헝겊(巾)으로 덮으려면 주둥이의 너비를 재야한다는 뜻이다. 步幅(걸음 보), 江幅(강 강)

富 부자 부/가멸 부(총12획). 가멸다→재산이 넉넉하고 많다. 집에(宀) 술병(특히 양주)이 많으니, 이 집 주인은 부자라는 뜻이다. 富者(놈 자), 富裕(넉넉할 유)

副 버금 부(총11부). 술병은 재산을 의미하고, 칼(刂)은 권력을 의미한다. 재산이 많다 하더라도 권력(刂)앞에서는 두 번째에 불과하다는 뜻이다. 副詞(말 사), 副業(일 업)

018	상형자	占卜(점칠 점), 卜債(빚 채)
卜 점 복		고대에는 거북이의 배딱지를 불에 구워 점을 쳤었다. '卜'은 거북껍질이 갈라진 틈을 그린 것이다.

赴 다다를 부(총9획). 점을(卜) 보러 달려가서(走) 점집에(卜) 다다랐다는 뜻이다. 赴任(맡길 임), 赴援(도울 원)

朴 성 박/소박할 박(총6획). '卜'은 소리부로 쓰였으며, 원뜻은 '통나무'이다. '樸(통나무 박)'의 약자로 쓰였는데 가공되지 않은 통나무의 소박함을 강조하며 독립적인 글자로 변해 갔다. 素朴(흴 소), 厚朴(두터울 후)

訃 부고 부(총9획). 부고(訃告) - 사람의 죽음을 알리는 것. 言(말씀 언)이 의미부, 卜이 소리부로 들어갔다. 불길한 점괘(卜)를 알린다(言)는 의미였다. 확대되어 죽음을 알린다는 뜻이되었다. 訃告, 訃音

019

夏

옛길다시갈 복

형성자

'夊(천천히 쇠)'는 발의 상형으로 '止'가 거꾸로 된 모습이다. 설문해자에서는 갔던 길을 다시 가다(行故道也)라고 했으나 갑골문과 금문을 보면 발(夊)위에 있는 물건은 커다란 포대모양의 풀무(불을 피울 때 바람을 일으키는 도구)이다. 발로 반복해서 밟는 것, 바람이 왔다 갔다 하는 동작의 반복 등에 착안해서 '오가다', '반복하다', '회복하다'의 뜻이 파생되었고 부풀어 오른 풀무의 바람주머니 모양때문에 '빵빵한 모습'의 뜻도 담겨 있다.

復 회복할 복/다시 부(총12획). '夏'의 뜻을 강조하기 위해 'イ(걸을 척)'을 붙였다. 갔던 길을 (イ) 다시 (夏) 간다는 뜻이다. 復古(옛 고), 回復(돌 회), 復活(살 활)

覆 덮을 부(복)/엎어질 복(총18획). 열린 것을 다시(復) 덮는다(襾)는 뜻이다. 원래 '덮는다'의 뜻일 때는 '부'로 읽어야 하는데 '覆載(부재, 덮고 실은 것→하늘과 땅)'를 제외하고는 거의 모든 용례에서 '복'으로 읽고 있는 추세이다. '覆面强盜'의 경우 얼굴을 덮은 강도인데, 복면강도로 읽고 있고, '覆蓋'는 그냥 '덮개', '뚜껑'이므로 '부개'로 읽어야 함에도 '복개'로 읽고 있다. 아마도 '復'이 '부'보다는 '복'으로 많이 읽히므로 '覆'의 음(音)에 영향을 준 것 같다.

腹 배 복(총13획). 우리 몸(月)에서 풀무처럼(夏) 부풀어 오르는 부위인 '배'를 뜻한다. 腹部(거느릴 부), 腹痛(아플 통)

複 겹칠 복(총14획). 옷(衤)위에 다시(夏→復을 생략) 겹쳐 입는다는 뜻이다. 複寫(베낄 사), 複製(지을 제)

馥 향기 복(총18획). 꽃이 향기를(香) 불룩할 정도로(夏) 품고 있다가 내뿜는다는 의미이다. 李元馥

020 **丰** 예쁠 봉	상형자	張三丰 : 태극권의 창시자
	자라나는 풀의 모습이다. '무성하다', '예쁘다'의 뜻이 있다. 중국에서는 '豊(풍년 풍)'의 간체자로 사용 중이다.	

峯 봉우리 봉(총10획). 풀이 무성한(丰) 산을(山) 천천히 오르다(夂뒤져올 치, 발의 상형, 止의 변형) 보면 산의 봉우리까지 가게 된다는 뜻이다. 雪峰(눈 설), 拜峯(절 배)

逢 만날 봉(총11획). 예쁜(丰)님을 만나기 위해 발로(夂) 걸어간다(辶)는 뜻이다. 相逢(서로 상), 逢着(붙을 착)

蜂 벌 봉(총13획). 예쁜(丰) 꽃 위를 걸어 다니며(夂) 꿀을 따는 벌레인(虫) '벌'을 뜻한다. 養蜂(기를 양), 蜂起(일어날 기)

蓬 쑥 봉(총15획). (단군신화에서) 곰이 사람으로서 환웅을 만나기 위해(逢) 괴로움을 참고 먹었던 풀(艹)이 쑥이라는 뜻이다. 蓬頭亂髮(머리 두, 어지러울 란, 터럭 발), 蓬萊山(명아주 래, 메 산)

縫 꿰맬 봉(총17획). 뜯어진 옷의 양쪽을 만나게(逢)해서 실로(糸) 꿰맨다는 뜻이다. 縫合(합할 합), 縫製(지을 제)

邦 나라 방(총7획). 꽃처럼 예쁜(丰) 고을이(阝) 모여 나라가 된다는 뜻이다. 友邦(벗 우), 劉邦(성 류)

奉 받들 봉(총8획). '丰'에 '廾(두 손으로 받들 공)'이 더해졌다. 두 손으로(廾) 풀을(艹) 받든다는 뜻이다. 奉秀(빼어날 수), 奉祝(빌 축)

021 **付** 줄 부	회의자	付託(부탁 탁), 交付(사귈 교)
	사람에게(亻)손으로(寸) 어떤 물건을 준다는 뜻이다.	

府 관청 부(총8획). 문서를 서로 주고(付) 받는 집(广)인 관청을 의미한다. 政府(정사 정), 司憲府(맡을 사, 법 헌)

腐 썩을 부(총14획). 관청과(府) 고기는(肉) 쉽게 썩고 부패할 수 있다는 뜻이다. 腐敗(패할 패), 豆腐(콩 두)

符 부호 부/부신 부 (총11획). 부신→대나무 조각에 부호나 글씨를 쓰고 쪼개어 나누어 갖고, 나중에 서로 맞추어 증거로 삼던 물건으로 주로 임금이 신하에게 주어 군사 동원 명령을 내릴 때 사용했다. 대나무로(竹) 만든 것으로 임금이 신하에게 준(付) 부신을 뜻한다. 부신에는 특수한 부호를 새겨 넣었으므로 '부호'의 뜻도 생겼다.

附 붙을 부 (총8획). 언덕은(阝) 산에 주어진(付) 것으로 산에 붙어 있다는 뜻이다. 附錄(기록할 록), 附屬(붙을 속)

022	회의자	分野(들 야), 分析(쪼갤 석)
分 나눌분		''八'과 '刀'가 합해졌다. '八'에는 '갈라지다', 나누다 '의 뜻이 있다. 하나의 물건이 두개로 나뉜 모습이기 때문이다.

粉 가루 분 (총10획). 쌀알(米)을 나누면(分) 가루가 된다는 뜻이다. 粉食(먹을 식), 粉乳(젖 유)

貧 가난할 빈 (총11획). 재물을(貝) 나누어 가져서(分) 몫이 적어 가난하다는 뜻이다. 貧妻(아내 처), 貧困(곤할 곤)

紛 어지러울 분 (총10획). 실을(糸) 여러 도막으로 나누니(分) 어지러워졌다는 뜻이다. 紛爭(다툴 쟁), 紛失(잃을 실)

芬 향기로울 분 (총8획). 풀이나(艹) 꽃의(艹) 향기가 여러 방향으로 퍼져서(分) 향기롭다는 뜻이다. 芬華(빛날 화)(인명용)

盆 동이 분 (총9획). 皿(그릇 명)이 의미부, 分이 소리부로 쓰였다. 아가리가 넓게 퍼지듯(分) 널찍한 대야같은 그릇(皿)을 의미한다. 花盆(꽃 화), 盆栽(심을 재)

023	회의자	
賁 클분/꾸밀분		무성히 돋아난 풀인 '卉(풀 훼)'와 '貝'가 합해졌다. 어떤 물건에 조개(貝)와 예쁜 꽃(卉)등으로 장식했다해서 원뜻은 '장식'이고, '꾸미다', '크다'는 파생된 뜻이다.

墳 무덤 분 (총15획). 시신을 땅에(土) 묻고 잔디 등으로 장식(賁)을 한 '무덤'이란 뜻이다. 현재

중국에서는 '土+文'으로 쓰고 있는데 '文'에 '무늬', '장식'의 뜻이 있으므로 적절한 표현으로 보인다. 文이 소리부 역할도 한다.

憤 분할 분(총15획). 마음속에(忄) 좋지 않은 감정이 크게(賁) 일어나 분하다는 뜻이다. 憤怒(성낼 노), 憤痛(아플 통)

噴 뿜을 분(총15획). 원래의 뜻은 '꾸짖다(吒, 從口賁聲)'이다. 큰(賁) 소리(口)를 쳐가며 꾸짖는다 뜻이다. 꾸짖는 말이 입에서 뿜듯이 나온다하여 뿜다의 뜻이 파생되었다. 噴水, 噴霧器(안개 무, 그릇 기)

024 弗 아니 불

회의자

세로 두 줄은 나무 작대기나 화살이고 'ㄹ'은 그것을 감아 놓은 끈이다. 구부러진 막대나 화살을 묶어서 '바로 잡는다'는 뜻이 원뜻이다. 화살은 구부러지면 '아니' 되므로 '아니다'의 뜻으로 바뀌었다.

佛 부처 불(총7획). 일반 평범한 사람이(亻) 아닌(弗) 부처님을 뜻한다. 佛敎(가르칠 교), 佛陀(비탈질 타)

拂 떨칠 불(총8획). 떨치다 세게 흔들어서 떨어지게 하다, 붙어 있는 것을 쳐서 떼어내다. 옷 등에 붙어서는 아니 되는(弗) 먼지 같은 것을 손으로(扌) 떨쳐낸다는 뜻이다. 확대되어 '돈을 내다'의 뜻도 있다. 支拂(지탱할지), 拂拭(씻을 식)

費 쓸 비(총12획). 돈을(貝) 쓰고 소비한다는 뜻인데, 돈을 쓰되 함부로 낭비하지는 말라(弗)는 뜻으로 '弗'이 들어갔다. 消費(사라질 소), 浪費(물결 랑)

025 不 아니 불

지사/가차자 | **不可(옳을 가), 不滿(가득찰 만)**

《설문해자》에 의하면, '새가 하늘로 날아서 내려오지 않는다(鳥飛上翔不下來也)'가 원뜻이며, 'ㅡ'은 하늘을 뜻한다고 했다(ㅡ猶天也). 소전을 보면 그렇게 보이지만, 갑골문을 보면 새는 아니고 부푼 씨방과 꽃대를 그린 것으로 여겨진다. '帝(임금 제)와 달리 씨방이 아직 완전히 부풀지 아니한 상태로 여겨지며, 그래서 '아니다'의 뜻이 온 것으로 보인다.

丕 클 비(총5획). 마지막 획인 'ㅡ'은 땅을 의미한다. 비옥한 땅(ㅡ)위에 자라고 있는 꽃대와 씨방(不)을 의미하며 무럭무럭 잘 자라기를(조) 바란다는 데서 '크다'의 뜻이 되었다.

정착농경사회였던 고대 중국은 곡물과 꽃을 토템으로 숭배하기 시작했으며 그것이 반영된 글자들이 '不', '帝(완전히 부푼 씨방, 임금 제→皇帝의 帝)', '英(식물 중에 가장 아름다운 꽃, 꽃부리 영→英雄의 英)', '華(활짝핀 꽃의 상형, 빛날 화→中華의 華)'

否 **아닐 부**(총7획). 입으로(口) 아니라고(不) 말한다는 뜻이다. 否認(알 인), 否定(정할 정)

杯 **잔 배**(총8획). '不(부)'는 단순한 소리부로 쓰였다. 나무를(木) 깎아 만든 것으로, 물을 담으면 아니 되고(不) 술을 담아야 하는 '잔'으로 외우면 된다. 乾杯(마를 건)

026 朋 벗 붕	상형자	朋友有信(벗우,있을유,믿을신), 朋黨(무리 당)
	화폐로 쓰이던 조개를 끈에 꿰어 놓은 모습으로 돈의 액수를 헤아리는 수량사로서 쓰였던 字였다. '벗'의 뜻은 가차된 것이다. '月'을 '몸'으로 보고 두 개의 몸, 즉 두 사람이 친하게 지내는 '벗'의 사이라고 외우면 된다. 부수는 月(달 월)

崩 **무너질 붕**(총11획). 친구 두 명이(朋) 힘을 합치면 큰 산(山)도 무너뜨릴 수 있다는 뜻이다. 崩御(임금 어)

鵬 **붕새 붕**(총19획). 붕새→날갯짓 한 번에 9만 리를 붕(朋)하고 날아오르는 상상 속의 새(鳥)이다. 鵬程萬里(길 정, 일만 만, 마을 리 머나먼 노정, 사람의 앞날이 매우 창창함을 뜻한다.)

027 比 견줄 비	상형자	比較(견줄 비), 比率(비율 률)
	두 사람이 나란히 서서 키나 능력을 견주고 있는 모습이다. '견주다'라는 뜻과 함께 '나란하다', '가깝다'의 뜻도 있다.

批 **비평할 비**(총7획). 손으로(扌) 두 물건을 비교하며(比) 비평한다는 뜻이다. 批判(판단할 판)

毘 **도울 비**(총9획). 밭에(田) 두 사람이 나란히 서서(比) 서로를 도와 일한다는 뜻이다. 毘藍(쪽 람, 人 名)

毖 **삼갈 비**(총9획). 두 사람이(比) 나란히 함께 지내려면 반드시(必) 삼가는 마음을 가져야 한다는 뜻이다. 懲毖錄(징계할 징, 기록할 록)

028 회의자　　**卑怯(겁낼 겁), 卑屈(굽힐 굴)**

卑

'卑'자의 옛 모습을 보면, '甲'과 '又'로 구성되었음을 알 수 있다. '甲'은 어떤 '의식에 쓰는 물건'인데 이것을 들고 있는 손(又)이 천한 신분의 사람이었다 하여 '천하다', '낮다'의 뜻이 되었다.

낮을 비

碑 비석 비 (총13획). 아무리 천한(卑)신분의 사람이라도 죽으면 돌멩이(石) 하나라도 비석삼아 세워주는 것이 옳다는 뜻이다. 碑文(글월 문), 廣開土好太王碑(넓을광, 열개, 흙토, 좋을호, 클태, 임금왕)

婢 여종 비 (총11획). 신분이 천한(卑) 여자인(女) 여자 종을 의미한다. 奴婢(종 노), 侍婢(모실 시)

001 상형자　　**非理(이치 리), 非難(어려울 난)**

非

새의 두 날개를 그렸다. 서로 반대방향을 향해 나란히 펼친 모습에서 '나란하다', '반대', '아니다'의 뜻을 갖게 되었다.

아닐 비

悲 슬플 비 (총12획). 좋지 아니한(非) 일을 겪게 되면 마음이(心) 슬프다는 뜻이다. 悲哀(슬플 애), 悲劇(연극 극)

匪 도적 비 (총10획). 자기의 물건이 아닌데도(非) 상자 속에(匸, 상자 방) 숨긴 사람은 도적과 같다는 뜻이다. 匪賊(도둑 적), 拳匪(주먹 권)

排 밀칠 배/물리칠 배 (총11획). 옳지 아니한(非) 것들을 손으로(扌) 밀치거나 물리친다는 뜻이다. 排球(공 구), 排斥(물리칠 척)

輩 무리 배 (총15획). 양쪽으로(非) 나란히(非) 줄지어선 수레의(車) 무리를 의미한다. 원정을 떠나는 군대의 뒤에 식량과 무기를 싣고 나란히 서서 가는 수레의 무리가 연상된다. 先輩(먼저 선), 暴力輩(사나울 폭, 힘 력)

俳 배우 배/광대 배 (총10획). 자기의 실제 모습이나 성격이 아닌(非) 인물을 연기하는 사람인(亻) 배우를 의미한다. 俳優(넉넉할 후), 俳倡(여자광대 창)

裵 치렁치렁한 옷 배 (총14획). 두 개의 옷고름이 나란히(非) 드리워져 바닥까지 치렁치렁한 옷(衣)을 의미한다.(姓에 쓰임)

소리글자 시옷(ㅅ)

001 **회의자** 司諫院(간할 간, 집 원), 司法(법 법)

司 ㅁ자는 실을 담은 바구니이고 나머지는 옷감을 짜는 바늘의 모습이다. 고대사회에서 방직은 아주 중요한 일 가운데 하나였으므로 '맡다', '주관하다'의 뜻이 되었다. 옥황상제의 딸 이름이 직녀(織女 짤 직)라는 것에서도 알 수 있다.

맡을 사

后 임금/제후/왕후 후(총6획). 司자를 뒤집어 놓은 모습이다. 중요한 일을 맡은(司) 임금, 제후가 원뜻이었으나 '방직의 일을 맡은' 왕후의 뜻으로도 쓰인다. 현대 중국어에서는 뒤後와 음이 같다하여 뒤후 자로도 쓰고 있다.

詞 말/글 사(총12획). 말에는(言) 맡은바(司) 역할이 따로 있다는 뜻이다. 名詞(이름 명), 動詞(움직일 동), 歌詞(노래 가)

飼 기를/먹일 사(총14획). 맡은바(司) 일을 열심히 하는 사람들에게는 때에 맞추어 밥을(食) 먹여야 한다는 뜻이다. 飼育(기를 육), 飼料(헤아릴 료)

祠 사당 사(총10획). 說文解字에, '봄의 제사를 일러 祠라 한다. 봄의 제사의 제사용품은 적고 축문(詞-말 사)은 길고 많은데서 연원한다(春祭曰祠. 物品少, 多文詞也)'라고 했다. 후에 신(示)에 대한 제사를 맡아서(司) 모시는 곳인 사당을 의미하게 되었다. 祠堂(집 당), 顯忠祠(나타날 현, 충성 충)

002 **회의자** 射擊(칠 격), 習射(익힐 습)

射 활(弓)과 화살, 손(寸)을 그린 것이었으나, '寸'만 제 모습을 유지했고 '弓'은 '身'으로 잘못 변해서 현재의 모습이 되었다. 손으로(寸) 화살을 쏜다는 뜻이다. 몸으로(身) 바른 자세를 잡고 손(寸)으로 쏜다고 외우면 된다.

쏠 사

謝 사례할 사(총17획). 사례하다→고마운 뜻을 나타낸다. 활을 잘 쏘고(射)나면 칭찬을 듣게

되고, 그 다음 화답하고 말(言)로 사례한다는 뜻이다.

003 寺 절 사

회의자   **寺刹(절 찰), 少林寺(적을 소, 수풀 림)**

'寺'의 옛 모습은 '之'와 '寸'이 합해진 모습이다. '之'는 소리부이고 '寸'은 의미부로 원뜻은 '모시다'이다. 상관과 부처님을 모시는 '관청', '절'의 뜻으로 파생되었다.

侍 모실 시(총8획). 사람들은(亻) 절에서(寺) 부처님을 모신다는 뜻이다. 원래는 '모시다'의 '寺'가 '절'의 뜻으로 쓰이자 뜻을 강화하기 위해 '亻'이 들어간 것이다. 侍女(여자 녀), 侍從(따를 종)

時 때 시(총10획). 절에는(寺) 시계가 없으므로 태양을(日) 보고 때를 알았다는 뜻이다. 時刻(새길 각), 時計(셈 계)

詩 시 시/글 시(총13획). 절에서(寺) 사람의 말소리(言)가 들려 귀를 기울이니 스님의 '글' 읽는 소리라는 뜻이고, 그 소리가 마치 '시'를 읊는 것 같다는 뜻이다. 童詩(아이 동), 詩經(글 경)

持 가질지/잡을지(총9획). 절에(寺) 갈 때는 손에(扌) 돈이나 공양드릴 것을 가지고 간다는 뜻이다. 支持(지탱할지), 維持(맬 유)

峙 언덕 치(총9획). 관청은(寺) 주로 얕은 산(山)과 같은 언덕에 위치했다는 뜻이다. 對峙(대할 대), 峙立(설 립)

待 기다릴 대(총9획). 관청에(寺) 가서는(亻) 번호표를 뽑고 순서를 기다린다는 뜻이다. 待期(기약할 기), 招待(부를 초)

004 乍 잠깐 사

회의자

자원이 명확하게 밝혀지지 않은 글자이다. 칼로 옷을 벤다는 뜻으로 '만들다'가 원뜻이라 한다. 지을 작(作)의 원래 글자라고 한다.

作 지을 작(총7획). '乍(잠깐 사)'가 원래 '짓다'의 뜻이었지만, '잠깐'이라는 뜻으로 가차되어 쓰이자 창조의 동물인 '亻'을 더해 '作'을 만들었다. 作品(물건 품), 創作(비롯할 창)

昨 어제 작(총9획). 날짜를 의미하므로 '日'이 들어갔다. 잠깐 만에 지나간 듯한 날짜인 '어제'를 의미한다. 昨天(하늘 천), 昨年(해 년)

詐 속일 사(총12획). 잠깐의(乍) 위기를 모면하기 위해 잠깐 동안(乍) 만들어 낸(乍) 말(言)로 상대방을 속인다는 뜻이다. 詐欺(속일 기), 詐稱(일컬을 칭)

祚 복 조(총10획). 신께서(示) 만들어 주신(乍) 선물이 복이라는 뜻이다. 天祚(하늘 천), 二九登祚(오를 등)

| 005 | 회의자 | 師團(둥글 단), 師表(겉 표) |

스승사

정찰에 유리한 언덕(阜 언덕부의 생략형)과 깃발의 상형인(帀, 두를 잡)이 합해졌다. 본뜻은 '주둔군'이다. 주둔한 군대에는 그들을 이끄는 우두머리가 있기 마련이므로 '스승'의 뜻이 생겼다.

帥 장수 수(총9획). 정찰에 유리한 언덕(글자의 왼쪽)에 수건 건(巾, 깃발)이 합해졌다. 언덕 위에서 깃발(巾)을 휘두르며 병사를 지휘하는 '장수'를 의미한다. 將帥(장수 장), 元帥(으뜸 원)

追 쫓을 추/따를 추(총10획). 언덕 위로(阜의 생략형) 장수가 오르면(辶), 그 아래 병사들도 장수를 따라 간다(辶)는 뜻이다. 追擊(칠 격), 追放(놓을 방)

| 006 | 상형자 | |

터럭삼

설문해자에서는 '毛飾畵文也'라고 했다. 주석을 단 사람의 견해에 따라 해석이 약간씩 다르다. 단옥재(段玉裁)는 '붓으로 무늬를 그렸다(毛飾, 畵文)'라 했고, 장순휘(張舜徽)는 '털, 장식, 필획, 무늬이다'라고 했다. 원뜻은 '털'로 보는 것이 맞겠고, 파생된 뜻에 무늬, 장식, 빛, 소리까지 포함된다.

參 석 삼/참여할 참(총11획). 사람의(人) 머리위에 3개의 별(厶)이 빛난다(彡)의 뜻이며, '彡'은 소리부도 겸한다. 별의 빛이(彡) 사람의 머리위로 쏟아진다는 데서 '침투하다', '참여하다'의 뜻도 파생되었다. 參加(더할 가), 參與(더불 여)

蔘 삼 삼/인삼 삼(총15획). 최소한 3년(參)이상 경과해야 수확할 수 있는 약초(艹)인 인삼을 말한다. 人蔘(사람 인), 山蔘(메 산)

慘 참혹할 참/슬플 참(총14획). '參(석 삼)은 소리부이다. 전쟁을 삼년(參)이상 끌게 되면 그

이상 참혹한 광경은 없다는 뜻이고 마음도(忄) 그 이상 슬플 수 없다는 뜻이다. 慘敗(패할 패), 悲慘(슬플 비)

007 相 서로 상	회의자	相生(날 생), 相扶相助(도울 부, 도울 조), 出將入相(날 출, 장수 장, 들입, 재상 상)

나무를 눈으로 살피는 모습이다. 보는 사람과 나무의 두 개체라는 의미에서 '서로'의 뜻이 나왔고, '살피다', 백성을 살피는 '재상'의 뜻까지 확대되었다.

想 생각 상(총13획). 눈(目)으로 뿐 아니라 마음으로(心) 잘 살펴(相) 생각하고 헤아린다는 뜻을 나타낸다. 想念(생각 념), 回想(돌 회)

霜 서리 상(총17획). 작은 빗방울(雨)들이 서로(相) 엉겨서 서리가 된다는 뜻이다. 星霜은 한 해의 세월이라는 뜻인데 별은(星) 일년에 한 바퀴를 돌고 서리는(霜) 매해 추워지면 내리기 때문이다. 秋霜과 같은 명령이란 말도 있다. 가을의(秋) 서리(霜)처럼 차갑고 위엄이 있으며 서슬이 푸른 명령이란 뜻이다.

箱 상자 상(총15획). 대나무를(竹) 서로(相) 얽어 상자를 만든다는 뜻이다. 箱子(아들 자), 書箱(쓸 서)

008 尙 오히려/높을 상	회의자	崇尙(높을 숭), 尙武(호반 무)

원뜻은 '높다'이고, 증가하다, 바라다, 숭상하다, 오히려 등의 뜻이 파생되었다. 八(갈라짐)과 向(향할 향)이 합해졌는데 向은 밖을 향한 창문의 모습이다. 창을 통해 '높이' 올라가는 연기(八)의 모습을 그린 것이 尙이다. 발음과 뜻이 유사한 上과도 통용되었다.

堂 집 당(총11획). 흙을(土) 좀 더 높이(尙) 쌓아 둔덕을 만들고 그 위에 지은 집을 뜻한다. 慈堂(사랑 자) 다른 사람의 어머니를 높임, 祠堂(제사 사)

當 마땅 당(총13획). 옛날 농경사회에서 논밭을(田) 숭상하여(尙) 잘 가꾸는 것은 해야 마땅한 일이란 뜻이다. 當然(그럴 연), 當選(가릴 선)

黨 무리 당(총20획). 黑은 어둡고 부정적인 뜻을 갖는 글자이다 보니 黨의 원뜻은 '신선하지 않다'이다. 검은 것을(黑) 숭상하는(尙) 좋지않은 '무리'로 외우면 된다. 黨錮(막을 고), 黨

派(갈래 파)

常 떳떳할/항상 상 (총11획). 여자가 항상 입는 옷(巾)인 '치마'가 원뜻이다. '항상'과 '떳떳하
다'는 여기서 파생되었다. 恒常(항상 항), 常識(알 식)

裳 치마 상 (총14획). 치마였던 常이 '항상'과 '떳떳하다'로만 쓰이게 되자 巾을 떼고 衣를 붙
여 치마 裳을 다시 만들었다. 衣裳(옷의), 同價紅裳(한가지 동, 값 가, 붉을 홍)

嘗 일찍/맛볼 상 (총14획). 匕(비수비)는 숟가락, 曰(가로 왈)은 입을 뜻하여, 숟가락으로(匕) 음
식을 떠 올려(尙) 입에 넣어(曰) 맛을 본다는 뜻이다. 臥薪嘗膽(누울 와, 섶 신, 쓸개 담)

賞 상줄 상 (총15획). 높고(尙) 큰 업적을 남긴 사람에게 주는 재물이(貝) 상이라는 뜻이다. 賞
金(쇠 금), 信賞必罰(믿을 신, 반드시 필, 벌할 벌)

掌 손바닥 장 (총12획). 손을(手) 높이(尙) 들어 올리니 손바닥이 보인다는 뜻이다. 掌握(쥘 악),
掌風(바람 풍)

敞 시원할 창 (총12획). 원뜻은 '멀리 볼 수 있게 높은(尙) 땅을 다듬다(攵 : 손에 도구를 들고)'이
다. 그곳에 올라 멀리 바라보니 가슴이 탁 트여 시원하다(敞)는 뜻이다.

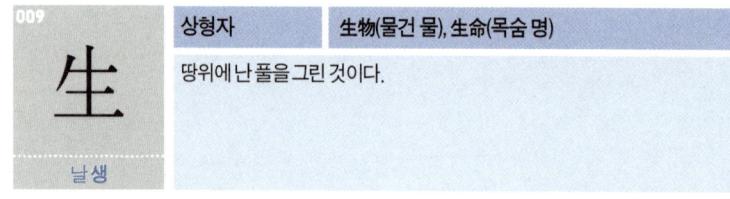

性 성품 성 (총8획). 태어날 때(生)부터 마음속에(忄) 가지고 있는 타고난 성품을 의미한다. 性
品(물건 품), 性教育(가르칠 교, 기를 육)

姓 성씨 성 (총8획). 모계사회에서는 태어나면(生) 어머니의(女) 성씨를 따랐다는 뜻이다. 姓
氏(성씨 씨), 姓名(이름 명)

星 별 성 (총9획). 해와(日) 함께 생겨난(生) 수많은 별들을 의미한다. 火星(불 화), 土星(흙 토)

隆 높을 륭 (총12획). 일생(一生)동안 걸어(攵) 올라야 하는 높은 언덕(阝)을 의미한다. 隆盛(성
할 성), 隆起(일어날 기)

010 상형자 石器(그릇 기), 石炭(숯 탄)

石 언덕 아래에 있는 돌(石)을 뜻한다.

돌 석

拓 넓힐 척/박을 탁(총8획). ①땅을 개간하기 위해 돌을(石) 손으로(扌) 날라 넓혀 간다는 뜻이다. ②비석(石) 등의 글자를 베끼기 위해 손으로(扌) 먹물을 묻히고 종이를 대어 박아 낸다는 뜻이다. 開拓(열 개, 넓힐 척), 干拓(방패 간, 넓힐 척), 拓本(박을 탁, 근본 본)

碩 클 석(총14획). 머리가(頁) 바윗돌(石)만큼 크다는 뜻이다. 碩士(선비 사), 碩學(배울 학)

011 회의자 今昔(이제 금), 昔者(놈 자)

昔 넘실거리는 물과 '日'을 합했다. 즉 '홍수가 있었던 옛날(日)'이 원뜻이다.

옛 석

惜 아낄 석(총11획). 예전부터(昔) 알고 지내던 사람을 진심으로(忄) 아끼고 사랑한단 뜻이다. 그래서 사람은 옛 친구가 좋고, 물건은 새것이 좋다고 하였는지도 모른다. 惜弱(약할약), 惜別(나눌 별)

借 빌릴 차(총10획). 예전부터(昔) 알던 사람(亻)으로부터 돈이나 물건을 빌릴 수 있다는 뜻이다. 借用(쓸 용), 借入(들 입)

措 둘 조(총11획). 물건을 예전에(昔) 있던 자리에 다시 손으로(扌) 가져다 둔다는 뜻이다. 措置(둘 치), 措處(곳 처)

錯 섞일 착/어긋날 착(총16획). 쇠로(金) 만들어진 물건이 오래되어(昔) '어긋나' 쓰지 못함을 뜻한다. 錯覺(깨달을 각), 錯誤(그르칠 오)

籍 문서 적(총20획). '耤'은 옛날부터(昔) 쟁기로(耒) 밭을 간다고 해서 '밭갈 적'자이다. '籍'은 세금부과를 위해 밭가는(耤) 농부들의 인력에 관한 정보를 적은 문서(竹)의 뜻이다. 書籍(글 서), 國籍(나라 국)

회의자   先生(날 생), 先驅(몰 구)

'止(발)'과 '儿(=人)'이 합해진 글자다. 사람 앞에(儿) 발자국(止)이 찍혔으니 어떤 사람이 '먼저' 지나갔음을 뜻한다.

先
먼저 선

洗 씻을 세(총9획). 아침에 일어나면 먼저(先) 해야 할 일이 물로(氵) 씻는 일이다. 洗手(손 수), 洗禮(예도 례)

贊 도울 찬(총19획). 불우한 이웃을 위해 사람들이 서로 먼저(先·先) 돈을(貝) 꺼내 돕는다는 뜻이다. 贊成(이룰 성), 贊助(도울 조)

讚 기릴 찬(총26획). 많이 돕는(贊) 사람을 다른 사람들이 말로(言) 기리고 칭찬한다는 뜻이다. 가수 김장훈氏가 생각나는 글자이다. 稱讚(일컬을 칭), 讚揚(날릴 양)

瓚 옥잔 찬(총23획). 술 마시는 것을 돕기(贊) 위해, 옥으로(玉) 잔을 만든다는 뜻이다. (人名字)

鑽 뚫을 찬(총27획). 인간에게 도움이 되는(贊) 도구를 만들기 위해 쇠를(金) 뚫고 가공한다는 뜻이다. 研鑽(갈 연 깊이 연구함)

013

상형자

입과 혀를 본뜬 글자이다. 혀의 동작이나 기능과 관련된 글자에 들어간다. 소리부로서도 쓰인다.

舌
혀 설

活 살 활(총9획). 혀에(舌) 물기가(氵) 있으면 살아있다는 의미로 만든 글자이다. 生活(날 생), 活躍(뛸 약)

014 산부추섬

회의자

사람들이(人, 亻)창이나(戈)칼등을 들고 산으로 부추(韭,부추 구)를 캐러 간다는 뜻이다.

纖 가늘 섬(총23획). 실처럼(糸) 가느다란 부추의(韭) 잎을 형용한 글자로 '가늘다'의 뜻이다.
　　纖纖玉手(구슬 옥), 纖維(맬/벼리 유)

殲 다 죽일 섬(총21획). 산에 가서 부추를(韭) 베어 오듯(戈) 적군을 남김없이 무찌른다(歹)는
　　뜻이다. 殲滅(멸망할 멸), 殄殲(다할 진)

015 이룰성

형성자 | 成功(공 공),成果(과실 과)

도끼날이 달린 '戊(천간 무. 도끼의 상형)'와 소리부인 '丁(고무래/장정 정)'이 합해졌다. 병정(丁)들이 창(戊)을 들고 적을 평정한다는 데서, '이루다', '만들다'의 뜻이 되었다.

城 재 성/성 성(총10획). 후대에는 성을 돌로 쌓았지만(만리장성 등), 문명이 발생한 황하유역
　　에서는 돌을 구하기 힘들고 황토 흙이 많았으므로 성을 흙(土)으로 만들었다(成)는 뜻이
　　다. 長城(긴 장)

誠 정성 성(총14획). 말(言)한 바를 이루려면(成) 정성을 다해 일을 해야 한다는 뜻이다. 精誠
　　(정할 정), 誠實(열매 실)

盛 성할 성(총12획). 음식을 만들어(成) 그릇에(皿) 가득 담으니, 그 집안이 무척 성하다(집안이
　　기세 좋게 흥하다)는 뜻이다. 盛大(큰 대), 盛需期(구할 수, 기약할 기)

晟 밝을 성(총11획). 암흑 세상에 해(日)를 만들어(成) 놓으니 세상이 밝아졌다는 뜻이다. (人
　　名字)

016	형성/회의자	音聲(소리 음), 聲樂(노래 악)

聲 소리 성

제 7획까지는 공중에 매다는 삼각형 모양의 악기인 석경(石聲)의 모습이다. '殳(창 수)'는 손에 막대를 잡은 모습이다. 석경의 소리가 귀(耳)에 들린다는 뜻이다.

馨 향기 형(총20획). 꽃의 향기가(香) 석경의 소리처럼(聲, 聲) 은은히 퍼진다는 뜻이다.(人名字)

017	상형/회의자	世界(지경 계), 世代(대신 대)

世 인간/세상 세

매듭을 지은 세가닥의 줄을 이어놓은 것이다. 문자가 만들어지기 이전의 초기단계의 기억보조 수단이다. 위 글자에서 한 가닥은 10을 의미하며 世는 30을 뜻한다. 따라서 世는 30년을 의미해서 한 세대를 표시하게 되었다. 여러세대가 모여사는 '인간세상'의 의미로 확대되어 쓰인다.

貰 세놓을 세(총12획). 사람들이(世) 물건을 빌려쓴 대가로 돈(貝)을 준다고 해서 세를 내다, 세를 놓다의 뜻이 되었다. 月貰(달 월), 專貰(오로지 전)

葉 잎 엽(총13획). ++가 없는 나머지 부분이 원래 잎의 뜻이었다. 나무가(木) 이세상을(世) 살아가려면 꼭 필요한 것이 잎이라는 의미였는데 뜻을 강화하기 위해 ++가 들어간 것이다. 葉書(글 서)

蝶 나비 접(총15획). 벌레 중에서(虫) 날개가 나뭇잎을 닮은 것이 나비라는 뜻이다. 蝴蝶(나비호), 蝶泳(수영 영)

諜 염탐할 첩(총16획). 나무위에 올라(木) 나뭇잎에(葉) 몸을 숨기고 남의 말을(言) 몰래 듣는 것이 염탐한다는 뜻이다. 間諜(사이 간), 諜報員(알릴 보, 인원 원)

018	형성자	年歲(해 년), 歲月(달 월)

歲 해 세

도끼날이 달린 창(戌)의 모습과 걸음 보(步)가 합해진 모습이다. 여기서의 '戌'은 창으로서가 아닌 낫이나 괭이 같은 농기구를 의미하는 것으로 농기구(戌)를 들고 밭이나 논에 나아가(步) 수확한다는 뜻이다. 수확을 하면 한해가 저물어 가므로 '해', '세월'의 뜻이 생겼다.

濊 종족이름 예/더러울 예(총16획). 긴 세월동안(歲) 물로(氵) 씻지 않은 더러운 종족의 뜻이

다. 중국에서 는 고조선 사람들을 '濊'라고 불렀다. 그러나 사실 씻지 않기로는 중국인이 무척 심하다. 濊貊(종족이름 맥)

019 舃
까치 석

상형자
까치의 모습을 그린 글자이다.

寫 베낄 사(총15획). 까치석(舃)은 소리부로 쓰였다. 원뜻은 '물건을 다른 곳에 놓다'이다(置物也). 이것은 '옮기다'와 같고, 남의글을 나의 공책에 옮기는 것인 베끼다의 뜻이 자연스럽게 파생되었다. 집지붕에(宀) 앉은 까치를(舃) 화폭에 옮겨서 베껴 그리다로 외우면 된다. 까치는 길조(吉鳥)로 여겨져 예로부터 많이 그렸기 때문이다. 寫生(날 생), 筆寫(붓 필), 豹鵲圖(표범 표, 까치 작, 그림 도)

020 亘
뻗칠 긍/구할 선

상형자
점점 밖으로 뻗어 나가는 나선형 무늬를 그린 것으로, 뻗어나가 필요한 것을 구하다의 뜻이다. 뜻이 다름에 따라 음도 다름에 주의한다.

宣 베풀 선(총9획). 사람이 뻗어나가(亘) 크게 성장하려면 집에(宀) 있는 재산을 풀어 남에게 베풀어야 한다는 뜻이다. 宣言(말씀 언), 宣傳(전할 전), 旻宣(가을하늘 민)

瑄 도리옥 선(총13획). 도리옥 : 여섯 치나 되는 아주 귀한 옥. 남에게 베풀며(宣) 산다는 것은 내 집에 도 리옥(玉)을 쌓는 것과 같다.

桓 굳셀 환(총10획). 위로 아래로 옆으로 쭉쭉 뻗는(亘) 나무는(木) 굳세고 튼튼하다는 뜻이다. 桓雄(수컷 웅)

少

적을 소/젊을 소

상형자   少量(헤아릴 량), 少年(해 년)

네 개의 모래알을 그린 것이다. 양이 적다하여 '적을 소'도 되고 나이가 적으면 젊은 것이니 '젊다', '어리다'의 뜻으로 파생되었다.

沙 모래 사(총7획). 물기가(氵) 거의 없는(少) 사막의 '모래'를 뜻한다. 沙漠(사막 막), 白沙場(흰 백, 마당 장)

妙 묘할 묘(총7획). 나이가 젊은(少) 여자는(女) 정확한 나이를 알 수 없어 '묘하다'는 뜻이다. 妙技(재주 기), 絶妙(끊을 절)

抄 뽑을 초(총7획). 많은 것들 중에서 적지만(少) 중요한 부분을 손으로(扌) 뽑아낸다는 뜻이다. 抄譯(번역할 역), 抄本(근본 본)

秒 벼끝 묘/분초 초(총9획). 벼의(禾) 작은(少) 끝 부분인 '벼 끝'을 의미하고, 벼 끝이 시계의 초침과 닮았다 해서 '분초'의 뜻도 있다. 秒忽(갑자기 홀 작은 부분), 秒針(바늘 침)

召

부를 소

형성자   召集(모을 집)

갑골문을 보면 받침대위에 숟가락이 꽂힌 그릇을 손으로 잡고 있는 모습으로 나타난다. 제사의 한 절차로 '신을 부르다'라는 뜻이다. 후에 숟가락(匕)이 刀 로 변했다. 칼 같은(刀) 목소리로(口) 하인을 부른다로 외우면 된다.

招 부를 초(총8획). 손짓을(扌)하며 부른다(召)는 뜻이다. 招待(기다릴 대), 招聘(부를 빙)

超 뛰어넘을 초(총12획). 남이 부르면(召) 달려가다가(走) 앞의 장애물을 뛰어넘는다는 뜻이다. 超能力(능할 능, 힘 력), 超越(넘을 월)

昭 밝을 소(총9획). 해를(日) 불러내니(召) 세상이 밝아졌다는 뜻이다. 昭明(밝을 명)

照 비칠/비출 조(총13획). 어느 장소가 너무 밝아(昭) 불이(灬 = 火) 붙을 정도라는 것은 한 곳만을 집중적으로 비추었기 때문이다. 照明(밝을 명), 對照(대답할 대)

沼 못 소(총8획). 못 = 연못. 물을(氵) 불러내니(召) 땅에 고여 못이 되었다. 沼湖(호수 호)

邵 땅이름 소(총8획). 阝(=邑)이 의미부 召가 소리부로 쓰였다.

紹 이을 소(총11획). 실들을(糸) 불러 모아(召) 길게 잇는다는 뜻이다. 紹介(끼일 개)

023
噪
떠들 소

회의자

많은 새가 나무위에서 울어 시끄럽다의 뜻을 나타낸다.

操 잡을 조(총16획). 새가 떠드는 것이(喿) 너무 시끄러워서 손으로(扌) 새들을 다 잡았다는 뜻
이다. 志操論(뜻 지, 의논할 론), 體操(몸 체), 지조론(志操論) : 청록파 시인 조지훈 선생의 수
필이다. 1960년 발표한 것으로 1950년대 자유당 말기 부패한 정치 현실 속에서 친일파들
의 과거의 뉘우침 없이 날뛰고, 정치가들의 변절을 비판한 글이다. 지조론에 따르면, 지
조란 순결한 정신을(志) 지키기 위한(操) 불타는 신념이며 역사의 객관적 상황을 냉철히
인식하고 미래를 예측하여 올바른 길을 지켜가는 것이라고 했다.

燥 마를 조(총17획). 火가 의미부, 喿가 소리부로 쓰였다. 나무위의(木) 젖은 물건을(品) 불에
쬐어(火) 말린다로 외우면 쉽다. 乾燥(마를 건), 焦燥(탈 초)

024
巽
유순할 손

형성/회의자

소전을 보면, 두 사람이 대(臺) 위에 앉아 있는 모습이다. 제물로 쓰일 사람들로서 순서를 기다리고 있는 모
습이다. 이들은 노예이자 포로이므로 '유순하다'의 뜻이 생겼다.

選 가릴 선(총16획). 함께(共) 있는 두 사람(巳 · 巳 = 己 · 己)중 한 사람을 가려내어 보낸다(辶)는
뜻이다. 選擧(들 거), 選別(다를 별)

025
隋
수나라 수

형성자
隋煬帝(쬘 양, 임금 제)

원뜻은 '찢어진 고기'이다. 언덕에(阝. 제사를 위해) 올라 고기를(月)좌우(左)로 당겨 찢는다는 뜻이다. 후에
나라이름에 가차되었다.

隨 따를 수(총16획). 고기를(月) 가지고 언덕에(阝) 오를 때 수행원들이 제사장의 뒤를 따라갔

다(辶)는 뜻이다. 隨行(다닐 행), 隨筆(붓 필)

墮 떨어질 타(총15획). 언덕에(阝) 올라 제사지낼 때 찢어놓았던 고기를(隋) 땅에(土) 던져서 떨어지게 한다는 뜻이다. 墮落(떨어질 락), 墮弱(약할 약)

| 026 | 회의자 | 優秀(넉넉할 우) |

'禾'와 '乃(이에 내 가슴과 배가 나온 토실토실한 사람의 모습)'가 합쳐진 것으로, 벼가 토실토실 빼어나게 자랐다는 뜻이다.

빼어날 수

誘 꾈 유(총14획). 듣기 좋은 빼어난(秀) 말로(言) 남을 꼬드긴다는 뜻이다. 誘惑(미혹할 혹), 勸誘(권할 권)

透 사무칠/통할 투(총11획). 사무치다 깊이 스며들거나 멀리까지 미치다. 빼어난(秀) 능력을 가진 사람은 어디를 가거나(辶) 능력을 인정받아 모든 일에 잘 통한다. 그러면 자기가 하는 일에 깊이 관여할 수 있다는 뜻이다. 透視(볼 시), 透明(밝을 명)

| 027 | 회의자 | 需給(줄 급), 婚需(혼인할 혼) |

목욕재계하는 제사장을 그렸다. 제사장의 주 업무가 비를(雨)구하는 기우제였으므로 금문단계에서 '雨'가 더해졌다. 제사장이 비를 '구한다'는 뜻이다. 비는 여러 용도로 많이 쓰였으므로 '쓰이다'의 뜻도 있다.

구할 수/쓰일 수

儒 선비 유(총16획). 제사장은(需) 곧 지식층을 대표한다 해서 '亻'을 더해 '선비'의 뜻이 되었다. 학자들이 한 학문의 유파를 형성했는데 '儒家'가 그들이다. 儒教(가르칠 교), 焚書坑儒(사를 분, 책 서, 구덩이 갱)

028

늙은이 수

회의자

叟자는 집(宀)에서 촛불(火)을 손에(又)들고 무언가를 찾는다는 뜻이었다. 宀,火,又로 이루어졌어던 글자인데 모양이 변해 叟가 되었다. '노인'이라는 뜻으로 가차되자 扌를 붙여 搜를 다시 만들었다. 늙을 때까지(叟) 손에(又)공이를(丨)들고 절구질(臼)을 하다로 외우면 된다.

搜 찾을 수(총13획). 叟가 원래 '찾다'였으나 '노인'으로 가차되자 叟를 붙여 다시 만들었다.
　　搜査(조사할 사), 搜索(찾을 색)

嫂 형수 수(총13획). 나보다 늙은(叟) 형의 아내(女)인 형수를 뜻한다. 兄嫂(맏 형), 弟嫂(아우 제)

瘦 파리할 수(총15획). 노인이(叟) 병이들어(疒) 몸이 파리해 졌다는 뜻이다. 瘦瘠(여윌 척)

목숨 수

형성자　　**長壽(긴 장), 壽命(목숨 명)**

壽의 부수인 士는 老의 생략형이고 나머지부분은 소리부로 쓰였다고 하는데 아직 정설이 없는 글자다. 길고 오래다, 장수하다의 뜻을 갖는다.

鑄 쇠불릴 주(총22획). 쇠를(金) 오랜시간에(壽) 걸쳐 불에 달구어 단단하게 한다는 뜻이다.
　　鑄造(지을 조), 鑄字(글자 자)

燾 비칠 도(총18획). 불이(火) 길게(壽), 오랫동안(壽) 타올라 두루 비춘다는 뜻이다. 파생된 뜻으로 덮는다는 의미도 있다. 燾育(기를 육)

禱 빌 도(총19획). 제탁(示) 앞에서 오래 살게(壽) 해 달라고 빈다는 의미이다. 祈禱

疇 밭이랑 주(총19획). 큰 밭에(田) 길게(壽) 이어진 이랑을 의미한다. 이랑은 밭과 밭의 경계 이므로 분류, 항목등의 뜻이 파생되었다. 畔疇(밭두둑 반), 範疇(법 범)

030	상형자	垂直(곧을 직)

수분이 모자라 땅으로(土) 축늘어진 풀을 그린 것이다. 파생되어 풀이 살기에 적합하지 못한 북쪽 사막의 변방지역을 뜻하기도 한다.

드리울 수

睡 졸음 수(총13획). 눈꺼풀이(目) 자꾸만 아래로 드리워져(垂) 졸음이 오는 것을 뜻한다. 睡眠 (잠잘 면), 昏睡(저물 혼)

郵 우편 우(총11획). 변방에서(垂) 오는 문서나 물건을 받아서 사람들이 많이 거주하는 마을 (邑→阝)까지 배송해주는, 일종의 우체국을 의미하는 글자이다. 郵遞局

031	형성자	完遂(완전할 완), 未遂(아닐 미)

八은 나누다의 뜻이다. 돼지들(豕)이 길을 나누어(八) 달린다(辶)는 데서 원래의 뜻은 달아나다이다. 달아나는 돼지를 잡는다는 데서 이루다, 드디어의 뜻이 되었다. 여덟(八)마리의 돼지를(豕) 따라가서(辶) 다 잡으니 뜻하는 바를 드디어 이루었다로 외우면 된다.

드디어/이룰 수

逐 쫓을 축(총11획). 잡은 돼지들 중에서 한 마리(豕)가 도망을 가서 다시 쫓아간다(辶)는 의미 이다. 逐鹿(사슴 록), 逐出(날 출)

隊 무리 대(총12획). 원뜻은 '떨어지다'였다. 전쟁의 성공을 이루기(遂의 생략형) 위해 언덕 (阝·성벽)을 기어오르는 군사들이 땅에 떨어진다는 뜻이었는데 군사들의 '무리'라는 뜻 으로 바뀌어 쓰이게 되었다. 물건이 땅에 떨어지면 다시 모이기 때문이다. 그래서 '떨어 지다'는 隊에 土를 붙여 墜(떨어질 추)를 다시 만들었다. 軍隊(군사 군), 部隊(거느릴 부)

墜 무떨어질 추(총15획). 隊가 원래 떨어지다 였으나 무리라는 뜻으로 바뀌어 쓰이게 되자 土를 더해 다시 만든 글자이다. 墜落(떨어질 락), 擊墜(칠 격)

032

叔

아재비 숙

형성자	叔父(아버지 부)

원뜻은 '콩', '콩을 거두다'이다. '又'는 콩을 따는 손이고, 나머지는 한 포기의 콩이다. '아재비', '작은 아버지'의 뜻은 가차된 것이다. 그래서 '菽(콩 숙)을 다시 만들었다. 아버지보다는 어리지만(小) 나보다 손(又) 윗분(上)이신 '아재비', '작은 아버지'로 외우자.

督 감독할 독 (총13획). 삼촌이(叔) 눈을(目) 크게 뜨고 조카들을 감독한다는 뜻이다. 監督(볼 감), 督促(재촉 촉)

淑 맑을 숙 (총11획). 삼촌이(叔) 물로(氵) 얼굴을 씻으니 맑고 깨끗해졌다는 뜻이다. 淑女, 淑明(밝을 명)

寂 고요할 적 (총11획). 집에(宀) 무서운 삼촌이(叔) 오시니 조카들이 다 달아나서 집이 고요해졌다는 뜻이다. 寂寞(고요할 막), 閑寂(한가할 한)

戚 겨레/친척 척 (총11획). 옛날 씨족사회에서 전쟁이 일어나자 어른(上), 어린아이(小) 할 것 없이 창과(戈) 도끼를(戊) 들고 모이니 이들은 모두 친척관계라는 뜻이다. 親戚(친할 친), 外戚(바깥 외)

033

旬

열흘 순

회의자	上旬(위 상), 旬報(갚을 보)

勹와 日로 이루어져 날짜를(日) 열흘 단위로 쌌다(勹)는 의미이다. 중국과 우리는 예로부터 지금에 이르기까지 甲乙丙丁戊己庚辛壬癸의 10개의 천간(天干)으로 날짜를 기록하고 있다.

殉 따라죽을 순 (총10획). 옛날에, 배우자가 죽은지(歹) 열흘안에(旬) 따라죽는 경우를 殉으로 표현했다. 殉葬(장사지낼 장), 殉敎(가르칠 교)

洵 참으로 순 (총9획). (人名字). 원래는 강의 이름으로 氵가 의미부 旬이 소리부로 쓰였다. 참으로 맑고, 참으로 멀리 흐른다는데서 '참으로'의 뜻이 되었다.

珣 옥이름 순 (총9획). (人名字). 玉이 의미부, 旬이 소리부로 쓰였다.

荀 풀이름 순 (총10획). (人名字). ++가 의미부, 旬이 소리부로 쓰였다. 荀子(아들 자. 중국 戰國時代의 사상가)

筍 죽순 순 (총12획). 죽순 - 대나무의 땅 속 줄기에서 돋아나는 싹. 식용한다. 竹(대 죽)이 의미부, 旬이 소리부이다. 우후죽순(雨後竹筍)이란 말이 있다. 비 온 뒤 여기저기서 솟아나는

죽순을 의미하는 것으로 어떤 일이 한때에 많이 생김을 비유하는 성어이다. 비 온 뒤의
죽순이 열흘(旬)이 못 되어 큰 대나무(竹)가 된다로 외우면 된다.

034	상형자	矛盾(창 모)
盾	盾의 目 자는 얼굴을 대표하는 부위로서의 눈이다. 十자는 손잡이이고 나머지부분이 방패이다.	
방패순		

循 돌 순(총12획). 彳은 4거리의 모습인 行의 반쪽으로 '걷다'의 뜻을 갖는다. 방패를 든(盾)
병사들이 거리를(彳) 돌며 순찰을 돈다는 뜻이다. 循環(고리 환), 循行(다닐 행)

035	회의자	市場(마당 장), 市外(바깥 외)
市	'市'자는 '亠(머리부분 두)'와 '巾(수건 건)'이 합해졌다. '巾'은 깃발을, '亠'는 깃대 맨 위의 깃봉이나 장식을 의미하며, 시장이 서는 날에 깃발을 올린 데서 유래됐다. '市(5획)'와 닮은 글자로 '巿(4획, 슬갑 불)'자가 있다. 슬갑은 앞에 늘어뜨려 무릎을 덮는 헝겊이다. '巿(불)'자는 '肺(허파 폐)'에 들어가서 소리부 역할을 한다. 설명의 편의를 위해 '月+市(시)'로 했으나 사실과는 다름을 밝혀둔다.	
저자시		

姉 손위누이 자(총8획). '姊'와 같은 글자. 시장에(市) 데려갈 만한 나이의 여자아이(女)인 '언
니'를 의미한다. 姉妹(아래누이 매), 姉兄(형 형)

肺 허파 폐(총8획). (원래 '市(시)'가 아니고 '巿(불)'이지만) 물물 교환하는 시장처럼(市) 산소와 이
산화탄소가 바뀌는 우리 몸의(月) 기관인 허파를 뜻한다. 肺病(병 병), 肺炎(불꽃 염)

036	회의자	是非(아닐 비), 是認(알 인)
是	'日'과 '正'이 합해졌다. 태양이(日) 하늘의 한 가운데(正) 있음을 표현했다. 여기서 '옳다', '바르다', '이것'의 뜻이 파생되었다.	
옳을 시/이 시		

湜 물맑을 식(총12획). 가장 올바른(是) 물은(氵) 맑은 물이란 뜻이다. (人名字 湜湜)

題 제목 제 (총18획). '頁'에서 알 수 있듯이 원뜻은 '이마'이다. 머리부위(頁)에서 가장 번듯하게(是) 보이는 곳이 이마이고, 책에서 가장 눈에 잘 띄는 곳에 '제목'을 쓰게 되므로 제목의 뜻이 나왔다. 題目(눈 목), 課題(공부할 과)

提 끌 제 (총12획). 올바른(是) 길을 향해 손으로(扌) 이끌고 간다는 뜻이다. 提出(날 출), 提案(책상 안)

堤 둑 제 (총12획). 사람들을 바르게(是) 살게 하기 위해 흙을(土) 잘(是) 쌓아 물이 범람하지 못하게 둑을 만든다는 뜻이다. 堤防(막을 방), 堤潰蟻穴(무너질 궤, 개미 의, 구멍 혈)

037 式 법식	형성자	格式(격식 격), 法式(법 법)
	'工(장인 공)'과 '弋(주살 익)'이 합해졌다. 장인이 주살과 같은 물건을 만들 때 정해진 법식이 있다는 뜻이다.	

軾 수레가로나무 식 (총13획). 수레가(車) 올바르게, 법도 있게(式) 구르려면 중심을 잡아주는 가로나무를 대야 한다는 뜻이다. (人名字 蘇軾(깨어날 소)

試 시험 시 (총13획). 수험생이 자기가 배운 법에(式) 관한 지식을 구술(言)함으로 시험을 본다는 뜻이다. 試驗(시험 험), 考試(생각할 고)

弑 죽일 시 (총12획). 의미부인 殺(죽일 살)의 생략형과 式(법 식)이 합해졌다. 式은 소리부와 의미부를 겸한다. 이 글자는 아랫사람으로서 윗사람을 죽였을 때 사용하는 글자이다. 임금이 법도(式)에 맞지 않는 행동을 하자 신하로서 임금을 죽인다(殺)는 의미이다. 弑害(해할 해), 弑君(임금 군)

038 申 납 신	상형자	申請(청할 청)
	원뜻은 '번개'이다. 번개가 하늘에서 쭉 '펴져서' 땅에까지도 꽂히므로 '펴다'의 뜻도 갖는데, '12支'의 '잔나비 띠'에 가차되어 흔히 '납 신'이라고 한다. 잃어버린 뜻인 '펴다'는 'ㅓ'을 붙여 '伸(펼 신)'을 만들었고, '번개'는 雨를 붙여 '電(번개 전)'을 만들었다.	

伸 펼 신 (총7획). '申'이 원래 '펴다'였는데 12支의 하나인 '납 신'으로 가차되자 다시 만든 글

자이다. 사람이(亻) 기지개 켜듯이 몸을 쭉 편다(申)는 뜻이다. 伸縮性(줄일 축, 성품 성), 伸張(베풀 장)

神 귀신 신/신 신(총10획). 제탁(示)앞에서 신에게(神)에게 자신의 뜻을 펴 알린다(申)는 뜻이다. 鬼神(귀신 귀), 神靈(신령 령)

紳 큰띠 신(총11획). '넓게 펼칠(申) 수 있게 실로(糸) 만든 큰 띠'라는 뜻이다. 紳士(선비 사), 紳商(장사 상)

電 번개 전(총13획). 비 오는 날(雨) 하늘에서 번쩍하며 쭉 펴져서(申) 내려 꽂히는 번개(申)의 뜻이다. 電光石火(빛 광, 돌 석, 불 화)

039

상형자　　忠臣(충성 충), 李舜臣(오얏 리, 순임금 순)

臣

신하 신

(총6획). 눈을 본뜬 글자로, 원뜻은 '노예'이다. 주인의 아래에서 충성을 다하는 노예의 뜻이 점차 확대되어 임금에 충성을 다하는 '신하'의 뜻이 되었다. 다른 글자 속으로 들어가면 '노예'나 '눈'의 뜻이 되살아난다.

堅 굳을 견(총11획). '土'가 없이 '臣'과 '又'로 이루어진 글자가 원래의 굳을 견이었다. 노예의(臣) 손은(又) 굳은살이 박혔다는 뜻이다. 뜻을 강화하기 위하여 굳은 땅의(土) 뜻으로 '土'가 첨가되었다. 堅固(굳을 고), 堅持(잡을 지)

賢 어질 현(총15획). 노예가(臣) 노동일만 잘하는 게 아니라 손으로(又) 재물(貝) 다루는 일도 잘하니 참으로 어질다는 뜻이다. 賢者(놈 자), 聖賢(성인 성)

緊 긴할 긴/굳게얽을 긴(총14획). 노예가(臣) 손으로(又) 끈이나 고삐 같은 줄을(糸) 굳게 얽어맨다는 뜻이다. 양쪽을 굳게 얽어매어 팽팽하다는 뜻도 있다. 緊張(베풀 장), 要緊(요긴할 요)

腎 콩팥 신(총12획). 우리 몸에(月) 있는 장기의 하나로, 마치 콩이나 팥처럼 단단(臣+又)하게 생겨서 '콩팥'이란 뜻을 갖게 되었다. 腎臟(오장 장)

040

氏
성씨 씨

상형자   **姓氏(성씨 성)**

식물의 뿌리를 그렸다고 하는 견해가 있는데, 갑골문과 금문을 자세히 살피면 사람이 손에 무엇인가를 들고 있는 모습이다. '氏'자가 '성씨', '뿌리', '낮다' 등의 뜻이 있는 것을 고려하면 손에 든 것은 '씨앗'으로 생각된다. 땅에 씨앗을 뿌려 뿌리가 나게 된다는 데서 '성씨', '뿌리'등의 뜻이 나온 것으로 보인다.

紙 종이 지(총10획). 종이가 발명되기 전에는 종이 대신 나무(木)·대나무(竹)·비단(糸)등을 사용했었다. 성씨가(氏) 있던 귀족들은 비단을(糸) 종이대신 사용했다는 뜻이다. 紙幣(폐백 폐), 壁紙(벽 벽)

低 낮을 저(총7획). '氐(근본 저)'는 '氏'에 땅을 의미하는 '一'이 더해졌다. 뿌리를(氏) 뻗는 땅(一)이 인간생활의 근본이라는 뜻이다. 고대사회는 소수의 귀족과 다수의 농노나 평민으로 이루어졌었다. 따라서 나라의 근본이(氐) 되는 사람들은(亻) 신분이 낮았다는 뜻이다. 低速(빠를 속), 低價(값 가)

底 밑 저(총8획). 집의(广) 근본(氐)은 밑바닥이라는 뜻이다. 海底(바다 해), 徹底(통할 철)

抵 막을 저(총8획). 인간의 근본적인(氐) 본능은 위험이 닥쳤을 때 손으로(扌) 막는 것이라는 뜻이다. 抵當(마땅 당), 抵抗(막을/겨룰 항)

소리글자 이응 (ㅇ)

001	상형자	齒牙(이 치), 象牙(코끼리 상), 爪牙之士(손톱 조, 어조사 지, 선비 사)
牙 어금니 아		금문을 보면, 어금니를 위에서 보고 그렸다는 것을 알 수 있다.

芽 싹 아(총8획). 풀의(艹) 새 싹이 돋아나는 모습이 마치 아기의 입에서 나는 이(牙)와 닮았다
는 뜻이다. 發芽(필 발), 胚芽(아기밸 배)

雅 맑을 아/까마귀 아(총12획). 원뜻은 '까마귀'이다.(楚烏也) 까마귀는 현재 부정적인 이미지
로 받아들여지지만 고대에는 태양과 연계시켜 좋은 새로 여겨졌었다. 태양에 三足烏가
있다고 생각했고, 자기 부모를 먹여 살리는 反哺之孝(돌이킬 반, 먹일 포, 어조사 지, 효도 효)
의 孝鳥로 생각했다. 그래서 '고상하다', '맑다'의 뜻이 파생되었다. 淸雅(맑을 청), 雅號
(이름 호)

邪 간사할 사(총7획). 원래는 琅邪(낭야)라는 지명에 쓰이는 자였으나, '간사하다'로 가차되
었다. 이 고을(阝) 저 고을(阝) 다니며 어금니 보여 가며(牙) 웃는 사람은 '간사하다'로 외
우면 된다. 奸邪(간사할 간), 邪惡(악할 악)

002	회의자	便安(편할 편), 安全(온전 전)
安 편안 안		宀(집 면)과 女가 합해졌다. 여자는(女) 집에(宀) 있어야 외부에 노출되지 않고 안전하다는 데서 편안하다의 뜻이 생겼다. 남성중심사회의 모습을 느낄 수 있는 글자다.

案 책상 안(총10획). 편하게(安) 공부하도록 나무로(木) 만든 것이 책상이라는 뜻이다. 案件(사
건 건), 提案(끌 제)

宴 잔치 연(총10획). 여자들이(女) 집에서(宀) 분주히 움직이는 날(日), 즉 잔치가 있는 날을 뜻한다. 宴會(모일 회), 酒案(술 주)

按 누를 안(총9획). 사람을 편하게(安) 눕혀 놓고 손으로(扌) 지그시 눌러 안마한다는 뜻이다. 按摩(문지를 마), 按排(밀칠 배)

鞍 안장 안(총15획). 말 위에 편히(安) 앉도록 가죽으로(革) 만든 도구를 안장이라 한다. 鞍裝(꾸밀 장), 金鞍(쇠 금)

晏 늦을 안(총10획). 해가(日) 집(宀) 뒤로 져서 여인들이 편히(安) 쉴 수 있는 시간은 늦은 무렵이란 뜻이다. 晏眠(잠잘 면)

상형자	中央
목에 형틀을 쓴 사람의 모습이다. 형틀의 가운데에 목을 집어넣기 때문에 '가운데'의 뜻이 되었다.	

가운데 앙

英 꽃부리 영(총9획). 세상의 여러 풀(艹) 가운데서(央) 가장 아름다운 것이 꽃이라는 뜻이다. 英雄(수컷 웅), 英國(나라 국)

映 비칠 영(총9획). 해가(日) 하늘 한 가운데(央) 떠서 빛을 발한다는 뜻이다. 映畵(그림 화), 影像(형상 상), 佳映(아름다울 가)

殃 재앙 앙(총9획). 죽음의(歹) 한 가운데(央) 처했으니 재앙을 입었다는 뜻이다. 災殃(재앙 재), 殃禍(재앙 화)

暎 비칠 영(총13획). 태양이(日) 꽃을(英) 비춘다는 뜻이다. '映'과 같은 뜻이다. (人名字)

瑛 옥빛 영(총13획). 구슬이(玉) 꽃처럼(英) 빛이 난다 해서 옥빛 영이 되었다. (人名字)

004

회의자

왼쪽은 서있는 사람이고 '卩'은 무릎을 꿇은 사람이다. 왼쪽사람을 우러러 보는 모습이다.

仰 우러를 앙(총6획). '卬'에 '亻'을 더해 의미를 강화했다. 仰祝(빌 축), 仰天(하늘 천)

迎 맞을 영(총8획). 자신이 우러르는(卬) 사람이 오시면 밖에 나가(辶) 맞이한다는 뜻이다. 歡迎(기쁠 환), 迎接(접할 접)

抑 누를 억(총7획). 왼쪽 사람이 오른쪽 사람(卩)을 손으로(扌) 누른다는 뜻이다. 抑壓(누를 압), 抑留(머무를 류)

상형/가차자   **及其也(미칠 급, 그 기)**

여성의 음문(陰門)을 그린 것이다. 가차되어 한문의 문장 속에서 ~~이다 의 용법으로 쓰인다. 다른 글자 속에서는 여성(女性)의 이미지가 되살아난다.

地 땅 지(총9획). 음양오행사상에 있어서 하늘이 남성이라면, 땅은(土) 여성(也)이다. 地球, 地圖

池 못 지(총6획). 수초(水草)와 물고기 등을 길러내는, 여성과(也) 같은 작은 물(氵)인 연못을 의미하는 글자다. 貯水池(쌓을 저, 물 수), 天地(하늘 천)

他 다를 타(총5획). '人'은 남자의 옆모습이다. 남자사람(人)의 뜻이 확대되어 후대로 오면서 남녀노소의 일반적인 사람을 가리키게 된 것이다. 남성중심의(亻) 사회였던 고대에 있어서 여성은(也) '다른' 존재로 여겨졌을 것이다.

| 상형자 | 若干(방패 간), 般若心經(일반 반, 반야 야, 마 음심, 날줄 경) |

若
같을 약

산발한 머리에 손을 올려 기뻐 소리치는(口) 모습이다. 하고자 하는 일이 뜻과 같이(若) 이루어졌기 때문일 것이다. 산발한 머리가 艹처럼 변했다. 인칭대명사 '너'로 쓰이기도 한다.

諾 허락할 낙(총16획). 쌍방의 뜻이 같을 때(若) 말로(言) 허락해준다는 뜻이다. 許諾(허락할 허 원음은 '낙'이지만 활음조(滑音調) 현상으로 '락'으로 발음된다.) 承諾(이을 승)-승낙, 受諾(받을 수)-수락

惹 이끌 야(총13획). 인솔자와 그 아랫사람의 마음이(心) 같아야(若) 쉽게 이끌고 갈 수 있다는 뜻이다. 惹起(일어날 기), 惹端(끝 단)

匿 숨을 닉(총11획). '若'은 소리부로 쓰였다. 상자(匚)속에 숨긴다는 뜻이다. 너무 표 나게 기뻐하면(若) 남들에게 미안하니까 상자 같은 곳(匚)에 숨어서 기뻐한다로 외우면 된다. 隱匿(숨을 은)-은닉, 匿名(이름 명)-익명

| 형성자 | (地名字), 襄禮(예도 례) |

襄
도울 양

《설문해자》에 의하면 '옷을 벗고 밭을 가는 것'(解衣耕)이라 했다. 서로 품앗이하는 모습에서 '돕다'의 뜻이 파생되었다.

壤 흙덩이 양(총20획). 원뜻은 '부드러운 흙(柔土也)'이다. 인간의 생활을 도와주는(襄) 질 좋은 땅(土), 그리고 흙덩이를 뜻한다. 天壤之差(하늘 천, 어조사 지, 다를 차), 平壤(평평할 평)

讓 사양할 양(총24획). 남이 도와줄 때(襄) '괜찮습니다' 하고 말(言)하는 건 사양하는 것이다. 辭讓(말씀 사), 讓步(걸음 보)

孃 아가씨 양(총20획). 도와주고 싶은(襄) 여인(女)은 아주머니가 아니라 아가씨란 뜻이다. 令孃(하여금 령)

| 008 | 형성자 | 海洋(바다 해), 太平洋(클 태, 평평할 평) |

洋 큰바다 양

의미부인 '氵'와 소리부인 '羊'이 더해졌다. 초원을 뒤덮은 양떼(羊)처럼 굼실거리는 큰 바다(氵)를 의미한다.

養 기를 양(총15획). 양을(羊) 먹여(食) 기른다는 뜻이다. 養育(기를 육), 養成(이룰 성)

樣 모양 양(총15획). 긴(永) 나무울타리(木)안에 평화로이 풀을 뜯고 있는 양들의(羊) 모습이 보기 좋다하여 '모양'의 뜻이 되었다. 模樣(본뜰 모), 多樣(많을 다)

詳 자세할 상(총13획). 착한 양(羊)처럼 말한다(言)는 것은 자세하게 설명한다는 뜻이다. 詳細(가늘 세), 未詳(아닐 미)

祥 상서로울 상(총11획). 제탁에(示) 양을(羊) 제물로 올려놓으니 이제 상서로운 일이 곧 생길 것이라는 뜻이다. 吉祥(길할 길), 發祥地(필 발, 땅 지)

庠 학교 상(총9획). 천방지축 날뛰는 아이들을 순한 양(羊)처럼 키워내는 집(广)이 학교라는 뜻이다. 夏日校, 殷日序, 周日庠(하나라 때는 학교를 '校'라 했으며, 은나라(殷)때는 '序', 주나라 때는 '庠'이라했다.)

姜 성씨 강(총9획). 모계(女)사회 시절 양을(羊) 토템으로 삼던 부족의 성씨가 '姜'이었다는 뜻이다. 姜以式(써 이, 법 식)

| 009 | 상형자 | |

昜 해뜰 양

해가 솟아올라서 볕이 쨍쨍 내리쬐는 모습이다.

陽 볕 양(총12획). 양지바른 언덕(阝)에 볕이 쨍쨍(昜) 내리쬐는 모습으로 昜에 阝을 더해 의미를 강화했다. 太陽(클 태), 陽地(땅 지)

楊 버들 양(총13획). 태양볕이(昜) 내리쬐는 날, 볕을 피할 수 있는 나무(木)가 버드나무라는 뜻이다. 垂楊(드리울 수)

揚 날릴 양(총12획). 날씨 좋은날(昜) 야외에 나가 손으로(扌) 여러 가지를 날리며 논다는 뜻이다. 意氣揚揚(뜻 의, 기운 기), 立身揚名(설 립, 몸 신, 이름 명)

場 마당 장(총12획). 볕이 잘드는(昜) 땅인(土) 마당을 뜻한다. 場所(바 소), 場面(얼굴 면)

腸 창자 장(총13획). 만물이 태양으로부터(昜) 양분을 흡수하듯 우리몸에서(月) 양분을 흡수하는 부위가 창자이다. 胃腸(밥통 위), 大腸(큰 대)

湯 끓을 탕(총12획). 강렬한 햇빛으로(昜) 물도(氵) 끓일 수 있다는 데서 '끓다'의 뜻이 나왔다.
沐浴湯(목욕 목, 목욕 욕), 湯藥(약 약)

暢 화창할 창(총14획). 햇볕이(昜) 쭉 펼치듯 (申납신, 伸펼신의 本字) 우리를 비춰주니 날씨가 화창하다는 뜻이다. 和暢(화할 화), 流暢(흐를 류)

傷 다칠 상(총13획). 昜위의 글자도 人의 변형이므로, 사람들은(人, 人) 강렬한 볕에(昜) 화상을 입을 수 있다는 뜻이다. 傷害(해할 해), 傷處(곳 처)

010

睪
엿볼 역

회의자

'目(눈 목)'과 '幸(다행 행)'이 합해졌다. '幸'은 죄수의 발에 족쇄를 채운 모습이다. 족쇄를 찬 죄수를 (幸) 눈으로(目)살피고 엿본다는 뜻이다.

譯 번역할 역(총20획). 외국어(言)를 잘 엿보고(睪) 이해하려면 번역을 해야 한다는 뜻이다. 飜譯(번역할 번), 通譯(통할 통)

驛 역 역/역마 역(총23획). 역마→역참(驛站 : 관원이 공무로 출장 갈 때 머물던 객사)에서 관리하던 말. 옛날에 관리들은 먼 길을 갈 때 역참에서 잠시 쉬고 역참에서 관리하던 말을 갈아타고 떠났다고 한다. 따라서 驛자는 역참에서 잘 살피고(睪) 관리하던 말(馬)인 역마를 의미한다. 역참을 지금의 관점으로 보면 기차가 머무는 역과 흡사했으므로 '역'의 뜻도 생겼다. 江東驛(강 강, 동녘 동), 驛長(긴 장)

釋 풀 석(총20획). 사물을 분별하여(釆) 알아보기(睪) 쉽게 설명하고 풀어낸다는 뜻이다. 解釋(풀 해), 釋放(놓을 방)

澤 못 택(총16획). 물을(氵) 매일 보며(睪) 즐길 수 있게 마당에 만들어 놓은 연못을 뜻한다.
潤澤(윤택할 윤), 惠澤(은혜 혜)

擇 가릴 택(총16획). 사물을 잘 엿보고(睪) 살펴서 좋은 것을 손으로(扌) 가려낸다는 뜻이다.
選擇(가릴 선), 採擇(캘 채)

鐸 방울 탁(총21획). 의미부인 金(쇠 금)과 소리부인 睪이 더해졌다. 죄수의(幸) 움직임을 알기

위해(=엿보기 위해 睪) 쇠(金)로 만든 방울을 달아놓는다는 의미이다. 이 방울(鐸)은 군대의 지휘관이 가지고 있었다고도 한다. 說文解字에, '큰 방울이다. 군대규정에, 다섯 명의 군사를 오(伍)라하고 다섯 오(伍)를 량(兩)이라 하는데 량(兩)의 지휘관이 鐸을 들고 있었다(大鈴也. 軍法五人爲伍, 五伍爲兩, 兩司馬執鐸. 從金睪聲)'라고 했다. 木鐸

011	회의자	炎天(하늘 천), 炎火(불 화)
炎 불꽃 염		'火'를 두개 써서, 활활 타오르는 불꽃을 의미한다.

淡 맑을 담 (총11획). 타오르는 불꽃에(炎) 물을(氵) 끼얹으면 그 기세가 줄어들어 담박하다의 뜻이 되었다. 활활 타오르는 불로(炎) 물을(氵) 끓이면 불순물이 날아가 맑아진다는 의미이다. 淡泊(배댈 박), 淡水(물 수)

談 말씀 담 (총15획). 불꽃(炎) 튀기듯 언쟁을(言) 벌인다는 데서 '말씀'의 뜻이 되었다. 會談(모일 회), 談話(말씀 화)

毯 담요 담 (총12획). 털(毛)로 짜서 따뜻한(炎), 담요를 의미하는 글자이다.

012	상형자	永遠(멀 원), 永久(오랠 구)
永 길 영		彳(가다)・人・水의 세 글자가 합해져서 사람이(人) 물에서(水)가다(彳), 즉 '헤엄치다'가 원뜻이다. 헤엄치는 사람의 몸은 원래보다 길어보이므로 '길다'의 뜻이 파생되었다. 잃어버린 '헤엄치다'는 氵를 더해 泳을 만들었다.

泳 헤엄칠 영 (총8획). '永'이 원래 '헤엄치다'였으나 '길다'로 쓰이게 되자 氵를 붙여 뜻을 강화했다. 물에서(氵) 몸을 길게(永) 펴서 헤엄치다로 외우면 된다. 水泳(물 수), 蝶泳(나비 접)

詠 읊을 영 (총12획). 말소리를(言) 길게 빼서(永) 노래를 읊는다는 뜻이다. 詠歌(노래 가), 朗詠(밝을 랑)

형성자	彦聖(성스러울 성), 彦俊(준걸 준)
	'文'·'厂'(언덕 한)·'彡'이 합해진 글자이다. '厂'은 소리부이다. 문(文)과 무(武→彡)를 겸비한 선비를 뜻한다.

彦
선비 언

顔 얼굴 안(총18획). 선비의(彦)머리부위(頁)에서 가장 빛나는 부위가 '얼굴'이란 뜻이다. 顔面(얼굴 면), 顔色(빛 색)

産 낳을 산(총11획). '生'이 의미부, '彦'의 생략형이 소리부이다. 문무를 겸비한 선비를 낳고 싶어 했던 부모의 마음을 반영한 글자이다. 産母(어미 모), 産出(날 출)

상형자	余等(무리 등)
	관리가 출장 갈 때 지니던 신분증을 그린 것이라 한다. 그래서 余자에는 관리와 나의 뜻이 함께 들어있다. 신분증이란 나를 증명하는 것이기 때문이다. 餘(남을 여)의 약자로 쓰이기도 한다.

余
나 여

餘 남을 여(총16획). 어머니께서 내가(余) 먹을 밥을(食) 남겨 주셨다는 데서 '남다'의 뜻이 되었다. 餘裕(넉넉할 유), 餘暇(겨를 가)

徐 천천히 서(총10획). 관리가 신분증을(余) 들고 걸어갈(彳) 때에는 서두르지 않고 천천히 간다는 뜻이다. 徐行(다닐 행), 徐緩(느릴 완)

敍 펼 서/차례 서/서술할 서(총11획). 관리가 한 손엔 신분증을 들고(余) 다른 한 손엔 몽둥이를 들고(攵) 죄인을 심문하는 중이다. 죄인으로 하여금 죄를 차례로, 잘 펴서 서술하게 한다는 뜻이다. 敍述(지을 술), 自敍傳(스스로 자, 전할 전)

除 덜 제(총10획). 관리들이(余) 언덕이나(阝) 둑을(阝) 쌓은 것은 적이나 물의 침입을 막아 백성들의 고통을 덜어주기 위함인 것이다. 除去(갈 거), 除外(바깥 외)

途 길 도(총7획). 관리가(余) 길을 간다(辶)는 뜻이다. 途中(가운데 중), 用途(쓸 용), 日暮途遠(날 일, 저물 모, 멀 원)

塗 진흙 도/바를 도(총13획). '余'는 소리부로 쓰였다. 여기서는 '余'를 남을 여로 봐서, 흙에(土) 물기(氵)가 남아(余)있는 것을 진흙이라 하고 진흙을 벽에 바른다는 뜻이다. 塗炭(숯 탄), 塗料(헤아릴 료)

265

茶 차 다/차 차(총10획). 원래는 '茶(씀바귀 도)'였으며, '余'는 소리부였다. 이후 씀쓸한 맛을
내는 '차'의 뜻도 생겼고, '씀바귀'와 '차'의 두 뜻을 고루 쓰다가 '차'의 뜻으로 할 때는
'茶'의 한 획을 빼기로 한 것이 '茶'이다. '다'와 '차' 두개의 음이 있다. 綠茶(푸를 록), 花
茶(꽃 화)

斜 비낄 사(총11획). 바가지(斗)안에 적게 남은(余) 쌀을 꺼내려면 바가지를 기울여야 한다는
데서 '비끼다'의 뜻이 생겼다. 傾斜(기울 경), 斜線(줄 선)

015	상형자	豫(미리 예)의 약자로도 사용된다.

베틀의 부속품인 '북'을 그렸다. '북'의 한쪽 끝에는 실이 달려있음을 표현했다. 북은 베를 짤 때 씨실을 감
아 날실의 틈으로 오가게 하는 둥그스름한 나무통이다. 북의 용도에 의하여 '밀다', '밀어주다', 밀어주는
주체인 '나'의 뜻이 파생되었다.

나 여

序 차례 서(총7획). 집에서(广) 북으로(予) 베를 짤 때 순서와 차례에 의거하여 짜야함을 뜻한
다. 順序(순할 순), 序列(벌일 렬)

野 들 야(총11획). '里'가 의미부, '予'가 소리부로 쓰였다. 마을 밖(里)의 들을 의미한다. 野外
(바깥 외), 野合(합할 합)

預 미리 예/맡길 예(총13획). '頁'이 의미부, '予'가 소리부로 쓰였다. 나의(予) 머리는(頁) 앞
날을 미리 안다로 외우면 된다. 預金(쇠 금), 豫託(맡길 탁)

舒 펼 서(총12획). '舍(집 사)'→집에서(舍) 북에(予) 감긴 실을 풀어 편다는 뜻이다. (地名字) 舒
川郡(내 천, 고을 군)

016	회의자	

위에 두개, 아래 두개의 네 개의 손이다.

미주들 여

與 더불/줄 여(총14획). 두 명이(4개의 손) 어떤 물건을(与 여) 함께 더불어 들고 있는 모습이다.
서로 도움을 주는 것이므로 '주다'의 뜻도 나왔다. 授與(줄 수), 與黨(무리 당)

譽 기릴 예(총21획). 여러 사람이 더불어(與) 말로(言) 칭찬하며 기린다는 뜻이다. 名譽(이름 명), 榮譽(영화로울 영)

興 수레 여(총17획). 두 사람이 네 개의 손으로 드는(舁) 가마와 같은 수레(車)를 뜻한다. 수레는 땅위를 가는 것이므로 '땅'이라는 뜻과 여러 사람이 힘을 합해 드는 수레라고 해서 '여러 사람'의 뜻도 파생 되었다. 輿論(논할 론) 여러 사람의 논점, 大東輿地圖(輿땅, 큰 대, 동녘 동, 땅 지, 그림 도), 輿駕(멍에 가) 임금이 타는 수레

擧 들 거(총18획). 手가지 합해 5개의 손이다. 여러 개의 손이 함께(與) 무거운 물건을 든다는 뜻이다. 擧國(나라 국), 選擧(가릴 선)

017 상형자	交易(사귈 교)-교역, 容易(얼굴 용)-용이
易 바꿀 역/쉬울 이	자기의 모습을 '쉽게' '바꾸는' 도마뱀을 그린 것이다.

錫 주석 석(총16획). 주석(朱錫)은 백색의 고체금속으로 연성(軟性;부드럽고 무르며 연한 성질)과 전성(展星;두드리거나 압착하면 얇게 펴지는 금속 성질)이 크며 녹이 슬지 않는다. 연성과 전성이 강해 모습을 쉽게 바꾸는(易)성질의 금속(金)이 주석이란 뜻이다.(人名字).

賜 줄 사(총15획). 賜는 윗사람이 아랫사람에게 준다는 뜻이다. 下賜品이 그것인데, 돈(貝)으로 바꾸어(易) 쓸 수 있는 물건을 윗사람이 내려준다는 의미이다. 賜藥(약 약)

018 회의자	沿海(바다 해), 沿革(가죽 혁)
沿 물 따라갈 연	沿에서 氵(물 수)를 뺀 나머지는 산골늪 연자이다. 산의 시냇물을(氵)따라가니 늪(八+口)을 만났다는 뜻이다.

鉛 납 연(총13획). 늪(八+口)처럼 물컹거리는 쇠(金)인 납을 의미한다. 납은 낮은 열에도 쉽게 녹아 금방 물컹거리는 성질이 있다. 鉛筆(붓 필), 亞鉛(버금 아)

船 배 선(총11획). 물이건 늪이건(八+口) 다 건널 수 있는 배를 의미한다. 龜船(거북 귀), 船

長(긴 장)

019

회의자

입가에(口) 주름이 잡혀(八)가며 웃는 사람(儿)의 모습으로 기쁘다가 원뜻이나 사람과(八→人) 사람이(儿)물건을 '바꾸다'의 뜻도 만들어지게 되었다.

兌 기쁠 열/바꿀 태

悅 기쁠 열(총7획). 兌이 원래 기쁘다 였으나 바꾸다로 더 많이 쓰이자 ↑(心)을 더해 뜻을 강화했다. 喜悅(기쁠 희), 法悅(법 법)

閱 볼 열(총15획). 집 안에 기쁜 일(兌)이 있으면 문앞을 지나던 사람도 문을(門) 열고 보고 싶어한다는 뜻이다. 閱覽(볼 람), 檢閱(검사할 검)

脫 벗을 탈(총11획). 몸에(月) 있는 옷을 벗으면 사람들이 기뻐한다(兌)는 뜻이다. 換骨奪胎(바꿀 환, 뼈 골, 태보 태), 脫衣(옷 의)

說 말씀 설(총14획). 해서 기쁘고(兌) 들어서 기쁜(兌) 말을(言) 해야 한다는 뜻이다. 말로(說) 다른 사람을 설득한다는 데서 달랠 세, 悅자와 통용하여 기쁠 열도 된다. 說明(밝을 명)-설명, 遊說(놀 유)-유세, 學而時習之不亦說乎(배우고 때때로 익히면 또한 기쁘지 아니하랴?)

稅 세금 세(총12획). 옛날에는 벼(禾)나 각지방 특산물로 세금을 냈었다. 풍년이 들어 기쁜 마음(兌)으로 벼로(禾) 세금을 낸다는 뜻이다. 稅金(쇠 금), 稅務署(힘쓸 무, 관청 서)

銳 날카로울 예(총15획). 쇠도(金) 날카로워야 훌륭한(兌)것이고, 그래야 사람들도 기뻐한다(兌)는 뜻이다. 銳利(이로울 리), 尖銳(뾰족할 첨)

020

회의/상형자

갑골문을 보면 손에 나무를 들고 땅에 심고 있는 모습이다.

埶 심을 예

熱 더울 열(총15획). 손에 든 나무에(埶) 불을 붙이니(火) 점점 더워진다는 뜻이다. 加熱(더할 가), 發熱(필 발)

藝 재주 예(총19획). 손에 풀이나(艹) 나무를 심어(埶) 잘 가꾸는 것도 훌륭한 재주라고 말할(云) 수 있다. 云은 사실 끓어 앉은 사람의 다리부분이 변한 모습이다. 武藝(굳셀 무), 藝術(심을 예)

勢 형세/세력 세(총13획). 나무를 잘 심으니(埶) 힘차게(力) 잘 자란다는 데서 기세, 형세, 세력의 뜻이 나왔다. 勢力(힘 력), 權勢(권세 권)

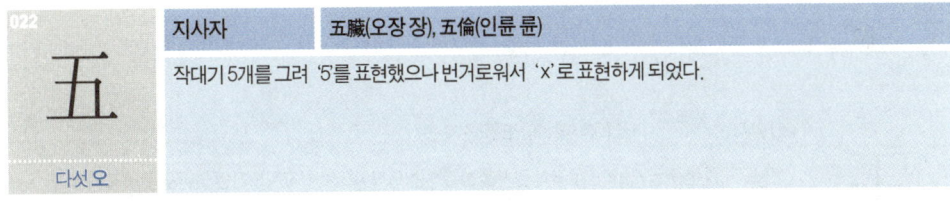

021	회의자	吳越同舟(넘을 월, 한가지 동, 배 주)
吳	입(口)을 강조한 사람의 앞모습이다. 갑골문에는 양팔로 흔들고 있어서 입으로(口) 큰 소리를 지르며 덩실덩실 춤을 추고 있는 것처럼 보인다. 원뜻은 '큰소리치다인데 '시끄럽다', '떠들다'의 파생의가 있으며, 중국의 남방지역에 있었던 나라의 이름으로도 쓰였다. 오나라가 있던 지역은 장강 이남지역으로 기원전 5~6세기 즈음엔 변방의 이민족으로 인식되던 곳이었다. 그 곳 사람들의 언어를 북방지역 사람들이 알아듣지 못하고 수다스럽게 떠드는 소리로 들렸으므로 '吳'라고 이름을 붙인 것으로 보인다.	
오나라 오/성 오		

誤 그르칠 오(총14획). 너무 큰 소리(吳)만 치게 되면 행동과 말이(言) 일치하지 않아 자칫 큰 일을 그르칠 수 있다는 뜻이다. 誤算(셈 산), 誤謬(그릇될 류)

娛 즐길 오(총10획). 큰 소리로(吳) 노래를 부르며 여자와(女) 더불어 인생을 즐긴다는 뜻이다. 娛樂(즐길 락), 喜娛(기쁠 희)

022	지사자	五臟(오장 장), 五倫(인륜 륜)
五	작대기 5개를 그려 '5'를 표현했으나 번거로워서 'x'로 표현하게 되었다.	
다섯 오		

吾 나 오(총7획). 다섯(五) 손가락과 손바닥으로 가슴을 두드리며 나라고 말한다(口)는 뜻이다. 吾等(무리 등), 吾鼻三尺(코 비, 자 척)

悟 깨달을 오(총10획). 마음으로(↑) 나(吾) 자신에 대해 깊이 생각해야 깨달음을 얻을 수 있다는 뜻이다. 覺悟(깨달을 각), 孫悟空(손자 손, 빌 공)

梧 오동나무 오(총11획). (여자의 입장에서) '내가(吾) 태어나면 심겨져서, 나와 함께(吾) 자라, 나와 함께(吾) 시집을 가는 나무(木)'가 오동나무라는 뜻이다. 옛날, 딸이 태어나면 오동

나무를 심어 그것으로 가구를 만들어 시집보낸다는 말이 있다. 15년~20년이면 훌륭한 목재로 사용가능하기 때문이다. 아들이 태어나면, 대들보감이 되라고 소나무를 심었다고 한다. 梧桐(오동나무 동)

語 말씀 어(총14획). '말씀'은 남의 말을 높일 때 쓰기도 하고, 자기의 말을 낮출 때도 쓴다. 저의(吾) 말씀(言)이라는 뜻이다. 國語(나라 국), 漢語(한나라 한)

伍 대오 오(총6획). '대오(隊伍): 군대에 편성된 대열. 옛 중국에서는 다섯(五) 명의 병사(亻)를 일오(一伍)라고 했다. 隊伍

023 雍 형성자 　雍和(화할 화)

화할 옹

원래 '雔(할미새 옹)'으로 썼던 것이 예서단계에서 지금의 모습으로 변했다. 雔은 금슬이 좋고 화락(和樂)하다고 하는 '할미새'의 뜻이었으나 '화하다'의 뜻이 파생되었다. '亠(머리 두)'는 '높다'의 뜻이 있으므로 작은(幺의 변형) 할미새들(隹)이 높이(亠)나는 모습이 화락해 보인다로 외우자!

擁 안을 옹/낄 옹(총16획). 작은 할미새(雍)가 손에(扌) 끼어 잡히고 말았다는 뜻이다. 抱擁(안을 포), 擁立(설 립)

甕 독 옹(총18획). 瓦(기와 와)자는 토기에 관련된 글자에 들어간다. '雍'는 소리부이다. 甕器(그릇 기)

024 王 상형자 　王朝(아침 조), 王孫(손자 손)

임금 왕

'큰 도끼'를 본뜬 글자이다. 무력과 권력을 상징하는 도끼이므로 최고지도자인 임금을 뜻하게 되었다.

汪 넓을 왕(총7획). 물이(氵) 크고(王) 넓다는 뜻이다. 人名字, 汪然(그럴 연)

旺 왕성할 왕(총8획). 태양이(日) 크고(王) 밝게 빛나는 모습에서 '왕성하다'의 뜻이 나왔다. 旺盛(성할 성), 興旺(흥할 흥)

狂 미칠 광(총7획). 왕이(王) 개(犭=犬)의 흉내를 내니 미쳤음에 틀림없다. 狂亂(어지러울 란),

狂奔(달릴 분)

| 025 | 상형자 | 王朝(아침 조), 王孫(손자 손) |

幺

작을 요

실 사(糸)자를 절반만 쓴 것이다. '실'이라는 뜻 외에 '끈'의 뜻도 있으며 실이 잘렸으니 '작다'의 뜻도 파생되었다.

幼 어릴 유(총5획). 작은(幺) 힘을(力) 가진 어린아이를 의미한다. 幼兒(아이 아), 幼稚(어릴 치)

幽 그윽할 유(총9획). 높은 산에(山) 오르면 그 아래에 있는 것들이 작고 작게(幺, 幺) 보이기 마련이다. 그러면 그 산의 골짜기도 아주 깊고 그윽하다는 뜻이다. 深山幽谷(깊을 심, 메 산, 골 곡), 幽明(밝을 명)

| 026 | 형성자 | 歌謠(노래 가), 童謠(아이 동) |

謠

노래 요

'言'을 뺀 나머지 글자는, 고기가(月=肉) 담긴 그릇(缶)이다. 그릇에 고기가 있으니 기분이 좋아서 말할 때(言)마다 노래가 나왔을 것이다.

搖 흔들 요(총13획). 고기를(月) 그릇에(缶) 담아 손에(扌) 들고 가니 고기가 흔들린다는 뜻이다. 搖籃(바구니 람), 搖動(움직일 동)

遙 멀 요(총14획). 그릇에(缶) 고기를(月) 담아 먹으니 힘이 나서 멀리까지도 갈 수(辶) 있다는 뜻이다. 遙遠(멀 원), 逍遙(노닐 소)

027	형성자	堯舜(순임금 순)

흙덩이를 높이 이고 있는 사람에서 높다 라는 뜻이 나왔고 태평성대를 이끌던 전설속의 제왕인 요임금을 의미하기도 한다.

노래요

燒 불사를 소(총16획). 불이(火) 높이(堯) 솟아 올라 물건들을 불사른다는 뜻이다. 燒却(물리칠 각), 全燒(온전할 전)

曉 새벽 효(총16획). 해가(日) 높이(堯) 떠오르려고 하는 새벽시간을 의미한다. 파생되어 알다 의 뜻도 있다. 曉星(별 성), 曉得(얻을 득)

028	상형자	夭折(꺾을 절)

사람의 앞모습인 大자에서 머리가 꺾인 모습을 그린 글자이다. 大는 건장한 사내의 모습이므로 젊다, 젊어 서 죽다의 뜻이 나왔다.

일찍죽을/어릴요

妖 요사할 요(총7획). 젊고 예쁜(夭) 여자는(女) 요망하고 요사스러운데가 있다고 여겨 만들 어진 글자이다. 妖精(정할 정), 妖妄(망령될 망)

笑 웃을 소(총10획). 젊은 사람이(夭) 대나무처럼(竹) 허리를 굽혀 가며 웃는 모습을 의미한 다. 笑門萬福來(문 문,일만 만,복 복,올 래), 微笑(작을 미)

沃 기름질 옥(총7획). 거친 땅도 젊은 사람들이(夭) 힘을 모아 물을 대면(氵)기름진 땅이 될 수 있다는 뜻이다. 沃土(흙 토), 門前沃畓(문 문,앞 전,논 답)

029	회의자	

손으로(爫)절구안의(臼) 쌀을 퍼낸다는 뜻이다.

퍼낼요

稻 벼 도(총15획). 舀에 禾를 붙여 손으로(爫) 떠내는 것이 벼(쌀)임을 확실히 했다. 早稻(이를

272

조) : 올벼 제철보다 일찍 영그는 벼

030	회의자	容貌(모양 모), 容器(그릇 기)

宀(집 면)과 谷(골 곡)이 합해졌다. 가구와 사람을 받아들이는 집, 물과 사람을 받아들이는 골짜기의 의미가
더해져 '담다', '받아들이다', '그릇', '얼굴', '(외모를)꾸미다' 등의 뜻이 파생되었다.

얼굴 용

溶 녹을 용(총13획). 그릇에(容) 따뜻한 물을(氵) 담고 설탕이나 소금을 녹인다는 뜻이다. 溶解
(풀 해), 溶液(진 액)

熔 녹을 용(총14획). 불로(火) 쇠를 녹여 용기(容)를 만든다는 뜻이다. 鎔과 뜻이 같다. 熔融(녹
을 융)

鎔 녹을 용(총18획). 용기를(容) 만들기 위해 쇠(金)를 녹인다는 뜻이다. 鎔接(접할 접), 鎔鑛爐
(쇳돌 광, 화로 로)

瑢 패옥소리 용(총14획). 예쁘게 꾸미기(容) 위해 허리에 찬 옥(玉)이 서로 부딪쳐서 나는 소리
를 패옥소리라고 한다. (人名字)

031	상형자	用途(길 도), 用件(물건 건)

물통을 본 뜬 글자이다. 소전에 가면 손잡이도 나타난다. 물도 담고 다른 것도 담을 수 있는 쓰임새 있는 물
건이기에 '쓰다'의 뜻이 되었다. '甬(길 용)'은 손잡이가 달린 것으로 들고 '길'을 가기 편하게 만든 것이다.

쓸 용

庸 떳떳할 용(총11획). 집에서(广) 손에(⺕) 도구를(丨)들고 쓸만한(用) 물건을 만들어가며 일
하는 것은 떳떳한 일이라는 뜻이다. 中庸(가운데 중), 登庸(오를 등)

傭 품팔 용(총13획). 사람은(亻) 품팔이를 하더라도 떳떳해야(庸)한다는 뜻이다. 雇傭(품팔 고),
傭兵(병사 병)

鏞 쇠북 용(총19획). 쇠로(金) 덩그러니(庸) 보기 좋게 만든 쇠북(=종)이라는 뜻이다. (人名字)

勇 날랠 용(총9획). '甬(길 용)'과 '力'이 합해졌다. 길 위를(甬) 힘껏(力) 달리니 무척 날쌔다는
뜻이다. 勇猛(사나울 맹), 勇敢(감히 감)

通 통할 통(총11획). 길을(甬) 간다(辶)는 것으로 모든 길은 서로 통한다는 뜻이다. 通過(지날 과), 亨通(형통할 통)

誦 욀 송(총14획). 길을(甬) 가며 중얼(言)거리고 있다는 건 무언가를 외고 있다는 뜻이다. 暗誦(어두울 암), 背誦(등 배)

痛 아플 통(총12획). 길을(甬) 가다가 발병이(疒)나서 아프다는 뜻이다. 痛症(증세 증), 憤痛(분할 분)

032	상형자	
于	입에서 숨(기운)이 나오는 모양이다. 于의 본자(本字)는 亐(우)이다.	
어조사우		

宇 집 우(총6획). 宀이 의미부, 于가 소리부이다. 于를 기둥, 들보, 마룻대로 보면 편하다. 宇宙(집 주)

汚 더러울 오(총6획). 입에서 기운이 나오며(亐) 침까지(氵) 튀니 더럽다는 뜻이다. 汙로 쓰이기도 한다. 汚物(물건 물), 貪官汚吏(탐낼 탐, 벼슬 관, 벼슬아치 리)

誇 자랑할 과(총13획). 입을 벌려(亐) 큰소리로(大) 말하며(言) 자랑한다는 뜻이다. 誇張(베풀 장), 誇大(큰 대)

033	회의자	右翼(날개 익), 右議政(의논할 의, 정치 정)
右	'ㅁ(입 구)'자를 뺀 나머지는 손을 의미하는 '又'의 변형이다. 원뜻은 '돕다'이다. 손과(又) 입으로(ㅁ) 타인을 돕는다는 뜻이다. 후에 '오른쪽'의 뜻으로 바뀌었다. 입에(ㅁ) 음식을 넣는 손(又)이 오른손이다로 외우면 된다.	
오른우		

佑 도울 우(총7획). 사람이(亻) 오른쪽에 서서(右) 도와준다는 뜻이다. 임금의 오른편에서 돕는 사람이 우의정(右議政)이다. 天佑神助(하늘 천, 귀신 신, 도울 조)

祐 복 우(총10획). 제사를(示) 때에 맞춰 잘 지내면 신께서(示) 도와주시는데(右) 우리는 그것을 '복'이라 한다. 祐福(복 복)

034

禺 원숭이 우

상형자

원숭이의 머리, 손, 몸통, 꼬리를 그렸다

偶 짝 우/허수아비 우(총11획). 원숭이나(禺) 사람은(亻) 비슷하게 생겼으므로 서로 짝이 될 수 있다는 뜻이다. 원숭이와(禺) 같은 사람은(亻) 허수아비에 불과하다는 뜻이기도 하다. 配偶(짝 배), 偶然(그럴 연)

遇 만날 우(총13획). 길을 걷다보면(辶) 원숭이를(禺) 만날 때가 있다는 뜻이다. 遭遇(만날 조), 境遇(지경 경)

愚 어리석을 우(총13획). 원숭이의(禺) 마음은(心) 인간이 보기에 어리석다는 뜻이다. 愚鈍(둔할 둔), 愚弄(희롱할 롱)

寓 붙어살/빗댈 우(총12획). 원숭이(禺)가 주인의 집(宀)에 붙어산다는 의미이다. 公寓, 寓話

云 이를운

상형/가차자

云云, 云川

원뜻은 '구름'이다. 옛 글자에서 위의 두 획은 하늘이고 나머지가 구름을 의미한다. 나중에 '말하다'로 가차되어 잃어버린 '구름'의뜻은 '雨'를 더해 '雲'을 만들었다.

雲 구름 운(총12획). '云'이 원래 '구름'이었으나, '말하다'로 가차되자 '雨'를 더해 뜻을 강조했다. 雲霧(안개 무), 雲雨之情(어조사 지, 뜻 정)

芸 향풀 운(총8획). 향기가 좋아서 여러 사람들의 입에 오르내리는(云) 풀(艹)인 향풀을 뜻한다. 芸香(향기 향), 芸窓(창문 창). 일본에서는 '藝'의 약자로 '芸'을 쓰고 있는데, 우리나라도 그것을 그대로 따라 하고 있다. 옳지 않다고 본다.

魂 넋 혼(총14획). 귀신들이(鬼) 구름처럼(云) 모여 수군거리고 있다. 모두 사람의 '넋'이 변한 것들이다. 魂魄(넋 백), 鬪魂(싸움 투)

회의자	元首(머리 수), 元旦(아침 단)

元

으뜸 원

사람의(儿) 머리(二)를 강조한 글자로 머리가 신체의 으뜸이란 뜻이다.

完 완전할 완(총7획). 사람에게는(儿) 머리(二)가 있어야 완전하고, 집에(宀) 살아야 완전하다는 뜻이다. 完全(완전할 전), 完結(맺을 결)

院 집 원(총10획). 원뜻은 언덕처럼(阝) 완전하게(完) 쌓는 '담장'이다. 담장안에(阝) 완전한(完) 집(院)을 지었다고 외우면 된다. 學院(배울 학), 醫院(의원 의)

莞 왕골 완(총11획). 왕골 : 방동사니과에 속하는 일년초. 논이나 수택에 사는 풀로(艹) 돗자리를 짜는 등 여러 모로(完) 쓰임새가 많은 왕골을 뜻한다.

冠 갓 관(총9획). 손에(寸) 들고 머리에(元) 덮어(冖)쓰는 갓을 뜻한다. 弱冠(약할 약), 冠詞(말 사)

회의자	原因(인할 인), 原理(이치 리)

原

언덕 원/근본 원

'厂(언덕 한)'과 '泉(샘 천)'이 합해졌다. 언덕이나 벼랑의 아래에서 솟는 샘물의 모습을 그려, 근원, 근본, 언덕의 뜻이 되었다. '源'의 본자(本字)이다.

源 근원 원(총13획). 언덕이(原) 샘물의(氵) 근원이라는 뜻이다. 根源(뿌리 근), 橿源(박달나무 강)

願 원할 원(총19획). 머리로(頁) 원하니까 頁(머리 혈)이 들어갔고, 原은 소리부로 들어갔다. 願書(글 서), 志願(뜻 지)

상형자	

爰

이에 원

원뜻은 '당기다', '돕다'였다. 두 개의 손(爪·又)이 어떤 물건을 서로 당기는 모습을 그렸다. '援'의 本字이다. '이에'라는 뜻은 가차된 것이다.

援 도울 원(총12획). '爰'이 원래 '돕다'였으나 '이에'로 가차되자 '扌'를 더해 뜻을 강화했다.

援助(도울 조), 救援(구원할 구), 抗美援朝(막을 항, 아름다울 미, 아침 조)

暖 따뜻할 난(총13획). 손으로(爫) 다른 사람의 손을(又) 잡아 해(日)있는 쪽으로 당기는(爰) 이유는 따뜻하기 때문이다. 溫暖(따뜻할 온), 暖帶(띠 대)

緩 느릴/느슨할 완(총15획). 실은(糸) 가늘기 때문에 당길 때(爰) 느리게 당겨야 하는 것이고, 팽팽한 실을(糸) 자꾸 잡아당기면(爰) 느슨해진다는 뜻이다. 緩慢(게으를 만), 緩行(다닐 행)

媛 계집 원(총12획). 잡아당겨서(爰) 함께 하고픈 예쁜 여인(女)이란 뜻이다. 才媛(재주 재)

瑗 구슬 원(총13획). 당아당겨서(爰) 소유하고 싶은 예쁜 구슬(玉)을 의미한다.(人名字)

039 袁 긴옷/성 원

회의자

길고 치렁치렁한 옷에 둥근 옥(口)을 치장한 모습이다. 둥근 옥에 근거하여 '袁'에는 '둥글다'의 뜻도 있다.

園 동산 원(총13획). 둥글게(袁) 담(囗)으로 에워싼 동산을 뜻한다. 公園(공평할 공), 庭園(뜰 정)

遠 멀 원(총14획). 긴 옷(袁)을 준비하고 떠나는(辶) 길이니 먼 곳을 간다는 뜻이다. 遠洋(큰바다 양), 遠距離(떨어질 거, 떠날 리)

040 員 인원/수효 원

회의자 會員(모일 회), 定員(정할 정)

원뜻은 '둥글다(圓)'였다. 口와 鼎(솥 정)이 합해졌는데 口는 옛글자에서 알 수 있듯 동그라미였다. 동그라미에다 둥근 입을 갖고 있는 鼎을 더했는데, 鼎의 모습이 貝(조개 패)처럼 바뀌었다. 둥글다의 뜻을 잃고 '인원', '수효', '사람들'의 뜻으로 바뀌게 되자, 다시 만든 '둥글다'는 圓이다. 둥글게(員)모인 여러 인원(員)으로 외우자!

圓 둥글 원(총13획). 員(인원 원)이 원래 둥글다였으나 '인원'의 뜻으로 바뀌자 둥근 담장(囗)을 또 써서 뜻을 강조했다. 圓形(모양 형), 圓滿(찰 만)

韻 운 운/운치 운(총19획). 운(韻)→정형시인 중국 한시에서, 각 시행의 동일한 위치에 규칙적으로 쓰인, 음조가 비슷한 글자. 여러 사람들이(員) 모여 소리 내어(音) 시를 읊을 때 운을 맞추고, 그 모습이 운치 있어 보인다는 뜻이다. 韻字(글자 자), 韻律(법칙 률)

損 덜 손(총13획). 여러 사람들이(員) 모여 품앗이하며 손으로(扌) 열심히 일하면 수고를 덜 수

있다는 뜻이다. 損失(잃을 실), 損害(해할 해)

041 회의자	委託(부탁 탁), 委員(인원 원)
委 말길 위	벼를(禾) 머리에 이고 있는 여자의(女) 모습이다. 남자는 밖에서 사냥이나 목축을 하고, 여자는 논에서 왕성한 생산 활동을 했음을 보여주는 글자다. 논농사는(禾) 여자가(女) 맡았다는 뜻이다.

魏 성 위/나라이름 위(총18획). 원뜻은 '높다'이다. 인간의 능력보다 뛰어나다고 생각되는 '鬼(귀신 귀)'에 소리부인 '委'를 더해 만들었다. 여자가(女) 귀신같은 솜씨로(鬼) 벼를(禾) '높이' 쌓았다로 외우면 된다. 뜻이 좋아서 성씨와 나라이름에 가져다 쓰게 된 것이다. 魏蜀吳(촉나라 촉, 나라이름 오)

倭 왜나라 왜(총10획). 원뜻은 '유순하다'이다. 사람이(亻) 어떤 일을 다른 사람에게 맡길 때(委) 유순하고 순종하는 사람을 선호한다는 뜻인데, 고대로부터 일본을 지칭하는 글자로 쓰였다. 倭寇(도둑 구), 倭亂(어지러울 란)

042 회의자	胃臟(오장 장), 胃壁(벽 벽)
胃 밥통 위	田은 위를 그린 모습이고, '月'은 인체임을 표현한 것이다.

謂 이를 위(총16획). 이르다→무엇이라고 말하다. 배가 고플 땐 胃도 무엇이라 말한다(言)는 뜻이다. 所謂(바 소), 可謂(옳을 가)

渭 물이름 위(총12획). 'ⅰ'은 의미부, '胃'는 소리부이다. 渭水(물 수 : 중국 감숙성과 섬서성을 흐르는 강)

膚 살갗 부(총15획). 호랑이의(虍) 위(胃)를 보려면 우선 살갗을 째야한다는 뜻이다. 皮膚(가죽 피), 玉膚(구슬 옥)

043

韋

다룬가죽 위

| 회의자 | (姓) |

'口(경계선, 성, 나라)'와 위아래의 발(止의변형)을 그렸다. '口'는 공격목표인 성이고 발들은 포위망을 좁히는 군사들이다. 원뜻은 '포위하다'인데 '에워싸다', '막다', '지키다', 군사들의 발에 신은 '가죽' 등이 파생되었다.

偉 클 위 (총11획). 나라를 지키는(韋) 사람은(亻) 크고 위대한 사람이란 뜻이다. 偉人, 偉大(큰 대)

圍 에워쌀 위 (총12획). '韋'가 원래 에워싸다였으나 '가죽'으로 뜻이 바뀌자, 口을 더해 뜻을 강화시켰다. 包圍(쌀 포), 周圍(두루 주)

違 어긋날 위 (총13획). 길 가던 사람들을(辶) 가로막는(韋) 것은 그들이 법에 어긋나는 행동을 했기 때문이다. 違法(법 법), 違反(돌이킬 반)

緯 씨줄 위 (총15획). 군사의 발이 '口'주위를 왔다 갔다 하듯(韋) 베틀에서 날줄(經, 경)사이를 왔다갔다 하는 실을(糸) 씨줄이라 한다. 經緯(날줄 경), 緯度(법도도), 緯線(줄 선)

衛 지킬 위 (총16획). 군사들이 거리를(行) 다니며(行) 그 지역을 지킨다(韋)는 뜻이다. 護衛(도울 호), 衛生(날 생)

044

俞

그러할 유

| 형성자 |

月은 舟가 변한 것이고 나머지는 金文에서 알 수 이듯 배를 만드는 연장의 모습이다. 원뜻은 통나무배이다. 느긋하게 물위를 떠가는 통나무배의 모습에서 점점, 나아가다, 그러하다, 대답하다 등의 '변화'와 '긍정'의 뜻을 갖게 되었다.

愈 나을 유 (총13획). 긍정적인 변화(俞)에 대한 편안한 마음상태(心), 즉 심리적인 치유라는 뜻이다. 愈出愈怪(날 출, 괴이할 괴)

踰 넘을 유 (총16획). 발로(足) 나아가려면(俞) 장애물등을 넘어가야 함을 뜻한다. 踰月(달 월)

楡 느릅나무 유 (총13획). 느릅나무 : 선박재료(俞)로 쓰이는 활엽교목(木)으로 껍질은 약재료도 쓰인다. 春楡(봄 춘)

輸 보낼 수 (총16획). 수레와(車) 통나무배(俞)를 이용하여 화물을 수송한다는 뜻이다. 輸送(보낼 송), 輸血(피 혈)

喻 깨우칠/비유할 유 (총12획). 세상의 변화(俞)에 대해 말(口)로 깨우쳐 준다는 의미이다. 比喻, 隱喻, 直喻

상형자	理由(이치 리), 自由(스스로 자), 由來(올 래)

'由'자는 몸의(月) 일부분인 머리를 보호하는 투구(冑, 투구 주)를 본뜬 글자이다. 투구(冑)로 말미암아(由) 머리를 보호한다는 뜻이다. '由'가 소리부로 쓰일 때는 유, 주, 추, 적, 축등으로 소리가 난다.(말미암다→어떤 현상이나 사건의 시작이 되다)

말미암을 유

油 기름 유 (총8획). 기름 역시 액체(氵)라는 데서 '水'가 들어갔다. 石油(돌 석), 原油(근본 원)

宙 집 주 (총8획). 원뜻은 대들보이다. 집은(宀) 대들보로 말미암아(由) 지탱된다는 뜻인데 후에 집 그 자체를 의미하게 되었다. 대들보가 없으면 집이 만들어지지 못하기 때문이다. 宇宙(집 우→철학자들은 무한히 늘어나는 공간을 '宇'라 했고, 끝없이 진행되는 시간을 '宙'라 하여 '우주'라는 말을 만들었다.)

笛 피리 적 (총11획). 대나무(竹)로 말미암아(由) 만들어지는 악기가 피리라는 뜻이다. 羌笛(오랑캐 강), 鼓笛隊(북 고, 무리 대)

抽 뽑을 추 (총8획). '手'가 의미부, '由'가 소리부이다. 손으로(扌) 밭에 있는(田) 풀을 뽑는다(由)로 외우면 된다. 抽出(날 출), 抽象(코끼리 상)

軸 굴대 축 (총12획). 수레는(車) 굴대로 말미암아(由) 바퀴가 고정되어 달린다는 뜻이다. 主軸(주인 주), 天方地軸(하늘 천, 모 방, 땅 지)

회의자	有名(이름 명), 有無(없을 무)

손에(又) 고기를(月) 들고 있다는 뜻이다.

있을 유

郁 성할 욱 (총9획). 고을의(阝) 집집마다 고기가(月) 풍성하게 있으니(有) 성하고, 융성하다는 뜻이다.(人名字). 郁烈(매울 렬)

友 벗 우 (총4획). 갑골문을 보면 '又'를 나란히 두 개 썼음을 알 수 있다. 손에(又) 손을(又) 잡

고 걷는 친한 친구의 뜻이다. 友情(뜻 정), 友好(좋을 호)

賄 뇌물 회(총13획). 아부하는 사람은 돈(貝)만 있으면(有) 윗사람에게 뇌물을 주려한다는 의미이다. 賄賂

047 攸 바유

회의자

원뜻은 '흐르는 물(行水也)'이다. 가운데 'ㅣ'은 '水'의 생략형인 것이다. 사람이(亻) 물에서(ㅣ) 씻다(攵)의 뜻이 파생되었다.

修 닦을 수(총10획). 사악한 마음을 씻어내어(攸) 내면의 모습이 빛난다(彡)는 데서 '닦다', '수양하다'의 뜻이 되었다. 修道(길 도), 修養(기를 양)

條 가지 조(총11획). 사람(亻)이 자기 자신을 때리기(攵) 위해 나무의(木) 가지를 꺾었다는 뜻이다. 條件(물건 건), 條項(목 항)

悠 멀 유(총11획). 사람(亻)이 자기 자신을 때려가며(攵) 수양(修의 생략, 攸)을 하지만 인격 완성의 길은 멀게만 느껴진다(心)는 뜻이다. 悠久(오랠 구), 悠悠自適(스스로 자, 맞을 적)

048 尹 다스릴 윤/성 윤

회의자 府尹(관청 부), 令尹(하여금 령)

손에(ㅋ) 지휘용 막대기를 들고 있는 모습이다. 백성들을 거느리고 다스리는 사람의 손인 것이다.

伊 저 이(총6획). 지시대명사이다. 다스리는(尹) 사람은(亻) 다른 사람을 지칭할 때 '저' 사람, '저' 들 이라고 하는 데서 '저', '저것'의 뜻이 되었다. (人名字) 善伊(착할 선)

君 임금 군(총7획). 지휘용 막대를 손에 들고(尹) 입으로(口) 명령을 내리는 '임금'의 뜻이다. 君主(주인 주), 檀君(박달나무 단)

群 무리 군(총13획). 임금님(君)이 행차하실 때 무리가 뒤따르고 양들도(羊) 무리지어 생활한다는 뜻이다. 群衆(무리 중), 群鷄一鶴(닭 계, 학 학)

郡 고을 군(총10획). 고을(阝) 군(君). 임금님이(君) 고을을(阝) 다스린다로 외워도 된다. 郡守

(지킬 수), 郡廳(관청 청)

049	지사/상형자	
聿	손에(又)붓을 잡고 있는 모습이다.	
붓 율		

筆 붓 필(총12획). '聿'에 붓의 재료인 '竹'을 더해 의미를 강화시켰다. 筆順(순할 순), 親筆(친할 친)

律 법칙 률(총9획). 길을(彳) 다닐 때 지켜야 할 법칙이나 법규를 붓으로(聿) 쓴다는 뜻이다. 法律(법 법), 戒律(경계할 계)

050	회의자	意見(볼 견), 意識(알 식)
意	音은 말의 '소리'로 言과 통한다. 말소리로 (音) 표현되기 전, 마음속에(心)있는 생각과 뜻을 의미하는 글자이다.	
뜻 의		

憶 생각할 억(총16획). 마음속에(心) 있는 뜻을(意) 말로 표현하기 전에 한 번 더 생각해야 한다는 뜻이다. 記憶(생각할 기), 秋憶(가을 추)

噫 한숨쉴 희(총16획). 뜻(意)한 바가 제대로 이루어지지 않으면 입에서(口) 한숨이 나온다는 뜻이다. 噫氣(기운 기), 噫嗚(슬플 오)

051

義
옳을 의

상형자

羊(양 양)과 我(나 아)가 합해졌다. 我 는 톱니가 달린 창이고 義 는 양의 장식이 달린 의장용 창이다. 국가적인 행사에 쓰이던 창의(義) 위엄있는 모습에서 '마땅하다', '옳다'의 뜻이 나왔다. 창으로(我) 양을(羊) 잡아 재물로 바치는 일은 '옳고', '마땅한'일이다 라고 말하는 학자들도 있다.

議 의논할 의 (총20획). 어찌하면 옳은 일을 할까(義)하며 말로(言) 의논한다는 뜻이다. 議論(논할 론)

儀 거동 의 (총15획). 옳은(義) 행동을 하는 사람(亻)의 몸짓은 '거동'이라 한다는 뜻이다. 儀式(법 식), 儀仗(몽둥이 장) 참고) 거둥(擧動 동→둥). 임금의 나들이

羲 숨/복희 희 (총16획). 義와 兮(돼지 해)로 이루어져 옳은(義) 제사에 바쳐지는 돼지(亥)의 의미로 '희생물'이 원뜻이었으나 亥가 兮(어조사 혜)로 바뀌어 뜻도 내쉬는 '숨'으로 바뀌었다. 중국 전설 속 제왕의 이름으로도 쓰였다. 伏羲(엎드릴 복)

犧 희생 희 (총20획). 제물로 많이 쓰이던 소牛가 의미부로, 羲(복희 희)가 소리부로 쓰였다. 복희(羲)에게 제사를 지내기 위해 소(牛)를 희생으로 삼는다는 의미이다. 犧牲

052

疑
의심 의

회의자 疑心(마음 심), 疑問(물을 문)

갑골문을 보면 사람이 지팡이를 짚고 길에서 두리번거리는 모습이다. (입도 헤-하고 벌리고 있다). 지금의 자형과 너무나 차이나니, 匕(비수), 矢(화살), 오른쪽은 子와 足이 합해진 것으로 보아 어린아이가(子)비수와 (匕)화살을(矢)들고 발로(足)걸어다니니 '의심'해야 한다로 외우자.

凝 엉길 응 (총16획). 물이 얼음으로(冫)되어가는 과정에서 엉겨가고 있다는 뜻으로, 그 때는 물인지 얼음인지(冫) 의심이(疑)간다는 뜻이다. 凝固(굳을 고), 凝結(맺을 결)

礙 거리낄 애 (총19획). 거리끼다 : 일을 하는데 방해가 되다. 원뜻은 '저지하다', '막다'이다 (止也). 적이 쳐들어올까 의심스러워서(疑) 돌로(石) 막는다는 뜻이다. 적으로 하여금 거리끼게 만든다는 것이다. 沮礙(막을 저), 障礙(막을 장)

碍 막을 애 (총13획). 碍는 원래 礙의 약자였으나 정자처럼 쓰이고 있다. 적이 쳐들어올까 두려워서, 아침부터(旦) 손으로(寸) 돌을(石) 날라 적을 막는다는 뜻이다.

053

台
기쁠 이/별 태

형성자

以와 口가 합쳐진 글자로 以(厶)는 쟁기의 모습이며 소리부 역할도 한다. 쟁기로(以 =厶) 농사를 잘 지으니 기뻐서 입벌려(口) 웃는다는 뜻이다. 농사는(以, 쟁기) 별의 주기로 날짜를 맞추어 지으므로 별의 뜻도 파생되었다.

怡 기쁠 이(총8획). 台에 忄을 더해 뜻을 강화했다. (人名字). 南怡(남녘 남)

始 비로소 시(총8획). 여자가(女) 인류의 시작임을 나타낸 글자이다. 중국 전설에 따르면 여와(女媧)라는 여신이 인간을 창조했다고 전한다. 여와는(女) 하늘과 땅 사이에 홀로 살기가 너무 심심해 재미를 위해(台) 흙을 물에다 개어 사람을 만들기 시작하였다. 처음엔 손으로 일일이 만들다가 일이 너무 더디자 채찍을 진흙탕에 담갔다가 허공에 뿌렸다. 그때 채찍에서 덜어져 나간 흙이 사람으로 변했다고 한다. 始作(지을 작), 始初(처음 초)

治 다스릴 치(총8획). 백성들을 기쁘게(台) 하기 위해 중국의 임금들은 물을(氵) 잘 다스리려 노력했다. 대표적인 임금이 禹(우) 임금이다. 治國(나라 국)

怠 게으를 태(총9획). 기쁘고(台) 좋은 일만 있다하여 마음을(心) 지나치게 놓고 있다보면 자칫 나태함에 빠질 수 있다는 뜻이다. 怠慢(게으를 만), 懶怠(게으를 나)

殆 위태할 태(총9획). 자기도취(台)에 빠져 죽음의 상황(歹)이 닥침도 알지 못하니 위태한 상황이란 뜻이다. 知彼知己 ,百戰不殆(알 지, 저 피, 자기 기, 일백 백, 싸울 전, 아니 불), 危殆(위태할 위)

胎 아이밸 태(총9획). 몸에(月) 아기가 들어섰으니 매우 기쁘다(台)는 뜻이다. 孕胎(아이밸 잉), 胎教(가르칠 교)

颱 태풍 태(총14획). 별을(台) 흔들 정도의 강한 바람이(風) 태풍이란 뜻이다.

054

異
다를 이

상형자

異見(볼 견), 異口同聲(입 구, 한가지 동, 소리 성)

얼굴에 가면을 쓰고 있는 사람의 모습이다. 옛날 역병이 돌면 역귀를 쫓아내기 위해 행하던 무속행위를 반영한다. 무서운 가면을 썼으니 일반적인 모습과는 달랐을 것이므로 '다르다'의 뜻이 되었다. 얼굴에 가면을 쓴 사람을 나타내는 글자는 異외에도 鬼와 畏가 있다.

翼 날개 익(총17획). 서로 다른(異) 방향을 향하고 있는 두개의 날개(羽)라는 뜻이다. 左翼(왼좌), 翼輔(도울 보)

冀 바랄 기(총16획). 北이 의미부, 異가 소리부이다. 원뜻은 '북방(北方)에 있는 주(州)이름'이

284

다. 하북성(河北省), 산서성(山西省) 일 대를 이르는 말로 한 때 기주(冀州)라고 불리는 지역
이다. 지금도 하북성을 약칭할 때 冀라고 한다. 冀 지역은 살기가 좋고 일찍부터 개발된
지역으로 많은 사람들이 가서 살기 바란다는 데서 '바라다'로 가차되어 쓰인다.

驥 천리마 기(총27획). 누구나 갖길 바라는(冀) 말인(馬) 천리마를 뜻한다. 駿驥(준마 준)

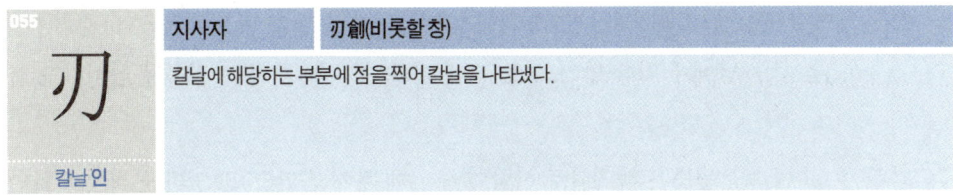

055 刃
칼날 인

| 지사자 | 刃創(비롯할 창) |

칼날에 해당하는 부분에 점을 찍어 칼날을 나타냈다.

忍 참을 인(총7획). 칼날로(刃) 베는 고통도 참을 수 있는 마음(心)을 나타낸다. 忍耐(견딜 내),
殘忍(잔인할 잔)

認 알 인(총14획). 마음속에(心) 칼날로(刃) 새긴 듯 각인된 사실을 말로(言) 표현한다면 어떤
사실을 확실히 알고 있음을 나타낸다. 認識(알 식), 默認(잠잠할 묵)

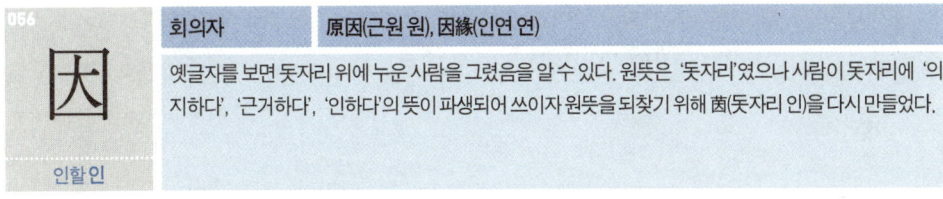

066 因
인할 인

| 회의자 | 原因(근원 원), 因緣(인연 연) |

옛글자를 보면 돗자리 위에 누운 사람을 그렸음을 알 수 있다. 원뜻은 '돗자리'였으나 사람이 돗자리에 '의
지하다', '근거하다', '인하다'의 뜻이 파생되어 쓰이자 원뜻을 되찾기 위해 茵(돗자리 인)을 다시 만들었다.

姻 혼인 인(총9획). 원뜻은 '남편의 집'이다. 여자가(女) 장차 의지해야(因) 할 곳이라는 뜻이
다. 여자가(女) 혼인한 후 남편 집에 의지한다(因)로 외우면 된다. 婚姻(반면에 婚은 '아내의
집'이다. 여자는 음(陰)에 속하니, 해가 저문 뒤에(昏) 여자의 집에 가서 데려온다는 뜻이다), 姻戚(겨레 척)

恩 은혜 은(총10획). 내가 항상 의지하고픈(因) 부모님, 당신들께서 나를 사랑해 주시는 마음
이(心) 은혜란 뜻이다. 恩惠(은혜 혜)

057

북방/클 임

| 상형자 | 壬辰倭亂(별 진, 왜인 왜, 어지러울 란) |

날실이 장착된 큰 베틀의 모습이다. 일찌감치 천간의 하나로 쓰이게 되었으며 파생된 뜻으로 크다, 북방의 뜻을 갖는다.

任 맡길 임(총6획). 베짜는 일은(壬) 대단히 정교한 기술을 요하는 것이므로 전문가가(亻) 맡아서 해야한다는 뜻이다. 任務(힘쓸 무), 責任(꾸짖을 책)

賃 품삯 임(총13획). 남에게 일을 맡기고(任) 그에 대한 대가(貝)를 주는 것을 품삯이라고 한다. 賃貸(빌릴 대), 無賃(없을 무)

淫 음란할 음(총11획). 원뜻은 빠지다로 사람이 물(氵)에 빠져 손만(爫) 보인다는 의미로 보인다. 壬은 소리부로 쓰였다. 뜻이 확대되며 좋지 않은 길로 빠져 점점 음란해짐을 나타낸다. 淫行(다닐 행)

妊 아이밸 임(총7획). 姙으로 쓰기도 한다. 여자의(女) 가장 큰(壬)임무는 (壬→任) 아기를 갖는 것이라는 뜻이다. 妊娠(아이밸 신), 避妊(피할 피)

058

막을 인

| 형성자 | 可能(능할 능), 可決(결단할 결) |

《說文解字》 '막다'이다. 土 가 의미부이고 酉(아)가 소리부이다.(塞也 ,從土酉聲) 흙으로(土) 막는다는 것 외에 정확한 자원이 밝혀지지 않았다.

煙 연기 연(총13획). 불난 곳에(火) 흙을(土) 덮어(酉) 공기를 차단하면(垔) 연기가 피어오른다는 뜻이다. 烟으로 쓰기도 한다. 煙氣(기운 기), 禁煙(금할 금)

甄 질그릇 견(총14획). 의미부인 瓦(기와 와)와 소리부인 垔이 합해졌다. 가마의 입구를 막아(垔) 굽는 질 그릇(瓦)을 의미한다. (人名字) 甄萱(원추리 훤)

286

소리글자 지읒(ㅈ)

001

者
놈 자

회의자   **富者(부자 부), 賢者(어질 현)**

者에서 맨 아래 曰은 솥을 의미하고 그 윗부분은 물방울이나 김을 의미해 원래의 뜻은 '삶다'이다. 그것을 먹는 '사람'이란 뜻으로 파생되어 쓰인다. 사라진 '삶다'의 뜻은 '灬'를 더해 煮(삶을 자)자를 새로 만들었다.

都 도읍 도(총12획). 사람들이(者) 많이 사는 고을이(阝=邑) 점점 더 커져서 도읍이 되었다는 뜻이다. 首都(머리 수), 都邑(고을 읍)

暑 더울 서(총13획). 사람들의(者) 머리 위에 태양이(日) 이글거리니 덥다는 뜻이다. 避暑(피할 피), 酷暑(혹할 혹)

署 서(총14획). 범죄자(者)들을 그물로(罒) 잡아들이는 경찰서같은 관청을 뜻한다. 警察署(깨우칠 경, 살필 찰), 部署(나눌 부)

緖 실마리 서(총15획). 범인(者)의 옷에서 떨어진 실(糸) 하나를 발견했을 때 '실마리'를 찾았다고 말한다. 端緖(끝 단), 情緖(뜻 정)

諸 모두 제(총16획). 사람은(者) 말로(言) 자기의 뜻을 모두 표현한다는 뜻이다. 諸君(임금 군), 諸國(나라 국)

著 나타날 저/붙을 착(着)(총13획). 나타날 저: 사람이(者) 풀로(艹) 몸을 가려봤자 많은 부위가 나타난다는 뜻이다. 자기의 뜻을 나타내기 위해 글을 '짓다'의 뜻도 생겼다. 붙을 착: 옛사람(者)들은 풀로(艹) 옷을 만들어 입었다(著=着)는 뜻이다. 著者(놈 자), 著述(지을 술)

箸 젓가락 저(총15획). 옛 사람(者)들은 대나무(竹)로 젓가락을 만들어 썼다는 뜻이다. 匙箸(숟가락 시)

奢 사치할 사(총12획). 졸지에 큰(大) 부자가 된 사람(者)은 아낄 줄 모르고 사치한다는 의미이다. 奢侈(사치할 치), 豪奢(클 호)

| 002 | 상형자 | 今玆(이제 금), 喦等은 玆에...玆山魚譜(족보 보) |

玆
검을/이 자

상형자 설명: 검을현(玄) 두 개가 합해졌다. 검은 실타래 두 개라 보면 된다.

慈 사랑 자(총1획). 두 개의 실타래(玆)처럼 따뜻하고 포근한 마음을(心) 가지신 어머니의 '사랑'을 뜻한다. 慈堂(집 당), 慈善(착할 선)

滋 불을 자(총12획). 검게 염색한 실타래 두 개를(玆) 물에(氵) 담가 놓은 것이다. 검은 실타래가 물속에 오래 있으면 검은색이 물에 번지게 되므로 번지다, 흐리다의 뜻이, 실이 물을 먹어 불게 되므로 불어나다의 뜻이 생겼다. 滋養(기를 양), (人名字)

磁 자석 자(총14획). 거무튀튀한(玆) 돌(石) 즉, 자석을 뜻한다. 磁石(돌 석), 磁針(바늘 침)

| 003 | 형성자 | 殘金(쇠금), 殘虐(모질 학), 殘忍(참을 인) |

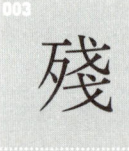

殘
해질 잔

殘 : 남을, 해칠, 잔인할 잔. 歹(뼈 알)을 뺀 나머지 (戈+戈)는 창으로 서로를 '해친다'의 뜻이다. 창 戈 두 개가 나란히 쓰인 이 글자가 다른 글자 속으로 들어가면 뭔가 작고 납작한 느낌을 준다.
殘 : 창을(戈) 들고 서로를 해치다보면 결국 죽음만(歹) 남게 된다는 뜻이다.

踐 밟을 천(총15획). 창으로(戈) 싸우다가 상대가 창을(戈) 놓치면 발(足)로 얼른 밟아야 한다는 뜻이다. 實踐(열매 실), 踏踐(밟을 답)

賤 천할 천(총15획). 돈(貝)을 받고 남을 해치는(戈+戈) 사람은 천하다는 뜻이다. 免賤(면할 면), 賤待(기다릴 대)

淺 얕을 천(총11획). 창 싸움(戈+戈)을 할 수 있는 물은(氵) 깊지 않고 얕은 곳이어야 창 싸움이 가능하다는 뜻이다. 淺見(볼 견), 淺薄(얇을 박)

錢 돈 전(총16획). 쇠붙이(金)를 얇게(戈+戈) 두드려 돈을 만든다는 뜻이고 사람들이 욕심에 눈이 어두워 남을 해쳐가며(戈+戈) 빼앗으려 하는 게 또한 돈(金)이라는 뜻이다. 銅錢(구리 동), 葉錢(잎 엽)

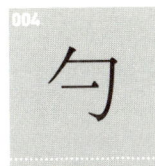

004

상형자

勺 구기 작

음식(一)이 담긴 국자의 모습을 그린 글자이다. 음식(一)을 싸듯이(勹) 담고 있는 '국자'로 외우면 된다.

酌 술 부을 작 (총10획). 술병(酉) 안의 술을 국자로(勺) 떠서 붓는다는 뜻이다. 酌婦(지어미 부), 酬酌(갚을 수). 서로 말을 주고받다. 남의 말이나 행동을 낮잡아 이를 때 쓰는 말인데 원래 는 술잔을 서로 주고받는다는 뜻이었다.

的 과녁 적 (총8획). 白이 의미부로, 勺이 소리부로 들어가서 원뜻은 '밝다'이다(說文). 밝고 흰 베(白)를 놓고 활을 쐈다고 해서 '과녁'의 뜻이 파생되었고 목표, 선명함의 뜻도 갖는 다. 帿(과녁 후)에서 알 수 있듯 옛날에는 과녁으로 흰 베(巾)를 사용했었다. 的中(가운데 중), 目的(눈 목)

約 맺을 약 (총9획). 국자로(勺) 곡식을 퍼 담은 뒤에 자루 입구를 실로(糸) 묶는다는 뜻이다. 約束(묶을 속), 豫約(미리 예)

釣 낚시 조 (총11획). 국자처럼(勺) 굽은 낚시 바늘(金)로 물고기를 낚는다는 뜻이다. 釣魚(물고 기 어), 釣臺(돈대 대)

杓 북두자루 표 (총7획). 국자의(勺) 손잡이 자루가 나무로(木) 만들어 졌음을 표현했으나 북 두칠성의 자루부분의 별들도 뜻하게 되었다.

상형자

爿 조각 장

침대를 세워 놓은 모습이다. 다른 글자 속에서 장, 상의 소리 역할을 한다. 파생되어 제사상, 나뭇조각 등의 뜻을 갖는다.

將 장수 장 (총11획). 전쟁을 치르기 앞서 제사상에(爿) 고기를(月 = 肉) 올려놓는(寸손) 사람을 의미한다. 將帥(장수 수), 將軍(군사 군)

獎 장려할 장 (총15획). 위대한(大) 장수가(將) 되라고 장려하고 권하다. 勸獎(권할 권), 獎勵(힘 쓸 려)

蔣 줄/성씨 장 (총15획). 줄 : 볏과의 여러 해 살이 풀로, 잎은 자리를 만들 때 쓴다. 장수가(將)

앉을 자리를 짤 때 쓰는 풀(卄)이란 의미이다. 蔣介石(끼일 개, 돌 석)

壯 장할 장 (총7획). 책상(丬)에 앉아 공부하던 선비(士)였으나 나라가 위급하면 분연히 떨쳐 일어나는 장한 선비를 이르는 글자이다. 壯士(선비 사), 壯元(으뜸 원)

莊 씩씩할 장 (총11획). 풀이(卄) 왕성하게(壯) 자라서 '무성한 모양'이 원뜻이다. 이로부터 씩씩하다, 별장 등의 뜻이 파생되었다. 山莊(뫼 산), 莊子(아들 자)

裝 꾸밀 장 (총13획). 옷을(衣) 멋지게(壯) 꾸미고 차려입는다는 의미이다. 扮裝(꾸밀 분)

狀 문서 장/형상 상 (총8획). 개가(犬) 평상(丬)에 누워있는 모습에서 형상이라고 뜻이 나왔고 문서는 파생된 뜻이다. 賞狀(상줄 상), 形狀(모양 형)

藏 감출 장 (총18획). 臧 착할/노예 장(臣 신하 신→노예, 戈, 丬). 노예가(臧) 풀을 베어(卄) 저장한다는 의미이다. 貯藏(쌓을 저), 藏書(글 서)

臟 오장 장 (총21획). 우리 몸(月)에 잘 간직(藏)하고 있는 오장을 의미하는 글자이다. 內臟

006

회의자　　**樂章(음악 악), 文章(글월 문)**

문자학자 허신은 소전을 보고, 音과 十이 합해져서 음악(音)이 끝나는(十,수의 마지막) 단위인 '악장(樂章)'을 의미한다고 했다. 金文을 보게 되면 辛(매울 신, 형벌도구)과 사람의 얼굴이나 머리로 이루어져서 얼굴에 새긴 문신(죄인임을 뜻하는 글자를 새겼을 것이다)을 의미했다가 나중에 '글', '문장'의 뜻으로 파생된 것으로 보인다.

글 장

障 막힐 장 (총14획). 글(章)공부를 하다보면 가끔은 언덕(阜)과 같은 장애물이 나타나 막힐 때가 있다는 뜻이다. 障碍(막을 애), 障壁(벽 벽)

獐 노루 장 (총14획). (가죽에 아무런 무늬가 없어서) 무늬를(章) 새길만한 짐승이(犭) 노루라는 뜻이다. 獐角(뿔 각), 獐鹿(사슴 록)

璋 홀/반쪽 홀 장 (총15획). 홀: 벼슬아치가 임금을 만날 때 손에 들던 물건. 옥(玉)으로 만들었으며 임금에게 올릴 건의사항을 간단히 메모(章)도 할 수 있었던 홀을 의미한다. 弄璋之慶(희롱할 롱, 어조사 지, 경사 경)

彰 드러날/밝을 창 (총14획). 彡(터럭 삼)은 모양, 모습의 뜻으로부터 밝은 빛, 울리는 소리까지 폭넓은 뜻을 가지고 있는 글자이다. 글공부(章)를 열심히 하면 그 모습이(彡) 밝게 드러나 보인다는 뜻이다. 表彰(겉 표), 彰明(밝을 명)

樟 녹나무 장 (총15획). 녹나무: 녹나뭇과의 상록 교목. 높이는 30미터 정도이고 산기슭의 양지바른 곳에 자란다. 木이 의미부요, 章은 소리부이다. 樟腦

長
긴 장

| 상형자 | 長點(점 점), 長短(짧을 단) |

긴 머리의 노인이 지팡이를 짚고 있는 그림이다. 중국인은 머리를 깎지 않았으므로 노인이 되면 머리가 상당히 길었을 것이다. 길다, 어른의 뜻이 파생되었다. 경험이 많은 노인들에게서는 배울점도 많았을 것이므로 우수함의 뜻도 있다.

帳 장막 장 (총11획). 천(巾)을 길게(長) 늘어뜨려 장막(帳幕 : 안을 볼 수 없게 내리는 천)으로 삼았다는 뜻이다. 帳幕(장막 막), 帳簿(문서 부)

張 베풀 장 (총11획). 弓과 長이 합해져서 원래의 뜻은 '활시위를 얹다'이다. 활(弓)의 시위를 얹으면 길게(長) 당길 수 있으므로 '당기다', '베풀다'(물건을 길게 長 늘어놓다)의 뜻이 파생되었다. 張口(입 구), 伸張(펼 신)

008

哉
어조사 재

| 형성자 | 快哉(쾌할 쾌) |

어조사는 말(語)을 도와주는(助) 단어(詞)란 뜻이다. 그래서 口가 들어갔고 口를 뺀 나머지 글자는 원래 扌+戈로 이루어져(전서 참조) '다치다'의 뜻이다.
扌(十 열 십처럼 변했다)는 소리부요, 戈는 창으로 찌르거나 벤다는 뜻으로 들어갔다.

栽 심을 재 (총10획). 창(戈)과 같은 도구로 땅을 파서 나무(木)를 재주껏(扌) 심는다는 뜻이다. 盆栽(동이 분), 栽培(북돋을 배)

裁 옷 마를 재 (총12획). 창(戈)처럼 날카로운 가위 같은 것으로 헝겊을 잘라 재주껏(扌) 옷(衣)을 만든다는 뜻이다. 헝겊은 규격에 맞게 잘 잘라야 한다는 뜻이 확대되어 얽힌 송사를 규격에 맞게 자르듯이 '판결한다'의 뜻도 생겼다. 裁斷(끊을 단), 裁判(판단할 판)

載 실을 재 (총13). 풀이나 나무를 재주껏(扌) 베어(戈)수레에 싣는다는 뜻이다. 시간을 싣고 지나간다는 데서 '해'의 뜻도 생겼다. 積載(쌓을 적), 千載一遇(일천 천, 만날 우)

戴 일 대 (총17획). 서로 다르게(異, 다를 이) 생긴 여러 사람들이 풀이나 벼를 베어(戈) 재주껏(扌) 머리에 인다는 뜻이다. 戴冠(갓 관), 推戴(밀 추), 不共戴天(함께 공)

지사자	秀才(빼어날 수), 英才(꽃부리 영)
才 재주 재	땅(一)을 뚫고 올라오는 새싹의 위대한 '재주'를 뜻한다.

在 있을 재(총6획). 새싹이 재주를(才) 부려 돋아나려면 땅(土)이 있어야 한다는 뜻이다. 存在 (있을 존)

材 재목 재(총7획). 재주(才)를 부려 가구 등을 만들 수 있는 나무(木)같은 훌륭한 재목을 뜻한다. 材木, 教材(가르칠 교)

財 재물 재(총10획). 재물(貝) 재(才)로 외우자. 財物(물건 물), 文化財(글월 문, 될 화)

회의자	戰爭(싸울 전), 鬪爭(싸울 투)
爭 다툴 쟁	하나의 물건(亅 갈고리 궐)을 놓고 두 개의 손이 다투고 있는 모습이다.

淨 깨끗할 정(총11획). 물(氵)은 더러운 것들과의 싸움(爭)에서 이겨 스스로를 맑게 하는 자정 (自淨)작용이 있어서 항상 깨끗하다는 뜻이다. 沙悟淨(모래 사, 깨달을 오), 淨潔(깨끗할 결)

靜 고요할 정(총11획). 靑은 맑다, 깨끗 하다의 뜻이 있다. 다툼(爭)이 맑고 깨끗하게(靑) 끝나 니 고요해졌다는 뜻이다. 靜肅(엄숙할 숙), 靜寂(고요할 적)

상형자	
翟 꿩깃 적	隹(새 추)와 羽(깃 우)가 합해졌다. 깃털이(羽) 예쁜 숫 꿩(隹)의 뜻이다.

濯 씻을 탁(총17획). 꿩(翟)이 물(氵)에서 깃(羽)을 씻는다는 뜻이다. 洗濯(씻을 세), 濯足(발 족)

躍 뛸 약(총21획). 꿩(翟)이 발(足)로 뛴다는 뜻이다. 跳躍(뛸 도), 躍進(나아갈 진)

曜 빛날 요 (총18획). 해(日)가 뜨니 꿩(翟)의 깃털(羽)이 반짝 빛난다는 뜻이다. 曜日(날 일), 曜
魄(넋 백)

耀 빛날 요 (총20획). 光(빛 광)이 의미부로, 翟이 소리부로 들어갔다. 曜와 같은 뜻이다. 꿩(翟)
의 깃털(羽)이 반짝 빛난다(光)는 뜻이다.

| 012 | 회의자 | 赤壁(벽 벽), 赤字(글자 자) |

赤
붉을 적

大(사람의 앞모습)와 火가 합쳐졌다. 사람을 제물로 바쳐 기우제를 지내는 모습이다. 사람을 태우는 불도
붉은 색이었을테고 불에 타기 시작하는 사람도 붉어지기 시작했을 것이다.

赫 빛날 혁 (총14획). 붉게(赤) 붉게(赤) 타올라서 빛난다는 뜻이다. (人名字). 赫赫

爀 불빛 혁 (총18획). (人名字). 밝게 빛나는(赫) 불빛(火)의 뜻이다.

赦 용서할 사 (총11획). 몽둥이를 든 손인 攵(칠 복)은 '강제성'을 의미하기도 한다. 여러 죄수
들 중 한 사람을 제물로(赤) 강제로(攵) 내몰고 나면 나머지 사람들은 그 죄를 용서하여 준
다는 뜻이다. 赦免(면할 면), 特赦(특별할 특)

| 013 | 회의자 | |

啇
밑동 적

꽃의 씨방을 의미하는 帝(임금 제)와 口(씨를 받아내는 그릇)가 더해졌다. 뿌리에 가까운 꽃의 줄기인 '밑
동'을 의미한다.

滴 물방울 적 (총14획). 꽃잎에서 밑동(啇) 쪽으로 뚝뚝 떨어지는 물방울(氵)을 의미한다. 硯滴
(벼루 연), 餘滴(남을 여)

摘 딸 적 (총14획). 손으로(扌) 꽃의 밑동을(啇) 잡고 딴다는 뜻이다. 摘發(필 발), 指摘(가리킬지)

適 맞을/마침 적 (총15획). 원 뜻은 '가다(之也)'이다. 꽃의 밑동을(啇) 들고 심기에 알맞은 곳을
찾아 간다(辶)는데서 '알맞다', '마침'의 뜻이 파생되었다. 適性(성품 성), 適應(응할 응)

敵 대적할 적 (총15획). 원 뜻은 '원수(仇也)'이다. 내가 가꾼 꽃의 밑동(啇)까지 가져가려고 무
기를 들고(攵) 오는 사람은 나의 원수이니 나는 그와 대적해야 한다는 뜻이다. 敵國(나라

국), 敵手(손 수)

014

專

오로지 전

형성자　專心(마음 심), 專攻(칠 공)

베를 짤 때 쓰는 도구인 '북'(실감개)를 손(寸)에 들고 있는 그림이다. 원래의 뜻은 '굴리다'이고 북을 굴려 베를 짤 때 정신을 집중해야 하므로 '오로지하다', '둥글다'의 뜻도 파생 되었다.

傳 전할 전(총13획). 오로지(專) 사람(亻)만이 할 수 있는 것이 의사의 전달이요, 표현의 전달
이라는 뜻이다. 傳達(통달할 달), 傳統(겨느릴 통)

轉 구를 전(총18획). 專에 이미 '구르다'의 뜻이 있고 의미강화를 위해 車를 더했다. 둥근(專)
수레(車)의 바퀴가 구른다는 뜻이다. 轉出(날 출), 回轉(돌 회)

團 둥글/모일 단(총14획). 담장 안에(囗) 사람들이 둥글게(專) 모였다는 뜻이다. 團結(맺을 결),
團體(몸 체)

折

꺾을 절

회의자　骨折(뼈 골)

금문에서는 도끼로(刀) 나무를 두동강 낸 모습으로 나타났다. 소전에서 꺾인 나무가 手의 모습으로 변했음을 알 수 있다. 손(扌)에 도끼(斤)를 들고 위협하여 상대의 기세를 꺾는다로 외우면 된다.

哲 밝을 철(총10획). 직접적으로 하는 말이 아닌, 한 번 꺾어서(折) 하는 말(口)도 잘 알아듣는
사람은 명철(明哲)하고 머리가 밝다는 뜻이다. 哲學(배울 학), 哲理(이치 리)

誓 맹세할 서(총14획). 옛날에는 화살을 꺾어서(折) 약속을 하고 맹세(言)를 했다는 뜻이다.
말(言)한 바를 지키지 않으면 목이 꺾어져(折) 죽어도 괜찮다는 뜻이 기도하다. 盟誓(맹
서 맹)

逝 갈 서(총11획). 목이 꺾어져서(折) 간다는(辶) 뜻으로 '가다'와 함께 '죽다'의 뜻도 있다. 逝
去(갈 거), 急逝(급할 급)

016 **占**

점칠 점

| 회의자 | 占領(옷 깃, 거느릴 령), 占星術(별 성, 재주 술) |

卜(점 복)에 口(입 구)를 합했다. 갑골문에는 소의 어깨뼈로 보인다. 점(占)의 결과를 입(口)으로 말한다는 데에서 '점치다'의 뜻이 되었다.

店 가게 점(총8획). 점(占)을 보는 집(广)인 가게를 뜻한다. 賣店(팔 매), 百貨店(일백 백, 재물 화)

點 점 점(총17획). 까만(黑) 점(占)을 의미한다. 點數(셈 수), 點心(마음 심)

017 **丁**

장정/천간 정

| 상형자 | 壯丁(장할 장), 兵丁(군사 병) |

갑골문과 금문에서는 못을 위에서 본 모양이었으나 소전에 와서 옆에서 본 모양으로 바뀌었다. 못은 사물을 단단하게 고정시키는 것이므로 '강성함', '건장한 남성(장정)'의 뜻으로 확대되었으며 사물을 두드리는 의성어로서도 쓰인다. 농기구의 일종인 고무래와 닮아서 '고무래'의 뜻도 갖는다.

亭 정자 정(총9획). 소리글자 丁을 뺀 나머지는 高(높을 고)의 변형으로 사람의 키보다 높이 세운 정자를 의미한다. 亭子(아들 자), 八角亭(여덟 팔, 뿔 각), 花石亭(꽃 화, 돌 석)

停 머무를 정(총11획). 사람이(亻) 정자에(亭) 잠시 머무른다는 뜻이다. 停電(번개 전), 停車(수레 차)

頂 정수리 정(총11획). 못의(丁) 핵심부분이 못 대가리(頁)듯이 머리의(頁) 가장 핵심부분은 정수리이다. 頂門一鍼

訂 바로잡을 정(총9획). 말을(言) 함부로 하는 사람에게 고무래(丁)를 들이대니 자기의 말을 바로 잡는다는 뜻이다. 校訂(바로잡을 교), 修整(닦을 수)

汀 물가 정(총5획). 못(丁)에 의해 고정된 사물처럼 물의 움직임이 안정되어 있는 곳이 물가란 뜻이다.(人名字)

町 밭두둑 정(총7획). 田(밭 전)이 의미부로 丁이 소리부로 들어갔다. 농부(丁)가 밭(田)두둑에서 일한다로 외우면 된다.

寧 편안 녕(총14획). 집에 있는(宀) 그릇(皿) 들에 먹을 것도 풍부하고 남자들(丁)도 열심히 일하니 모두의 마음이(心) 편안하다는 뜻이다. 가차되어 '어찌'의 뜻도 나타낸다. 安寧(편안할 안), 康寧(편안 강), 王侯將相寧有種乎

打 칠 타(총5획). 손에(扌) 고무래를(丁) 들고 친다는 뜻이다. 丁이 소리부로 쓰였는데 정→뎡

→타로 변화되었다. 打擊(칠 격), 打者(놈 자)

상형자

땅에(土) 서있는 사람의(亻) 모습을 본뜬 글자로 壬자와는 달리 맨 아래 획을 길게 써야 한다.

줄기 정

廷 조정 정(총7획). 일반 백성(土, 亻)의 입장에서 조정은 멀리 있는(廴) 곳이라 느껴지므로 廴
이 들어갔다. 朝廷(아침 조), 宮廷(집 궁)

庭 배/거룻배 정(총10획). (임금이 정사를 집행하는) 조정의(廷) 건물(广 근정전) 앞에 펼친 뜰을 의
미한다. 庭園(동산 원), 親庭(친할 친)

珽 옥이름 정(총11획). 人名字. 조정(廷) 대신들이 지니던 옥(玉)을 의미한다.

艇 배/거룻배 정(총13획). 舟는 의미부로, 廷은 소리부로 쓰였다. 艦艇(큰배/싸움함), 救命艇(구
원할 구, 목숨 명)

呈 드릴 정(총7획). 땅에 선 사람이(壬) 큰 그릇을(口) 머리에 인 모습이다. 맛있는 음식을 윗
사람께 드린다는데서 드리다, 나타나다의 뜻을 갖는다. 呈納(들일 납), 贈呈(줄 증)

程 길/한도 정(총12획). 벼를(禾) 윗사람에게 드리기(呈)위해 길을 간다는 뜻이다. 또한 벼의
품질이 일정한 정도 이상의 좋은 품질이어야 한다는 데서 한도, 정도의 뜻도 나왔다. 程
度(법도 도), 日程(해 일)

聖 성인 성(총13획). 땅에선 사람이(壬) 자신의 귀로(耳, 마음의 귀도 포함됨) 다른 사람의 말을
(口) 주의 깊게 듣는 모습이다. 듣는 사람이 물론 성인이다. 聖人(사람 인), 聖誕節(태어날
탄, 마디 절), 聖者(사람 자)

聽 들을 청(총22획). 耳의 오른쪽에 있는 글자는 直(곧을 직)과 心(마음 심)이 합쳐진 글자로 땅
에 선 사람(壬)이 곧은(直) 마음으로(心) 남의 말을 귀로(耳) 듣는다는 뜻이다. 聽感(느낄
감), 聽講(익힐 강)

廳 관청 청(총25획). 백성의 소리를 잘 들어야(聽) 하는 곳이(广) 관청이다. 官廳(벼슬 관)

019 貞
곧을 정

형성자 　貞忠報國(충성 충, 갚을 보, 나라 국), 貞淑(맑을 숙)

貞자는 부수가 貝로 되어 있지만 사실 貝자는 鼎(솥 정)이 변한 것이다. 鼎이 소리부로 쓰였다. 卜(점 복)이 의미부로 쓰였는데 거북의 배 껍질에 '곧게' 갈라진 틈을 본뜬 것이 卜이기 때문이다.

偵 염탐할 정(총11획). 곧은(貞) 생활을 하고 있나 하며 사람(亻)을 보내 몰래 알아보게 하는 것이 '염탐'이라는 뜻이다. 探偵(찾을 탐), 偵察(살필 찰)

楨 광나무/ 담치는 나무 정(총13획). 곧게(貞) 뻗은 광나무(木)를 의미한다. 광나무 : 바닷가 낮은 산 기슭에서 자란다. 높이 3~5m로 가지는 회색이다. 그 열매는 약재로 사용하는데 여정실(女貞實)이라 하여 강장약으로 쓴다. 성질이 단단하여 담을 칠 때 곧게 세워 기둥으로 삼는다.

禎 상서로울 정(총14획). 곧은 생활(貞)에 힘쓰며 조상신(示)도 잘 모시는 일이 좋은 일이고, 그러면 상서로운 일도 생긴다는 데에서 '상서롭다'의 뜻이 되었다. 孫基禎(손자 손, 터 기)

020 正
바를 정

회의자 　正直(곧을 직), 正月(달 월)

갑골문을 보면 口(경계선, 지역, 나라)과 止(발, 가다, 군사의발)을 이루어져서 원뜻은 '정벌하다'이며 征의 본래자이다.(天下失義, 諸侯力正. 천하에 의가 없어져서 제후들이 힘으로 정벌하게(正 = 征) 되었다. -《墨子》) 잘못된 것을 바로잡아(正) 주기 위해 정벌(征) 한다는 데서 '바르다'의 뜻이 되었고 征을 다시 만들게 되었다. 일본 역사 교과서에서 임진왜란을 조선출병(出兵)이나 征을 쓰는 경우가 있는데 명백히 잘못되었음을 알 수 있다. 조선은 日本에게 잘못한 일이 없었기 때문이다.

征 칠/정벌할 정(총8획). 바로(正)잡아 주러 간다(彳갈 척)는 데서 치다, 정벌하다의 뜻이 되었다. 征伐(칠 벌), 遠征(멀 원)

政 정사/정치 정(총8획). 攵(칠 복)은 강제성을 의미한다. 백성들을 올바르게(正) 해주는 것이지만 때로는 형벌을(攵) 내릴 수도 있는 것이 정치라는 뜻이다. 政治(다스릴 치), 政府(관청 부)

整 가지런할 정(총16획). 어지러운 방에서, 잘 묶고(束), 털고(攵), 비뚤어진 것을 바르게(正) 세워 놓아, 가지런하게 한다는 뜻이다. 整頓(조아릴 돈), 整理(다스릴 리)

症 증세 증(총10획). 아픈(疒)부위가 바른 상태로(正) 돌아오기 위해 나타나는 느낌이나 상태를 증세라고 한다는 뜻이다. 症勢(세력 세), 症狀(모양 상)

定 정할 정(총8획). 가정이(宀) 올바르게(正) 정해져야 한다는 뜻이다. 특히 밖에서 큰일을 하

297

려면 더더욱 그러하다. 定員(수효 원), 定立(설 립)

021	상형자	井華水(빛날 화), 井間(사이 간)
井 우물 정		우물의 나무틀을 그린 것이다. 井안에 점(丶)이 있는 경우도 있는데 이 점은 두레박을 의미한다.

穽 함정 정(총9획). 우물처럼(井) 땅에 있는 구덩이(穴)를 함정이라 한다. 陷穽(빠질 함)

耕 밭갈 경(총10획). 쟁기를(耒)가지고 가로 세로로(井) 밭을 간다는 뜻이다. 耕作(지을 작), 耕田(밭 전)

形 모양 형(총7획). 삼(彡)은 머리칼, 장식, 무늬의 빛남, 울려퍼지는 소리 등의 많은 뜻을 가진 글자이다. 形에서는 머리칼에서 확대된 '모양, 모습'의 뜻으로 우물물에(井) 자신의 모습을(彡) 비추어 본다는 뜻이다. 形象(코끼리 상), 形容(얼굴 용)

刑 형벌 형(총6획). 네모진 나무틀에(井) 묶여 칼로(刂) 형벌을 받는다는 뜻이다. 刑罰(벌할 벌), 刑事(일 사)

型 모형/거푸집 형(총9획). 土는 황토를 의미한다. 황토는 고대 중국의 청동기를 제작하는 거푸집의 재료였다. 여기서 型이 만들어졌다. 模型(본뜰 모), 典型(법 전)

邢 나라이름 형(총7획). 阝(邑)은 고을, 마을, 확대되어 나라 이름으로 쓰인다. 우물이 많던(井) 고을의(阝) 이름으로 쓰였던 글자이다. 지금은 성씨로 쓰인다.

022	상형자	兄弟(형 형), 師弟(스승 사)
弟 아우 제		작대기나 화살 등을 끈으로 둘둘 감은 모습이다. 끈을 차례차례 고르게 감았으니 '차례'의 뜻이 나왔고 나다음 차례의 형제인 '동생'을 의미하기도 했다. 후에 동생의 뜻으로만 쓰이게 되자 竹을 붙여 차례 第를 다시 만들었다.

第 차례 제(총11획). 弟가 원래 '차례'였으나 동생, 아우의 뜻으로 바뀌자 대나무의 마디가 차례로 있음을 고려하여 竹을 더해 차례 第를 다시 만들었다. 及第(미칠 급), 第一

023

祭
제사 제

회의자	祭祀(제사 사), 祭壇(단 단)
	月(肉), 又(손), 示(제 탁)가 합해졌다. 손(又)으로 고기(月)를 제탁에 올려 제사를 지낸다는 뜻이다.

際 즈음/가 제(총14획). 즈음 : 일이 어찌 될 무렵. 언덕(阜)에 올라 제사(祭)를 지낼 즈음이 되었다는 뜻이다. 언덕(阜)과 하늘이 닿는 부분에서 제사(祭)를 지낸다는 데에서 '가장자리'의 뜻도 파생되었다. 國際(나라 국), 實際(열매 실)

察 살필 찰(총14획). 宀(집 면)은 사당이나 종묘를 의미한다. 사당(宀)에서 제사(祭)를 지내기 전에 구석구석을 잘 살핀다는 뜻이다. 巡察(순행할 순), 觀察(볼 관)

蔡 성/나라 채(총15획). 원래의 뜻은 '풀'이다. 주로 풀밭(艹)에서 제사(祭)를 지냈던 사람들이 사는 지역을 가리키는 글자로 쓰였다. 나라 이름과 성씨로 사용된다.

024

帝
임금 제

상형/가차자	帝王(임금 왕), 皇帝(임금 황)
	꽃의 씨방이 부푼 모습을 그린 것이다. 농경사회였던 중국의 고대사회에서 꽃은 생명 그 자체로 여겨져서 숭배의 대상이었다. 최고의 임금을 뜻하는 帝(임금 제), 최고의 인간인 영웅(英雄)을 뜻하는 영(英), 중국인의 자칭인 華(빛날 화, 꽃(花)의 원래 자로 활짝 핀 꽃의 상형)을 보면 중국인들이 꽃을 얼마나 숭배했는가를 충분히 알 수 있을 것이다.

締 맺을 체(총15획). 두 집단의 지도자(帝)들이 모여 끈(糸)을 묶어 동맹을 맺음을 의미한다. 締結(맺을 결), 締盟(맹서 맹)

025

齊
가지런할 제

상형자	修身齊家(닦을 수, 몸 신, 집 가), 齊唱(부를 창)
	벼나 보리의 이삭이 가지런하게 난 것을 그렸다. 가지런하게 잘 키우려면 농부의 다스림이 있어야 하므로 '다스리다', '정돈', '삼가다' 등의 뜻이 파생되었다.

濟 건널 제(총17획). 물(氵)을 잘 다스려서(齊) 건넌다는 뜻이다. 經世濟民(날줄 경, 세상 세, 백성 민), 救濟(구원할 구)

劑 약제 제(총16획). 약초를 가지런히(齊) 하여 작두(刂)로 썰어 약을 짓는다는 뜻이다. 湯劑
(끓을 탕), 調劑(고를 조)

026	회의자	朝鮮(고울 선), 朝令暮改(명령 령,저물 모,고칠 개)
朝 아침 조		풀 숲 사이로(十, 十) 해(日)가 떠오르는 이른 아침(月)의 뜻이다. 소전(小篆)을 근거로 일부학자들은 月이 舟(배 주)의 변형으로 소개부로서 들어갔다고 하는데 갑골문을 보면 舟 아닌 月이 맞는 것으로 판명되었다. '왕조', '조정(朝廷)'의 뜻도 있다.

潮 조수 조(총15획). 조수 : 아침에(朝) 밀려들었다가 나가는 바닷물. 潮水(물 수), 干潮(방패 간)

嘲 비웃을 조(총15획).무능한 조정(朝)을 향해 백성들이 입으로(口)비웃는다는 뜻이다. 嘲笑
(웃을 소)

027	형성자	
蚤 벼룩 조		사람이 손(又)이나 손톱으로 꾹꾹(丶, 丶)눌러서 죽이는 벌레(虫)인 벼룩을 의미한다.

騷 떠들 소(총20획). 벼룩(蚤)이 깨물어서 말(馬)이 날뛰며 떠든다는 뜻이다. 騷動(움직일 동),
騷音(소리 음)

028	상형자	兆朕(조짐 짐)
兆 조짐/억조 조		兆자는 거북의 배껍질이 갈라진 틈을 그린 것으로 卜(점 복)자의 복잡한 형태로 보면 된다. 원래의 뜻은 '살라진 틈을 보고 어떤 조짐의 의미를 묻다'(觀兆問)이다.

逃 도망할 도(총10획). 좋지 않은 조짐(兆)이 보이므로 달려(辶) 도망간다는 뜻이다. 逃亡(도망
할 망), 逃避(피할 피)

桃 복숭아 도(총10획). 좋은 조짐(兆)을 주는 나무(木)인 복숭아나무를 뜻한다. 복숭아는 상서로운 이미지를 갖고 있다. 武陵桃源(언덕 릉, 근원 원)과 유비, 관우, 장비의 桃園結義(동산 원, 맺을 결, 옳을 의)도 여기에 기인한다.

挑 돋울 도(총9획). 원래의 뜻은 '흔들다', '일을 일으키다'이다. 주로 '싸움을 건다'의 뜻으로 사용된다. 좋은 점괘(兆)를 뽑아 손(扌)으로 적국에게 싸움을 돋우다.(중국에서는 전쟁 전에도 점을 쳐서 승패를 예측하고자 했다.) 挑戰(싸울 전), 挑發(필 발)

跳 뛸 도(총13획). jump의 뜻이다. 땅이 갈라질(兆) 정도로 발(足)을 힘껏 굴러 위로 뛰다. 跳躍(뛸 약), 高跳(높을 고)

姚 예쁠 요(총9획). 원뜻은 '순임금의 성씨'이다. 순임금이 요산(姚山)에 살았으므로 姚를 성씨로 삼았다.(虞舜居 姚虛, 因以爲姓) 파생되어 '예쁘다', '가볍다'의 뜻이 되었다. 순임금이 존경받는 지도자였으므로 좋은 뜻이 파생된 듯하다.

029	회의자	宗相(서로 상), 宗廟(사당 묘)
宗 마루 종	조상의 위패(示)나 제단(示)을 모신 집(宀) 종묘를 뜻하는 글자였다. 위패는 종묘의 가장 높은 곳에 모셨으므로 '높다'의 뜻이 파생되었다. 마루 : 등성이를 이루는 지붕이나 산 따위의 꼭대기.	

崇 높을 숭(총11획). 산(山)도 높고 마루(宗)도 높다는 뜻이다. 崇尙(높을 상), 崇高(높을 고)

綜 모을 종(총14획). 원래의 뜻은 '베틀에 묶인 실'(機綜也)이다. 베틀의 윗부분에(宗) 실을(糸) 모아 묶었다는 데서 모으다의 뜻이 되었다. 綜合(합할 합), 綜理(이치 리)

琮 옥홀 종(총12획). 높은(宗) 사람들이 갖고 다니던 홀을 옥(玉)으로 만들었다는 뜻이다.(人名字)

030	지사자	朱紅(붉을 홍), 朱子
朱 붉을 주	나무속이 붉은 잣나무의 일종을 가리키는 글자였으나 후에 붉다의 뜻만 남았다.	

株 그루 주(총10획). 그루 : 나무나 곡식의 줄기 밑 동. 흙 때문에 붉게(朱) 보이는, 나무의(木)

밑동 부분을 의미한다. 株式(법 식), 守株待兔

珠 구슬 주(총10획). 구슬 중에서도(玉) 붉은 빛(朱)을 띠는 것이 가장 귀한 구슬이라는 뜻이다.
念珠(생각 념), 如意珠(같을 여, 뜻 의)

殊 다를 수(총10획). 誅(벨 주)와 통하고 글자의 원뜻은 붉은(朱) 피를 흘리게 하여 베어 죽인다
(歹)이다. 여기서 '다르다'라는 뜻이 파생되었다. 特殊(특별할 특), 殊勳(공 훈)

洙 물가 수(총9획). 중국 산동성에 있는 강의 이름이다. 얕은 물은 물속의(氵) 흙이 붉게(朱) 보
인다 하여 물가의 뜻도 나타낸다.

銖 저울 수(총14획). 쇠로 만든(金) 저울에 붉게(朱) 표시한 저울눈을 의미한다. 銖寸(마디 촌)

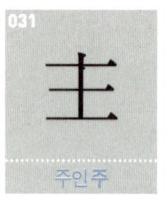

031 상형자   主人(사람 인), 主管(대롱 관)

主

주인 주

처음에는 햇불의 모습으로 나타났으나 소전에 들어오면서 등잔불의 모습이 되었다. 집안의 등잔불을 밝히
고 관리하는 사람인 그 집의 '주인'을 뜻한다. 나라의 주인인 '임금'을 뜻하기도 한다.

住 살 주(총7획). 사람(亻)은 자기의 주인(主)이 있는 곳에 산다는 뜻이다. 또는 사람(亻)은 불
을 밝히고(主) 산다는 뜻이다. 住民(백성 민), 住所(바 소)

注 부을/물 댈 주(총8획). 등불(主)을 끄기 위해 물(氵)을 붓는다는 뜻이다. 注油(기름 유), 注入
(들 입)

柱 기둥 주(총9획). 집을 지을 때 주인(主)의 역할을 하는 나무(木)가 기둥이라는 뜻이다. 支柱
(지탱할 지), 電柱(번개 전)

駐 머무를 주(총15획). 말(馬)은 주인(主)이 있는 곳에 함께 머문다는 뜻이다. 駐韓美軍(나라 이
름 한, 아름다울 미, 군사 군), 駐車場(수레 차, 마당 장)

註 주낼 주(총12획). 주註내다 : 단어의 뜻을 풀어 밝히다. 言(말씀 언)이 의미부, 主가 소리부
로 쓰였다. 책의 중요한(主) 부분을 풀어 설명(言)한다는 의미이다. 註釋(풀 석)

032 周 두루 주

회의자　周到(이를 도), 周圍(에울 위)

농사가 풍작을 이루어 '농작물이 풍성한 밭'을 의미한다. 네 개의 점이 농작물인데 나중에 생략되었다. 口는 농부인듯 하다. 농부가 작물을 두루두루 잘 돌보았기 때문에 '두루', '빽빽하다'의 뜻이 파생되었다.

週 주일 주(총12획). 많은 일을 두루 살피며(周) 바삐 살아 가다(辶) 보면 한 주일이 금방 지나 간다는 뜻이다. 週日, 週年(해 년)

調 고를 조(총15획). 빽빽이(周) 들어 선 사람들에게 다 잘 들리게 말(言)하려면 목소리를 들쭉 날쭉하지 말고 고르게 내야 한다는 뜻이다. 調和(화할 화), 調節(마디 절)

彫 새길 조(총11획). 새기다, 깎다, 조각하다의 뜻이다. 통나무나 바위를 깎아 아름다운 무늬(彡)를 새겨 작품을 만들려면 여기저기 두루두루(周) 신경 써서 깎고 다듬고 새겨야 한다는 뜻이다. 彫刻(새길 각), 彫塑(토우 소)

033 俊 준걸 준

형성자　俊秀(빼어날 수), 俊傑(뛰어날 걸)

亻을 뺀 나머지는 '천천히 갈 준'이다. 소리부이다. 모든 행동을 천천히 여유 있게 서두르지 않고 하는 사람이(亻) 뛰어난 능력을 가진 준걸이라는 뜻이다. '천천히 갈 준'자가 들어간 한자는 각 글자 속에서 '뛰어남'을 의미한다.

浚 깊게 할/깊을 준(총10획). 땅을 천천히 깊이 파서 물을(氵)부어 깊게 한다는 뜻이다. 물을(氵) 얻으려면 땅을 천천히 깊게 파야 한다는 뜻이다. (人名字). 浚井(우물 정)

埈 높을 준(총10획). 땅을(土) 천천히, 꾸준히 쌓아 높게 한다는 뜻이다.(人名字).

峻 높을/가파를 준(총10획). 서두르지 말고 천천히 올라야 할 높고 가파른 산(山) 이라는 뜻이다. 險峻(험할 험), 峻嶺(재 령)

晙 밝을 준(총11획). 해가(日) 천천히 떠올라 밝아졌다는 뜻이다. (人名字)

駿 준마 준(총17획). 말(馬)자신은 천천히 달린다고 생각하지만, 우리들이 볼 때는 아주 빨리 달리는, 준마를 의미한다. 駿馬(말 마), 駿驄(총이말 총)

酸 실 산(총14획). 술을(酉) 천천히 오래 묵히면 맛이 시어진다는 뜻이다. 酸性(성품 성), 酸素(바탕 소)

唆 부추길 사(총10획). 부추기다 : 남을 들쑤셔서 어떤 일을 하게 하다. 서두르지 않고 말로

(口) 계속 전하면 일을 시키고 부릴 수 있다는 뜻이다. 示唆(보일 시), 敎唆(가르칠 교), 使唆(부릴 사)

형성자 | **重量(헤아릴 양), 重要(요긴할 요)**

人과 東이 합해진 글자이다. 東은 의미부와 소리부를 겸한다. 나무를 가로 대놓은 '보따리'가 東의 원뜻이기 때문이다. 사람이(人)무거운 보따리(東)를 짊어지고 있는 모습이다. 重은 여러 물건을 거듭 싸 놓은 것이므로 '거듭'의 뜻도 생겼다.

무거울 중

動 움직일 동(총11획). 아무리 무거운(重) 것이라 할지라도 열심히 힘(力)쓰면 움직일 수 있다는 뜻이다. 運動(움직일 동), 動作(지을 작)

董 바를 동(총13획). 풀(艹)을 여러 겹(重) 거듭 쌓을 때는 일꾼을 감독하여 제대로 쌓도록 바로잡는다는 뜻이다. 骨董品(뼈 골, 물건 품), 董狐之筆(여우 호, 어조사 지, 붓 필) 동호(人名, 史官이었다)의 붓 이라는 뜻으로 사실을 숨기지 아니하고 그대로 씀을 의미한다.

種 씨 종(총14획). 물에 가라앉는 무거운(重) 벼(禾)를 볍씨로 삼았다는 뜻이다. 種子(아들 자), 種類(무리 류)

鍾 쇠북/술잔 종(총17획). 밀도가 높은 아주 묵직한(重) 쇠(金)로 종을 만든다는 뜻이다. 그 종을 거꾸로 세우면 큰 술잔도 될 수 있다. '쇠북'이라는 의미에서는 鐘과 통용된다. 鍾鉢(바리때 발)

衝 찌를/부딪칠 충(총15획). 무거운(重) 짐을 가지고 길을 지날(行) 때 옆 사람을 찌르거나 부딪치기 쉽다는 뜻이다. 直衝(곧을 직), 衝突(갑자기 돌)

지사자 | **中心(마음 심), 中華(빛날 화)**

어떤 영역(口)의 정 중앙에 꽂아 놓은 깃발을 그린 것이다.

가운데 중

仲 버금 중(총6획). 형제들(亻) 중에서 가운데(中) 쯤에 해당하는 사람을 의미해서 으뜸이 아닌 '버금'을 뜻한다. 仲介(낄 개), 仲秋節(가을 추, 마디 절)

忠 충성 충(총8획). 한 쪽으로 치우치지 않고 중심(中)을 잘 잡고 있는 진실 된 마음(心)을 뜻한다. 나라에 대한 사랑으로 확대되어 '충성'을 뜻하게 되었다. 忠誠(정성 성), 顯忠祠(나타날 현, 사당 사)

沖 화할/빌 충(총7획). 물(氵)의 가운데(中) 즉 '깊다'가 원래의 뜻이고, 깊은 물은 고요하여 마치 비어 있는 듯하다하여 '비다(空)'의 뜻도 있으며 마음을 비우면 모두 화목해진다는 데서 '화하다'의 뜻도 생겼다. 大盈若沖(큰 대, 찰 영, 같을 약) (人名字)

036

卽 곧 즉

회의자 | 一觸卽發(닿을 촉), (필 발), 卽時(때 시)

既(이미 기)에서처럼 白과 匕 앞은 밥과 그릇이다. 밥과 사람을 그려 곧 있으면 먹을 것이라는 뜻을 나타낸다.

節 마디 절(총15획). 대나무에(竹) 마디가 있음과 사람이 밥을 먹을때도(卽) 맺고 끊는 절도(節度)가 있어야 함을 아울러 표현한 글자이다. 禮節(예도 례), 節約(맺을 약)

037

曾 일찍/거듭 증

회의자 | 曾祖(할아버지 조), 曾往(갈 왕)

소전을 중심으로 문자해석을 했던 허신 선생은 '이에(乃)'가 원뜻이라 했으나 이것은 오류이고 원래의뜻은 '시루'였다. 금문을 보면 맨 위 八자는 수증기, 맨 아래 曰자는 시루, 가운데 田자 닮은 것은 음식을 의미한다. 시루로 찐 음식은 빨리, 일찍 먹어치워야 하는데서 '일찍'이라는 뜻으로 쓰이게 되자 기와 瓦자를 붙여 시루 증(甑)을 다시 만들었다. 수증기가 계속해서 위로 올라간다 하여 '거듭'의 뜻도 있다.

憎 미워할 증(총15획). 사소한 불만이 마음(忄) 속에 거듭(曾) 싸여 미움의 감정으로 된다는 뜻이다. 憎惡(미워할 오), 愛憎(사랑할 애)

增 더할 증(총15획). 높은 제단 등을 쌓기 위해 흙(土)을 거듭(曾) 더한다는 뜻이다. 增加(더할 가), 增産(낳을 산)

贈 줄 증(총19획). 재물(貝)을 거듭(曾) 모아 부자가 되었으므로 이제 남에게 줄때가 되었다는 뜻이다. 贈與(줄 여), 贈呈(드릴 정)

層 층 층(총15획). 높은 집(尸)에 오르려면 거듭(曾) 쌓아야 할 것이 층계라는 뜻이다. 層階(섬돌 계), 高層(높을 고)

僧 중 승(총14획). 불경을 거듭(曾) 읽고, 참선도 거듭(曾)하며 열반에 들기 위해 거듭(曾) 노력하는 사람(亻)이 중이라는 뜻이다. 佛法僧(부처 불, 법 법), 僧戒(경계할 계)

038 旨 뜻/맛 지	회의자	敎旨(왕이 신하에게 주는 명령), 要旨(중요 요)
	숟가락으로(匕) 맛있는 음식을 입(曰)에 넣는다의 뜻이다. 맛있는 음식에 마음과 뜻이 가므로 '뜻'이라는 의미도 된다.	

指 가리킬/손가락 지(총9획). 손가락으로(扌) 맛있는(旨) 음식을 가리킨다는 뜻이다. 指針(바늘 침), 指向(향할 향)

脂 기름 지(총10획). 맛있는(旨) 고기에는(月) 비계와 기름이 좀 있어야 한다는 뜻이다. 脂肪(살찔 방), 油脂(기름 유)

039 支 지탱할 지	회의자	支持(잡을 지), 支店(가게 점)
	손(又)에 나뭇가지(十)를 잡고 있는 모습이다. 지팡이를 사용하면 몸을 지탱해 주므로 '지탱하다'의 뜻이며 나뭇가지가 세 갈래로 갈라져 있다 해서 '갈라지다'의 뜻도 있다.	

技 재주 기(총7획). 손(扌)에 나무 작대기를 잡고(支) 재주를 부린다는 뜻이다. 技術(재주 술), 妙技(묘할 묘)

枝 가지 지(총8획). 나무(木)에서 갈라져(支) 나온 가지를 뜻한다. 金枝玉葉(쇠 금, 구슬 옥, 잎 엽), 枝葉(잎 엽)

岐 갈림길 기(총7획). 산(山)길을 걷다보면 갈라져(支) 나가는 갈림길이 있다는 뜻이다. 岐路(길 로), 多岐亡羊(많을 다, 망할 망, 양 양)

肢 사지 지(총8획). 우리의 몸(月=肉고기 육)에서 갈라져(支) 나간 팔다리 등의 사지를 의미하는 글자이다. 四肢, 肢體

040	회의자	至極(다할 극), 至尊(높을 존)
至	화살이 땅에(一) 이른, 도착한 모습이다. 땅에 다 도착해서 더 이상 갈 데가 없으므로 '다하다', '지극하다'의 뜻도 생겼다.	
이를지		

致 이를 치(총10획). 원래 의미부인 至와 소리부인 夊(뒤쳐올 치)가 합해진 형성문자이나 지금은 거의 모든 서적에 至와 攵(칠 복)으로 표기되고 있다. 到(이를 도): 마찬가지로 至가 의미부, 刂(칼 도)가 의미 겸 소리부이다. 致富(부자 부), 致命(목숨 명).

室 집/방 실(총9획). 집에(宀) 도착하면(至) 들어가는 곳이 방(室)이라는 뜻이다. 教室(가르칠 교), 居室(살 거)

姪 조카 질(총9획). 여동생의(女) 집에 이르면(至) 나를 따르는 꼬마들이 있는데 그들이 나의 '조카'란 뜻이다. 중국에서는 侄(어리석을 질)을 조카질로 사용중이다. 叔姪(아재비 숙), 姪女(계집 녀)

窒 막힐 질(총11획). 동굴(穴)에 들어가 끝까지 이르게 되면(至) 막혀있다는 뜻이다. 窒息(쉴 식), 窒塞(막힐 색)

041	회의자	可能(능할 능), 可決(결단할 결)
戠	어떠한 소리(音)를 창(戈) 같이 날카로운 것으로 찰흙 같은 곳에 새긴다는 뜻을 가지고 있다.	
찰진흙 직(시)		

識 알 식, 기록할지(총19획). 남이 말(言)한 바를 머리에 잘 새겨(戠) 안다는 뜻이다. 知識(알 지), 標識(표시할 표, 기록할지)

職 직분/벼슬 직(총18획). 백성의 소리를 잘 듣고(耳) 새겨(戠) 다스리는 사람이 벼슬아치라는 뜻이다. 職業(일 업), 職級(등급 급)

織 짤 직(총18획). 무늬를 새길만한(戠) 비단을 실(糸)로 짠다는 뜻이다. 組織(짤 조), 織物(물건 물)

042

直

곧을 직

회의자	直線(줄 선), 直行(다닐 행)

무언가를 똑바로 쳐다본다는 뜻에서 目에 +이 합해졌다. 금문에는 굽은 선이 하나 있는데 이것은 보고자 하는 대상으로 생각되고 그것이 지금의 ㄴ으로 변했다.

植 심을 식 (총12획). 곧은(直) 나무를(木) 잘 골라 심어야 한다는 뜻이다. 植物(물건 물), 植木(나무 목)

稙 올벼 직 (총13총). 올벼 : 제철보다 일찍 여무는 벼. 영양상태가 좋아 곧게(直) 빨리 자라서 일찍 수확하는 올 벼(禾)의 뜻이다. (人名字). 李人稙(오얏 리, 사람 인)

殖 불릴 식 (총12획). 원 뜻은 '기름기가 오랫동안 방치되어 썩은 것'이라 한다. (脂膏久殖也). 사람이 죽으면(歹) 몸의 기름기가 썩게 되고 뼈가 곧게(直) 드러나게 된다는 것인데 순환론적 사상을 가진 중국인들에게 죽음은 또 다른 생명의 탄생으로 생각했다. 따라서 殖의 파생의에 '증식하다', 자손이 '불어나다' 등이 생겨나게 된 것이다. 增殖(더할 증), 繁殖(번성할 번), 生殖(날 생)

値 값 치 (총10획). 곧고(直) 올바른 사람이(亻) 값진 사람이란 뜻이다. 價値(값 가), 數値(셈 수)

置 둘 치 (총13획). 그물을(罒) 말리기 위해 곧게(直) 펴서 둔다는 뜻이다. 設置(베풀 설), 放置(놓을 방)

043

辰

별 진/때 신

상형자	辰韓(나라이름 한), 生辰(날 생, 때 신)

조개의 상형이다. 갑골문을 보면 왼쪽 삼각형이 조개껍데기, 오른쪽으로 뻗은 두 선이 조갯살, 오른쪽 빗금이 모랫바닥이다. 이 조개는 크고 단단하여 그 껍데기를 갈아 낫과 같은 농기구로 주로 사용했다. 그러나 조개의 뜻은 사라지고 농사와 관련된 '별', '때, 시기'등의 뜻으로도 쓰이고 십이지(十二支 · 띠)에서 용띠를 상징하기도 한다.

辱 욕될 욕 (총10획). 아침부터 밤까지 손에(寸) 농기구(辰)를 들고 열심히 일하는 농부가 무척 고생한다는 데서 '욕되다'의 뜻이 나왔다. 辱說(말씀 설), 侮辱(업신여길 모), 屈辱(굽힐 굴)

震 우레 진 (총15획). 비 오는날(雨) 별처럼(辰) 번쩍이는 우레라는 뜻이다. 우레 : 뇌성(雷聲)과 번개를 동반하는 대기 중의 방전현상. 震怒(성낼 노), 地震(땅 지)

晨 새벽 신 (총11획). 농기구를 들고(辰) 해뜨기(日)전 새벽부터 일을 나간다는 뜻이다. 昏定晨省(저물 혼, 정할 정, 살필 성) : 부모님을 위해 저물면 잠자리를 펴 드리고 새벽에 안부 인사

를 드린다는 뜻.

脣 입술 순(총11획). 우리 몸에(月) 별처럼(辰) 붉게 빛나는 입술을 의미한다. 脣亡齒寒(망할 망, 이 치, 찰 한) : 입술이 없으면 이가 시리다는 뜻으로, 서로 이해관계가 얽힌 사이에 어느 한 쪽이 망하면 다른 한 쪽도 온전하기 힘듦을 이르는 말.

振 떨칠 진(총10획). 說文解字에, '손을 들어 돕다가 원뜻이다. 手가 의미부, 辰이 소리부이다. 떨쳐 일어나다의 뜻이 파생되었다(擧救也, 從手辰聲. 一曰奮也)'라고 되어있다. 辰에 별의 뜻이 있으므로 손(扌)으로 열심히 일을 하여 스타(辰)가 되어 이름을 떨쳤다로 외우면 좋겠다.

娠 아이밸 신(총10획). 女와 辰(별 진/때 신)이 합해졌다. 辰은 소리부와 의미부를 겸한다. 결혼한 여자(女)가 때(辰)가 되면 아기를 가져야 한다는 의미이다. 妊娠

| 044 | 회의자 | 眞實(열매 실), 眞價(값 가) |

匕(비수비 : 여기서는 숟가락)와 鼎(솥 정)이 합해졌다. 제사장이 솥에(鼎) 담긴 제사용 음식을 한 숟갈(匕) 떠서 맛을 본다는 뜻이다. 이때 제사장은 '참'되고, '삼가는' 마음자세 였을 것이다.

참 진

愼 삼갈 신(총13획). 솥에 있는 음식을 맛보는(眞) 제사장의 마음(忄)이다. 당연히 삼가는 마음이었을 것이다. 愼重(무거울 중), 勤愼(부지런할 근)

鎭 진압할 진(총18획). 원뜻은 '넓게 누르다(博壓也)'이다. 참되고(眞) 실한 쇳덩이가(金) 땅을 꾸욱 누른다는 뜻이다. 鎭壓(누를 압), 鎭靜(고요할 정)

顚 꼭대기 전(총19획). 머리(頁)에서 진짜(眞) 중요한 부분이 꼭대기(정수리)라는 의미이다. 또 그곳에 한대 맞으면 바로 넘어진다는 데서 넘어지다의 뜻도 나왔다. 顚末, 顚覆

朕

형성자

나 짐

朕자에서 왼쪽의 月은 옛글자를 통해 볼 때 舟(배 주)의 변형이다. 나머지 부분은 손에 연장을 든 모습(갑골문)과 불을 들고 있는 모습(소전)등으로 다양하게 나타나서 朕의 자원은 명확히 밝혀지지 않았다. 하지만 손에 연장을 들고 수리를 하든 배의 앞길을 불로 밝히든 그 주체는 배의 주인인 '나'라는 점에서 朕에 '나'의 뜻이 생겼다고 볼수 있다. 어떤 좋지 않은 조짐 때문에 배에 불을 밝혀 수리를 한다는 데서 '조짐'의 뜻으로 파생되었다. 진시황제 이전에는 모든 사람이 '나'라고 할때 朕이라고 했지만 진시황부터 황제의 1인칭으로만 사용하게 되었다. 후에, 天子(황제)의 자리에 오른다는 데서 '오르다', '솟구치다'의 뜻으로 파생되었다.

勝 이길 승(총12획). 천자(朕)가 되기 위해 여러 경쟁상대를 힘으로(力) 이겼다는 뜻이다. 勝利(이로울 리), 勝敗(질패).

騰 오를 등(총20획). 몸을 솟구치게(朕)하여 말(馬) 등에 오른다는 뜻이다. 沸騰點(끓을 비, 점 점)

謄 베낄 등(총17획). 다른 사람이 말한(言) 바를 종이에 올려(朕) 베낀다는 뜻이다. 謄寫(베낄 사), 謄本(근본 본)

藤 등나무 등(총19획). 물이(水) 솟구치듯(朕) 넝쿨을(艹) 위로 뻗는 식물(艹)인 등나무를 의미한다. 藤田(밭 전), 葛藤(칡 갈)

소리글자 치읓(ㅊ)

次

회의자

次男(사내 남), 一次(한 일)

버금 차

입을 벌린 사람이(欠) 침을 튀기는(冫) 모습이다. 고상하지 못한 행동이므로 두 번째의 뜻인 '버금' 그리고 '순서', '차례' 등의 뜻으로 파생되었다.

姿 모양/맵시 자(총9획). 여인의(女) 맵시가 아름답다고 침 튀겨가며(次) 칭찬한다는 뜻이다. 姿態(모습 태), 雄姿(수컷 웅)

恣 방자할 자(총10획). 남의 생각하지 않고 멋대로 침 튀기며(次) 떠드는 사람의 마음(心)에는

방자함이 있다는 뜻이다. 放恣(놓을 방), 恣意(뜻 의, 멋대로 하는 생각)

諮 물을 자(총16획). 알고 싶은 욕구가 강해서 입에서(口) 침을 튀겨가며(次) 묻는다(言)는 뜻이다. 諮問(물을 문)

資 재물 자(총13획). 차(次)는 다른 글자 속에서 거의 '자'로 발음됨을 알았다. 재물(貝), 자(次). 資産(낳을 산), 資本(근본 본)

002 此 이차	형성자	此後(뒤 후), 如此(같을 여)

匕(비수 비)자는 서있는 사람이 변한 것이다. 발을 의미하고 止를 더해 사람이(匕) 발로(止) 서있는 '이곳'을 의미한다.

紫 자줏빛 자(총11획). 자줏빛 : 짙은 남색을 띤 붉은 빛. 중국인이 좋아하는 색이 두 가지 있다. 하나는 황토(黃土)를 의미하는 누런색이고, 하나는 귀신을 쫓는 붉은 빛이다. 중국인들이 이(此) 세상에서 가장 좋아하는 실의(糸) 색은 자줏빛(紫)이라는 뜻이다. 紫禁城(금할 금, 성 성), 紫朱(붉을 주)

雌 암컷 자(총13획). 둥지에서 멀리 떨어지지 않고 둥지 이곳(此)에서 맴돌며 새끼를 돌보는 새(隹)가 암컷이라는 뜻이다. 雌雄(수컷 웅)

疵 흠 자(총10획). 원래의 뜻은 '병(病也)'이다. 특히 피부에 검은 반점이 생기는 병을 가리켰다고 한다. 흰 피부에 검은 반점이 생겼으니, 아픈(疒) 이곳(此)에 흠이 생긴 것 같다로 외우면 된다. 瑕疵

柴 섶 시(총9획). 섶 : 땔나무의 통칭. 내가 사는 이곳(此)을 따뜻하게 해주는 나무(木)인 섶을 의미한다. (姓) 柴門(문 문), 柴草(풀 초)

003

且

또 차

상형자 | 且說(말씀설), 苟且(구차할구)

옛 글자를 보면 남근을 본 뜬 글자이다. 모계사회가 지나고 부권 사회가 확립되면서 남성숭배가 이루어졌다. 且의 원 뜻은 '조상'이며 '남자'를 의미하기도 한다. 후에 '또'라는 뜻으로 가차되자 示(제탁)를 더해 祖를 만들었다.

査 조사할 사(총9획). 나무를(木) 관리함에 있어 보고 또(且) 살피며 조사를 해야 한다는 뜻이다. 調査(고를 조), 檢査(검사할 검)

祖 할아버지/조상 조(총10획). 且의 원 뜻이 조상이고, 의미를 강조하기 위해 示(제 탁)을 더했다. 祖國(나라 국), 元祖(으뜸 원)

助 도울 조(총7획). 조상의(且) 힘(力)에 의한 도움을 받는다는 뜻이다. 助手(손 수), 助言(말씀 언)

租 조세/세금 조(총10획). 나라의 조상(且, 시조신)에게 바치는 벼를(禾) 세금으로 받는다는 뜻이다. 租稅(세금 세), 租界(경계 계)

組 짤 조(총11획). 돌아가신 조상의(且) 몸에 입힐 수의를 실로(糸) 짠다는 뜻이다. 組織(짤 직), 組合(합할 합)

沮 막을 저(총8획). 조상의(且) 능력으로 물난리(氵)를 막는다는 뜻이다. 沮止(그칠 지), 沮害(해할 해)

004

粲

정미 찬

형성자 |

정미 : 벼를 찧어 입쌀을 만듦. 歹(뼈 알=歺), 又(손), 米(쌀 미)가 합해졌다. 손(又)으로 벼를 찧어 속(歹)이 희(歹)게 드러나는 쌀(米)을 만든다는 뜻이다.

餐 밥 찬(총16획). 食은 의미부로, 나머지 부분은 소리부로 들어갔다. 餐廳(관청 청), 朝餐(아침 조)

燦 빛날 찬(총17획). 火는 의미부로, 粲은 소리부로 들어갔다. 燦爛(빛날 란), 燦然(그럴 연)

璨 옥빛 찬(총17획). 玉은 의미부로, 粲은 소리부로 들어갔다. 璨璨

005 采 캘/풍채 채

회의자 | 風采(바람 풍), 采詩(시 시)

爪(손)과 木으로 구성되어 손으로 나무를 '캐거나' 열매를 '따다'의 뜻을 갖는다. 잘 영글어서 탐스러운 과일의 모습에 사람의 겉모양을 비유하여 '풍채(드러나 보이는 사람의 겉모양)'의 뜻이 파생되었다.

採 캘 채 (총11획). 采에 扌를 더해 '캐다'의 뜻을 강화했다. 採集(모을 집), 採取(취할 취)

菜 나물 채 (총12획). 캐서(采) 먹을 수 있는 풀(艹)인 나물의 뜻이다. 菜蔬(나물 소), 菜麻(삼 마)

彩 채색 채 (총11획). 彡(터럭 삼)은 '털, 모양, 장식, 무늬, 빛남, 울리는 소리' 등의 여러 가지 뜻을 갖는다. 과일을 딸(采) 때 비추는 따뜻한 햇살(彡)에 의해 과일과 꽃의 색(채색 彩)이 더욱 빛남(彡)을 의미한다. 光彩(빛 광), 彩色(빛 색)

埰 사패지 채 (총11획). 사패지(賜牌地) : 임금이 신하에게 내려준 논밭. 산물(産物)을 채취하여 (采) 소유 할 수 있는 권리를 누리는 땅인(土) 사패지를 의미한다.

006 責 꾸짖을 책

형성자 | 責任(맡길 임), 問責(물을 문)

朿(가시 자)와 貝(조개 패)가 합해졌다. 재물에(貝) 관련된 분쟁을 가시처럼(朿) 날카롭고 아프게 꾸짖고(責), 재물로(貝) 책임을(責)지운다는 것을 나타낸다.

積 쌓을 적 (총16획). 책임지고(責) 벼를(禾) 묶어 쌓는다는 뜻이다. 積金(쇠 금), 積極(다할 극)

績 길쌈/공 적 (총17획). 길쌈 : 실을 내어 옷감을 짜는 일의 총칭. 실에(糸) 관한 책임(責)을 다른 말로 '길쌈'이라고 한다는 뜻이다. 고대 사회에 길쌈은 아주 중요한 일이었으므로 '공(功)'의 뜻도 생겼다. 紡績(길쌈 방), 業績(일 업)

蹟 자취 적 (총18획). 자기의 맡은 바 책임을(責) 다하기 위해 열심히 발로(足) 뛰는 사람의 뒤에는 그의 자취가 남기 마련인 것이다. 遺蹟(남길 유), 史蹟(역사 사)

債 빚 채 (총13획). 사람이(亻) 책임지고(責) 해결해야 할 아주 중요한 일 중의 하나가 돈에(貝) 대한 빚을 갚는 것이다. 債權(권세 권), 債務(힘쓸 무)

007 회의자	斬刑(형벌형), 處斬(곳처)

斬刑(형벌형), 處斬(곳처)

수레에(車) 사지를 묶어 당기는 거열형(車裂刑)과 도끼로(斤) 목을 베는 참수형이라는 뜻이다.

빌참

暫 잠깐 잠(총15획). 참형을(斬) 앞둔 죄수에게 있어서 해(日)를 볼 시간이 잠깐(暫)밖에 남지 않았다는 뜻이다. 暫時(때 시), 暫定(정할 정)

漸 점점 점(총14획). 참형을(斬) 앞둔 죄수에게 있어서 두려움이 마치 물이(氵) 차오르듯 점점 다가온다는 뜻이다. 漸次(버금 차), 漸入佳境(들 입, 아름다울 가, 지경 경)

慙 부끄러울 참(총15획). 참형을(斬) 앞둔 죄수의 마음(心)속에서 과거의 잘못을 부끄럽게 생각한다는 뜻이다. 慙愧(부끄러울 괴), 慙悔(뉘우칠 회)

008 회의자	昌盛(성할 성),繁昌(번성할 번)

원뜻은 '아름다운 말'이다. 해 日과 말할 曰이 합해졌다. 아름다운 말이 복을 가져다 주어 창성한다는 뜻이 된다. '햇빛'이라는 뜻도 있다.

창성할 창

唱 부를 창(총8획). 일이 번창하게(昌) 되면 입에서(口) 저절로 노래가 나오므로 노래를 부르다의 뜻이 되었다. 合唱(합할 합), 歌唱(노래 가)

009 상형자	倉庫(곳집 고)

창고의 지붕, 문, 공간을 그린 글자이다.

창고/곳집 창

創 비롯할 창(총12획). 원 뜻은 '상처'이다. 잠겨있는 창고(倉)를 칼(刂)로 열려하자 상처가 났다는 뜻이다. 창고를 그냥 두기 불안해서 칼을 든(刂) 무사를 세우고 나서야 비로소 안심이 되었다 로 외우면 된다. 創造(지을 조), 創作(지을 작)

蒼 푸를 창 (총14획). 창고(倉) 위에 난 풀의(艹) 색이 푸르다는 뜻이다. 蒼空(빌 공), 蒼天(하늘 천)

滄 큰 바다 창 (총13획). 많은 물건을 모은 곳이 창고이듯(倉), 물을(氵) 많이 모은 곳은 큰 바다라고 한다. 滄海(바다 해), 滄海一粟(조 속)

010 妻 아내처

회의자	糟糠之妻(지게미 조, 겨 강, 어조사 지), 妻家(집 가)
	긴 머리털을 강조한 여자와(女) 비녀(一), 손(又)을 그렸다. 결혼해서 비녀를 꽂는 부인의 모습이다.

悽 슬플 처 (총11획). 나와 어려운 시절을 함께한 아내(妻)를 생각하면 마음이(忄) 슬퍼진다는 뜻이다. 悽絶(끊을 절), 悽然(그럴 연)

011 泉 샘천

상형자	溫泉(따뜻할 온), 鑛泉水(쇳돌 광)
	돌 틈 사이로 흘러나오는 샘물을 뜻한다. 옛 글자는 지금의 모습과 상당히 달랐음을 알 수 있다. 맑고 깨끗한(白) 물(水), '샘물'로 외우면 된다.

線 줄 선 (총15획). 샘물이(泉) 실처럼(糸) 끊임없이 흘러나오는 그 모습이 줄과 같이 보인다는 뜻이다. 曲線(굽을 곡), 直線(곧을 직)

012 川 내천

상형자	川流不息(흐를 류, 아니 불, 쉴 식), 河川(물 하)
	흐르는 냇물을 그렸다.

釧 팔찌 천 (총11획). 휘돌아 흐르는 시냇물(川)처럼 손목을 감는 쇠붙이인(金) 팔찌를 뜻한다.

(地名字) 玉釧

訓 가르칠 훈(총10획). 냇물처럼(川) 자연에 순응하며 살아라하고 말로(言) 가르친다는 뜻이다. 訓示(보일 시), 敎訓(가르칠 교)

順 순할 순(총12획). 냇물처럼(川)살겠습니다 하며 고개를(頁) 끄덕이는, 착하고 순한 사람을 뜻한다. 賢順(어질 현), 順序(차례 서)

巡 돌/순행할 순(총7획). 시냇물은(川) 장애물을 만나면 다투지 않고 옆으로 돌아서 간다(辶)는 뜻이다. 巡幸(다행 행) : 임금이 나라를 살피며 돌아다니다. 巡察(살필 찰)

013	회의자	僉知(알 지)
僉 다 첨	집에(亼) 사람들이(人,人) 모두 모였다는 뜻이다.	

儉 검소할 검(총15획). 사람이라면(亻) 누구나(僉) 행해야 할 미덕이 검소함이라는 뜻이다. 儉素(흴 소), 勤儉(부지런할 근)

檢 검사할 검(총17획).나무는(木) 모두 다(僉) 점검하고 보살펴야 잘 자란다는 뜻이다. 檢查(조사할 사), 點檢(점 점)

劍 칼 검(총15획) :양쪽에 모두(僉) 날이 서있는 칼(刂)을 검(劍)이라 하고, 한쪽에만 날이 서있는 경우는 刀라고 한다. 劍道(일본의 무술인데, 일본은 고대로부터 刀(日本刀)가 발달했지 劍은 아니었다. 현대의 스포츠인 劍道도 양 날 칼이 아닌 한 쪽 날 칼인 竹刀를 사용하므로 엄격히 말하면 劍道란 말은 잘못된 것이다.) 擊劍(칠 격)

險 험할 험(총16획).사방이 모두(僉) 언덕으로(阝) 막혀있으니 지세가 험하다는 뜻이다. 保險(지킬 보), 冒險(무릅쓸 모)

014

詹

말많을 첨

형성자	
	사람(ク)이 언덕(厂)에 올라 여러 가지(八)말을 한다는 뜻이다.

擔 멜 담 (총16획). 언덕위에(厂) 높이 선 사람은 무리를 이끄는 영도자로 여러 사람에 대한 책임을 어깨에(扌) 메고 있다는 뜻이다. 負擔(질부. 負는 사람이 재물을 등에 지고 있다는 뜻으로 부담은 책임이나 의무를 어깨에 맨 듯, 등에 진 듯 하다는 뜻이다.)

膽 쓸개 담 (총17획). 月로써 신체의 일부라는 것을 알 수 있다. 언덕에(厂) 높이서서 말을 하는(言) 영도자는 큰 용기가 있어야 하는데, 한의학에서 용기는 쓸개에서 나온다고 한다. 膽力(힘 력), 熊膽(곰 웅)

瞻 볼 첨 (총18획). 언덕에 높이 서서 말하는 사람이(詹) 눈을(目) 들어 더 높은 곳을 본다는 뜻이다. 瞻星臺(별 성, 돈대 대)

蟾 두꺼비 섬 (총19획). 언덕보다(厂) 더 높이높이 올라 달에 살고 있는 동물(虫)인 두꺼비를 나타낸다. 蟾兎(토끼 토) 두꺼비와 옥토끼가 살고 있다는 달(月).

靑

푸를 청

형성자	靑春(봄춘), 靑銅(구리동)
	生과 井(우물정)이 합해졌다. 生은 땅에서 돋아나는(生) 초목이 푸르다는 뜻이고 井은 청동(靑銅)을 캐는 구덩이를 의미한다. 井은 소리부도 겸한다. 靑은 음양오행에서 동방(東方)을 뜻한다. 과거 우리나라를 靑丘(언덕구)라고 한 것은 이 때문이다. 동방은 푸른 초목이 자라는 곳이다. 푸른 초목의 이미지에서 靑에는 순수함과 정갈함이 내포되어있다.

淸 맑을 청 (총11획). 물이(氵) 푸르다(靑)는건 맑다는 뜻이다. 淸貧(가난할빈), 淸廉(청렴할렴)

請 청할 청 (총15획). 순수함이(靑) 담긴 말이라면(言) 그 어떤 요청도 받아들여 질 수 있다는 데서 '청하다'의 뜻이 되었다. 請婚(혼인할혼), 請求(구할구)

晴 갤 청 (총12획). 푸른 하늘에(靑) 해가(日) 떳으니 맑게 갰다는 뜻이다. 快晴(쾌할쾌), 晴天

情 뜻 정 (총11획). 마음속에(忄)있는 맑고 순수한(靑) 뜻을 말한다. 情熱(더울열), 情緒(실마리서)

精 정할/세밀할 정 (총14획). 정(精)하다 : 정성을 들여서 거칠지 않고 매우 곱다. 정성을 들여 쓿은 쌀이(米) 매우 곱고(靑) 정하다는 뜻이다. 精誠(정성성), 精神(귀신신)

肖

닮을 초

| 형성자 | 不肖(아니불), 肖像畵(형상상, 그림화) |

소리부인 小와 의미부인 月이 합해졌다. 원 뜻은 '골육(骨肉 : 부모형제)이 서로 비슷하다' (骨肉相似也)이다. 나의 몸(月)보다 어린(小) 나의 자식과 내가 '닮았다'는 뜻이다. 파생되어 '미미하다', '작다'의 뜻도 있다.

哨 망볼 초 (총10획). 망을 보는 보초병이 작은(肖) 소리로(口) 적의 기습을 알린다는 뜻이다.
步哨(걸음 보), 哨兵(병사 병)

消 사라질 소 (총10획). 작은(肖) 물방울은(氵) 오랜 시간이 지나지 않아 곧 사라진다는 뜻이다.
消化(될 화), 消滅(멸망할 멸)

趙 나라 조 (총14획). 성씨로 쓰인다. 원 뜻은 '천천히 걷다'이다. 몸이(月) 작은(小) 사람이(즉, 어린사람) 천천히 걷는다(走)는 뜻이다.

削 깎을 삭 (총9획). 원 뜻은 '칼집'이다. '깎다'는 파생된 뜻이다. 큰 물건을 칼로(刂) 작게(肖) '깎는다'로 외우면 된다. 削除(덜 제), 削髮(터럭 발)

017

蜀

벌레촉

| 상형자 | |

머리와 눈을 강조한 애벌레의 모습이다. 후에 사천성(四川省)지역을 의미하게 되었다. 사천성은 기후가 따뜻하여 벌레가 많아서 蜀이란 이름이 붙은듯 하다.

燭 촛불 촉 (총17획). 밤에 벌레가(蜀) 모여드는 불은(火) 촛불이라는 뜻이다. 華燭(빛날 화), 燭
數(셈 수)

觸 닿을 촉 (총20획). 벌레의(蜀) 뿔같이 생긴(角) 촉수(觸手, 더듬이)가 서로 닿음을 뜻한다. 觸覺
(느낄 각), 觸媒(중매 매)

屬 붙일/무리 속 (총21획). 벌레의(蜀) 몸에 꼬리가(尾) 붙어있다는 뜻이다. 金屬(쇠 금), 屬國(나
라 국)

獨 홀로 독 (총16획). 개는(犭) 홀로 있기를 좋아한다는 뜻이다. 蜀의 소리부분인데, 개의 몸에
(犬) 벼룩이(蜀) 한 마리 들어 있다라고 외울 수 있다. 孤獨(외로울 고) 獨立(설 립)

濁 흐릴 탁 (총16획). 벌레 한 마리가(蜀) 물을(氵) 흐리게 한다는 뜻이다. 濁酒(술 주), 濁流
(흐를 류)

018	상형자	可能(능할능), 可決(결단할결)
꼴추	甲骨文에서는 손에 풀을 잡고 있는 모습이었으나 小篆에 와서 풀을 쌓아 놓은 모습으로 변화되었다. 꼴 : 말이나 소에게 먹이는 풀	

鄒 추나라 추(총13획). 정부의 마소를 위한 꼴(芻)을 제공하는 고을(阝)을 의미하는 글자였다.
뜻이 확대되어 나라이름으로 쓰였다. 鄒魯(나라이름 로) : 鄒는 맹자의 고향, 魯는 공자의
고향이다. 그들이 제창한 유교를 일컫는다.

趨 달아날/달릴 추(총17획). 마소가 꼴을(芻) 향해 달린다(走)는 뜻이다.

019	회의자	秋夕(저녁석), 秋收(거둘수)
가을추	갑골문에서는 불로 메뚜기를 태우는 것을 그렸다. 메뚜기를 그리기에 복잡해서 였는지 火는 그대로 남고 벼가 익는 계절이라는 뜻에서 禾가 대신 들어가서 현재의 자형이 되었다.	

楸 가래 추(총13획). 가래 : 흙을 파헤치거나 떠서 던지는 기구. 농번기인 가을에(秋) 사용하
는 농기구로(木), 주로 흙을 뜨는 가래를 뜻하는 글자다. (地名字)

愁 근심 수(총13획). 가을을(秋) 맞이하는 농부의 마음에(心) 근심이 쌓인다는 뜻이다. 왜냐하
면 가을에 추수를 하고 나면 북방의 흉노족이 내려와 약탈과 방화, 학살을 일삼았기 때
문이다. 鄕愁(시골 향), 哀愁(슬플 애)

020	상형자	
새추	새의 모습을 그렸다.	

推 밀 추(총11획). 손으로(扌) 새를(隹) 밀어서 날린다는 뜻이다. 推進(나아갈 진), 推測(헤아릴 측)

焦 탈/그을릴 초(총12획). 새를(隹) 불에(灬) 그을리려다가 그만 태웠다는 뜻이다. 焦燥(마를

319

조), 焦眉之急(눈썹 미, 어조사 지, 급할 급)

唯 오직 유 (총11획). 새의(隹) 입으로(口) 지저귀는 소리는 뜻을 알 수 없는 오직 소리일 뿐이라는 뜻이다. 唯一(한 일), 一切唯心造(모두 체, 마음 심, 지을 조)

惟 생각할 유 (총11획). 단순한 새(隹)처럼 마음이(忄) 오직 한 가지만 생각한다는 뜻이다. 思惟(생각 사), 惟獨(홀로 독)

維 벼리 유 (총14획). 벼리: 그물코를 꿴 굵은 줄. 중요한 부분이란 뜻에 비유하여 쓰인다. 새 잡는(隹) 그물을 실로(糸) 만들 때 중요한 부분이 '벼리'라는 뜻이다. 維新(새 신), 維持(잡을 지)

羅 벌일/그물/비단 라 (총19획). 새를(隹) 잡기 위해 실로(糸) 짠 그물(罒)을 벌여 놓는다는 뜻이다. 이 실로 비단도 짠다는 뜻이다. 網羅(그물 망), 新羅(새 신)

淮 물이름 회 (총11획). 새가(隹) 노니는 물(氵)의 이름이다. 淮水(물 수) : 중국 하남성의 강

進 나아갈 진 (총12획). 새는(隹) 앞으로만 나아간다(辶)는 뜻이다. 前進(앞 전), 進退兩難(물러날 퇴, 두 량, 어려울 난)

稚 어릴 치 (총13획). 새가(隹) 벼를(禾) 먹을 때는 어린 것만 먹는다는 뜻이다. 幼稚(어릴 유), 稚氣(기운 기)

雉 꿩 치 (총13획). 사람들이 화살로(矢) 잡을 수 있는 새(隹)인 꿩을 의미한다. 雉岳山(큰산 악, 뫼 산)

誰 누구 수 (총15획). 낮말은(言) 새가(隹) 듣는다 했으니 곁에 아무도 없는 것 같아도 누군가는 듣고 있다 하는 생각을 갖고 말을 삼가야 한다는 뜻이다. 誰其與歸(그 기, 더불 여, 돌아갈 귀), 誰怨誰咎(원망할 원, 허물 구)

雖 비록 수 (총17획). 벌레가(虫) 비록 더러워 보여도 새는(隹) 오직(唯) 벌레만(虫) 먹는다(口). 雖然(그럴 연)

崔 높을 최 (총11획). 새만(隹) 오를 수 있을 정도로 산이(山) 매우 높다는 뜻이다. (姓) 崔致遠

催 재촉할 최 (총13획). 높은(崔) 사람이(亻) 되라고 너무 자주 말하는 것은 재촉하는 것과 같다는 뜻이다. 催淚(눈물 루)

準 준할/법 준 (총13획). 氵에 송골매 준(隼 : 十은 원래 一이 바뀐 것으로 사람 팔뚝(一)에 앉은 매(隹))이 더해졌다. 물 위를 나는 매의 멋지고 늠름한 모습에서 '법도', '준하다'의 뜻이 나왔다. 準備(갖출 비), 標準(표시할 표)

准 비준할 준 (총10획). 准은 準의 약자인데 批准(비평할 비), 認准(알 인), 准將(장수 장), 准尉(벼슬 위)의 몇 경우에만 사용한다.

021

상형자

集에서(凵) 나가는 발(止)을 그린 것인데 지금의 모습으로 변화되었다. 볼때 주의할 것은 山을 두 번 쓰는게 아니라 ㅣ을길게 먼저 써야한다.

날출

屈 굽힐 굴(총8획). 옛날의 집인 움막에서(尸) 나올(出) 때는 몸을 굽혀야 한다는 뜻이다. 屈辱(욕될 욕), 屈伸(펼 신)

拙 졸할/못날 졸(총8획). 손으로(扌) 대충 만들어낸(出) 물건은 볼품이 없다는 뜻이다. 拙作(지을 작), 拙著(지을 저), 拙速(어설프게 빠름). 원래《孫子兵法》始計편에 兵聞拙速, 未睹巧之久也(전쟁은 어설프게 이겨도 빨리 끝내야 한다는 말을 들었어도, 솜씨를 믿고 오래끌어 좋게 끝나는 경우는 보지 못하였다.)에서 나온말이다.

掘 팔 굴(총11획). 사람이 드나들(出) 수 있게 동굴 집을(尸) 손으로(扌) 판다는 뜻이다. 發掘(펼 발), 採掘(캘 채)

窟 굴 굴(총13획). 穴자가 원래 동굴을 본 뜬 글자이다. 몸을 굽혀(屈) 들어가는 굴(穴)을 의미한다. 洞窟(골 동: 골. 골짜기), 土窟(흙 토)

022

상형자

곡식의 하나인 차조(점성이 강한 조)의 모습이다.

차조출

述 펼/지을 술(총9획). 차조의 부리가(朮) 쭉쭉 뻗어 가듯(辶) 자신의 생각을 펴서 서술한다는 뜻이다. 記述(기록할 기), 口述

術 재주 술(총11획). 사거리에서(行) 차조를(朮) 팔아 장사를 하는거면 역시 재주와 기술이 있어야 한다는 뜻이다. 技術(재주 기), 武術(호반 무)

023	회의자	充滿(찰 만), 充實(열매 실)
充		거꾸로 된 子와 儿이 합쳐졌다. 어린아이가 성인으로(儿) 자라려면 영양과 지식이 채워져야 한다는 뜻이다.
채울 충		

銃 총 총(총14획). 쇠(金)로 만들어서 화약을 채워(充) 쏘는 무기가 총이라는 뜻이다. 銃筒(통 통), 拳銃(주먹 권)

統 거느릴 통(총12획). 바구니에 가득채운(充) 실을(糸) 잘 다스리고 거느려야 한다는 뜻이다. 大統領(큰 대, 옷 깃/거느릴 령)

024	회의자	取得(얻을 득), 取消(사라질 소)
取		耳(귀 이)와 손을 의미하는 又(또 우)가 합해졌다. 전쟁에서, 적군의 귀를(耳) 손으로(又) 가져온다는 뜻이다.
가질 취		

趣 뜻 취(총15획). 어떤 대상을 갖기 위해(取) 달린다(走)는 것으로 그것에 뜻이 있다는 의미이다. 趣旨(뜻 지), 趣味(맛 미)

聚 모을 취(총14획). 어떤 물건을 갖기 위해(取) 사람들이(人×3) 모였다는 뜻이다. 取의 아래에 있는 글자는 人이 3개 있는 모습이다. 衆(무리 중)에서도 확인된다. 聚合(합할 합), 聚落(떨어질 락)

最 가장 최(총12획). 曰(가로왈)처럼 보이는 부분은 투구의 상형이다. 따라서, 쓸 때 제3, 제4획은 양쪽이 세로선에 붙지 않게 써야 옳다. 투구를 쓴(曰) 장수의 귀를(耳) 손으로(又) 베어오니 그 병사의 공이 가장 높다는 뜻이다. 〔참고〕冒(무릅쓸 모) : 투구(曰)+目. 最初(처음 초) 最善(좋을 선)

叢 모일/떨기 총(총18획). 떨기: 식물의 한 뿌리에서 여러 개의 줄기가 나와 더부룩하게 된 무더기. 의미부인 丵(떨기 착)과 소리부인 取가 더해졌다. 모여 있는 풀(丵)을 뜯어와(取) 모아 놓는다는 의미이다. 叢書, 叢論, 古今笑叢

025 則 법칙, 곧 즉

회의자 | 法則(법 칙), 然則(곧 즉)

鼎(솥정)과 刀가 합해졌다. 솥(鼎 : 제사용으로, 아주 중요한 용도)과 칼(刀)을 만들 때 지켜야 할 합금비율과, 그것들의 용도에 있어서의 엄격함 등에서 '법칙'의 뜻이 나왔다.

側 곁 측(총11획). 법은(則) 사람들이(亻) 숙지하고 항상 곁에 두듯 해야 한다는 뜻이다. 側近
(가까울 근), 側面(얼굴 면)

測 헤아릴 측(총12획). 비나(氵) 눈의 양을 법칙에(則) 따라 헤아리고 잰다는 뜻이다. 豫測(미리
예), 測定(정할 정)

026 侵 침노할 침

회의자 | 侵犯(범할 범), 南侵(남녘 남)

亻, 帚(빗자루 추), 又(손)가 모였다. 사람이 빗자루를 잡고 쓸어간다는 것으로 원뜻은 '조금씩 나아가다'이
다. 남의 나라로 조금씩 나아가서 잠식하듯 침범한다 하여 '침노하다'의 뜻이 되었다.

浸 잠길/젖을 침(총10획). 손에(又) 비를(帚) 들고 물을(氵) 쓸어 모으면 그 쪽은 물에 젖기 시작
하면서 결국 잠긴다는 뜻이다. 浸透(사무칠 투), 浸水(물 수)

寢 잠잘 침(총14획). 집에서(宀) 침대를(爿) 비로 쓸어(帚, 又) 치운 후 잠을 잔다는 뜻이다. 寢室
(집/방 실), 就寢(나아갈 취)

027 沈 잠길 침/성씨 심

회의자 | 沈淸(맑을 청)-심청, 沈默(잠잠할 묵)-침묵

갑골문을 보면 황하의 신인 河伯에게 제사 지내기 위해 물에 던져진 소의 모습이다. 牛가 尤로 모양이 변했
다. 尢(가는모양 유)는 원뜻이 '먼 곳으로 가다(行貌, 從人出冂)'이다. 물의(氵) 먼 곳(尢)으로 가다, 즉 깊은
물 속으로 잠기다로 외우면 된다. 성씨로 쓸때는 심으로 읽는다.

枕 베개 침(총8획). 꿈나라의 먼 길을 가기(尢) 위해 머리에 베는 나무(木) 베개를 뜻한다. 高
枕短命(높을 고, 짧을 단, 목숨 명)

耽 즐길 탐(총10획). 원뜻은 귓불이(耳) 길게(尢) 늘어짐이다. 늘어진 귀는 길함(吉)과 제왕의

위대함을 상징 했는데(부처님의 귀와 삼국지에서 유비의 귀를 연상), 제왕의 여유로움으로 세상일을 '즐긴다'는 뜻도 갖게 되었다. 耽溺(빠질 닉), 耽讀(읽을 독)

소리글자 티읕(ㅌ)

001

풀잎 탁

상형자

가로획(一)은 땅, 아래는 뿌리, 위는 풀잎의 모습으로 풀잎이 본뜻이다. (艸葉也, 從垂穗上貫一, 下有根, 象形.)풀이 땅에 '의지하다'의 뜻이 파생되었다.

宅 집택(댁)(총6획). 사람이 편하게 의지할(乇) 수 있는 곳(宀)이 집이라는 데서, 집의 뜻이 되었다. 邸宅(집 저), 家宅(집 가), 宅內(안 내)

托 맡길 탁(총6획). 손으로 맡기니까 扌가 들어갔고 자기가 의지하고(乇) 믿을 수 있는 사람에게 맡기므로 乇이 들어갔다. 托鉢(바리때 발), 依托(의지할 의)

託 부탁할 탁(총10획). 믿고 의지하는(乇) 사람에게 가서 말로(言) 부탁한다는 뜻이다. 付託(줄/부칠 부), 託兒所(아이 아, 바 소)

002

높을 탁

회의자 | **卓見(볼 견), 卓越(넘을 월), 卓子(아들 자)**

점복(卜)자와 이를 조(早)자가 합해진 모습이다. 이른 아침(早)에 보는 점은(卜) 점괘가 좋게 나온다는 뜻이다.

悼 슬퍼할 도(총11획). 높고 위대한(卓) 인물이 죽으면 많은 사람이 마음으로(心) 슬퍼한다는

뜻이다. 哀悼(슬플 애), 追悼(따를 추)

소리글자 피읖(ㅍ)

작은편

| 회의자 | 扁桃腺(복숭아 도, 샘 선), 扁額(이마 액) |

납작한 외짝문인 戶와 싸리나무 등으로 엮은 울타리의 모양인 冊이 합해졌다. 울타리를 이루고 있는 나무를 평평하고 고르게 다듬어야 하므로 납작하다, 작다의 뜻이 생겼다.

篇 책 편(총15획). 대나무(竹)를 작고(扁) 납작하게 다듬어 책을 만든다는 뜻이다. 玉篇(구슬옥
: 현재는 字典의 의미로 쓰이고 있으나 《玉篇》은 원래 서기 543년 중국 양나라에서 편찬된 자전(字典)의
이름이었다. 고유명사가 일반명사화 된 경우이다.)

編 엮을/짤 편(총15획). 작고(扁) 납작하고 고르게 다듬은 나무를 끈으로(糸) 엮는다는 뜻이
다. 編成(이룰성), 兒學編

偏 치우칠 편(총11획). 집에(戶) 들어앉아 책만(冊) 읽는 사람은(亻) 사상적으로 치우칠 수밖에
없다는 뜻이다. 偏愛, 偏頗(자못 파)

遍 두루 편(총13획). 집에서(戶) 책만(冊) 읽는 것이 아니라 여러 지역을 두루 두루 돌아다녀야
(辶) 한다는 뜻이다. 滿山遍野(찰 만, 들 야), 遍歷(지날 력)

002	상형자	平和(화할 화), 平地(땅 지)
平	수평을 유지해야하는 저울을 그린 것이다.	
평평할 평		

評 평할 평(총12획). 사물이나 사건에 대해 공평한(平) 말로(言) 평가한다는 뜻이다. 評價(값
가), 評論(논할 론)

坪 들 평(총8획). 평평하고(平) 넓게 펼쳐진 땅(土)인 들의 뜻이다. 坪數(셈 수), 實坪(열매 실)

003	회의자	
敝	巾(수건건), 攵(칠복)과 여러개의 점으로 구성되어 헝겊을(巾) 방망이로 치니(攵) 해졌다는 뜻이다.	
해질 폐		

弊 해질 폐(총15획). 敝에 두 손(廾 두손 공)을 더해 뜻을 강화 시켰다. 해진 헝겊을(敝) 두손으
로(廾) 잡아당겨 더 찢는다는 뜻이다. 弊端(끝 단), 民弊(백성 민)

幣 폐백/화폐 폐(총15획). 폐백(幣帛) : 제자가 스승에게, 며느리가 시부모에게, 신랑이 신부
에게 주는 예물이나 비단. 해진(敝) 옷은 그만 입으세요 하며 새 비단(巾), 즉 폐백을 드린
다는 뜻이다.

蔽 덮을/가릴 폐(총16획). 해진(敝) 옷의 구멍 난 부분을 풀로(艹) 덮어서 가린다는 뜻이다. 隱
蔽(숨길 은), 蔽膝(무릎슬)

004	회의/형성자	包容(얼굴/담을 용), 包含(머금을 함)
包	태아의 상형인 巳(뱀 사)와 勹(쌀 포)가 더해졌다. 어머니의 뱃속에 태아를 품고 있음을 나타낸다.	
쌀 포		

胞 세포/태 포(총9획). 어머니의 몸(月) 속에 아기를 감싸고 있는(包) 태, 태의가 원뜻이고 인

간의 몸(月) 전체를 싸고(包)있는 세포의 뜻으로 파생되어 사용된다. 僑胞(더부살이 교), 細

胞(가늘 세)

抱 안을 포(총8획). 양 손으로(扌) 아기를 감싸서(包) 안는다는 의미이다. 抱擁(안을 옹), 懷抱

(품을 회)

砲 대포 포(총10획). 옛날의 대포는 돌을(石) 싸서(包) 쏘아 올렸다는 뜻이다. 大砲, 砲手, 砲彈

(탄알 탄)

飽 배부를 포(총14획). 밥을(食) 뱃속에 가득 싸고(包) 있다고 해서 배부르다의 뜻이 되었다.

飽食, 飽和狀態(화할화, 모양상, 모습태), 食無求飽, 居無求安(먹음에 배부름을 구하지 않고, 거함

에 편안함을 구하지 않는다.)

鮑 절인물고기 포(총16획). 소금에 싸인(包) 물고기(魚)라는 뜻이다. 성씨로도 쓰인다.

005	회의자	暴君(임금군), 폭, 暴惡(악할악), 포, 暴露(이슬로), 폭
暴 사나울 폭, 모질 포		소전을 보면 日, 出, 廾, 米가 합해져서 태양(日)아래에 손으로(廾) 쌀을(米)꺼내어 (出) '말리는'모습이다. 뜨거운 태양 아래(日) 사람들이 함께 모여(共) 땀을(水) 줄줄 흘려 불쾌지수가 높아져 '사나워졌다'로 외우면 된다.

爆 불터질 폭(총19획). 불쾌해서 사나워진(暴) 사람에게 불(火)을 갖다 대니 불이 터지듯 화가

폭발한다는 뜻이다. 爆發(펼 발), 爆竹(대 죽)

006	회의자	投票(던질투), 賣票所(팔매, 바소)
票 쪽지 표		원뜻은 '불이 날리다'(火飛也)이다. 소전에 火가 있는 것을 알 수 있다. 모양이 너무 변했다. 덮을아(襾)와 보일시(示)로 보고, '잘 가지고 있다가(襾) 검사하면 보여줘야 할(示) 표(ticket)'로 외우면 된다.

標 표시할 표(총15획). 자기의 나무임을(木) 표시(標)하기 위해 종이 조각(票)을 붙였다는 뜻이

다. 標示(보일시), 交通標識(사귈 교, 통할 통, 기록할 지)

漂 떠다닐 표(총14획). 표나 쪽지를(票) 물에(氵) 던지니 동동 떠다닌다는 뜻이다. 漂流(흐를

류), 漂迫(배댈 박)

| 007 | 회의자 | 皮膚(살갗 부), 皮革(가죽 혁) |

皮 가죽 피
손에(又) 도구를(|)들고 가죽을 벗기는 모습이다.

彼 저 피 (총8획). 지시대명사 '저것'의 의미이다. 가죽옷을(皮) 입고 걸어가는(彳) '저' 사람을 뜻한다. 彼此(이차) 知彼知己(알 지, 몸 기)

被 입을/당할 피 (총10획). 가죽으로(皮) 옷을(衤) 해 입는다는 뜻이다. 被服(옷 복), 被告(고할 고)

疲 피곤할 피 (총10획). 피부가(皮) 병난(疒) 것처럼 푸석푸석한 것은 피곤하기 때문이다. 疲困(곤할 곤), 疲勞(일할 로)

波 물결 파 (총8획). 물의(氵) 표면이(皮) 물결친다는 뜻이다. 波濤(물결 도) 波紋(무늬 문)

破 깨뜨릴 파 (총10획). 가죽(皮)으로 만든 채찍으로도 돌을(石) 깨뜨릴 수 있다는 뜻이다. 破壞(무너질 괴), 破産(낳을 산)

頗 자못 파 (총14획). 자못 : 생각보다 매우. 머리의(頁) 가죽이(皮) 찢어지면 자못 아프다는 뜻이다. 頗多(많을 다), 偏頗(기울 편)

坡 언덕 파 (총8획). 땅의(土) 거죽이(皮) 불룩 솟아오른 언덕을 뜻한다. (地名字) 松坡(소나무 송), 坡州(고을 주)

| 008 | 지사/가차자 | 必勝(이길 승), 必修(닦을 수) |

必 반드시 필
갑골문의 必자는 바가지의 모습이었다. 몇 개의 점은 물방울이나 곡식 낟알을 의미한다. 원 뜻은 '바가지의 손잡이'이다. 그러나 원래의 뜻을 잃고 '반드시'라는 부사로 가차되었다. 우리는 이것을 心과 丿로 보고 '하고자하는 일이 있으면 심장에(心) 칼이 꽂힌다(丿)해도 '반드시' 하고야만다'로 외우면 된다.

泌 분비할 비, 스며흐를 필 (총8획). 우리의 몸은 반드시(必) 액즙(氵, 땀, 눈물)을 분비하여야 한다는 뜻이다. 分泌物(나눌 분, 물건 물), 泌尿器(오줌 뇨, 그릇 기)

密 빽빽할 밀 (총11획). 산은(山) 반드시(必) 나무로 빽빽하여야 하고 집은(宀) 반드시(必) 식구로 빽빽하여야 한다는 뜻이다. 祕密(숨길 비), 密使(부릴 사)

蜜 꿀 밀 (총14획). 벌의(虫) 집에는(宀) 반드시(必) 꿀이 있다는 뜻이다. 蜜語(말씀 어), 蜜月(달 월)

瑟 큰 거문고 슬 (총13획). 琴(거문고금)과 마찬가지로 王자 두개는 거문고의 당겨놓은 실과 실

을 매는 기러기 발의 모습이다. 必은 소리부로 들어갔다. 琴瑟(거문고 금), 膠瑟(아교 교)

祕 숨길 비(총10획). 원 뜻은 '신'이다(神也). 신은(示) 반드시(必) 밤에 다니며 은밀하게 능력을 행사하므로 '숨기다', '비밀'등의 뜻이 파생되었다. 祕密(빽빽할 밀), 祕訣(비결 결)

소리글자 히읗(ㅎ)

001	형성자	陷穽(함정 정), 陷落(떨어질 락)

陷
빠질 함

阝(언덕 부)가 없는 나머지 부분이 원래 함정의 뜻을 갖고 있다. 뜻을 강화하기 위해 阝를 첨가했다. 언덕길(阝)에 있는 함정에(臼) 사람이(勹) 빠진다로 외우면 된다.

閻 마을 염(총16획). 원뜻은 마을골목에 세운 문이다.(里中門也). 마을 골목에 구덩이(勹+臼) 두개를 파서 꽂아 설치한 문(門)이라는데서 마을이란 뜻이 되었다.

002	회의자	咸鏡道(거울 경, 길 도)

咸
다 함

도끼날이 달린 창인 戌(술)과 입구(口)가 합해졌다. 병사들이 창을(戌) 들고 입 모아(口) 모두 다 함께(咸) 소리 친다는 뜻이다. 喊(소리칠 함)의 원래자이다.

感 느낄 감(총13획). 병사들이 창(戌)을 들고 입 모아(口) 다 함께(咸) 환호하니, 그들의 마음(心) 속에 느끼는 바가 있다는 뜻이다. 感動(움직일 동), 感激(격할 격)

減 덜 감(총12획). 사람들이 모두 다(咸) 함께 힘을 합치면 바다와 같이 큰 물(氵)도 덜어낼 수 있다는 뜻이다. 減少(적을 소), 減縮(줄일 축)

憾 섭섭할/한할 감(총16획). 感에 ↑(心)을 또 붙여 깊이 느끼는(感) 섭섭한 마음을 나타냈다.
遺憾(남길 유), 宿憾(잘 숙)

003	회의자	合格(격식 격)
合	제 3획까지가 뚜껑, 口는 그릇의 상형으로 '합하다'의 뜻이다.	
합할 합		

答 대답 답(총12획). 원 뜻은 '대나무 쪽(竹)을 엮어주는(合) 끈'이다. 대나무 쪽에(竹) 써서 보내온 편지의 내용에 맞게(合 합당하게) 다시 보내주는 답장(答)이란 데서 '대답의 뜻이 나왔다. 對答(대할 대), 誤答(그르칠 오)

給 줄 급(총12획). 고대에 세금을 실(糸)로 낼 때, 여러 가구의 실(糸)을 합해서(合) 나라에 준다는 뜻이다. 供給(이바지할 공), 給與(줄 여)

塔 탑 탑(총13획). 흙과(土) 풀을(艹) 합해서(合) 단단한 돌을 만든 다음 탑을(塔) 쌓는다는 뜻이다.

拾 주울 습, 열 십(총9획). 땅에 떨어진 물건을 두 손을(扌) 합해(合) 줍다. 손에(扌) 있는 손가락을 다 합하면(合) 열이다. 拾得(얻을 득)-습득, 拾萬圓(일만 만, 둥글 원)-십만원

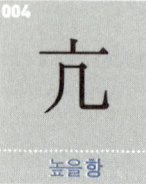

004	상형자	亢龍有悔(용 룡, 있을 유, 뉘우칠 회), 亢進(나아갈 진)
亢	갑골문을 보면 차꼬(죄인의 다리에 묶는 사슬)를 찬 죄수의 그림이다. 여기서 '버티다', '견디다'의 뜻이 나왔다. 소전에 접어들며 '높은' 집의 모양으로 변하면서 '높다', '목'(목은 인체의 높은 곳에 있으므로)의 뜻이 파생되었다.	
높을 항		

抗 겨룰/항거할 항(총7획). 상대가 공격을 하면 손을(扌) 높이(亢) 들어 막으며 맞서 겨룬다는 뜻이다. 抗拒(막을 거), 抗議(의논할 의)

航 배 항(총10획). 유람선처럼 높은(亢) 건물을 올린 배(舟)이다. 航空機(높이 날아가는 배), 航路(길 로)

沆 넓을 항(총7획). 높다는 크다와도 통한다. 즉 크고(亢) 넓은 물(氵)을 의미한다. (人名字)

坑 구덩이 갱(총7획). 흙을(土) 높이(亢) 쌓으면 반대편은 구덩이가 파지게 된다는 뜻이다. 坑道(길 도), 焚書坑儒(사를 분, 글 서, 선비 유)

005 亥 돼지 해	상형자	亥年
	정설은 없지만 머리와 다리가 잘린 제상용 돼지라는 설이 가장 유력하다. 십이지(十二支)의 돼지띠를 의미하기도 한다.	

該 갖출/마땅 해(총13획). 신에게 소원을 알리는(言) 제사에, 제물인 돼지(亥)가 있어야 음식을 제대로 갖추었다는 데서 '갖추다', '마땅하다'의 뜻이 되었고, '그것, 이것'이라는 지시대명사로도 쓰인다. 該當(마땅 당), 該博(넓을 박)

核 씨 핵(총10획). 나무의(木) 열매 속에, 돼지처럼(亥) 알차고 단단한 것이 씨라는 의미이다. 核心(마음 심), 核家族(집 가, 겨레 족)

刻 새길 각(총8획). 돼지의(亥) 뼈에 칼로(刂) 글씨를 새긴다는 의미이다. 刻骨難忘(뼈 골, 어려울 난, 잊을 망), 刻印(도장 인)

006 奚 어찌 해	상형자	奚琴(거문고 금)
	爫(손), 幺(끈), 大(사람)으로 이루어진 글자이다. 강제로 끌려가는 노예의 모습이다. 노예가 말하길, '난 이제 어찌해!' 라고 외우면 된다.	

溪 시내 계(총13획). 氵는 의미부, 奚는 소리부이다. 幺(작을 요), 大(큰 대)이므로 작게(幺) 흐르지만 나중에 큰(大) 강으로 흘러 들어갈 시냇물(氵)로 외우면 된다. 溪谷(굴 곡), 淸溪川(맑을 청, 내 천)

鷄 닭 계(총21획). 鳥는 의미부, 奚는 소리부이다. 작고(幺) 귀여워서 손으로(爫) 어루만질 수 있는 병아리가 커서(大) 닭이 되었다 로 외우면 된다. 鷄肋(갈빗대 륵), 鷄卵(알 란)

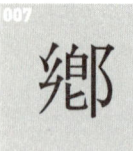

007 회의자 故鄉(연고 고), 鄉愁(근심 수)

鄉 시골 향

갑골문을 보면 두 사람이 밥을 마주 대하고 있음을 알 수 있다. 사이좋게 밥을 나누어 먹는 인심 좋은 시골 사람의 뜻이다. 그러나 글자 변천 과정에서 양쪽에 있는 사람들이 모두 阝(昆 고을읍)으로 변형되어 오늘에 이르렀다.

響 울릴 향(총22획). 시골에서는(鄉) 작은 소리도(音) 멀리까지 울려 들린다는 뜻이다. 音響(소리 음), 交響樂(사귈 교, 음악 악)

008 상형자

享 누릴 향

享은 조상신을 받드는 종묘를 그린 것이다. 亨(형통할 형)도 같은 자원에서 출발한 글자인데 제사를 받는 입장에서 享은 '누리다', 제사를 드리는 입장에서 亨은 '형통하다'의 뜻과 글자모양으로 분화되었다.

淳 순박할 순(총11획). 원 뜻은 '물을 뿌리다'이다. 종묘의(享) 안팎을 물을(氵) 뿌려가며 청소하는 사람의 마음을 표현하여 '순박하다'의 뜻이 되었다. (人名字) 仁淳(어질 인)

敦 도타울 돈(총12획). 원 뜻은 '성내다'(怒也), '꾸짖다'(詆꾸짖을저 也)이다. 종묘에(享) 모셔진 조상신께서 성내며 자손을 때리듯(攵) 꾸짖는다는 것인데 후에 '도탑다'의 뜻이 되었다. 자손을 꾸짖어 시련을(攵) 겪게 하는 것은 후에 더욱 강해지기를 바라는 조상신의 도타운 보살핌이기 때문이다. 敦篤(도타울 독), 敦厚(두텅울 후)

惇 도타울 돈(총11획). 종묘에(享) 모셔진 조상신의 마음(忄)이 도탑다는 뜻이다. (人名字) 惇惠(은혜 혜)

焞 밝을/불빛/이글거릴 돈(총16획). 크고 두터운(敦) 불빛이(火) 밝게 이글거린다는 뜻이다. (人名字)

郭 외성/둘레 곽(총11획). 마을에(阝) 종묘를 지으면(享) 그 둘레에(郭) 외성을(郭) 쌓는다는 뜻이다. 城郭(성 성)

009
玄
검을 현

| 회의자 | 玄妙(묘할 묘), 玄武(초반 무) |

실이(玄) 높은 곳에(亠) 매달려있는 모습이다. 시간이 지나면서 점점 검어지므로 '검다'가 되었고 검고 아득한 우주를 상징하여(天地玄黃) '깊다', '아득하다', '오묘하다'의 뜻도 파생되었다.

弦 시위 현(총8획). 활에 달린(弓) 줄을 시위라고 하는데 시위를 당기는 손에 의해 검게(玄) 때가 타는 부분이라는 뜻이다. 弓弦(활 궁), 弦琴(거문고 금)

絃 줄 현(총11획). 역시 손때가 타서 검게(玄) 변하는 줄(糸)을 의미한다. 絃樂器(노래 악, 그릇 기), 絃歌(노래 가)

炫 밝을 현(총9획). 어두운(玄) 곳에 불을(火) 밝히니 밝게 빛난다는 뜻이다. (人名字) 炫目(눈 목)

鉉 솥귀 현(총13획). 쇠로 만든(金) 거무튀튀한(玄) 솥에 달린 손잡이를 뜻한다. 이름자에 많이 쓴다. (人名字)

牽 끌 견(총11획). 소의(牛) 목에 멍에를 얹고(冖) 거무튀튀한(玄) 끈을(玄) 이어 끌고 간다는 뜻이다. 牽引(끌 인), 牽牛(소 우)

010
夾
낄 협

| 회의자 | 夾門(문 문), 夾路(길 로) |

한 사람이(大) 두 사람을(人, 人) 양 겨드랑이에 끼고 있는 모습이다. 두 사람이 양쪽에서 한 사람을 부축하는 모습이기도 하다.

峽 골짜기 협(총10획). 산과 산(山) 사이에 끼어(夾) 있는 공간이 산골짜기라는 의미이다. 山峽谷(뫼 산, 굴 곡), 大韓海峽(큰 대, 나라 한, 바다 해)

陜 좁을 협/땅이름 합(총10획). 언덕과 언덕(阝) 사이에 끼어있는(夾) 좁은 곳을 말한다. 경상남도 陜川(합천)에서는 음이 바뀐다. 陜谷(골 곡)

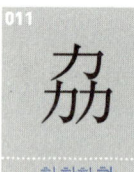

011

회의자

세 개의 쟁기로 땅을 파고 모양을 본뜬 글자이다.

힘합할협

協 화할 협 (총8획). 세 사람의 힘을(劦) 합하면 열배의(十) 효과가 난다는 데서 화하다의 뜻이 나왔다. 妥協(평온할 타), 協同(같을 동)

脅 위협할 협 (총10획). 몸의(月) 세 부위(劦)에 힘을 주어 상대를 위협한다는 뜻이다. 脅迫(핍박할 박), 威脅(위엄 위)

형성자

두 자루의 햇불이 타고 있는 모습이다. 불이 밝게 빛나고 있음을 표현했다.

등불 형

螢 반딧불 형 (총16획). 몸에서 빛이(熒의 생략형)나는 벌레인(虫) 반딧불이를 뜻한다. 螢光燈 (빛 광, 등 등), 螢雪(눈 설)

榮 영화로울 영 (총14획). 나무에(木) 빛나듯(熒) 꽃이 만발한 것을 인생의 영화로움에 비유한 글자이다. '꽃'이란 뜻도 있다. 瑞榮(상서로울 서), 榮光(빛 광)

營 경영할 영 (총17획). 원 뜻은 '둥글게 모여 살다' (帀居也)이다. 의미부인 宮(집궁), 소리부인 형(熒)이 합해졌다. 커다란 집에(宮) 불을 밝혀(熒) 식구들이 모여 사는데, 그 안에는 집안의 어른이 있어 가족을 이끌고 다스리며 '경영'한다는 뜻이다. 經營(지날 경), 營養 (기를 양)

瑩 밝을 형, 옥돌 영 (총15획). 옥돌이(玉) 밝게(熒) 빛난다는 뜻이다. (人名字)

瀅 물맑을 형 (총18획). 물이(氵) 옥돌처럼(瑩) 맑고 깨끗하다는 뜻이다. (人名字)

虎

범 호

虎狼(이리 랑), 虎患(근심 환)

쩍 벌린 입, 귀, 얼룩 무늬 까지 상세히 그린 호랑이의 모습이 변형되어 오늘에 이르렀다. 다른 글자와 결합할 때는 虍까지만 쓴다. 가장 강하고 무서운 동물로 인식되어 힘, 권위, 용기를 대표한다.

號 **이름 호**(총13획). 호랑이를(虎) 만나서 도망가며 입을 크게 벌려(号) 가족의 이름을 부른다는 뜻이다. 番號(차례 번), 雅號(바를 아)

虛 **빌 허**(총12획). 虎를 뺀 나머지 부분은 丘(언덕 구)의 변형이다. 호랑이가(虎) 언덕에(丘) 나타나니 다른 동물들이 도망가서 텅 비었다는 뜻이다. 丘가 변형된 부분이 마치 땅에 난 풀과 닮았으니 '호랑이가 풀만 먹어서 속이 텅 비었다'로 외워도 될 것이다. 虛實(열매 실), 謙虛(겸손할 겸)

戲 **희롱할 희**(총17획). 호랑이에게(虎) 콩과(豆) 창을(戈) 던지며 희롱하며 논다 는 뜻이다. (= 戯) 戲弄(희롱할 롱), 戲劇(연극 극)

獻 **드릴/바칠 헌**(총20획). 호랑이(虎) 무늬가 있는 솥(鬲)에 개를(犬) 삶아 제사에 바친다는 뜻이다. 獻納(들일 납), 獻血(피 혈)

或

혹시 혹

或是(이 시), 或者(놈 자)

원 뜻은 '나라'였다. 국경선(口), 땅(一), 창(戈)이 합해져 '나라'를 의미했으나 적이 혹시나(或) 올까봐서 창을(戈)들고 지킨다는 뜻에서 '혹시'의 뜻이 되었다.

域 **지경 역**(총11획). 或과 同字로 '나라'의 뜻이었다. 土를 더해 뜻을 강화 시켰다. 후에 나라의 경계선인 '지경'을 뜻하게 되었다. 우리 땅에(土) 혹시 누군가가(或) 오지 않을까하여 지경(地境 : 나라나 지역 따위의 구간을 가르는 경계선)에서 지킨다 로 외우면 된다. 區域(구분할 구), 領域(거느릴 령)

惑 **미혹할 혹**(총12획). 혹시(或) 누가 침범하지 않나 하며 창을 들고(戈) 나라를 지키다 보면 작은 소리에도 놀라 마음이(心) 미혹된다는 뜻이다. 迷惑(미혹할 미)

華
빛날 화

상형자 | 華燭(촛불 촉), 華麗(고울 려)

꽃잎, 꽃받침, 줄기를 그린 글자로 원뜻은 '꽃'이었다. 활짝 핀 봄이라는 데서 '빛나다', '화려하다'의 뜻을 갖는다.

嬅 탐스러울 화(총15획). 여자가(女) 탐스러운 꽃을(華) 꺾는다는 뜻이다. (人名字).

樺 자작나무 화(총16획). 자작나무 : 하얀 껍질과 특이한 수형, 무성한 잎과 줄기를 가진 나무로 숲속의 귀족, 숲속의 여왕으로 불린다. 자작나무의 껍질에서 자일리톨을 추출하여 껌을 만들기도 한다. 숲속의 귀족으로 불리는 만큼 화려함을(華) 자랑하는 자작나무(木)를 뜻한다.

燁 빛날 엽(총16획). (人名字). 불(火) 타듯 꽃(華)이 흐드러지게 피어 빛난다는 뜻이다.

016

化
될 화

회의자 | 化學(배울 학), 大衆化(큰대, 무리 중)

원 뜻은 '변화하다'이다. 갑골문을 보면, 바로 선 사람과 물구나무 선 사람이 나란히 나온다. 공중제비 하는 사람의 모습을 그려 '변화', '되다'의 뜻이 되었다.

花 꽃 화(총8획). 아침에는 피고 저녁때는 지는, 끊임없는 변화(化)를 겪는 풀인(艹) 꽃의 뜻이다. 花草(풀 초), 花園(동산 원)

貨 재물 화(총11획). 貝가 의미부로, 化가 소리부이다. 재물이란(貝) 많을 때도 있지만 없을 때도 있는, 변화의(化) 산물이므로 있다고 자만하지도 말고 없다고 주눅들지 말라는 메시지를 전해준다. 貨幣(폐백 폐), 貨物(물건 물)

靴 (가죽)신 화(총1획). 짐승의 가죽을(革) 가공하여(化) 신을 만든다는 뜻이다. 製靴(지을 제), 軍靴(군사 군)

017

奐

빛날 환

회의자	
사람이(人) 동굴집(穴)위에 높이 서 있는 모습에 두 손(大로 변형)이 합해진 글자이다. 이 사람을 높은 사람으로서 여러 손들에 의해 떠받들어진다는 데서 '크다', '빛난다'의 뜻이 되었다.	

換 바꿀 환(총12획). 빛나고(奐) 출중한 것을 자기의 것과 손으로(扌) 바꾸어 갖는다는 뜻이다. 交換(사귈 교), 換率(비율 률)

煥 빛날 환(총13획). 빛날(奐)에 火를 붙여 뜻을 강조하였다.(人名字). 全斗煥

018

皇

임금황

상형자	皇帝(임금 제), 皇室(집 실)
화려하게 빛나는(白) 왕관을 쓴 왕(王), 왕중왕(王中王)인 황제를 뜻한다.	

凰 봉황새 황(총11획). 암컷 봉황을 말한다. 鳳(봉황새 봉)은 수컷을 의미한다. 鳳과 짝짓기 위해 비슷한 모양인 几(궤)를 썼고 그 안에다 소리부인 皇을 넣은 것이다. 바람을 일으키는 (几→風의 줄임) 새 중의 새(皇)인 봉황 으로 외우면 된다. 鳳凰(봉황새 봉)

徨 노닐 황(총12획). 황제는 궁 안에 위엄을 갖추고 있어야 함에도 간혹 정신 나간 황제는(皇) 거리에 나가(彳) 정신없이 노닌다는 뜻이다. 彷徨(거닐 방)

019

黃

누를황

상형/가차자	黃河(물 하), 黃昏(저물 혼)
무게 중심을 맞추는 추를 달아놓은 화살의 모습이다. 추의 색이 노란색이었는지 화살의 의미는 간데없고 '누렇다'의 뜻으로 쓰이고 있다. 黃외에 화살의 상형은 矢(화살 시), 寅(범 인)이 있다. 누런색은 황하문명, 황제(黃帝 : 皇帝와 다른, 중국의 시조. 우리의 단군 할아버지와 비슷한 지위)에서 보듯 중국과 밀접한 관계가 있는 색이다.	

廣 넓을 광(총15획). 황하유역의 누런 벌판에(黃) 지은 집이니(广) 당연히 넓을 것이다. 廣場 (마당 장), 廣告(알릴 고)

鑛 쇳돌 광(총23획). 널찍한(廣) 돌에 쇠가(金) 함유되어 있어서 쇳돌이라 부른다는 뜻이다.

鑛山(뫼 산), 鑛夫(지아비 부)

橫 가로 횡(총16획). 누렇게(黃) 뜬 나무가(木) 죽어서 가로로 누워 있다는 뜻이다. 橫列(벌일 렬), 橫厄(재앙 액)

擴 넓힐 확(총18획). 손으로(扌) 확! 잡아당겨 넓힌다(廣)는 뜻이다. 擴張(베풀 장), 擴散(흩어질 산)

020	상형자	會議(의논할 의), 會談(말씀 담)
會	갑골문을 보면, 맨 위는 뚜껑, 가운데는 음식, 아래는 그릇이다. 뚜껑으로 그릇을 잘 덮은 모습으로 '모이다'의 뜻이 생겼다.	
모일회		

檜 전나무 회(총17획). 전나무 : 소나무 과의 상록 교목으로 군데군데 모여서(會) 자라는 나무 (木)이다. 檜巖寺(바위 암, 절 사)

021	형성자	
襄	원 뜻은 '품에 품다'이고 '지니다', '주머니', '슬픔' 등의 뜻이 파생되었다. 衣, 目, 水가 합해졌음을 알 수 있다. 옷을 뒤집어쓰고 울고 있는 모습으로 슬픈 마음을 '품고'있는 사람으로 여겨진다.	
품을회		

懷 품을 회(총19획). 襄의 뜻을 강화하기 위해 心이 들어갔다. 懷疑(의심할 의), 感懷(느낄 감)

壞 무너질 괴(총19획). 슬픈(襄) 일을 겪게 되면 마치 흙이(土) 무너지는 듯한 가슴 아픔을 느 낀다는 뜻이다. 壞滅(멸망할 멸), 崩壞(무너질 붕)

022

熏

불길 훈

회의자	熏蒸(찔 증), 熏黑(검을 흑)

원 뜻은 '연기가 올라가다(火煙上出也)'이다. 설문해자의 허신(許愼)은 屮(싹날철)+黑으로 보았다. 풀(屮)을 태워 검은(黑) 연기가 치솟아 다른 물체를 그을린다 로 생각한 것이다. 사람이(千) 천번(千) 힘써 불을 쬔 것처럼(熏) 얼굴이 검게(黑) 그을렸다로 외우면 된다.

勳 공 훈(총16획). 사람이(千) 천번(千) 만번 얼굴이 검게 그을릴 정도로(黑) 힘써서(力) 마침내 공을 세우다의 뜻이다. 勳章(글 장), 功勳(공 공)

壎 질나발 훈(총17획). 질나발 : 질흙(=진흙)으로 빚어 구워서 만든 나발. 진흙을(土) 불에 쬐어 (熏) 구워 만든 나발의 뜻이다.

薰 향풀 훈(총18획). 향을 사른 듯(熏) 향기가 은은하게 퍼지는 향 풀의(艹) 뜻이다. 薰氣(기운 기), 薰香(향기 향)

흉할 흉

상형/지사자	凶年(해 년), 凶家(집 가)

두 가지 견해가 있다. 함정 안에(凵)꽂아놓은 꼬챙이(乂)라는 것과 죽은 사람의 가슴에(凵) X자의 칼집을 내어 피를 낸 다음 유체와 영혼을 분리하는 의식이라는 것이 그것이다. 胸(가슴 흉)을 생각하면 후자의 견해가 옳게 생각된다.

匈 오랑캐 흉(총6획). 침략을 일삼아 흉하게(凶) 생각되는 사람들인(勹=人의 변형) 북방의 흉노 (匈奴 : 지금의 몽골)를 뜻한다. 匈奴(종 노)

胸 가슴 흉(총10획). 죽은 사람의(勹) 몸에(月) 乂자의 흉한(凶) 문신을 하는 부위인 가슴을 뜻한다. 고대 중국사회에서는 사람들의 사망 원인이 주로 짐승의 습격이나 전쟁에 의한 것이었다. 그래서 피를 흘리지 않고 집에서 죽으면 육체와 영혼을 분리시키기 위해 인위적으로 피를 흘리게 했다고 한다. 그 흔적이 凶과 微에 남아있다. 微(작을 미)는 彳+長+攵으로 이루어져, 노인을(長) 저승길로 잘 보내기(彳) 위해 몽둥이로(攵) 머리를 쳐서 피를 냈다는 것으로 힘없는 노인의 '미미한' 생명을 뜻하는 글자였던 것이다. 胸部(거느릴 부), 胸襟(옷깃 금)

黑

검을흑

| 회의자 | 黑板(널판지 판), 黑色(빛 색) |

얼굴에 묵형을 당한 사람의 모습이다. 옛 글자들을 보면 액체 네 방울이 떨어지는데 두 방울은 먹물이요, 두 방울은 피로 생각된다. 묵형(墨型)은 경형(黥型)이라고도 하는데 죄인의 얼굴에 먹물로 문신을 새기는 형벌이다.

墨 먹 묵(총15획). 거무튀튀한(黑) 흙으로(土) 만든 먹을 의미했는데 나중에 그을음과 송진을 섞은 붓글씨용 먹도 의미했다. 墨香(향기향), 水墨(물수), 紙筆硯墨(종이 지, 붓 필, 벼루 연)

默 잠잠할 묵(총16획). 너무나 깜깜해서(黑) 개들도(犬) 잠잠한 밤을 의미한다. 默想(생각 상), 沈默(가라앉을 침)

025

喜

기쁠희

| 회의자 | 喜悅(기쁠 열), 喜劇(심할/연극 극) |

세워놓은 악기(壴, 북으로 여겨진다)와 입(口)을 그린 글자로 악기로 음악을 연주하며 노래도 부르니 기쁘고 즐겁다는 뜻이다

嬉 아름다울 희(총15획). 사람들에게 즐거움(喜)을 주는 저 여인이(女) 아름답다는 뜻이다.(人名字)

憙 기뻐할 희(총16획). 마음이(心) 기쁘다(喜)는 뜻이다. (人名字).

禧 복 희(총17획). 신을(示) 극진히 모시며 즐겁게(喜) 해 드리면 신께서(示) 복을 내려 주신다는 뜻이다. (人名字)

熹 빛날 희(총16획). 불이(火) 기뻐하다(喜)→불이 기뻐하듯 활활 타오르니 밝게 빛난다는 뜻이다. (人名字). 朱 熹(중국 宋代의 사상가)

부록

사자성어, 고사성어
한자어 익히기
유의자 일람
반의어 일람
이음동자
약자일람표
중국 고전 간략 소개

사자성어, 고사성어

001 **佳人薄命 가인박명** 아름다운 여인은 명이 짧다는 뜻으로, 아름다운 여인일수록 운명이 기박하다는 말.

002 **苛政猛虎 가정맹호** 정치인의 가혹한 정치는 호랑이보다 더 무섭다는 뜻으로 포악한 정치를 말한다. 예기(禮記)

003 **刻舟求劍 각주구검** 칼을 물에 빠뜨리자 뱃전에 그 자리를 표시 해 두었다가 찾으려 한다는 뜻으로 미련하여 융통성이 없음을 이르는 말이다. 여씨춘추(呂氏春秋)

004 **肝膽相照 간담상조** 간(肝)과 쓸개(膽)를 서로에게 내보인다는 뜻으로 서로 마음의 문을 터놓고 사귄다는 뜻임. 후청록(侯鯖錄)

005 **干將莫耶 간장막야** 대장장이 간장(干將)과 그의 아내 막야(莫耶)의 손을 거쳐 명검이 만들어졌다는데서 사람도 교육을 통해 선도해야만 역량을 발휘할 수 있다라는 뜻임. 순자(荀子), 성악편(性惡篇)

006 **强弩之末 강노지말** 힘차게 튕겨나간 화살도 마지막에는 힘이 떨어져 뚫지 못한다는 뜻으로 아무리 강한 힘도 마지막에는 결국 쇠퇴한다는 의미(意味)임. 사기(史記)

007 **改過遷善 개과천선** 지난날의 허물을 고치고 착하게 된다는 뜻으로 악한자가 선한자로 탈바꿈하는 것을 말함. 진서(晉書)

008 **車載斗量 거재두량** 수레에 싣고 말(斗)로 잰다는 뜻으로 헤아릴 수 없을 정도로 많은 인재를 말함. 삼국지(三國志)

009 **乾坤一擲 건곤일척** 하늘이냐(乾) 땅이냐(坤)를 한 번 던져서 결정(決定) 한다는 뜻으로, 운명(運命)과 흥망(興亡)을 걸고 단판 승부(勝負)를 겨룸을 말한다. 한유(韓愈)

010 **牽强附會 견강부회** 이치에 맞지 않는 말을 억지로 끌어다 붙여 자기의 주장이나 조건을 맞추려고 한다는 뜻.

011 **犬兔之爭 견토지쟁** 개와 토끼의 다툼이라는 뜻으로, 양자(兩者)의 싸움에서 제 3자(第三者)가 이익(利益)을 봄. 전국책(戰國策)

012 **結草報恩 결초보은** 풀을 엮어서 은혜를 갚는다 라는 뜻으로 죽어서도 은혜를 잊지

않고 갚겠다는 말임. 춘추좌씨전(春秋左氏傳)

013 傾國 경국 임금이 여인의 미모에 반해 나라가 기울어진다는 뜻으로 뛰어난 미모의 여인을 이르는 말. 경국지색(傾國之色)의 준말.

014 敬遠 경원 겉으로는 존경하는 체 하면서 속으로는 멀리한다는 뜻으로 존경하나 가까이 하지 않음을 말한다. 경이원지(敬而遠之)의 준말.

015 群鷄一鶴 군계일학 닭의 우리속에 한 마리의 학이라는 뜻으로 평범한 사람들 속에 뛰어난 인물이 있는 것을 비유하는 말임. 진서(珍書)

016 鷄肋 계륵 닭의 갈비라는 뜻으로 닭의 갈비는 뜯어먹을 살이 없으나 버리기에는 아깝다는 말임. 이러지도 저러지도 못하는 형편을 일컬음. 후한서(後漢書)

017 鷄鳴狗盜 계명구도 닭의 울음소리나 개가 짖은 흉내를 잘 내니 좀 도둑질을 잘한다는 뜻으로 한가지 기술에 능하긴 하지만 비천한 사람을 말한다. 천한재주를 가진 사람도 요긴하게 쓸모 있음을 비유하는 말도 된다. 사기(史記)

018 季布一諾 계포일낙 초나라(楚)의 계포(季布)는 항우의 장수로 용맹을 떨쳤던 인물이다. 그는 자신이 한 약속은 꼭 지키는 사람이었다. 한 번 약속하면 반드시 지킨다 라는 뜻으로 쓰인다. 사기(史記)

019 股肱之臣 고굉지신 다리와 팔뚝에 비길 만한 신하(臣下). 임금이 가장 신임하는 신하를 가리키는 말. 서경(書經)

020 鼓腹擊壤 고복격양 배를 두드리며 박자를 맞추고 땅을 친다는 뜻으로 매우 살기 좋은 태평성대를 뜻한다. 십팔사략(十八史略)

021 高枕安眠 고침안면 베개를 높게 받치고 편안히 잠을 잔다는 뜻으로 여유가 있어 아무런 근심이 없는 상태를 나타낸다. 사기(史記), 전국책(戰國策)

022 古稀 고희 70세를 일컬음. 일흔살까지 산다는 것은 예로부터 드물다 라는 뜻으로 70세를 고희라고 한다.

023 曲學阿世 곡학아세 학문을 왜곡하고 세상에 아첨한다는 뜻으로 정도에서 벗어난 학문을 닦아 세상에 아부한다는 말임. 한서(漢書)

024 空中樓閣 공중누각 공중에 떠 있는 누각으로서 현실성이 없는 생각이나 계획의 뜻을 말한다. 몽계필담(夢溪筆談)

025 過猶不及 과유불급 지나침은 미치지 못하는 건만 못하다라는 뜻으로 사물이 정도를 지나치면 도리어 안한 것만 못한다는 말임.

026 瓜田不納履 과전불납리 참외 밭에서는 신발을 고쳐 신지 않는다 라는 뜻으로 사람

들로부터 의심받을 짓은 처음부터 하지 말라는 말임. 논어(論語)

027 管鮑之交 관포지교 관중과 포숙의 두터운 우정으로서 친구사이의 두터운 우정을 말한다. 사기(史記)

028 刮目相對 괄목상대 눈을 비비고 다시 보며 상대를 대한다는 뜻으로 상대방의 학식이나 재주가 몰라볼 정도로 크게 진보한 것을 말함. 삼국지(三國志)

029 光風霽月 광풍제월 빛나는 바람과 맑은 달의 뜻을 말함. 가슴속에 맑은 인품을 지닌 사람을 말함. 송사(宋史)

030 掛冠 괘관 갓을 벗어건다는 뜻으로 관직을 버리고 벼슬길에서 물러나는 것을 말한다. 후한서(後漢書)

031 巧言令色 교언영색 교묘한 말과 부드러운 얼굴로 얼굴색을 부드럽게 하고 말을 교묘하게 하여 분란을 일으키는 소인배를 일컫는 말임.

032 膠柱鼓瑟 교주고슬 비파나 거문고의 기러기 발을 풀로 붙여 놓고 거문고를 탄다는 뜻으로 고지식하고 융통성이 전혀없음을 비유하는 말이다. 사기(史記)

033 狡兔三窟 교토삼굴 교활한 토끼는 굴을 세 개 파 놓는다는 뜻으로 갑작스러운 난관에 대처해 미리 준비해 놓는 것을 말한다. 사기(史記)

034 口蜜腹劍 구밀복검 입으로는 달콤함을 말하나, 뱃속에는 칼을 감추고 있다는 뜻으로 겉으로는 부드럽고 달콤하게 대하지만 속으로는 상대를 몰아칠 음흉한 생각을 품는다는 말임. 십팔사략(十八史略)

035 口尙乳臭 구상유취 입에서 젖내가 난다는 뜻으로 상대가 어리고 말과 행동이 유치함을 얕잡아 일컫는 말. 사기(史記)

036 九死一生 구사일생 아홉 번 죽을 고비를 넘어 살았다는 뜻으로 여러차례 죽을 고비를 겪고 간신히 목숨을 건진다는 말.

037 九牛一毛 구우일모 아홉 마리 소 가운데 한개의 터럭(털)이라는 뜻으로 많은 것들 중에서 극히 작은 한개를 말한다. 한서(漢書)

038 九重宮闕 구중궁궐 문이 겹겹이 달린 깊은 대궐을 뜻함.

039 九曲肝腸 구곡간장 굽이굽이 사무치는 마음속 또는 깊은 마음속을 말함. 아홉 번 구부러진 강과 창자라는 뜻.

040 國士無雙 국사무쌍 한나라에 가장 뛰어난 인물로서 둘도 없다는 뜻으로 매우 뛰어난 인물을 말함.

041 君子三樂 군자삼락 군자의 세가지 즐거움. 첫째는 부모가 다 살아계시고 형제가 무

고 한 것. 둘째는 하늘과 사람에게 부끄러워 할 것이 없는 것. 셋째는 천하의 영재를 얻어서 교육하는 것을 말한다. 맹자(孟子)

042 勸善懲惡 권선징악　착한 행실을 권장하고 악한 행실을 경계한다는 뜻으로 선한 사람은 격려하고 악한 행위를 하는 자는 벌을 준다는 말임.

043 捲土重來 권토중래　흙먼지를 날리며 다시온다 라는 뜻으로 한 번 실패에 굴하지 않고 몇 번이고 다시 일어난다는 말임. 패한자가 세력을 되찾아 다시 쳐들어온다는 말을 뜻한다. 제오강정(題烏江亭)

044 橘化爲枳 귤화위지　귤이 변하여 탱자가 된다는 뜻으로, 사람도 환경에 따라 성질이 변한다는 말임. 안자춘추(晏子春秋)

045 錦上添花 금상첨화　비단위에 꽃을 더한다는 뜻으로, 좋은일에 또 좋은일이 더하여 짐을 나타낸 말임. 즉사(卽事)

046 金城湯池 금성탕지　황금으로 만든 성과 끓는 물을 채운 해자란 뜻으로 적군이 공략할 수 없도록 수미를 굳게 하고 있다는 말임.

047 琴瑟相和 금슬상화　금은 거문고 슬은 비파로 이 악기를 켤 때 음률이 잘 어울려 울림이 잘 화합한다는 뜻이다.

048 錦衣夜行 금의야행　비단옷을 입고 밤길을 간다는 뜻으로 아무 보람이 없는 일을 함을 이르는 말이다. 한서(漢書)

049 起死回生 기사회생　죽을 뻔하다 살아난다는 뜻으로서 죽음에 다다른 환자를 살리는 것 또는 그러한 은혜를 베푸는 뜻으로도 쓰이는 말임.

050 杞憂 기우　중국의 기나라 사람이 하늘이 무너질까봐 침식을 잊고 근심걱정 하였다는 뜻으로 쓸데없는 근심과 걱정을 뜻하는 말임.

051 騎虎之勢 기호지세　범의 등에 올라탄 형세의 뜻으로서 호랑이를 타고 가다가 도중에 내리면 잡혀 먹히고 만다는 것으로, 일을 계획하고 시작한 이상 도중에 중단해서는 안되며, 또 그만 둘 수도 없는 상태를 말한다. 수서(隋書), 독고황후전(獨孤皇后傳)

052 奇貨可居 기화가거　기이한 보화라는 뜻이니 진귀한 물건을 사서 잘 보관해두면 뒤에 큰 이익을 본다는 말로 좋은 기회를 놓치지 말아야 함을 이르는 말. 사기(史記)

053 落魄 낙백　혼백이 땅에 떨어지다라는 뜻으로 뜻을 얻지 못한 처지에 있는 사람을 말한다.

054 洛陽紙價 낙양지가　낙양의 종이값이 오르다라는 뜻으로 유명한 저자의 책 내용을 종이를 사서 베끼므로 종이값이 오른다는 뜻. 즉, 베스트셀러가 된다는 말임. 진서(晉書)

055 難兄難弟 난형난제 형 노릇하기도 어렵고 동생 노릇 하기도 어렵다는 뜻으로 누가 형인지 동생인지 분간하기 어렵다라는 말로써 서로 비슷할 때에 쓰는 말이다. 세설신어(世說新語)

056 南柯一夢 남가일몽 남쪽으로 뻗은 나뭇가지 밑에서 꾼 꿈이란 뜻으로써 사람의 덧없는 인생의 부귀와 영화에 비유되는 말임. 남가기(南柯記)

057 濫觴 남상 큰 배를 띄울 수 있는 큰 강물도 그 첫 물줄기는 겨우 술잔을 띄울 정도의 적은 물이라는 뜻으로 모든 일의 시초는 가장 작은 것에서부터 시작됨을 말한다.

058 南風不競 남풍불경 남방 지역의 풍악은 힘과 생기가 없다는 말로 흔히 힘이나 기세를 떨치지 못할 때 비유하여 쓴다. 춘추좌씨전(春秋左氏傳)

059 男負女戴 남부여대 사내는 짐을 지고 여자는 짐을 이고 간다는 뜻으로 가난한 사람이나 재난을 당한 사람들이 살 곳을 찾아 떠돌아다님을 말한다.

060 狼子野心 낭자야심 늑대의 새끼는 작아도 흉포한 짐승의 속성이 있어서 키우기 어려운 일이다 라는 뜻으로 그것과 마찬가지로 흉포한 사람의 마음을 교화하기란 어렵다는 말임. 춘추좌씨전(春秋左氏傳)

061 藍田生玉 남전생옥 남전에서 옥이 나온다라는 뜻으로 현명한 아버지가 재능있는 아들을 낳은 것을 칭찬하는 말이다. 삼국지(三國志)

062 濫吹 남취 엉터리로 악기를 부는 것을 뜻하는 것으로써 무능한 사람이 유능한 체하는 것을 말함. 한비자(韓非子)

063 囊中之錐 낭중지추 주머니 속에 든 송곳은 그 끝이 뾰족하여 주머니를 뚫고 나온다는 뜻으로 포부와 역량이 있는 사람은 많은 사람중에 섞여 있을지라도 그 능력이 드러난다는 말임.

064 勞心焦思 노심초사 몹시 마음을 쓰며 애를 태움.

065 老馬之智 노마지지 모르는 것이 없다고 잘난체 해도 때때로는 늙은 말이나 개미만도 못할 수가 있다는 말로 아무리 하찮은 것일지라도 자기 나름대로의 장점과 특징을 지니고 있음을 뜻한다. 한비자(韓非子)

066 老益壯 노익장 늙었어도 젊은이 못지않게 건강하다는 뜻으로 사람은 늙을수록 뜻을 더욱 굳게 해야 한다는 의미도 담겨져 있다. 후한서(後漢書)

067 內憂外患 내우외환 안으로는 근심 밖으로는 재난 이라는 뜻으로 근심 걱정속에 사는 것을 말한다. 십팔사략(十八史略)

068 綠林 녹림 푸른 숲이란 뜻으로 원래는 산의 이름이었으나, 세상을 위한 호걸들이 산

속에 집단을 이루었다는 말임. 나라입장에서 보면 도적의 소굴을 말한다. 한서(漢書), 후한서(後漢書)

069 **綠衣使者** 녹의사자 푸른옷을 입은 사자라는 뜻으로 앵무새를 말한다. 개원천 보유사(開元天 寶遺史)

070 **論功行賞** 논공행상 공로의 대소를 비교 검토해서 거기에 대응하는 상을 주는 것을 말한다. 사기(史記)

071 **壟斷** 농단 높이 솟은 언덕이라는 뜻으로 시장에서 이익을 독점하듯이 권력을 한손에 쥐고 좌지우지하는 것을 말한다. 맹자(孟子)

072 **累卵之危** 누란지위 알을 포개 놓은 위기라는 뜻으로 매우 위험한 상태에 직면해 있는 것을 말한다. 사기(史記)

073 **能書不擇筆** 능서불택필 글씨에 능한 사람은 붓을 가리지 않는다 라는 뜻으로 참다운 서예가는 필기구에 구애 받지 않는다는 말임. 당서(唐書)

074 **陵遲處斬** 능지처참 사람의 머리, 몸, 팔, 다리를 토막치는 극형을 말한다.

075 **多岐亡羊** 다기망양 갈림길이 많아 양을 잃다 라는 뜻으로 학문의 길이 많아 진리를 찾기 어렵다는 것을 이르는 말. 열자(列子), 장자(莊子)

076 **多多益善** 다다익선 많으면 많을수록 좋다 라는 뜻으로 감당할 능력이 있으면 많을수록 좋다는 말이다. 사기(史記)

077 **斷機之敎** 단기지교 학업을 중도에 포기하는 것은 짜던 베의 날을 끊는 것과 같아 아무런 이익이 없다는 뜻으로, 학업을 중단해서는 안된다는 것을 나타낸 말이다.

078 **斷腸** 단장 창자가 끊어진다는 뜻으로, 비통한 슬픔 또는 마음의 상처를 입는다는 말임. 세설신어(世說新語)

079 **談笑自若** 담소자약 위험이나 곤란에 직면해서도 보통과 변함없이 유연하게 있는 모습을 뜻하는 말임. 태연자약(泰然自若)이라는 말과 비슷하게 쓰인다. 삼국지(三國志)

080 **螳螂拒轍** 당랑거철 사마귀가 앞발로 수레바퀴를 막는다는 뜻으로서 분수를 모르고 날뛰는 것을 비유하는 말임. 회남자(淮南子)

081 **大公無私** 대공무사 모든 일에 사사로움이 없다라는 뜻으로 일처리가 개인적인 감정이 없고 공정하고 바르다. 진서(珍書)

082 **大器晩成** 대기만성 큰 그릇은 늦게 만들어진다는 뜻으로 큰 일이나 큰 인물은 쉽게 만들어지지 않고 온갖 어려움을 거친 후에야 비로소 이루어진다. 노자(老子)

083 **大義滅親** 대의멸친 큰 일을 위해서는 부모형제의 정(情)도 희생시켜야 한다는 뜻으

로, 국가나 사회 전체에 미치는 대의명분을 위해서는 사사로운 정은 버려야 한다는 말임. 춘추좌씨전(春秋左氏傳)

084 大材小用 대재소용 큰 인물을 작은 일에 사용하는 것을 뜻한다. 사람의 사용 방법이 틀렸음을 말한다. 육유(陸游)

085 桃園結義 도원결의 복숭아 나무가 심어진 정원에서 의형제를 맺는다라는 뜻으로 삼국지연의에 나오는 유비, 관우, 장비가 의형제를 맺은 것을 말함. 삼국지연의(三國志演義)

086 道不拾遺 도불습유 나라가 부강하고 편해서 백성이 길가에 떨어진 남의 물건을 주워 가지지 않는다는 뜻으로, 나라가 태평하게 잘 다스려짐을 말한다.

087 桃源境 도원경 속세를 떠난 별천지라는 뜻으로 이상향의 세계를 말한다. 도화원 시병기 (桃花源 詩竝記)

088 陶朱之富 도주지부 도주공(陶朱公)의 부(富)란 뜻으로 수억대의 큰 부를 일컫는다는 말이다.

089 道聽塗說 도청도설 길거리에서 듣고 길에서 얘기한다는 뜻으로, 경박한 행동을 말한다. 유언비어(流言蜚語)를 곧이곧대로 받아 들인다는 뜻임.

090 塗炭之苦 도탄지고 진흙탕 물 속이나 숯불 속에 떨어진 것 같은 괴로움을 나타낸 뜻으로, 참을 수 없는 심한 고통과 포악한 정치속에 빠져 있음을 말한다. 서경(書經)

091 獨眼龍 독안룡 애꾸눈으로 용기가 있는 사람. 사납고 용감한 장수를 일컫는 말임. 오대사(五代史), 당서(唐書)

092 獨不將軍 독불장군 혼자서는 장군이 될 수 없음을 뜻하는 말. 무슨일이든지 자기 생각대로 혼자서 처리하는 사람이다. 다른 사람에게 따돌림을 받고 외로운 사람을 말한다.

093 讀書亡羊 독서망양 글을 읽는데 정신이 팔려서 기르는 양을 잃는다는 뜻으로, 하는 일에는 뜻이 없고 다른 생각만 하다가 낭패를 본다는 말임. 장자(莊子)

094 讀書三到 독서삼도 독서를 하는 세 가지 방법. 첫째, 입으로 다른 말을 아니하고 책을 읽는 구도(口到). 둘째, 눈으로 다른 것을 보지 않고 책만 보는 안도(眼到). 셋째, 마음 속에 깊이 새기는 심도(心到)를 일컬어 삼도(三到)라 한다.

095 讀書三餘 독서삼여 책을 읽기에 적당한 세 가지 여유가 있는 때. 겨울, 밤, 비가 올 때를 의미한다.

096 讀書尙友 독서상우 책을 읽음으로써 옛날의 현인들과 벗이 될 수 있다는 뜻으로 책을 많이 읽으면 현명해진다는 말이다. 맹자(孟子)

097 同價紅裳 동가홍상 같은 값이면 다홍치마라는 뜻으로, 같은 값이면 좋은 것. 좋은 물건을 가진다는 말이다.

098 同病相憐 동병상련 같은 병을 앓고 있는 사람끼리 서로 연인의 정을 품는다는 뜻으로, 비슷한 경우에 처해 있는 사람끼리 더욱더 상대를 잘 이해하고 동정한다는 말이다.
오월춘추(吳越春秋)

099 同工異曲 동공이곡 같은 재주에 다른 곡조. 재주나 솜씨는 같지만 표현된 내용이나 맛이 다름. 한유(韓愈), 진학해(進學解)

100 東問西答 동문서답 동쪽을 물으니 서쪽으로 답을 한다는 뜻으로, 물음과는 전혀 상관없는 엉뚱한 답변을 말한다.

101 棟梁之材 동량지재 한 집이나 한 나라를 맡아 다스릴 만한 인재를 일컫는 말이다.

102 凍氷寒雪 동빙한설 얼음이 얼고 찬 눈이 내린다는 뜻으로 매서운 추위를 말한다.

103 東食西宿 동식서숙 동쪽에서 먹고 서쪽에서 잔다는 뜻으로 부평초와 같은 떠돌이 신세를 말한다. 태평어람(太平御覽)

104 銅臭 동취 돈냄새가 난다는 뜻으로, 돈으로 관직을 산 사람을 비웃을 때 쓰는 말이다.
십팔사략(十八史略)

105 董狐直筆 동호직필 동호의 곧은 붓이라는 뜻으로 죽음을 두려워 하지 않고 있는 그대로의 역사를 기록한 동호의 곧은 붓을 뜻함. 춘추좌씨전(春秋左氏傳)

106 東奔西走 동분서주 동쪽으로 뛰고 서쪽으로 뛴다는 뜻으로 사방으로 이리저리 몹시 바쁘게 돌아다님을 말한다.

107 斗酒不辭 두주불사 말술을 사양하지 않는다는 뜻으로 주군을 구하기 위해 말술을 사양하지 않고 마신다는 말이다. 사기(史記), 항우본기(項羽本紀)

108 得隴望蜀 득롱망촉 롱(隴)지역을 얻으니 촉(蜀)지역도 갖고 싶다는 뜻으로 인간의 욕심은 끝이 없음을 나타내는 말이다. 후한서(後漢書)

109 得魚忘筌 득어망전 고기가 잡히면 통발을 잊어버린다는 뜻으로 어떤 일에 대한 목적이 달성되면 그것을 위해 사용한 것, 도움이 되던 것을 까맣게 잊고 그 은혜에 보답하는 일조차 잊는다는 말이다. 장자(莊子), 외물편(外物篇)

110 得意洋洋 득의양양 뜻한바를 이루어 우쭐거리며 뽐낸다는 뜻으로 득의양양(得意揚揚)으로도 씀. 사기(史記)

111 得一忘十 득일망십 한 가지를 얻고 열 가지를 잃어버린다는 뜻으로 기억력이 좋지 못한 사람을 일컫는 말이다.

112 登龍門 등용문 어려움을 극복하고 용이 되어서 하늘로 올라가는 문이란 뜻으로 입신 출세의 관문을 말한다. 후한서(後漢書)

113 등고자비 登高自卑 높은 곳에 오르려면 낮은 곳에서부터 올라가야 한다는 뜻으로 무슨 일이든지 순서가 있음을 이른 말이다. 중용(中庸)

114 燈下不明 등하불명 등잔밑이 어둡다라는 뜻으로 가까이에 있는 물건이나 사람을 잘 찾지 못함을 이르는 말임.

115 燈火可親 등화가친 등불을 가까이 한다는 뜻으로 글이나 책읽기에 좋음을 이르는 말임.

116 馬耳東風 마이동풍 말의 귀를 스치는 동풍이란 뜻으로 다른 사람의 의견이나 충고 등을 전혀 상대하지 않거나, 이쪽에서 아무리 떠들어도 상대에게 아무런 반응도 주지 않는 것을 일컫는 말이다. 이백(답왕거일한야독작유회 答王去一寒夜獨酌的宥懷)

117 馬革裹屍 마혁과시 말가죽으로 시체를 싼다는 뜻으로 전쟁터에 나가 싸우다가 죽겠다는 용장의 각오를 말하며 또는 전사함을 일컫는다. 후한서(後漢書)

118 麻姑搔痒 마고소양 마고 선녀가 긴 손톱으로 가려운데를 긁는다는 뜻으로 바라던 일이 뜻대로 잘됨을 이르는 말.

119 磨斧爲針 마부위침 도끼를 갈아 바늘을 만든다는 뜻으로 어떠한 일을 시작할 때 끝까지 밀고 나가면 목적을 달성할 수 있다는 말이다.

120 莫逆之友 막역지우 마음에 맞는 절친한 친구를 뜻한다. 더할 나위 없이 친한 허물 없는 친구를 일컫는 말이다. 장자(莊子), 대종사전(大宗師篇)

121 莫上莫下 막상막하 누구를 위라 하고 누구를 아래라 할 수 없는 것을 뜻함. 난형난제(難兄難弟)와 비슷한 말임

122 輓歌 만가 수레를 끌며 부르는 노래로써 상여를 메고 갈 때에 죽은자를 애도하여 부르는 노래를 말한다. 춘추좌씨전(春秋左氏傳)

123 萬事休矣 만사휴의 온갖 수단과 방법을 사용해 보았지만 해결할 수 없는 상태에 직면했을 때 이르는 말로 체념의 상태를 뜻한다. 송사(宋史)

124 萬頃蒼波 만경창파 한 없이 넓고 큰 바다를 이르는 말.

125 萬古風霜 만고풍상 아주 오랜 세월 동안 겪어 온 많은 고생을 이르는 말임.

126 萬古不滅 만고불멸 오랜 세월을 두고 없어지지 않음을 뜻하는 말. =만고불섭(萬古不變)

127 萬全之策 만전지책 작은 틈도 찾을 수 없는 완벽한 계책으로서 상황에 맞는 계책을 뜻한다. 후한서(後漢書)

128 萬壽無疆 만수무강 아주 오랫동안 끊임없이 산다는 뜻을 일컫는말. 시경(詩經)

129 晚時之歎 만시지탄 시기에 늦어 기회를 놓쳤음을 안타까워하는 탄식을 일컫는 말.

130 亡國之音 망국지음 망한 나라의 음악 이라는 뜻으로, 나라를 망하게 하는 해로운 음악을 말한다. 예기(禮記)

131 忘年之交 망년지교 나이를 잊고 사귄다는 뜻으로, 나이에 거리끼지 않고 허물없이 사귄다는 말. =망년지우(忘年之友)

132 亡羊補牢 망양보뢰 양을 잃고 우리를 고친다는 뜻으로 이미 어떤일을 실패한 뒤에 뉘우쳐도 아무 소용이 없음을 일컫는 말임. =사후약방(死後藥放), 전국책(戰國策)

133 亡羊之歎 망양지탄 광대한 바다를 보고 탄식한다 라는 뜻으로 자기 자신의 힘이 미치지 못함을 탄식하는 말임. 장자(莊子), 추수편(秋收篇)

134 望雲之情 망운지정 고향쪽의 구름을 바라보는 마음을 뜻하는 것으로 객지에서 고향에 계신 부모님을 생각하는 마음을 말한다. 당서(唐書)

135 麥秀之嘆 맥수지탄 보리가 무성한 것을 탄식한다는 뜻으로 옛날에 영화가 넘치던 나라가 멸망하는 것을 탄식한다는 말이다. 사기(史記), 송미자세가(宋微子世家), =망국지탄(亡國之歎)

136 孟母三遷之敎 맹모삼천지교 맹자의 어머니가 맹자를 교육시키기 우해 세 번 이사하였다는 뜻으로 자식의 교육을 위해서는 어떤 어려운 일도 행할 수 있다는 말임. 후한서(後漢書), 열녀전(烈女傳)

137 盲人摸象 맹인모상 소경이 코끼리를 만진다는 뜻으로 사물의 일부만을 알면서 함부로 전체에 대한 결론을 내리는 좁은 견해를 말한다. 열반경(涅槃經)

138 明鏡止水 명경지수 밝은 거울과 조용한 물이라는 뜻으로 한점의 티나 흔들림이 없는 거울과 물처럼 맑고 고요한 마음을 가리키는 말임. 장자(莊子)

139 名實相符 명실상부 이름과 실상이 서로 꼭 들어 맞는다는 뜻을 나타낸 말임.

140 命在頃刻 명재경각 거의 죽게 되어 곧 숨이 끊어질 지경에 이르는 말임.

141 毛遂自薦 모수자천 모수가 스스로를 천거했다는 뜻으로, 재주를 갖고 있는데도 남이 추천해 주는 사람이 없어 기다리다 못해 스스로 자청해서 나서는 경우를 나타내는 말이다. 또는 염치불구하고 자기를 내세우는 사람을 비웃어 쓰는 말이기도 하다. 사기(史記), 평원군열전(平原君列傳)

142 矛盾 모순 창과 방패라는 뜻으로서, 말이나 행동의 앞 뒤가 서로 맞지 않는 것을 말한다. 한비자(韓非子)

143 目不識丁 목불식정 丁(정)자를 보고도 그것이 고무래인 줄 알지 못한다는 뜻으로 까

막눈을 나타내는 말임. 신당서(新唐書)

144 目不忍見 목불인견 눈앞에 벌어진 상황을 차마 눈뜨고 볼 수 없음을 나타내는 뜻을 말한다.

145 武陵桃源 무릉도원 속세와 따로 떨어진 별천지. 이상향(理想鄉)의 뜻을 말한다.

146 巫山之夢 무산지몽 무산에서 꾼 꿈이라는 뜻으로서 남녀의 밀회나 정사를 가리키는 말임. 문선(文選)

147 無恙 무양 병이 없다. 탈이 없다 라는 뜻으로 平安無事(평안무사)함을 의미한다. 전국책(戰國策)

148 無用之用 무용지용 쓸모 없는 것도 쓸데가 있다라는 뜻으로 아무 쓸모 없이 모이는 것이 경우에 따라서는 어느것 보다 더 유용하게 쓰인다는 말이다. 장자(莊子)

149 無爲自然 무위자연 인위적인 것이 없고 저절로 그러한 상태. 이상적인 경지를 말한다. 노자(老子)

150 墨守 묵수 묵자가 지킨다 라는 뜻으로, 자기 의견이나 주장, 소신 따위를 굽히지 않고 끝까지 지키는 것을 말한다. 묵자(墨子)

151 刎頸之交 문경지교 목을 벨 정도의 지경에도 생사를 함께 할 친구라는 뜻으로 아주 절친한 친구와의 교제를 말한다.

152 文景之治 문경지치 문제와 경제의 정치. 뜻으로서 중국의 번영시대를 상징하는 말이다.(史記) 중국 봉건 사회의 역사를 보게 되면 당나라시대의 정관(貞觀)의 治와 함께 황제의 칭호와 연호를 붙여 왕조의 번영시대를 칭송하는 말을 나타냈다.

153 聞一知十 문일지십 하나를 들으면 열을 안다는 뜻으로, 한 부분을 통해 전체를 알 수 있다는 말이다. 똑똑하고 총명함을 나타내는 말이다. 논어(論語) 공야장편(公冶長篇)

154 門前成市 문전성시 문 앞이 시장(저자)를 이룬다는 뜻으로, 세도가 있어 세도가의 집 앞이 찾아오는 방문객으로 저자(市)처럼 붐빈다는 의미로 세상 인심의 덧없음을 나타낸다. 한서(漢書)

155 門前雀羅 문전작라 대문(大門) 앞에 새 그물을 친다는 뜻으로, 세도가 몰락하여 새들이 모여들 정도로 사람들의 왕래가 끊어져 한산하다는 것을 나타낸 말이다. 사기(史記)

156 門前乞食 문전걸식 이집 저집 돌아다니며 빌어먹는다는 뜻임.

157 未亡人 미망인 남편을 따라 죽지 못한 여인이라는 뜻으로, 홀몸이 된 여인을 말한다. 과부(寡婦)가 스스로를 겸손하게 일컫는 말이다. 춘춘좌씨전(春秋左氏傳)

158 彌縫 미봉 터진 옷을 임시로 꿰멘다는 뜻으로, 임시변통으로 꾸며 대어 그 순간만을

모면하고자 하는 것을 말한다. 춘추좌씨전(春秋左氏傳)

159 尾生之信 미생지신 미생의 믿음이란 뜻으로 우직하게 약속만을 굳게 지킨다는 의미로서 쓸데없는 명목에 구애된 나머지 고지식하여 융통성이 전혀 없이 약속만을 굳게 지킴을 비유한 말이다. 장자(莊子)

160 博學篤志 박학독지 널리 공부하여 덕을 닦으려는 뜻을 굳건히 함을 이르는 말.

161 拍掌大笑 박장대소 손뼉을 치며 크게 웃음을 짓는 것을 뜻함.

162 盤溪曲徑 반계곡경 구불구불한 길과 서려 있는 계곡이란 뜻으로, 일을 행할 때 적당하지 않은 방법으로, 그릇되고 억지스럽게 함을 이르는 말.

163 盤根錯節 반근착절 구부러진 뿌리와 얽힌 마디라는 뜻으로, 얽히고 설켜 해결의 실마리를 찾지 못하는 어려운 일을 의미하는 말임. 후한서(後漢書)

164 半面之分 반면지분 얼굴만 겨우 알 뿐이고 교제는 얕은 사이를 뜻하는 말. =반면지식(半面之識)

165 反間 반간 적 사이를 이간한다는 뜻으로 이중간첩을 말한다. 손자(孫子)

166 反骨 반골 뼈가 거꾸로 되어있다 라는 뜻으로 모반을 말하여, 쉽게 사람을 따르지 않는 기질이나 권력에 저항하는 사람으로 쓰인다. 삼국지(三國志)

167 伴食宰相 반식재상 자리만 지키는 무능한 재상이라는 뜻으로, 재능이 없으면서 유능한 재상 옆에 붙어 정사를 처리하는 재상을 가리키는 말임. 당서(唐書)

168 班門弄斧 반문농부 노반(魯班)의 문 앞에서 도끼 다루는 솜씨를 자랑한다는 뜻으로서 자기의 실력을 생각지 않고 전문가 앞에서 얄팍한 재주를 뽐낸다는 말. 매지환(梅之渙), 제이백묘시(題李白墓詩)

169 反哺之孝 반포지효 까마귀 새끼가 자란 뒤에 늙은 어미에게 먹이를 물어다 주는 효성(孝誠)이라는 뜻으로, 자식이 자라서 부모를 봉양함을 일컫는 말이다. (=烏有反哺之孝)

170 拔本塞源 발본색원 뿌리를 뽑아 근원을 막아버린다는 뜻으로 근본적으로 폐단을 제거한다는 말이다. 춘추좌씨전(春秋左氏傳)

171 發憤忘食 발분망식 일을 이루려고 끼니조차 잊고 일에 열중하여 분발 노력함을 뜻하는 말임.

172 跋扈 발호 통발을 뛰어넘는다 라는데서, 제멋대로 날뛰며 행동하는 것을 뜻하는 말임. 후한서(後漢書)

173 傍若無人 방약무인 곁에 아무도 없는 것처럼 멋대로 행동한다는 뜻으로, 주위에 있는 다른 사람을 전혀 의식하지 않고 제멋대로 행동하는 것을 이르는 말임. 사기(史記)

174 杯盤狼藉 배반낭자 술잔과 그릇이 아무렇게나 널려 있음을 뜻하는 것으로, 난잡한 술자리의 모습. 잔치가 파할 무렵 또는 파한 뒤 술잔과 접시가 어지럽게 흩어져 있는 모양을 이르는 말임.

175 背水陣 배수진 물을 등쪽에 두고 진을 친다는 뜻으로, 물러설 곳이 없으니 목숨을 걸고 싸울 수 밖에 없는 지경을 이르는 말과 물을 등지고 적과 싸울 진을 치는 전법을 말한다. 사기(史記), (=背泳之陣)

176 杯中蛇影 배중사영 잔속에 비친 뱀그림자 라는 뜻으로, 쓸데없이 의심하여 근심을 만든다는 말임. 진서(晋書)

177 百年河淸 백년하청 백년을 기다린다 해도 황하(黃河)의 흐린 물은 맑아지지 않는다는 뜻으로 아무리 기다려도 실현 가능성이 없는 일은 뜻함. 춘추좌씨전(春秋左氏傳)

178 白面書生 백면서생 얼굴이 하얀 서생이란 뜻으로 세상 경험이 전혀 없는 서생을 일컫는 말 또는 경험은 없고 이론만 내세우는 자를 뜻하기도 한다. 송서(宋書)

179 百聞不如一見 백문불여일견 백번 듣는 것이 한번 보는 것만 못하다 라는 뜻으로, 무엇이든지 경험을 해보아야 확실히 알 수 있다는 말임. 한서(漢書)

180 白眉 백미 흰 눈썹. 흰 눈썹을 가진 양(良)을 뜻함. 중국 촉나라 마량(馬良)의 5형제 중 흰 눈썹이 섞인 마량(馬良)의 재주가 가장 뛰어나다는 데서 온 말로, 여러 가운데서 가장 뛰어난 사람이나 물건을 이르는 말이다. 삼국지(三國志)

181 百發百中 백발백중 백번 쏘아 백번 맞추다란 뜻으로, 일이나 계획하고 있던 바가 뜻 한대로 적중한다 라는 말임.

182 伯仲之勢 백중지세 우열(優劣)의 차이(差異)가 없이 엇비슷한 형세를 이르는 말. (=莫上莫下)

183 百八煩惱 백팔번뇌 불교에서 나온 말로 인간의 과거. 현재. 미래에 걸친 108가지의 번뇌를 뜻한다.

184 伯牙絶絃 백아절현 백아가 거문고의 줄을 끊는다는 뜻으로, 자기를 알아주는 참다운 벗의 죽음을 슬퍼하는 것을 말한다. 열자(列子)

185 白眼視 백안시 흘겨본다는 말로, 남을 업신여기거나 우습게 또는 냉대하는 경우에 쓰는 말이다.

186 栢舟之操 백주지조 과부의 굳은 정조, 곧 남편을 잃은 처가 정절을 지키는 것을 말한다. 시경(詩經)

187 法三章 법삼장 중국 한나라 고조가 진나라의 가혹한 법을 없애고, 단 세 가지 죄만을

정한 법을 말한다. 백성들을 사랑하는 군주의 마음을 말한다. 사기(史記)

188 兵聞拙速 병문졸속 전투를 속전속결로 끝내라는 뜻으로, 싸움에 있어서는 단기전으로 성공한 일은 있지만, 결코 오래 끌어 성공한 예는 없다는 말을 의미한다. 손자병법(孫子兵法)

189 病入膏肓 병입고황 병이 고황에까지 들었다는 뜻으로 병이 깊어져 고치기 어려움을 이르는 말임. 춘추좌씨전(春秋左氏傳)

190 覆水不收 복수불수 엎지른 물은 돌이켜 담을 수 없다 라는 뜻으로, 일단 저지른 일을 되돌릴 수 없음을 말한다. 습유기(拾遺記)

191 駙馬 부마 예비로 준비해 둔 말의 뜻으로, 임금의 사위. 공주의 부군(夫君)을 말한다. 수신기(搜神記)

192 釜中之魚 부중지어 솥 안의 물고기라는 뜻으로 생명이 오래 남지 않은 위험에 닥쳤음을 비유하는 말임. 자치통감(資治通鑑)

193 不得要領 부득요령 요령을 얻지 못하다 라는 뜻으로, 아주 긴요한 일을 달성시키지 못하는 것을 일컫는 말이다. (=要領不得), 한서(漢書), 사기(史記)

194 夫唱婦隨 부창부수 남편이 주장하고 아내가 이에 따른다는 뜻으로, 가정에서의 부부 화합의 도리를 이르는 말임.

195 附和雷同 부화뇌동 우레 소리에 맞추어 함께 한다는 뜻으로, 자신(自身)의 뚜렷한 소신 없이 그저 남이 하는대로 따라 가는 것을 의미한다.

196 焚書坑儒 분서갱유 책을 불사르고 유생들을 구덩이에 묻다 라는 뜻으로, 진시황제(秦始皇帝)가 학자들의 정치 비평을 금하기 위해 경서(經書)를 불태우고 학자(學者)들을 구덩이에 생매장한 가혹한 정치를 이르는 말.

197 不死藥 불사약 사람이 먹으면 죽지 아니하고 오래 사는, 선경에 있다고 하는 영약을 말한다. 십팔사략(十八史略)

198 不撓不屈 불요불굴 휘지도 않고 굽히지도 않는다는 뜻으로, 곤란한 상황에 빠져도 굽히지 않는 것을 말함. 한서(漢書)

199 不入虎穴不得虎子 불입호혈부득호자 호랑이 굴에 들어가야 호랑이 새끼를 잡는다 라는 뜻으로, 일단의 모험을 하지 않는 한 아무것도 얻을 수 없다는 말임. 후한서(後漢書)

200 不肖 불초 닮지 않았다 라는 뜻으로, 어버이의 덕행이나 사업을 이을만한 능력이 없음을 말하며 자기(自己)를 겸손하게 이르는 말임. 맹자(孟子)

201 不惑 불혹 미혹하지 아니한다는 뜻으로, 나이 마흔 살을 일컫는 말. 논어(論語)

202 不俱戴天 불구대천 하늘 아래서는 같이 살 수 없다는 뜻으로, 원한이 깊이 사무친 원수를 말한다.

203 不偏不黨 불편부당 어느 한쪽으로 기울어짐이나 치우치지 않고 공평하고 중립을 지킨다는 뜻임.

204 不問曲直 불문곡직 굽음과 곧음을 묻지 않는다는 뜻으로, 옳고 그름을 따지니 아니하고 함부로 일을 처리하거나 잘 잘못을 묻지 않고 함부로 행한다는 말임. 사기(史記)

205 不遠千里 불원천리 천리 길도 멀다 하지 않는다는 뜻으로, 먼 길인데도 개의치 않고 열심히 달려감을 이르는 말. 맹자(孟子)

206 鵬程萬里 붕정만리 붕새는 단숨에 만리를 날아간다 라는 뜻으로, 원대한 사업이나 계획을 일컫는 말이다. 장자(莊子)

207 髀肉之嘆 비육지탄 넓적다리에 살이 붙음을 탄식한다는 뜻으로, 자신의 재주나 수완. 역량을 발휘할 기회가 없음을 탄식한다는 말이다. 영웅이 때를 만나지 못한다는 뜻으로 쓰인다. 삼국지(三國志)

208 非夢似夢 비몽사몽 꿈인지 생시인지 어렴풋한 상태의 뜻을 나타낸다.

209 非命橫死 비명횡사 뜻밖의 재앙(災殃)이나 사고(事故) 따위로, 제 수명대로 살지 못하고 죽는 것을 말한다.

210 貧者一燈 빈자일등 가난한 자가 밝힌 등불이라는 뜻으로, 가난 속에서도 보이는 성의가 부귀한 사람들의 많은 도움보다도 가치가 있다는 말로서 정성의 소중함을 일컫는 말이다. 현우경(賢愚經)

211 牝鷄之晨 빈계지신 암탉이 울어서 새벽을 알린다는 뜻으로, 암탉이 울면 집안이 망한다는 말이다. (=牝鷄可晨), 서경(書經) 牧誓篇

212 氷炭不相容 빙탄불상용 얼음과 불은 성질이 정반대여서 서로 용납을 못한다 라는 뜻으로, 서로 상반되어 도저히 화합. 융화될 수 없음을 이르는 말임. 초사(楚辭)

213 四面楚歌 사면초가 사방에서 초나라의 노래 소리가 들린다는 뜻으로, 적에게 완전히 포위당하여 고립 상태에 빠진 것을 의미하는 말이다. 사기(史記) 項羽本紀

214 似而非 사이비 겉으로 보기에는 비슷한 듯하지만 근본적으로는 아주 다른 것을 가리키는 말이다. 맹자(孟子)

215 獅子吼 사자후 사자의 부르짖음 이라는 뜻으로, 열변이나 웅변을 토한다는 의미로 많이 쓰여지고 있다. 불경(佛經), 소동파(蘇東坡)의 시(詩)

216 蛇足 사족 뱀의 발이란 뜻으로, 쓸데없이 군일을 하다가 긁어 부스럼을 만들어 일을

그르칠 때를 비유하는 말이다. 전국책(戰國策)

217 四知 사지 하늘과 땅과 너와 내가 안다라는 뜻으로, 세상에 비밀은 없다는 말이다.

218 四海兄弟 사해형제 사해란 온 천하를 가리키는 말로, 천하의 뭇사람들은 모두 동포요, 형제라는 뜻이다. 논어(論語)

219 四顧無親 사고무친 사방을 돌아보아도 친척이 없다는 뜻으로, 의지할 만한 사람이 없음을 말한다.

220 士氣衝天 사기충천 사기(士氣)가 하늘을 찌를 듯이 높음을 뜻하는 말임.

221 斯文亂賊 사문난적 유교(儒敎)를 어지럽히는 도적이라는 뜻으로 교리에 어긋나는 언동(言動)으로 유교를 어지럽히는 사람을 이르는 말.

222 死生決斷 사생결단 죽고 사는 것을 가리지 않고 끝장을 내려고 덤벼듦을 뜻하는 말이다.

223 四分五裂 사분오열 네 갈래 다섯 갈래로 나눠지고 찢어진다는 뜻으로 이리지리 갈기갈기 찢어짐 또는 천하가 심히 어지러움을 말한다. 전국책(戰國策)

224 辭讓之心 사양지심 겸손히 마다하며 받지 않거나 남에게 양보하는 마음. 인(仁)의 근본(根本).

225 四通八達 사통팔달 도로나 교통. 통신 등이 사방으로 통합됨을 말한다. =사통오달(四通五達)

226 事必歸正 사필귀정 모든 일은 처음에는 시비(是非)를 가리지 못하여 그릇되더라도 결국에는 반드시 바른 길로 돌아감을 뜻하는 말임.

227 殺身成仁 살신성인 자신의 몸을 희생하여 인(仁)을 이룬다는 뜻으로 몸을 바쳐 올바른 도리를 이룬다는 의미의 말이다. 논어(論語)

228 三顧草廬 삼고초려 초가집을 세 번 찾아가다 라는 뜻으로, 유비가 제갈량을 세 번 찾아가 그를 군사(軍師)로 초빙한데서 머리 숙여 널리 인재를 구할 때를 일컫는 말이다. 삼국지연의(三國志演義)

229 三十六計 삼십육계 서른여섯 가지의 계책이라는 뜻으로, 많은 모계(謀計)를 이른다. 노름의 한가지로 물주가 맞힌 사람에게 36배를 주는 노름을 뜻하기도 한다. 남제서(南齊書), 진서(晉書)

230 森羅萬象 삼라만상 우주에 있는 온갖 사물과 현상. 법구경(法句經)

231 三人成虎 삼인성호 세 사람이 거리에 호랑이가 나타났다고 하면 믿게 된다는 뜻으로, 근거 없는 말이라도 여러 사람이 말하면 곧이듣게 된다는 말임. 전국책(戰國策)

232 三日遊街 삼일유가 과거(科舉)에 급제(及第)한 사람이 사흘 동안 선배 급제자와 친척을 방문하던 일을 뜻한다.

233 三日天下 삼일천하 정권을 잡았다가 짧은 기간 내에 실권(失權)함을 비유한 말. 갑신정변이 3일 만에 실패하였으므로 이를 달리 일컫는 말이다. =오일경조(五日京兆)

234 三從之道 삼종지도 여자가 따라야 할 세 가지 도리. 어려서는 어버이께 순종하고 시집가서는 남편에게 순종하고 남편이 죽은 뒤에는 아들을 따라야 한다는 것을 말함. (類: 삼종지덕 三從之德. 삼종의탁 三從依托. 삼종지례 三從之禮)

235 三年不飛 삼년불비 삼년동안 날지 않는다는 뜻으로, 뒷날에 웅비할 기회를 기다림을 이르는 말. 여씨춘추(呂氏春秋)

236 三令五申 삼령오신 세 번 명령하고 다섯 번 거듭 일러준다는 뜻으로, 옛 군대에서 여러 차례 되풀이 하여 자세히 명령함을 이르는 말임.

237 喪家之狗 상가지구 초상집의 개라는 뜻으로, 초라한 모습으로 먹을 것을 찾아 이리저리 헤매는 사람. 별 대접을 받지 못하는 사람을 이르는 말임. 사기(史記). 공자세가(孔子世家)

238 相思病 상사병 남자와 여자 사이에 못 잊어 그리워하며 사랑을 이루지 못해 생긴 병을 뜻한다. 서로가 애틋하게 생각하는 병.

239 桑田碧海 상전벽해 뽕나무 밭이 푸른 바다가 되었다 라는 뜻으로, 세상이 몰라볼 정도로 바뀐 것, 또는 세상의 모든 일이 엄청나게 변해버린 것을 나타내는 말이다. 유정지(劉廷芝)의 대비백발옹(代悲白髮翁)

240 塞翁之馬 새옹지마 변방 늙은이의 말(馬)이라는 뜻으로, 인생의 길흉화복이 무상하여 예측할 수 없음을 가리키며, 전화위복과 같은 의미의 말이다. 회남자(淮南子)

241 先入見 선입견 먼저 들어온 생각이란 뜻으로, 고정관념으로 인해 다른 의견을 받아들이지 않음을 이르는 말임. 한서(漢書)

242 先則制人 선즉제인 선수를 치면 제압할 수 있다 라는 뜻으로, 남보다 앞서 일을 도모하면 능히 남을 누를 수 있다는, 무엇보다 선수를 치는 것이 중요하다는 말임. 사기(史記), 유(類) : 先發制人

243 先發制人 선발제인 남의 꾀를 먼저 알아차리고 일이 생기기 전에 미리 막아낸다는 뜻으로 일을 남보다 먼저 착수하면 반드시 남을 앞지를 수 있다는 말임.(=선즉제인 先則制人), 한서(漢書). 항적전(項籍傳)

244 先從隗始 선종외시 먼저 나부터 시작하라는 뜻으로, 큰일을 이루려면 먼저 작은 일에서 부터 시작하여야 함을 말한다.

245 先見之明 선견지명 어떤 일이 일어나기 전에 미리 앞을 내다보는 안목(眼目)이라는 뜻으로, 장래를 미리 예측하는 날카로운 견식(見識)을 이르는 말.

246 雪上加霜 설상가상 눈 위에 또 서리가 내린다는 뜻으로, 난처하거나 어려운 일이 겹침을 이르는 말.

247 誠中形外 성중형회 마음속에 성실함이 있으면 반드시 외형으로 나타난다는 뜻으로, 속마음에 들어 있는 것은 숨기려 해도 자연히 밖으로 나타나게 된다는 말임.

248 城下之盟 성하지맹 적군이 성 밑에 까지 쳐들어 왔을 때 적군과 맺는 맹약. 대단히 굴욕적인 강화(講和)나 항복을 말한다.

249 城狐社鼠 성호사서 성안에 사는 여우와 사단에 사는 쥐라는 뜻으로, 임금 곁에 있는 간신(奸臣)의 무리를 이르는 말임.

250 誠心誠意 성심성의 정성스러운 마음과 뜻을 말함.

251 聲東擊西 성동격서 병법(兵法)의 하나로 동쪽에서 소리를 내고 서쪽에서 적을 친다는 뜻으로 적을 기만하여 공격함을 이르는 말. 통전(通典)

252 盛者必衰 성자필쇠 세상일은 무상하여 융성하는 것은 반드시 쇠퇴하게 마련이라는 말임.

253 蕭規曹隨 소규조수 소하가 제정한 법령. 제도를 조참이 그대로 이어받아 지킨다는 뜻으로, 국정을 담당하는 사람을 정치상의 규정이나 제도를 간소화해서 백성을 안심시키지 않으면 국가를 안정시킬 수 없다는 말임. 사기(史記)

254 笑裏藏刀 소리장도 겉으로는 웃음을 띠며 웃음 속에 칼을 감춘다는 뜻으로, 겉으로는 말을 좋게 하나 속으로는 음험하여 해칠 뜻을 가진 것을 말한다. 구당서(舊唐書). 이의부전(李義府傳)

255 騷人墨客 소인묵객 시문. 서화를 일삼는 사람이라는 뜻으로, 문인. 시인. 서예가. 화가 등 풍류를 아는 사람을 일컫는 말임.

256 小貪大失 소탐대실 작은 것을 탐하다가 도리어 큰 것을 잃음을 나타내는 말.

257 小心翼翼 소심익익 세심하고 조심성이 많다는 뜻으로, 마음이 작고 약하여 작은 일에도 겁을 내는 담력이 없는 것을 말한다. 시경(詩經)

258 束手無策 속수무책 손을 묶인 듯이 어찌할 방책이 없어 꼼짝 못하게 된다는 뜻으로, 뻔히 보면서 어찌할 바를 모르고 꼼짝 못한다는 뜻.

259 損者三友 손자삼우 사귀면 손해가 되는 세 가지 친구로서, 무슨 일이나 안이한 길만을 취하는 사람, 남에게 아첨하는 사람, 입에 발린 말 뿐이고 성의가 없는 사람을 말한다.

260 宋襄之仁 송양지인 송나라 양공의 어짊이라는 뜻으로, 쓸데없이 베푸는 인정을 이르는 말임.

261 送舊迎新 송구영신 묵은해를 보내고 새해를 맞는다는 뜻임.

262 松茂栢悅 송무백열 소나무가 무성하면 잣나무가 기뻐한다는 뜻으로, 남 또는 벗이 잘되는 것을 기뻐함을 말한다.

263 首丘初心 수구초심 여우가 죽을 때는 자기가 살던 구릉을 향해 머리를 둔다 라는 뜻으로 근본을 잊지 않음을 말한다. 예기(禮記)

264 首鼠兩端 수서양단 구멍에서 머리를 내밀고 나갈까말까 망설이고 있는 쥐라는 말로, 어떤 일에 대해 결단을 내리지 못함을 이르는 말. 사기(史記)

265 漱石枕流 수석침류 돌로 이를 닦고 물로 베개를 삼는다는 뜻으로, 자기의 말이 틀렸는데도 끝까지 우김을 이르는 말로 남에게 지기 싫어하는 고집이 센 사람을 비유한다.

266 水魚之交 수어지교 물과 물고기의 사귐이라는 뜻으로, 부부나 군신관계처럼 끊을래야 끊을 수 없는 친밀한 관계를 말한다. 삼국지(三國志)

267 守株待兎 수주대토 그루터기를 지켜 토끼가 나오기만을 기다린다는 뜻으로, 고지식하고 융통성이 없어 구습과 전례만을 고집함을 말한다. 한비자(韓非子)

268 菽麥不辨 숙맥불변 콩인지 보리인지 분별(分別)하지 못한다는 뜻으로, 어리석고 못난 사람을 말한다.

269 宿虎衝鼻 숙호충비 자는 호랑이의 코를 찌른다는 뜻으로, 가만히 있는 사람을 건드려서 화를 입거나 일을 불리하게 만듦을 일컫는 말.

270 脣亡齒寒 순망치한 입술이 없으면 이가 시리다 라는 뜻으로, 가까운 사이의 한쪽이 망하면 다른 한쪽도 그 영향을 받아 잘못된다는 말임. 춘추좌씨전(春秋左氏傳)

271 食言 식언 한번 입 밖으로 냈던 말을 다시 입 속에 넣는다는 뜻으로, 앞서 한 말을 번복하거나 약속을 지키지 않고 거짓말을 하는 경우에 쓰는 말. 서경(書經), 춘추좌씨전(春秋左氏傳)

272 識字憂患 식자우환 글자를 아는 것이 오히려 근심이 된다는 뜻으로 서투른 지식 때문에 오히려 일을 망치게 되었음을 비유하는 말. 삼국지(三國志)

273 食指動 식지동 식지(집게 손가락을 말함)가 움직인다 라는 뜻으로, 음식이나 사물에 대한 욕심을 품는 것을 말한다. 춘추좌씨전(春秋左氏傳)

274 升斗之利 승두지리 한 되와 한 말의 이익(利益)이라는 뜻으로, 대수롭지 않은 이익을 이르는 말임.

275 乘勝長驅 승승장구 싸움에서 이긴 기세를 타고 계속 적을 몰아친다는 뜻으로 승리

한 기세를 타고 마구 휘돌아 침을 말한다.

276 神出鬼沒 신출귀몰 귀신처럼 자유자재로 나타나기도 하고, 숨기도 한다는 뜻으로, 날쌔게 나타났다 숨었다 하는 모양을 이르는 말. 회남자(淮南子)

277 實事求是 실사구시 참다운 일과 옳은 것을 찾는다 라는 뜻으로, 사실을 토대로 진리를 구한다는 말임. 한서(漢書)

278 阿修羅場 아수라장 전란이나 그 밖의 일로 인하여 큰 혼란 상태에 빠진 곳 또는 그 상태를 말하며 아수라왕이 제석천과 싸운 마당의 뜻도 있다.

279 阿鼻叫喚 아비규환 아비지옥과 규환지옥이라는 뜻으로 여러 사람이 비참한 지경에 빠져 울부짖는 참상을 말한다.

280 我田引水 아전인수 자기 논에만 물을 끌어넣는다는 뜻으로 자기의 이익을 먼저 생각하고 행동함을 말한다.

281 安居危思 안거위사 편안할 때에 어려움이 닥칠 것을 미리 대비함을 말한다.

282 安分知足 안분지족 자기 분수에 만족하여 다른데 마음을 두지 않는다 라는 뜻으로 제 분수를 지킨다는 말

283 安貧樂道 안빈낙도 가난한 생활을 하면서도 편안한 마음으로 도를 즐기는 마음으로 살아간다는 뜻임

284 眼中之人 안중지인 눈 속의 사람이라는 뜻으로, 정(情)이 든 사람이나 늘 만나보기를 원하는 사람을 말한다.

285 安堵 안도 담장 안에서 편히 쉴 수 있다 라는 뜻으로 아무 걱정 없이 편히 쉴 수 있음을 말한다. 사기(史記)

286 暗中摸索 암중모색 어둠 속에서 더듬어 찾는다 라는 뜻으로 어림짐작으로 사물을 알아내려함을 이르는 말. 당서(唐書)

287 殃及池魚 앙급지어 재앙이 연못 속 고기에 미친다는 뜻으로, 뜻하지 않은 곳에 재난이 미침을 말한다. 여씨춘추(呂氏春秋)

288 仰天大笑 앙천대소 하늘을 우러러 크게 웃는다 라는 뜻으로 당치않은 생각이나 행동을 보고 어이없이 크게 웃는 것을 말함. 십팔사략(十八史略)

289 壓卷 압권 여러 책 가운데 가장 잘 된 것이나 특별하게 잘 지은글을 뜻한다. 오늘날에서는 가장 뛰어난 부분이나 물건 등을 일컫는다.

290 曖昧模糊 애매모호 사물의 이치가 희미하고 분명치 않음을 나타내는 말

291 弱冠 약관 스무 살을 뜻함, 남자가 스무 살에 관례를 한다는 데서 남자의 스무 살 된

때를 일컫는 말. 예기(禮記)

292 羊頭狗肉 양두구육 양머리를 걸어놓고 개고기를 판다는 뜻으로 겉은 훌륭해 보이나 속은 그렇지 못한 것, 또는 말과 행동이 일치 하지 않음을 일컫는다. 안자춘추(晏子春秋)

293 梁上君子 양상군자 대들보 위에 있는 군자라는 뜻으로 도둑을 뜻함. 후한서(後漢書)

294 良藥苦口 양약고구 좋은 약은 입에 쓰다 라는 뜻으로, 좋은 약은 입에 쓰지만 병에는 잘 듣는다는 말로, 충언(忠言)은 귀에 거슬리나 행실에 이롭다는 말임. 공자가어(孔子家語)

295 楊布之狗 양포지구 양포의 개란 뜻으로 사람의 겉모습만 보고 속까지 변했다고 생각함을 말한다. 한비자(韓非子)

296 漁父之利 어부지리 어부의 이익이라는 뜻으로, 둘이 다투는 틈을 타서 엉뚱한 제 3 자가 이익을 가로챔을 이르는 말. 전국책

297 億兆蒼生 억조창생 수많은 백성, 수많은 사람을 일컫는 말

298 抑何心情 억하심정 대체 무슨 생각으로 그런 짓을 하는지 마음을 헤아릴 수 없음을 이르는 말

299 焉敢生心 언감생심 어찌 감히 그런 마음을 먹을 수 있으랴는 뜻으로 쓰이는 말. (=安敢生心)

300 掩耳盜鈴 엄이도령 귀를 막고 방울을 훔친다는 뜻으로 자기에게 들리지 않으면 남에게도 들리지 않는 줄 아는 어리석은 행동을 일컫는 말. 여씨춘추(呂氏春秋)

301 言語道斷 언어도단 말할길이 끊어졌다 라는 뜻으로, 곧, 너무나 엄청나거나 기가 막혀서, 말로써 나타낼 수가 없음을 말한다. (=언어동단 言語同斷)

302 言中有骨 언중유골 말 속에 뼈가 있다라는 뜻으로 예사로운 표현 속에 만만치 않은 속뜻이 들어있음을 말한다. (=언중유언 言中有言)

303 言則是也 언즉시야 말하는 것이 사리에 맞는다는 뜻임

304 掩目捕雀 엄목포작 눈을 가리고 참새를 잡으려 한다는 뜻으로 일을 불성실하게 하는 것에 대한 경계를 말한다.

305 逆鱗 역린 용의 턱 아래에 거꾸로 난 비늘이라는 뜻으로 군주의 노여움을 비유하는 말이다. 한비자(韓非子)

306 緣木求魚 연목구어 나무에서 물고기를 구한다는 뜻으로 불가능한 일을 하는 행위나 생각을 말한다. 맹자(孟子)

307 連理枝 연리지 두나무의 가지가 서로 맞닿아서 결이 통한 것을 뜻하는 것으로, 화목한 부부, 또는 남녀 사이의 애정을 비유하는 말임. 후한서(後漢書)

308 如履薄氷 여리박빙 얇은 얼음을 밟듯이 한다 라는 뜻으로 위험한 일을 일컫는 말이다. 시경(詩經)

309 與民同樂 여민동락 임금이 백성과 함께 즐긴다 라는 뜻임. (=여민해락 與民偕樂)

310 如魚得水 여어득수 물고기가 물을 얻은 것과 같다는 뜻으로, 마음에 맞는 사람을 얻거나 자신에게 매우 적합한 환경을 얻게 됨을 비유한 말임. 삼국지(三國志)

311 與狐謨皮 여호모피 여우하고 여우의 모피를 벗길 모의를 한다는 뜻으로, 궁극적으로 이룰 수 없는 일을 말한다. 태평어람

312 易地思之 역지사지 처지를 서로 바꾸어서 생각한다는 뜻으로 상대방의 처지에서 생각한다는 말임

313 煙霞痼疾 연하고질 산수(山水)의 좋은 경치를 깊이 사랑하는 마음이 대단히 강해 마치 고치지 못할 병이 든 것 같음을 비유하는 말임. (=연하지벽 煙霞之癖)

314 榮枯盛衰 영고성쇠 영화롭고 마르고 성하고 쇠함이란 뜻으로, 인생이나 사물의 번성함과 쇠락함이 서로 뒤바뀌는 현상을 말한다.

315 英雄豪傑 영웅호걸 영웅과 호걸을 뜻하는 말임

316 曳尾塗中 예미도중 꼬리를 진흙속에 묻고 끈다는 뜻으로, 부귀가 있을지언정 속박받는 생활 보다는 차라리 가난하지만 자유롭게 사는 편이 낫다는 것을 비유해서 쓰는 말이다. 장자(莊子)

317 五里霧中 오리무중 오리 사방이 안개 속이다 라는 뜻으로, 뭐가 뭔지 알 수가 없고, 어디에 있는지 찾을 수 없거나 갈피를 잡을 수 없음을 일컫는 말. 후한서(後漢書)

318 五十步百步 오십보백보 오십보를 도망친 자나 백보를 도망친 자나 모두 본질적으로 같다는 뜻으로, 조금 낫고 못한 차이는 있지만 본질은 같은 것임을 나타내는 말임. 맹자(孟子)

319 吳越同舟 오월동주 오나라 사람과 월나라 사람이 한배에 타고 있다라는 뜻으로, 아무리 원수지간이라도 한 배에 탄 이상 목적지에 도달할 때 까지는 서로 운명을 같이하고 협력하게 된다는 말임. 손자병법(孫子兵法)

320 寤寐不忘 오매불망 자나깨나 잊지 못한다는 뜻. (=오매사복 寤寐思服)

321 吾鼻三尺 오비삼척 내코가 석자라는 뜻으로, 자기 사정이 급하여 남을 돌볼 겨를이 없음을 이르는 말.

322 烏飛梨落 오비이락 까마귀 날자 배 떨어진다는 뜻으로, 아무런 관계도 없이 한 일이 공교롭게 다른 일과 때가 일치(一致)해 오해를 받게 됨을 이르는 말임

323 吳下阿夢 오하아몽 전문(全文)은 비부오하아몽(非復吳下阿夢)으로, 오(吳)에 있을 때의 몽이 아니라는 뜻임. 한참 만나보지 못한 사이에 놀랄 만큼 발전을 보인 사람을 말한다. 삼국지(三國志)

324 烏合之衆 오합지중 까마귀가 떼를 지어 있음을 뜻하는 것으로서 어중이 떠중이가 모여 질서가 없는 무리를 말한다. (=烏合之卒), 후한서(後漢書)

325 屋上架屋 옥상가옥 지붕위에 또 지붕을 얹는다는 뜻으로, 공연히 헛수고를 하거나 필요없는 일을 계속해서 하는 행위를 말한다. (=屋上屋), 세설신어(世說新語)

326 玉石俱焚 옥석구분 옥과 돌이 함께 불타 버린다는 뜻으로, 옳은 사람이나 그른 사람이 구별없이 모두 재앙을 입거나, 망함을 이르는 말. (=玉石同碎), 서경(書經)

327 玉石混淆 옥석혼효 옥과 돌이 함께 섞이다 라는 뜻으로, 좋은 것과 나쁜 것이 섞이면 좋고 나쁨을 구별하지 못한다는 말임. 포박자(抱朴子)

328 溫故而知新 온고이지신 옛것을 익혀 새것을 안다는 뜻으로, 옛것을 익힘으로서 그것을 통하여 새로운 지식과 도리를 발견하게 된다는 말임. 논어(論語)

329 蝸角之爭 와각지쟁 달팽이의 촉각(觸覺) 위에서 싸운다는 뜻으로, 작은 나라끼리의 싸움이나 하찮은 일로 승강이 하는 짓을 말함. (=와우각상쟁 蝸牛角上爭)

330 臥薪嘗膽 와신상담 섶에 누워 쓸개를 맛보다 라는 뜻으로, 복수를 하기 위해 온갖 어려운 일을 참고 견딘다는 말임. 사기(史記), 십팔사략(十八史略)

331 瓦解土崩 와해토붕 기와가 깨져 흩어지고, 흙이 무너진다는 뜻으로, 사물이 크게 무너져 흩어짐을 이르는 말

332 完璧 완벽 더 없는 구슬이라는 뜻으로 모자람이나 부족함이 없어 흠잡을 데가 없음을 말함. 사기(史記)

333 王侯將相 寧有種乎 왕후장상 영유종호 왕, 제후, 장수, 대신이 어찌 씨가 있겠는가 라는 뜻으로 사람의 신분은 노력 여하에 따라 높게 될 수 있음을 말한다. 사기(史記)

334 燎原之火 요원지화 요원의 불길, 걷잡을 수 없이 번져가는 벌판의 불을 말하는 것으로, 세력이 대단해서 막을 수 없게 되는 것을 비유하는 말임. 서경(書經)

335 搖之不動 요지부동 흔들어도 꿈적도 하지 않음을 이르는 말임

326 樂山樂水 요산요수 산수의 자연을 즐기고 좋아한다는 뜻으로, 산수와 경치를 좋아함을 이르는 말임. 논어(論語)

337 堯舜時代 요순시대 요임금과 순임금의 덕으로 천하를 다스리던 태평한 시대를 말한다. (=道不拾遺), (=요순지절 堯舜之節)

338 欲盖彌彰 욕개미창 진상을 감추려하면 더욱 밝게 드러나게 됨. 이란 뜻임. 춘추좌씨전

339 欲速不達 욕속부달 빨리하고자 하면 도달하지 못한다는 뜻으로 어떤 일을 급하게 하면 도리어 이루지 못함을 이르는 말. 논어

340 欲取先予 욕취선여 얻으려면 먼저 주어야 한다는 뜻임. 전국책(戰國策)

341 龍頭蛇尾 용두사미 용의 머리에 뱀의 꼬리라는 뜻으로, 시작은 거창했지만 결국엔 보잘것 없음을 뜻하는 말임. 벽암집(碧巖集)

342 龍尾鳳湯 용미봉탕 맛이 매우 좋은 음식을 가리키는 말임.

343 愚公移山 우공이산 우공이 산을 옮긴다 라는 뜻으로 남이 보기엔 어리석은 일처럼 보이지만 한가지 일을 끝까지 밀고 나가면 언젠가는 목적을 달성할 수 있다는 말임. 열자(列子)

344 牛耳讀經 우이독경 쇠귀에 경 읽기란 뜻으로 우둔한 사람은 아무리 가르치고 알려주어도 알아듣지 못함을 비유하는 말. (=馬耳東風), 다산(茶山) 정약용(鄭若鏞) 이담속찬(耳談續纂)

345 雨後竹筍 우후죽순 비가 온 뒤에 솟는 죽순(竹筍)이라는 뜻으로, 어떤 일이 일시에 많이 일어남을 이르는 말.

346 雲泥之差 운니지차 구름과 진흙의 차이라는 뜻으로, 사정이 크게 다르다는 경우나 서로의 차이가 매우 큼을 나타내는 말임.

347 雲雨之情 운우지정 초나라 혜왕(惠王)이 운몽(雲夢)에 있는 고단에 갔을 때 꿈 속에서 무산(巫山)의 神女를 만나 즐겼다는 고사에서 유래. (=무산지몽 巫山之夢, 운우지락 雲雨之樂)

348 遠交近攻 원교근공 먼 곳은 사귀고 가까운 곳은 공격한다 라는 뜻으로 먼곳과는 친하게 지내고, 국경을 맞대고 있는 나라는 기회가 있는대로 공격한다는 뜻. 전국책(全國策)

349 願賜骸骨 원사해골 늙은 재상이 연로하여 군정에 나오지 못하게 될 때에 왕에게 사직을 청함을 이르는 말임. 사기, 항우본기(項羽本記)

350 鴛鴦之契 원앙지계 금슬(琴瑟)이 좋은 부부(夫婦)사이를 뜻한다. (=금슬지락 琴瑟之樂)

351 月旦評 월단평 매달 초하루날의 인물평 이란 뜻으로 점쟁이가 초 하룻날에 인물평을 보며 운수를 헤아리는 일을 말함. 십팔사략, 후한서

352 運籌帷幄 운주유악 운주는 산가지를 놀린다는 뜻이고, 유악이란 장막을 가리키는 말로, 즉 가만히 들어 앉아서 계획을 꾸민다는 뜻임. 사기(史記), 한서(漢書)

353 月下氷人 월하빙인 월하노(月下老)와 빙상인(氷上人)이란 말을 합친 약어로 남녀의 인연을 맺어주는 오늘날의 결혼 중매인을 말한다. (=月下老人), 진서(晋書)

354 危機一髮 위기일발 머리털 하나로 천균(千鈞)이나 되는 물건을 끌어당긴다는 뜻으로, 당장에라도 끊어질 듯한 위험한, 조금도 여유가 없음을 이르는 말.

355 韋編三絶 위편삼절 공자가 책을 하도 많이 읽어서 책의 가죽끈이 세 번이나 끊어졌다는 뜻으로 한권의 책을 몇십번이나 되풀이 해서 읽음을 비유하는 말임. 논어

356 有口無言 유구무언 입은 있으나 말이 없다는 뜻으로, 변명할 말이 없거나 변명을 하지 못함을 일컫는 말.

357 柔能勝剛 유능승강 부드러운 것이 오히려 능히 굳센 것을 이긴다는 뜻. (=柔能制剛), 노자(老子)

358 有備無患 유비무환 미리 준비가 되어 있으면 걱정할 것이 없다는 뜻. 서경(書經)

359 唯我獨尊 유아독존 이 세상에 나보다 존귀한 사람은 없다는 뜻으로, 자기만 잘났다고 자부하는 독선적인 태도의 비유를 나타낸 말.

360 有耶無耶 유야무야 있는지 없는지 흐지부지 함을 뜻함

361 流言蜚語 유언비어 아무 근거 없이 널리 퍼진 소문이나 터무니없이 떠도는 말을 뜻함. 뜬소문. (=街談巷說, 街說巷談), 사기(史記)

362 悠悠自適 유유자적 여유가 있어 한가롭고 걱정이 없는 모양이라는 뜻으로, 속박됨이 없이 자기가 하고 싶은데로 마음 편히 지냄을 이르는 말. (=유연자적 悠然自適, 안한자적 安閑自適)

363 類類相從 유유상종 사물은 같은 무리끼리 따르고, 같은 사람은 서로 찾아 모인다는 뜻. (=동병상련 同病相憐)

364 遊必有方 유필유방 먼 곳 에 갈 때에는 반드시 그 행방을 알려야 한다는 뜻으로, 자식은 부모가 생존해 계실 때에는 멀리 떠나 있지 말아야 하고, 비록 공부를 위해 떠나 있을지라도 일정한 곳에 머물러야 함을 이르는 말. 논어(論語)

365 肉山脯林 육산포림 고기가 산을 이루고 포는 숲을 이룬다는 뜻으로 몹시 사치스럽고 방탕한 술잔치를 이르는 말. (=주지육림 酒池肉林)

366 柳暗花明 유암화명 버드나무는 어두컴컴하고 꽃은 밝게 활짝 피어난다는 봄의 아름다운 경치를 뜻하는 것으로, 오늘날에는 발전의 여지가 없어 보이는 상황에서 재기와 희망이 트이는 것을 가리키는 말로 쓰인다. 육유시(陸遊詩)

367 殷鑑不遠 은감불원 은나라의 거울은 멀지 않다 라는 뜻으로 이전의 실패를 자신의 거울로 삼아 주의한다는 말임. 시경(詩經)

368 隱忍自重 은인자중 괴로움을 감추어 참고 몸가짐을 신중하게 행동함을 뜻한다.

369 吟風弄月 음풍농월 바람을 읊고 달을 보고 시를 짓는다는 뜻으로, 흥취를 나아내며 즐김을 일컫는 말.

370 意氣揚揚 의기양양 의기가 드높아 매우 자랑스럽게 행동하는 모양이나 자랑스러워

뽐내는 것을 말함.

371 應接不暇 응접불가　아름다운 경치나 산이 계속 눈앞에 나타나 응접(應接), 즉 인사할 틈도 없다는 뜻으로, 좋은일, 좋지 않은 일이 꼬리를 물고 계속되어 생각할 여유가 없을 만큼 몹시 바쁜 것을 말한다. 세설신어(世說新語)

372 泣斬馬謖 읍참마속　=휘루참마속(揮淚斬馬謖)

373 疑心暗鬼 의심암귀　의심이 생기면 귀신이 나온다 라는 뜻으로, 마음속에 의심이 생기게 되면 대수롭지 않은 일까지 두려워서 불안하게 된다는 말임. 또는 잘못된 선입견으로 판단을 그르치는 것을 비유하는 말. (=의심생암귀 疑心生暗鬼, 열자(列子)

374 二挑殺三士 이도살삼사　두개의 복숭아로 세 장수를 죽인다는 뜻으로, 교묘한 계략으로 상대를 죽이는 것에 대한 비유를 한 말. 안자춘추(晏子春秋)

375 以心傳心 이심전심　석가와 가섭이 마음으로 전한다는 뜻으로, 말이나 글을 사용하지 않고 오로지 마음으로 전하는 것을 말함. 전등록(傳燈錄), 오등회원(五燈會元)

376 異口同聲 이구동성　입은 다르지만 하는 말이 같다는 뜻으로, 여러사람의 의견과 말이 한결같음을 이르는 말. (=이구동언 異口同音)

377 以德報怨 이덕보원　원수에게 덕으로써 보답, 또는 원수에게 은덕을 베푸는 일을 뜻함.

378 以實直告 이실직고　사실 그대로 고한다는 뜻. (=이실고지 以實告之)

379 耳視目聽 이시목청　소문을 듣고 직접 본 듯 상황을 알아차리고 표정을 보고 직접 설명을 들은 듯 상황을 알아차림. 열자(列子)

380 利用厚生 이용후생　기구를 편리하게 쓰고 먹을 것 입을 것을 넉넉하게 하여 백성의 생활을 나아지게 함을 이르는 말.

381 二律背反 이율배반　두 가지 규율이 서로 반대 된다는 뜻으로 상호 모순으로 양립할 수 없는 두개의 명제를 말한다.

382 李下不整冠 이하부정관　오얏나무 밑에서 갓을 고쳐 쓰면 도둑으로 오해하기 쉽다 라는 뜻으로, 남에게 의심 받을 만한 일은 아예 하지 말라는 말이다.

383 因果應報 인과응보　원인과 결과는 서로 호응하여 그대로 갚음을 뜻함. 좋은 일에는 좋은 결과가 나쁜 일에는 나쁜 결과가 따라 온다는 말. (=종두득두 種豆得豆)

384 人面獸心 인면수심　얼굴은 사람의 모습을 하였으나, 마음은 짐승과 같다는 뜻으로, 남의 은혜를 모르거나, 사람의 도리를 지키지 못하고 배은 망덕하거나 행동이 흉악하고 음탕한 사람을 이르는 말.

385 人死留名 인사유명 사람은 죽어서 이름을 남긴다는 뜻으로, 그 삶이 헛되지 않으면 그 이름이 길이 남음을 이르는 말.

386 人生無常 인생무상 인생(人生)이 덧없음을 이르는 말

387 人生三樂 인생삼락 인생의 세가지 즐거움 이란 뜻으로, 사람으로 태어난 것, 사내로 태어난 것, 오래 사는 것을 이르는 말임.

388 仁者無敵 인자무적 어진 사람은 널리 사람을 사랑하므로 천하(天下)에 적대할 사람이 없다는 뜻임.

389 一刻三秋 일각삼추 매우 짧은 시간이 삼년 같다는 뜻으로 몹시 기다려지거나 지루한 느낌을 이르는 말.

390 一刻千金 일각천금 일각(15분을 뜻함)이라도 천금과 같이 귀중함을 이르는 말.

391 一擧兩得 일거양득 한 가지 일로 두 가지 이득을 얻는다 라는 뜻으로 어떤 일을 했을 때에 예기치 않게 부수적으로 따라오는 이익을 말한다. (일거양실 一擧兩失, 일여이득 一與二得). 북사(北史), 진서(晋書)

392 一長一短 일장일단 장점도 있고 단점도 있다는 뜻임. (=일단일장 一短一長)

393 一刀兩斷 일도양단 한 칼에 두 도막을 낸다는 뜻으로 어떤 일을 머뭇거리지 아니하고 선뜻 결정함을 말한다.

394 一網打盡 일망타진 한번 그물질로 모두 잡는 다는 뜻으로, 한꺼번에 죄다 잡는다는 말. 宋史, 十八史略

395 日暮途遠 일모도원 해는 지고 길은 멀다는 뜻으로 상황이 너무 늦어 뜻하는 바를 이루기가 힘들다는 말임. 사기(史記), 오자서열전(伍子胥列傳)

396 一衣帶水 일의대수 띠처럼 좁은 강이나 해협을 뜻하는 것으로, 육지와 육지 사이에 흐르는 강을 가리킴. 수서

397 一葉落 天下知秋 일엽락 천하지추 잎 하나가 떨어지는 것을 보고 온 천하가 가을임을 안다는 뜻으로, 즉 작은 현상을 보고 큰 근본도 알 수 있어야 한다는 의미를 일컫는 말. (=일엽지추 一葉知秋)

398 一以貫之 일이관지 하나로 꿰었다 라는 뜻으로, 처음부터 끝까지 변하지 않거나 막힘없이 끝까지 밀고 나감을 말함. (=一貫). 논어(論語)

399 一字無識 일자무식 한글자도 알지 못함을 뜻하는 말. (=목불식정 目不識丁)

400 一字千金 일자천금 글자 한자에 천금의 가치가 있다는 뜻으로, 빼어나게 훌륭한 문장에 비유하는 말.

401 一場春夢 일장춘몽 한바탕의 봄꿈 이라는 뜻으로 헛된 영화나 덧없는 인생의 허무함을 비유하여 이르는 말. (=남가일몽 南柯一夢)

402 一觸卽發 일촉즉발 한번 닿기만 하여도 곧 폭발 한다는 뜻으로 조그만 자극에도 큰 일이 벌어진 것 같은 아슬 아슬한 상태를 이르는 말.

403 日就月將 일취월장 날마다 달마다 성장하고 발전 한다는 뜻으로 학업이나 사업 등이 날이 가고 달이 갈수록 진보함을 이르는 말. (=일장월취 日將月就)

404 一敗塗地 일패도지 한번 패하여 다시 일어 설 수 없게 됨을 뜻하는 것으로 싸움에서 간(肝)과 뇌(腦)가 땅에 뒹군다는 것으로 여지없이 패하여 다시 일어 설 수 없게 됨을 일컫는 말이다. 사기(史記)

405 臨機應變 임기응변 어느 때, 어느 자리에서 뜻밖의 일을 당했을 때 그에 알맞게 대처하는 일

406 臨時防牌 임시방패 필요에 따라 그 때 그 때 정해 일을 쉽고 편리하게 치를 수 있는 수단. (=고식지계 姑息之計, 임시변통 臨時變通)

407 立身揚名 입신양명 출세하여 이름을 세상에 떨친다는 말로, 후세에 이름을 떨쳐 부모를 영광되게 해 드리는 것을 말함.

408 自家撞着 자가당착 자기의 말과 행동이 앞뒤가 안 맞아 일치하지 않음을 뜻하는 말.

409 自强不息 자강불식 스스로 힘을 쓰고 가다듬어 쉬지 아니한다는 뜻임. 주역(周易)

410 自激之心 자격지심 자기가 한 일에 대하여 스스로 미흡하게 여기는 마음을 뜻한다.

411 刺股懸梁 자고현량 허벅다리를 찌르고 머리털을 끈에 묶어 들보에 매단다는 뜻임

412 自手削髮 자수삭발 자기의 손으로 자신의 머리털을 깎는다는 뜻으로, 어려운일 남의 힘을 빌리지 않고 자기 혼자의 힘으로 처리한다는 말.

413 自勝者强 자승자강 자기를 이기는 자가 진실로 강한자 라는 뜻으로, 자기의 사리사욕을 극복하는 것을 가리키는 말임. 노자(老子)

414 自繩自縛 자승자박 자기의 줄로 자기 몸을 옭아 묶는다는 뜻으로 자기의 언행(言行)에 자기 자신이 옭혀 곤란 하게 됨을 말한다.

415 自業自得 자업자득 스스로 일을 벌여 얻는다 라는 뜻으로 일의 결과는 자신이 책임을 진다는 말이다. (=자업자박 自業自縛)

416 自然淘汰 자연도태 자연계에서 그 생활조건에 적응하는 생물은 생존하고, 그렇지 못한 생물은 저절로 사라지는 일을 뜻함. (=자연선택 自然選擇)

417 自暴自棄 자포자기 자기 스스로 포기하고 스스로 내 팽겨 치는 것을 뜻하는 것으로

실망하거나 좌절하여 말이나 행동을 제멋대로 하는 것을 말한다. 맹자(孟子)

418 自畵自讚 자화자찬 자기가 그린 그림을 자기 스스로 칭찬한다는 뜻으로 자기가 한 일을 스스로 자랑함을 말한다.

419 作心三日 작심삼일 굳게 먹은 마음이 사흘을 가지 못한다는 뜻으로 의지력이 미약함을 말한다.

420 前門据虎後門進狼 전문거호후문진랑 앞문의 호랑이를 막으니, 뒷문의 이리가 나온다 라는 뜻으로 하나의 재난을 피하자 또 다른 재난이 이어 나타나는 것을 말한다. 조설항평사(趙雪航評史)

421 前車之覆轍 後車之戒 전거지복철 후거지계 앞 수레가 지나간 바퀴 자국은 뒤에 오는 수레의 좋은 경계가 된다는 뜻으로, 맨 처음에 좋은 본보기를 보여야 뒤에 따르는 사람도 옳게 행하게 된다는 말이다. 한서(漢書)

422 前無後無諸葛武侯 전무후무제갈무후 제갈공명은 오직 한사람 뿐이다 라는 뜻으로 제갈공명의 뛰어난 재주는 그 누구도 따라 갈 수가 없다는 말이다. 명사(明史)

423 戰戰兢兢 전전긍긍 전전은 겁이나서 떨고있는 모습, 긍긍은 몸을 움츠리는 모습으로 어떤 위기감에 절박해진 심정을 나타내는 경우에 쓰이는 말이다. 시경(詩經), 논어(論語)

424 輾轉反側 전전반측 밤새도록 이리저리 뒤척이며 잠을 이루지 못함을 표현한 뜻으로 원래는 미인을 사모하여 잠을 이루지 못하는 경우에 쓰였으나 오늘날에는 근심과 걱정으로 잠을 이루지 못하는 경우에 쓰여지고 있다. 시경(詩經)

425 電光石火 전광석화 번개불과 부싯돌의 불이라는 뜻으로 매우 짧은 시간이나 매우 빠른 움직임을 듯하는 말이다.

426 前代未聞 전대미문 이제까지 들어본 적이 없는 일이나 사건 등을 말함. (=前古未聞)

427 前無後無 전무후무 이전에도 없었고 앞으로도 없음을 나타내는 말. (=공전철후 空前絕後)

428 轉禍爲福 전화위복 화가 바뀌어 오히려 복이 된다는 뜻. 전국책(戰國策)

429 切齒腐心 절치부심 몹시 흥분하여 이를 갈며 속을 썩이는 뜻.

430 切齒扼腕 절치액완 이를 갈고 팔을 걷어 붙이며 몹시 분해함을 이르는 말

431 漸入佳境 점입가경 들어갈수록 점점 경치가 좋다는 뜻으로, 차차 재미있는 경지로 들어감을 나타낸 말. 진서(晋書)

432 頂門一鍼 정문일침 정수리에 침을 놓는다 라는 뜻으로, 따끔한 충고나 교훈 등을 이르는 말임

433 井中之蛙 정중지와 우물안의 개구리란 뜻으로 소견이 좁은 사람, 또는 견문이 좁은

경우를 이르는 말임

434 精忠報國 정충보국 정성과 충성을 다해 나라에 보답한다 라는 뜻으로 오직 한 마음으로 국가에 충성한다는 말임

435 濟世安民 제세안민 세상을 구제하고 백성을 편안히 한다는 뜻으로, 당태종의 이름 이세민(李世民)인데, 이 말에서 유래되었다고 한다. 십팔사략(十八史略)

436 糟糠之妻 조강지처 지게미와 쌀겨를 먹고 고생한 아내라는 뜻으로, 어려울 때 함께 고생을 한 아내를 말한다. 후한서(後漢書)

437 朝令暮改 조령모개 아침에 내린 명령이 저녁에 바뀐다는 뜻으로 령(令)이 일관성 없게 왔다갔다 함을 말함.

438 朝聞道 夕死可矣 조문도 석사가의 아침에 천하가 올바른 정도(正道)로 행해지고 있다는 말을 들으면 저녁에 죽어도 좋다는 뜻으로, 오늘날에는 사람이 참된 이치를 깨달으면 당장 죽어도 한이 없다는, 짧은 인생을 가치있게 살아야 한다는 말이다. 논어(論語)

439 朝三暮四 조삼모사 아침에는 셋 저녁에는 넷을 준다는 뜻으로, 어리석은 자를 우롱하는 말로 남을 속이는 것을 말한다. 열자(列子), 장자(莊子)

440 助長 조장 도와서 자라나게 한다는 뜻으로 급히 하고자 무리하게 힘을 가하면 도리어 모든 것을 해치게 된다는 말이다. 즉, 사물이나 사람에게 맞게 도와 성장 시킨다는 말을 뜻한다. 맹자(孟子), 공손축편(公孫丑篇)

441 左袒 좌단 왼쪽 어깨의 옷을 벗어 붙인다 라는 뜻으로, 어느 한쪽 편을 들어 동의하는 것을 이르는 말임. 사기(史記)

442 酒池肉林 주지육림 술로 연못을 만들고 고기로 숲을 만든다는 뜻으로, 호화스런 생활과 사치스런 술잔치, 음란함을 비유하는 말임. 사기(史記)

443 鳥足之血 조족지혈 새발의 피라는 뜻으로 매우 작은 분량을 말함

444 足脫不及 족탈불급 맨발로 뛰어도 따라가지 못함을 뜻하는 것으로, 능력, 역량, 재질 따위가 두드러져 도저히 다른 사람이 따라가지 못할 정도를 말함.

445 左顧右眄 좌고우면 왼쪽을 돌아보고 오른쪽을 돌아본다는 뜻으로 이것저것 생각하며 결정을 짓지 못한다는 말임

446 左衝右突 좌충우돌 이리저리 마구 찌르고 치고받고 맞닥뜨린다는 말임.

447 左之右之 좌지우지 이리 저리 제 마음대로 휘두르거나 일을 마음대로 처리함을 뜻한다.

448 主客顚倒 주객전도 주인과 손님의 위치가 서로 뒤바뀜을 뜻하는 것으로 사물의 경

중, 선후(先後)가 서로 뒤바뀜을 나타낸 말임

449 晝耕夜讀 주경야독 낮에는 농사일을 하고, 밤에는 글을 읽었다는 뜻으로, 어려운 여건속에서도 꿋꿋이 공부함을 이르는 말임

450 走馬看山 주마간산 말을 타고 달리면서 산천을 구경한다 라는 뜻으로 대충대충 보고 지나감을 이르는 말임

451 竹馬之友 죽마지우 어릴때에 대나무로 만든 말을 타고 놀던 친구라는 뜻으로, 어릴 때부터 함께 자란 친한 벗을 일컫는 말. (=죽마고우 竹馬故友). 후한서(後漢書)

452 衆口難防 중구난방 많은 사람들의 입을 막기는 어렵다 라는 뜻으로, 많은 사람들이 떠들어 대는 소리는 감당하기 어렵다 라는 말로 행동을 조심해야 한다는 뜻임. 십팔사략(十八史略)

453 衆寡不敵 중과부적 적은 숫자의 많은 수효를 대적하지 못한다 라는 뜻임

454 指鹿爲馬 지록위마 사슴을 가리켜 말이라 한다는 뜻으로, 어떤 일을 위압적으로 속이려 드는 일을 말한다. 사기(史記)

455 支離滅裂 지리멸렬 이리 저리 갈가리 흩어지고 찢기어 갈피를 잡을 수가 없게 됨을 뜻하는 말

456 遲遲不進 지지부진 매우 더뎌 잘 나아가지 않음을 뜻하는 말

457 珍羞盛饌 진수성찬 맛이 좋은 음식으로 많이 잘 차린 것을 뜻하며, 성대하게 차린 진귀한 음식을 말한다.

458 進退維谷 진퇴유곡 앞으로도 뒤로도 나아가거나 물러서지 못한다 라는 뜻으로, 궁지에 빠진 상태를 말한다. (=진퇴양난 進退兩難)

459 塵合泰山 진합태산 티끌 모아 태산 이란 뜻을 말함. (=우공이산 愚公移山)

460 此日彼日 차일피일 오늘 내일 하며 일의 기한을 늦춤을 뜻하는 말

461 創業易守城難 창업이수성난 일(業)을 이룩하기는 쉬우나, 이를 지키기는 어렵다 는 뜻으로, 일은 일으키기 쉽고 그것을 보존하는 것은 어렵다는 말임. 정관정요(貞觀政要)

462 滄海一粟 창해일속 망망한 바다 속의 좁쌀 한 알 이라는 뜻으로, 지극히 작은것이나 세상(世上)에서의 인간 존재의 허무함을 이르는 말. 소식(蘇軾)의 적벽부(赤壁賦)

463 采薇歌 채미가 고사리를 캐는 노래 라는 뜻으로 백이(伯夷)와 숙제(叔齊)가 수양산에 들어가 고사리를 캐 먹는 노래를 말한다.

464 採薪之憂 채신지우 병이 들어 나무를 할 수 없다는 뜻으로, 자기의 병(病)을 겸손하게 이르는 말임. 맹자(孟子), 공손추(公孫丑)편(篇)

465 天高馬肥 천고마비 하늘이 높고 말이 살찌다 라는 뜻으로, 오곡백과가 무르익는 풍성한 가을을 이르는 말이나 원래는 변방에 근무하는 친구에게 보내는 변방의 사정을 뜻한다. 한서(漢書)

466 千慮一得 천려일득 천 번을 생각하여 하나를 얻는다 라는 뜻으로, 많이 생각 할수록 좋은 것을 얻음을 이르는 말

467 千慮一失 천려일실 천 가지 생각 가운데 한 가지 실수 라는 뜻으로 지혜로운 사람도 여러 가지 생각 가운데는 잘못되는 것이 하나쯤은 실수가 있을 수 있다는 말임. 사기(史記)

468 千金買笑 천금매소 천금을 주고 미소를 사다라는 뜻으로 비싼 대가를 치르고 사랑하는 여인에게서 미소를 짓게 하는 것을 말함. 사기(史記)

469 天道是非 천도시비 하늘의 도는 옳은가 그른가 라는 뜻으로, 인간의 얄궂은 운명에 대해 한탄하는 말이다.

470 千里眼 천리안 천리를 내다보는 눈이라는 뜻으로 먼 곳에서 일어나는 일을 잘 알아낸다는 말임

471 天方地軸 천방지축 하늘 방향이 어디이고 땅의 축이 어디인지 모른다는 뜻으로 너무 바빠서 두서를 잡지 못하고 허둥대는 모습, 또는 어리석은 사람이 갈 바를 몰라 두리번거리는 모습을 나타낸 말

472 天壤之差 천양지차 하늘과 땅사이와 같이 엄청난 차이를 뜻함. (=천양지간 天壤之間)

473 天衣無縫 천의무봉 선녀의 옷은 바느질 자국이 없다 라는 뜻으로, 시문(詩文)등 지극히 아름답고 매끄러워 손질할 필요가 없다는 말이나 성격이나 언행이 매우 자연스러워 꾸민데가 없음을 나타내는 말임. 영괴록(靈怪錄)

474 千載一遇 천재일우 천년에 한번 만난다는 뜻으로, 좀처럼 믿기 어려운 기회를 이르는 말임. 삼국명신서찬(三國名臣序贊)

475 鐵面皮 철면피 쇠처럼 두꺼운 낯가죽 이라는 뜻으로, 뻔뻔스럽고 염치 없는 사람을 이르는 말임

476 天井不知 천정부지 천장을 모른다는 뜻으로, 물건의 값 따위가 자꾸 오르기만 함을 이르는 말

477 千篇一律 천편일률 여러 시문(詩文)의 격조가 변화 없이 비슷비슷 하다는 뜻으로, 여러 사물이 비슷비슷 하여 특색이 없음을 비유하여 이르는 말

478 天下一色 천하일색 세상에 뛰어난 미인을 뜻하는 말임. (=경국지색 傾國之色, 천하절색(天下

絶色)

479 徹頭徹尾 철두철미 머리에서 꼬리까지 통(通)한다는 뜻으로, 처음부터 끝까지 방침을 바꾸지 않고 생각을 철저히 관철함을 이르는 말임.

480 轍鮒之急 철부지급 수레바퀴 자국 속에 있는 붕어의 위급함이라는 뜻으로 곤궁한 처지나 다급한 위기를 비유하는 말. 장자(莊者)

481 鐵石肝腸 철석간장 쇠나 철같이 단단한 마음을 이르는 말. 매우 단단한 지조.

482 鐵中錚錚 철중쟁쟁 쇠 중에서도 쟁쟁하게 울리는 것이라는 뜻으로 같은 종류 가운데서도 특히 뛰어난 것을 일컫는 말임. 후한서(後漢書)

483 淸談 청담 명예와 이권을 떠난 청아한 얘기를 뜻하는 것으로, 속세를 버리고 산림에 은거하며 노장철학을 논하던 일을 말한다. 후한서(後漢書)

484 靑雲之志 청운지지 큰 뜻을 세운다는 뜻으로, 남보다 훌륭하게 출세할 뜻을 갖고 있는 마음과 속세를 벗어나고 싶어 하는 마음을 비유하여 이르는 말임

485 靑天白日 청천백일 맑은 하늘에서 비추는 햇빛이라는 뜻으로 훌륭한 인물은 세상 사람들이 다 알아본다는 의미와 무죄(無罪)를 의미하는 말임.

486 靑天霹靂 청천벽력 맑게 갠 하늘에서 치는 벼락이라는 뜻으로 뜻밖의 재난이나 변고를 말함.

487 靑出於藍 청출어람 쪽풀에서 나온 푸른색이 쪽 보다 더 푸르다 라는 뜻으로 제자가 스승보다 뛰어남을 비유하는 말임. 순자(荀子) 권학편(勸學篇)

488 焦眉之急 초미지급 눈썹이 타게 될 만큼 위급한 상태란 뜻으로 그대로 방치할 수 없는 매우 다급한 일이나 경우를 비유한 말

489 寸鐵殺人 촌철살인 한 치 밖에 안 되는 쇠로 사람을 죽인다는 뜻으로, 간단한 말이나 단어로 사람을 감동시키거나 사물의 급소를 찌름의 비유를 나타내는 말. 학림옥로(鶴林玉露)

490 推敲 추고 문장의 마지막 손길이라는 뜻으로 쓰인다. 시문(詩文)의 자구(字句)를 여러 번 고침을 이르는 말임. 퇴고라고도 읽는다.

491 秋扇 추선 가을부채란 뜻으로 사랑을 잃은 처지를 비유한 말임. 또는 쓸모없어진 물건을 가리키는 말로 쓰임. (=추풍선 秋風扇). 원가행(怨歌行)

492 痴人說夢 치인설몽 어리석은 사람이 꿈 이야기를 한다는 뜻으로 앞 뒤 분별없이 아무렇게나 지껄이는 것을 말함. 냉제야화(冷劑夜話)

493 他山之石 타산지석 다른 산에서 나온 거친 돌로 옥을 간다는 뜻으로 다른 사람의 하찮은 언행이라도 자기의 지덕을 닦는데 도움이 됨을 비유하는 말임

494 他人鼾睡 타인한수 다른 사람의 코고는 소리 라는 뜻으로, 다른 세력 옆에 있는 것은 참을 수 없다는 말임. 송사(宋史)

495 太公望 태공망 무위(無爲)한 나날을 보낸다, 또는 낚시질을 즐기는 낚시꾼을 일컫는 말임. 사기(史記)

496 泰山北斗 태산북두 태산과 북두칠성 이란 뜻으로 한 분야에서 빼어난 사람들이 우러러 보는 존재, 어떤 분야의 권위자를 뜻함. (=태두泰斗). 당서(唐書)

497 兎死狗烹 토사구팽 토끼가 죽으니 사냥개가 삶아진다 라는 뜻으로 목적 하는 바 뜻을 이루고 나서 측근을 처벌할 때에 비유로 쓰이는 말임. 십팔사략(十八史略)

498 破鏡 파경 깨진 거울이라는 뜻으로, 부부간에 금실이 좋지 않아 이별을 하거나 이혼하는 것을 비유하는 말임. 태평광기(太平廣記)

499 破瓜之年 파과지년 여자 나이 16세를 이르는 말로 오이과(瓜)자를 파자하면 여덟팔(八)자가 둘이 되므로 이팔(二八)이 십육(十六)이 된다는 말임. 또 다른 뜻으로 남자의 64세를 가리킨다. (=破瓜)

500 罷露臺 파로대 지붕 없는 정자 만들기를 그만두다 라는 뜻으로 정자 하나를 만드는데 예산이 열집의 재산과 같으므로 그만 두었다는 말임. 사기(史記)

501 破竹之勢 파죽지세 대나무를 쪼개는 듯한 기세란 뜻으로, 거침없이 늦추지 않고 밀고 들어가는 형세를 말한다. 진서(晉書)

502 破天荒 파천황 천지 개벽 이전의 혼돈한 상태를 깨뜨려 연다는 뜻으로, 이제까지 아무도 하지 않은 일을 행함을 이르는 말임. 또는 과거에 급제한 사람을 이름.

503 敗軍之將 不語兵 패군지장 불어병 싸움에서 진 장수는 병법을 말하지 않는다는 뜻으로, 실패를 한 자는 그 일에 대하여 구구히 변명을 하지 않는다는 말임. (=패군지장 敗軍之將), 사기(史記)

504 平地風波 평지풍파 고요한 땅에 바람과 물결을 일으킨다는 뜻으로, 공연한 일을 만들어 사태를 시끄럽게 만듦을 일컫는 말임. 죽지사(竹枝詞)

505 蒲柳之姿 포류지자 강버들의 맵시라는 뜻으로, 몸이 허약한 것을 말한다. 세설신어(世說新語)

506 抱腹絶倒 포복절도 배를 안고 넘어진다는 뜻으로 몹시 우스워서 배를 안고 몸을 가누지 못할 만큼 웃는 것을 말한다.

507 咆虎馮河 포호빙하 맨손으로 범을 잡고, 걸어서 강을 건넌다는 뜻으로 만용을 믿고 되는대로 행동하는 것을 말한다. 논어(論語)

508 炮烙之刑 포락지형 기름 바른 구리 기둥을 달군 후 죄인으로 하여금 맨발로 건너가게 하는 형벌로 매우 가혹한 형벌을 뜻한다. 사기(史記)

509 風聲鶴唳 풍성학려 바람소리와 학의 울음소리란 뜻으로, 아무것도 아닌데 공연히 놀라 겁을 집어 먹은 것을 말한다.

510 風前燈火 풍전등화 바람 앞의 등불이란 뜻으로 사물이 매우 위태로운 처지에 놓여 있음을 이르는 말

511 匹夫之勇 필부지용 마구 날뛰는 행동을 뜻하는 것으로서 좁은 소견을 갖고 함부로 날뛰는 행동을 말함. 맹자(孟子)

512 邯鄲之夢 한단지몽 한단에서 꾼 꿈이란 뜻으로, 인생의 부귀영화가 뜬 구름처럼 덧없음을 이르는 말임. 침중기(枕中記)

513 邯鄲之步 한단지보 한단의 걸음걸이 라는 뜻으로 자기 분수를 모르고 남을 흉내내는 것을 빗대어 하는 말임. 장자(莊子)

514 汗牛充棟 한우충동 수레에 실어 운반하면 소가 땀을 흘리게 되고, 쌓아올리면 들보에 닿을 정도의 양이라는 뜻으로, 장서(藏書)가 많음을 이르는 말.

515 旱魃 한발 가뭄이라는 뜻으로, 가뭄을 몰고오는 신화속의 여신을 말한다. 삼황오제(三皇五帝)

516 合縱連橫 합종연횡 약한 나라끼리 규합하여 강대국을 대항하는 것이 합종, 연횡은 약한 나라가 강대국과 동맹을 맺고 평안을 구하는 것을 말한다. 전국시대에 행해졌던 외교방식으로 합종책과 연횡책을 말함. 사기(事機)

517 偕老同穴 해로동혈 살아서는 같이 늙고 죽어서는 한 곳에 묻힌다. 생사를 같이하는 부부의 사랑과 맹세를 뜻하는 말임. 시경(詩經)

518 解語花 해어화 말하는 꽃이란 뜻으로, 용모가 절색인 미인을 가리킬 때에 쓰는 말임. 개원천보유사(開元天寶遺事)

519 螢雪之功 형설지공 반딧불과 눈빛으로 이룬 공이란 뜻으로 역경속에서도 굴하지 않고 학문을 닦아 대성함을 말한다. 진서(晉書)

520 狐假虎威 호가호위 여우가 호랑이의 위엄을 빌어 제 위엄으로 삼는다 라는 뜻으로 남의 권세를 빌어 위세를 부린다는 말. 전국책(戰國策)

521 虎死留皮 人死留名 호사유피 인사유명 호랑이는 죽어 가죽을 남기고 사람은 죽어 이름을 남긴다 라는 뜻으로 사람에게는 재물보다는 명예가 소중함을 비유한 것을 말한다. 오대사(五代史)

522 浩然之氣 호연지기 하늘과 땅 사이에 가득 찬 바른 원기 라는 뜻으로 공명정대하여 한점의 부끄러움이 없는 용기를 말함. 맹자(孟子)

523 胡蝶之夢 호접지몽 장자(莊子)가 나비가 되어 날아다닌 꿈으로 현실과 꿈이 구별이 안되는 것, 또는 인생의 덧없음을 비유한 말임

524 好好先生 호호선생 어떤 일에 대해서나 좋다, 좋다, 괜찮다 라고 말하는 사람을 뜻하는 것으로 시비를 분명히 하지 않고, 누구에게도 냉담하지 않은 사람을 일컫는 말임

525 紅一點 홍일점 여러 남자 가운데 한 여자가 끼여 있음을 뜻하는 것으로 여럿중에서 특별히 눈에 띄는 한가지를 가리킬 때 쓰는 말임.

526 畵龍點睛 화룡점정 용을 그리고 눈동자를 찍다 라는 뜻으로 가장 요긴한 부분을 마치어 완성 시킨다는 말이다. 수형기(水衡記)

527 和光同塵 화광동진 빛을 부드럽게 하여 더러움과 함께 한다는 뜻으로, 자신이 가지고 있는 지혜와 덕을 감추어 밖으로 드러내지 않으며 여러사람들과 어울려 참된 자신을 보여 준다는 말이다. 노자(老子)

528 華胥之夢 화서지몽 화서에서의 꿈이라는 뜻으로, 무심코 꾼 꿈에서 큰 뜻을 깨달았다는 고사로서 선몽(善夢)이나 길몽(吉夢)을 일컫는다. 열자(列子)

529 換骨奪胎 환골탈태 뼈를 바꾸고 태를 벗어난다 라는 뜻으로, 용모가 몰라보게 달라지거나 문장이 남의 손을 거쳐 전혀 새로움을 갖게 되는 것을 말함. 냉제야화(冷濟野話)

530 效顰 효빈 눈살을 찌푸리는 것을 뜻한다. 효빈은 눈살을 찌푸리는 것을 흉내 낸다는 말로서 자기의 분수를 모르고 무턱대고 남의 흉내를 내는 것, 또는 남의 결점을 장점인 줄 알고 본뜸을 일컫는 말이다.

531 嚆矢 효시 우는 화살이라는 뜻으로 전쟁터에서 우는 화살을 쏘아 (여기서 우는 화살이란 휘파람 소리를 내는 신호음 화살을 뜻한다.) 싸움의 신호로 삼는다라는 말이다. 모든 일의 시작, 시초라는 말을 일컫는다. 장자(莊子)

532 揮淚斬馬謖 휘루참마속 제갈량이 눈물을 흘리며 마속의 목을 베다 라는 뜻으로 사사로운 정 보다는 공정하게 법을 집행한다는 말임. 삼국지(三國志). 흔히 泣斬馬謖이라 하는데 원전에 의하면 揮淚斬馬謖이 맞다. 泣斬馬謖은 일본식 사자성어이므로 바꾸어 말힘이 옳다.

漢字語 익히기(漢字의 用例)

假想 가상 사실이 아니거나 사실 여부가 분명하지 않은 것을 사실이라고 가정하여 생각함. 늑어림생각.

加공 가공 원자재나 반제품을 인공적으로 처리하여 새로운 제품을 만들거나 제품의 질을 높임.

家畜 가축 집에서 기르는 짐승. 소, 말, 돼지, 닭, 개 따위를 통틀어 이른다

干城 간성 방패와 성이라는 뜻으로, 나라를 지키는 믿음직한 군대나 인물을 이르는 말

閣僚 각료 한 나라의 내각을 구성하는 각 장관

刻薄 각박 인정이 없고 삭막하다.

角逐 각축 서로 이기려고 다투며 덤벼듦

假縫 가봉 시침바느질. '시침질'로 순화.

脚光 각광 사회적 관심이나 흥미

肝膽 간담 간과 쓸개를 아울러 이르는 말. 속마음을 비유적으로 이르는 말.

懇談 간담 서로 정답게 이야기를 주고받음. 또는 그 이야기

簡拔 간발 여러 사람 가운데 골라 뽑음

懇切 간절 정성이나 마음 씀씀이가 더없이 정성스럽고 지극하다.

奸邪 간사 간교하고 바르지 않다.

懇求 간구 간절히 바람.

奸臣 간신 간사한 신하

艱辛 간신 힘들고 고생스럽다.

懇談會 간담회 정답게 서로 이야기를 나누는 모임

間諜 간첩 한 국가나 단체의 비밀이나 상황을 몰래 알아내어 경쟁 또는 대립 관계에 있는 국가나 단체에 제공하는 사람.

感覺 감각 눈, 코, 귀, 혀, 살갗을 통하여 바깥의 어떤 자극을 알아차림.

橄欖 감람 감람나무의 열매. 길이는 3~4cm의 길쭉한 둥근 모양으로 푸른색이다. 맛은
　　　　처음에는 쓰고 떫으나 먹을수록 단맛이 난다.

甘藍 감람 '양배추'로 순화.

鑑札 감찰 관청이나 동업 조합 따위의 공적(公的)인 기관에서 일정한 영업이나 행위를 허
　　　　가한 표시로 내어 주는 증표.

感悔 감회 지난 일을 돌이켜 볼 때 느껴지는 회포

葛藤 갈등 칡과 등나무가 서로 얽히는 것과 같이, 개인이나 집단 사이에 목표나 이해관
　　　　계가 달라 서로 적대시하거나 불화를 일으키는 상태.

降水量 강수량 비, 눈, 우박, 안개 따위로 일정 기간 동안 일정한 곳에 내린 물의 총량.
　　　　단위는 mm.

强調 강조 어떤 부분을 특별히 강하게 주장하거나 두드러지게 함.

强震 강진 진도 5의 강한 지진. 벽이 갈라지고 비석 따위가 넘어지며 굴뚝과 토담이 무너
　　　　질 정도이다.

剛斷 강단 굳세고 꿋꿋하게 견디어 내는 힘.

强豪 강호 실력이나 힘이 뛰어나고 강한 사람. 또는 그런 집단.

槪念 개념 어떤 사물 현상에 대한 일반적인 지식.

開封 개봉 봉하여 두었던 것을 떼거나 엶. ≒개은. 새 영화를 처음으로 상영함.

凱旋 개선 싸움에서 이기고 돌아옴

改善 개선 잘못된 것이나 부족한 것, 나쁜 것 따위를 고쳐 더 좋거나 착하게 만듦.

改札 개찰 승차권이나 입장권 따위를 들어가는 어귀에서 확인함.

開催 개최 모임이나 회의 따위를 주최하여 엶.

慨歎 개탄 분하거나 못마땅하게 여겨 한탄함. '탄식'으로 순화. ≒개한(慨恨)

改進 개진 기술이나 낡은 제도 따위가 점차 나아져 발전함. 또는 나아지게 발전시킴.

改革 개혁 제도나 기구 따위를 새롭게 뜯어고침. ≒혁개(革改)

坑道 갱도 광산에서, 갱 안에 뚫어 놓은 길. 사람이 드나들며, 광석이나 자재를 나르거나
　　　　바람을 통하게 하는 데 쓴다.

坑殺 갱살 구덩이에 산 채로 넣고 묻어 죽임. ≒갱륙

拒否 거부 요구나 제의 따위를 받아들이지 않고 물리침.

擧案齊眉 거안제미 밥상을 눈썹과 가지런하도록 공손히 들어 남편 앞에 가지고 간다
　　　　는 뜻으로, 남편을 깍듯이 공경함을 이르는 말.

乾燥 건조 말라서 습기가 없음.

檢閱 검열 어떤 행위나 사업 따위를 살펴 조사하는 일.

檢疫 검역 전염병이나 해충이 들어오는 것을 막기 위하여 공항과 항구에서 하는 일들을 통틀어 이르는 말.

檢屍 검시 사람의 사망이 범죄로 인한 것인가를 판단하기 위하여 수사 기관이 변사체를 조사하는 일. 변사체의 검시는 검사의 권한이다.

檢眞 검진 민사 소송에서, 사문서(私文書)가 진짜인지 가짜인지를 알아내기 위하여 하는 조사. 글씨체나 도장의 찍힌 모습을 대조하여 증명한다.

檢察 검찰 검사하여 살핌

揭載 게재 글이나 그림 따위를 신문이나 잡지 따위에 실음.

揭揚 게양 기(旗) 따위를 높이 걺. '닮', '올림'으로 순화.

隔離 격리 다른 것과 통하지 못하게 사이를 막거나 떼어 놓음.

隔意 격의 서로 터놓지 않는 속마음. ≒격심(隔心)

肩骨 견골 어깨뼈.

絹絲 견사 견(絹)과 사(紗)를 아울러 이르는 말.

牽强附會 견강부회 이치에 맞지 않는 말을 억지로 끌어 붙여 자기에게 유리하게 함. ≒부회.

牽牛星 견우성 독수리자리에서 가장 밝은 별. 실시 등급 1등급의 별로, 은하수를 경계로 직녀성과 마주하고 있다.

牽牛織女 견우직녀 견우와 직녀를 아울러 이르는 말.

牽引 견인 끌어서 당김.

牽制 견제 일정한 작용을 가함으로써 상대편이 지나치게 세력을 펴거나 자유롭게 행동하지 못하게 억누름.

決斷力 결단력 결정적인 판단을 하거나 단정을 내릴 수 있는 능력.

訣別 결별 기약 없는 이별을 함. 또는 그런 이별.

結託 결탁 마음을 결합하여 서로 의탁함. ≒결납(結納)

缺陷 결함 부족하거나 완전하지 못하여 흠이 되는 부분.

謙遜 겸손 남을 존중하고 자기를 내세우지 않는 태도가 있음. ≒손순

謙讓 겸양 겸손한 태도로 남에게 양보하거나 사양함. ≒겸억(謙抑)

頃刻 경각 눈 깜빡할 사이. 또는 아주 짧은 시간

景氣動向指數 경기동향지수 경기 지수. 경기 변동을 민감하게 반영하는 자료를 바탕으로 작성한 지수.

輕蔑 경멸 깔보아 업신여김.

警報 경보 태풍이나 공습 따위의 위험이 닥쳐올 때 경계하도록 미리 알리는 일. 또는 그 보도나 신호.

競步 경보 일정한 거리를 규정에 따라 걸어 빠르기를 겨루는 경기. 한쪽 발이 땅에서 떨어지기 전에 다른쪽 발이 땅에 닿게 하여 빨리 걷는다.

傾斜 경사 비스듬히 기울어짐. 또는 그 상태나 정도. '기울기'로 순화. 는사의(斜欹)

驚異 경이 놀랍고 신기하게 여김. 또는 놀랍고 신기한 일.

敬畏 경외 공경하면서 두려워함. 는경구(敬懼), 외경(畏敬), 존외(尊畏)

經緯 경위 직물(織物)의 날과 씨를 아울러 이르는 말. 일이 진행되어 온 과정.

境遇 경우 사리나 도리.

警笛 경적 주의나 경계를 하도록 소리를 울리는 장치. 또는 그 소리. 주로 탈것에 장치한다.

經濟 경제 인간의 생활에 필요한 재화나 용역을 생산, 분배, 소비하는 모든 활동. 또는 그것을 통하여 이루어지는 사회적 관계.

啓蒙 계몽 지식 수준이 낮거나 인습에 젖은 사람을 가르쳐서 깨우침. 는계명(啓明), 발몽(發蒙).

繼續 계속 끊이지 않고 이어 나감.

計劃 계획 앞으로 할 일의 절차, 방법, 규모 따위를 미리 헤아려 작정함. 또는 그 내용.

高齡 고령 늙은이로서 썩 많은 나이. 또는 그런 나이가 된 사람.

告訴 고소 범죄의 피해자나 다른 고소권자가 범죄 사실을 수사 기관에 신고하여 그 수사와 범인의 기소를 요구하는 일.

枯渴 고갈 물이 말라서 없어짐.

顧客 고객 상점 따위에 물건을 사러 오는 손님

苦惱 고뇌 괴로워하고 번뇌함

高麗磁器 고려자기 고려 시대에 만든 자기.

考慮 고려 생각하고 헤아려 봄.

枯木 고목 말라서 죽어 버린 나무. '죽은 나무'로 순화.

顧問 고문 어떤 분야에 대하여 전문적인 지식과 풍부한 경험을 가지고 자문에 응하여 의견을 제시하고 조언을 하는 직책. 또는 그런 직책에 있는 사람.

苦肉之策 고육지책 적을 속이기 위하여 자신의 괴로움을 무릅쓰고 꾸미는 계책. ≒고
　　　　육계·고육지계·고육책.

雇傭 고용 삯을 받고 남의 일을 해 줌.

雇用 고용 삯을 주고 사람을 부림.

孤掌難鳴 고장난명 외손뼉만으로는 소리가 울리지 아니한다는 뜻으로, 혼자의 힘만으
　　　　로 어떤 일을 이루기 어려움을 이르는 말. ≒독장난명

鼓吹 고취 의견이나 사상 따위를 열렬히 주장하여 불어넣음

古稀 고희 고래(古來)로 드문 나이란 뜻으로, 일흔 살을 이르는 말. 두보의 곡강시(曲江詩)
　　　　에 나오는 말이다.

哭泣 곡읍 소리를 내어 슬피 욺.

困惑 곤혹 곤란한 일을 당하여 어찌할 바를 모름.

骨盤 골반 엉덩뼈

恐懼 공구 몹시 두려움. ≒황구.

供給 공급 요구나 필요에 따라 물품 따위를 제공함.

公企業 공기업 국가나 지방 자치 단체가 사회 공공의 복리를 증진하기 위하여 경영하는
　　　　기업. 철도, 우편, 수도 따위의 사업이 주를 이룬다.

攻勢 공세 공격하는 태세. 또는 그런 세력.

恭遜 공손 말이나 행동이 겸손하고 예의 바르다.

空前絶後 공전절후 이전에도 없었고 앞으로도 없음. ≒전무후무, 광전절후.

公薦 공천 여러 사람이 합의하여 추천함

恐怖 공포 두렵고 무서움.

誇大 과대 작은 것을 큰 것처럼 과장함.

過渡期 과도기 한 상태에서 다른 새로운 상태로 옮아가거나 바뀌어 가는 도중의 시기. 흔
　　　　히 사회적인 질서, 제도, 사상 따위가 아직 확립되지 않은 불안정한 시기를 이른다.

菓子 과자 밀가루나 쌀가루에 설탕, 우유 따위를 섞어 굽거나 기름에 튀겨서 만든 음식.
　　　　주로 간식으로 먹는다.

瓜滿 과만 여자가 혼인할 나이가 다 됨. 또는 그 나이.

戈矛 과모 창(槍).

過猶不及 과유불급 정도를 지나침은 미치지 못함과 같다는 뜻으로, 중용(中庸)이 중요
　　　　함을 이르는 말. 《논어》의 〈선진편(先進篇)〉에 나오는 말이다

誇張 과장 사실보다 지나치게 불려서 나타냄.

寡占 과점 몇몇 기업이 어떤 상품 시장의 대부분을 지배하는 상태.

過怠 과태 벌을 받아 마땅한 태만.

果菜 과채 과일과 채소를 아울러 이르는 말. ≒과소(果蔬)

貫祿 관록 어떤 일에 대하여 쌓은 상당한 경력과 그에 따라 갖추어진 위엄이나 권위.

官僚 관료 직업적인 관리. 또는 그들의 집단. 특히, 정치에 영향력이 있는 고급 관리를
이른다. ≒직료(職僚)

官舍 관사 관청에서 관리에게 빌려 주어 살도록 지은 집. ≒공사(公舍), 관택(官宅)

寬容 관용 남의 잘못을 너그럽게 받아들이거나 용서함. 또는 그런 용서. ≒아용(阿容)

貫徹 관철 어려움을 뚫고 나아가 목적을 기어이 이룸.

管轄權 관할권 특정한 사건에 대하여 법원이 처리할 수 있는 권한.

款項 관항 조항이나 항목.

狂亂 광란 미친 듯이 어지럽게 날뜀.

掛念 괘념 마음에 두고 걱정하거나 잊지 않음. ≒계념(繫念), 괘심(掛心), 괘의(掛意).

乖離 괴리 서로 어그러져 동떨어짐.

怪常罔測 괴상망측 말할 수 없이 괴이하고 이상하다.

校閱 교열 문서나 원고의 내용 가운데 잘못된 것을 바로잡아 고치며 검열함

矯正 교정 틀어지거나 잘못된 것을 바로잡음. ≒교직(矯直)

校訂 교정 남의 문장 또는 출판물의 잘못된 글자나 글귀 따위를 바르게 고침.

交叉 교차 서로 엇갈리거나 마주침.

膠着 교착 아주 단단히 달라붙음. 어떤 상태가 굳어 조금도 변동이나 진전이 없이 머묾.

教鞭 교편 교사가 수업이나 강의를 할 때 필요한 사항을 가리키기 위하여 사용하는 가느
다란 막대기.

僑胞 교포 다른 나라에 살고 있는 동포.

教卓 교탁 수업이나 강의를 할 때에 책 따위를 올려놓기 위하여 교단 앞이나 위에 놓은
탁자.

教學相長 교학상장 가르치는 사람과 배우는 사람이 함께 성장함.

交換 교환 서로 주고받고 함.

求乞 구걸 돈이나 곡식, 물건 따위를 거저 달라고 빎. ≒걸구.

購讀 구독 책이나 신문, 잡지 따위를 구입하여 읽음. '사 읽음', '사서 읽음'으로 순화. ≒

구람(購覽).

口頭禪 구두선 실행이 따르지 않는 실속이 없는 말.

丘陵 구릉 '언덕'으로 순화.

口蜜腹劍 구밀복검 입에는 꿀이 있고 배 속에는 칼이 있다는 뜻으로, 말로는 친한 듯하
나 속으로는 해칠 생각이 있음을 이르는 말.

構成 구성 몇 가지 부분이나 요소들을 모아서 일정한 전체를 짜 이룸. 또는 그 이룬 결과.

拘礙 구애 거리끼거나 얽매임.

求愛 구애 이성에게 사랑을 구함.

救濟 구제 자연적인 재해나 사회적인 피해를 당하여 어려운 처지에 있는 사람을 도와줌.

驅除 구제 해충 따위를 몰아내어 없앰.

驅使 구사 사람이나 동물을 함부로 몰아쳐 부림. ≒구역(驅役)

丘坂 구판 언덕과 산비탈을 아울러 이르는 말.

驅逐 구축 어떤 세력 따위를 몰아서 쫓아냄.

區劃 구획 토지 따위를 경계를 지어 가름. 또는 그런 구역.

救恤 구휼 사회적 또는 국가적 차원에서 재난을 당한 사람이나 빈민에게 금품을 주어 구
제함. ≒증휼(拯恤), 휼구(恤救)

國語辭典 국어사전 국어를 모아 일정한 순서로 배열하여 의미, 주석, 어원, 품사, 다른
말과의 관계 따위를 밝히고 풀이한 책.

國葬 국장 나라에 큰 공이 있는 사람이 죽었을 때 국비로 장례를 치르는 일. 또는 그 장례.

掘穴 굴혈 구멍이나 구덩이를 팜.

宮闕 궁궐 임금이 거처하는 집. ≒궁(宮), 궁금(宮禁)

窮塞 궁색 아주 가난함.

闕席 궐석 결석(缺席).

軌道 궤도 수레가 지나간 바큇자국이 난 길. ≒궤로(軌路)

軌跡 궤적 수레바퀴가 지나간 자국. ≒바큇자국.

饋電線 궤전선 발전소나 변전소에서 다른 발전소나 변전소를 거치지 아니하고 직접 간
선 (幹線)이나 가공선(架空線) 따위에 이르는 전선.

歸趨 귀추 일이 되어 가는 형편. ≒귀취(歸趣)

歸還 귀환 다른 곳으로 떠나 있던 사람이 본래 있던 곳으로 돌아오거나 돌아감. ≒환귀
(還歸)

糾明 규명 어떤 사실을 자세히 따져서 바로 밝힘.

規模 규모 본보기가 될 만한 틀이나 제도.

規範 규범 인간이 행동하거나 판단할 때에 마땅히 따르고 지켜야 할 가치 판단의 기준. ≒전경(典經)

閨秀 규수 남의 집 처녀를 정중하게 이르는 말. ≒규양(閨養)

閨怨 규원 사랑하는 사람에게 버림을 받은 여자의 원한

糾彈 규탄 잘못이나 옳지 못한 일을 잡아내어 따지고 나무람.

龜裂 균열 거북의 등에 있는 무늬처럼 갈라져 터짐. ≒균탁.

均衡 균형 어느 한쪽으로 기울거나 치우치지 아니하고 고른 상태.

克己復禮 극기복례 자기의 욕심을 누르고 예의범절을 따름. ≒극복(克復)

極端 극단 맨 끝. 길이나 일의 진행이 끝까지 미쳐 더 나아갈 데가 없는 지경.

根幹 근간 뿌리와 줄기를 아울러 이르는 말.

僅僅 근근 어렵사리 겨우

近郊 근교 도시의 가까운 변두리에 있는 마을이나 들.

近似値 근사치 근삿값.

根源 근원 물줄기가 나오기 시작하는 곳. 사물이 비롯되는 근본이나 원인.

僅少 근소 얼마 되지 않을 만큼 아주 적다.

槿花 근화 무궁화

禁忌 금기 마음에 꺼려서 하지 않거나 피함.

禽獸 금수 날짐승과 길짐승이라는 뜻으로, 모든 짐승을 이르는 말.

錦上添花 금상첨화 비단 위에 꽃을 더한다는 뜻으로, 좋은 일 위에 또 좋은 일이 더하여짐을 비유적으로 이르는 말. 왕안석의 글에서 유래한다.

琴瑟 금슬 거문고와 비파를 아울러 이르는 말.

金融機關 금융기관 예금에서 자금을 조달하여 기업이나 개인에 대부하거나 증권 투자 따위를 하는 기관을 통틀어 이르는 말. 은행, 신탁 회사, 보험 회사, 농협, 수협, 증권 회사, 상호 신용 금고 따위가 있다.

錦衣夜行 금의야행 비단옷을 입고 밤길을 다닌다는 뜻으로, 자랑삼아 하지 않으면 생색이 나지 않음을 이르는 말. 아무 보람이 없는 일을 함을 이르는 말.

急傾斜 급경사 몹시 가파른 경사. ≒급구배, 급사(急斜)

急騰勢 급등세 물가나 시세 따위가 갑자기 오르는 기세.

兢懼 긍구 삼가고 두려워함

肯定 긍정 그러하다고 생각하여 옳다고 인정함.

棄却 기각 물품을 내버림.

基幹産業 기간산업 한 나라 산업의 기초가 되는 산업. 주로 중요 생산재를 생산하는 산
업을 이르는데, 전력, 철강, 가스, 석유 산업 따위가 있다. 늑기초 산업.

機關 기관 사회생활의 영역에서 일정한 역할과 목적을 위하여 설치한 기구나 조직.

氣管支炎 기관지염 기관지의 점막에 생기는 염증. 바이러스나 세균이 원인인 급성의
경우와 먼지, 가스, 흡연 따위가 원인인 만성의 경우가 있는데, 급성과 만성은
증상에 차이를 보이나 대개 기침이 나고 가래가 나오며 열이 나고 가슴이 아
프다. 늑기관지 카타르.

棄權 기권 투표, 의결, 경기 따위에 참가할 수 있는 권리를 스스로 포기하고 행사하지 아
니함.

氣高萬丈 기고만장 펄펄 뛸 만큼 대단히 성이 남. 일이 뜻대로 잘될 때, 우쭐하여 뽐내
는 기세가 대단함.

欺罔 기망 남을 속여 넘김

基盤 기반 기초가 되는 바탕. 또는 사물의 토대.

奇拔 기발 유달리 재치가 뛰어나다.

欺瞞 기만 남을 속여 넘김. 늑기망(欺罔), 무망(誣罔).

綺夢 기몽 화려하고 아름다운 꿈.

起伏 기복 세력이나 기세 따위가 성하였다 쇠하였다 함.

騎士道 기사도 중세 유럽에서, 기사로서 지켜야 했던 도덕. 기독교의 윤리를 바탕으로
용기, 경신(敬神), 인협(仁俠), 예의, 염치, 명예 따위의 덕목을 이상으로 삼았다.

奇想天外 기상천외 착상이나 생각 따위가 쉽게 짐작할 수 없을 정도로 기발하고 엉뚱함.

企業 기업 영리(營利)를 얻기 위하여 재화나 용역을 생산하고 판매하는 조직체. 출자(出資)
형태에 따라 사기업(私企業), 공기업(公企業), 공사 합동 기업(公私合同企業)으로 나눈다.

氣勝 기승 성미가 억척스럽고 굳세어 좀처럼 굽히지 않음. 또는 그 성미.

技術提携 기술제휴 기업과 기업이 생산 기술이나 가공 기술 따위를 서로 제공하여 협
력하는 일.

寄宿舍 기숙사 학교나 회사 따위에 딸려 있어 학생이나 사원에게 싼값으로 숙식을 제공
하는 시설. 늑기숙료

祈雨祭 기우제 고려, 조선 시대에, 하지(夏至)가 지나도록 비가 오지 않을 때에 비 오기를 빌던 제사. 나라에서나 각 고을 또는 각 마을에서 행하였는데, 제주(祭主)는 왕 또는 지방 관원이나 마을의 장이 맡았다. ≒한제(旱祭)

祈願 기원 바라는 일이 이루어지기를 빎. ≒기청(祈請)·도축(禱祝)

基源 기원 어떤 사건이나 원인의 처음.

基調 기조 사상, 작품, 학설 따위에 일관해서 흐르는 기본적인 경향이나 방향.

氣絶 기절 두려움, 놀람, 충격 따위로 한동안 정신을 잃음.

機軸 기축 기관이나 바퀴 따위의 굴대. 어떤 활동의 중심이 되는 중요한 부분.

基礎 기초 사물의 기본이 되는 토대. ≒기우(基宇)

忌避 기피 꺼리거나 싫어하여 피함. ≒위피(違避)

緊張 긴장 마음을 조이고 정신을 바짝 차림. 정세나 분위기가 평온하지 않은 상태.

那落 나락 〈불교〉=지옥. 벗어나기 어려운 절망적인 상황을 비유적으로 이르는 말.

落膽 낙담 바라던 일이 뜻대로 되지 않아 마음이 몹시 상함. 너무 놀라서 간이 떨어지는 듯함.

落札 낙찰 경매나 경쟁 입찰 따위에서 물건이나 일이 어떤 사람에게 돌아가도록 결정되는 일. 희망자들이 매매의 견적(見積) 가격을 제출하도록 하여 매출할 때는 최고 가격, 매입할 때는 최저 가격으로 결정되며 도급(都給) 공사 때에는 예정 가격에 가장 근접하게 써 낸 사람에게 낙찰된다.

欄干 난간 층계, 다리, 마루 따위의 가장자리에 일정한 높이로 막아 세우는 구조물. 사람이 떨어지는 것을 막거나 장식으로 설치한다. ≒구란(拘欄)·난함(欄檻)

暖房 난방 건물의 안이나 방 안을 따뜻하게 함. ≒온방

男負女戴 남부여대 남자는 지고 여자는 인다는 뜻으로, 가난한 사람들이 살 곳을 찾아 이리저리 떠돌아다님을 비유적으로 이르는 말.

濫伐 남벌 나무를 함부로 베어 냄. '마구 베기'로 순화

南伐 남벌 무력으로 남쪽 지방을 침. ≒남정(南征)

藍色 남색 푸른색과 자주색의 중간색. 또는 그런 색의 물감.

濫獲 남획 짐승이나 물고기 따위를 마구 잡음.

拉致 납치 강제 수단을 써서 억지로 데리고 감.

浪漫 낭만 실현성이 적고 매우 정서적이며 이상적으로 사물을 파악하는 심리 상태. 또는 그런 심리 상태로 인한 감미로운 분위기.

朗報 낭보 기쁜 기별이나 소식.

內下 내하 임금이 신하에게 물건을 내리는 일.

奈何 내하 (주로 한문 투의 문장 끝에서 '내하오' 꼴로 쓰여) 어찌함의 뜻을 나타내는 말.

冷藏庫 냉장고 식품이나 약품 따위를 차게 하거나 부패하지 않도록 저온에서 보관하기 위한 상자 모양의 장치. 저장실과 냉각 장치로 이루어지며 얼음, 전기, 가스 따위를 이용하여 냉각한다.

老鈍 노둔 늙어서 재빠르지 못하고 둔하다.

蘆笛 노적 갈피리.

老廢物 노폐물 낡아서 소용없는 물건.

祿俸 녹봉 벼슬아치에게 일 년 또는 계절 단위로 나누어 주던 금품을 통틀어 이르는 말. 쌀, 보리, 명주, 베, 돈 따위이다.

弄談 농담 실없이 놀리거나 장난으로 하는 말.

籠絡 농락 남을 교묘한 꾀로 휘잡아서 제 마음대로 놀리거나 이용함. ≒뇌롱(牢籠)

籠城 농성 적에게 둘러싸여 성문을 굳게 닫고 성을 지킴. 어떤 목적을 이루기 위하여 한 자리를 떠나지 않고 시위함.

惱殺 뇌쇄 애가 타도록 몹시 괴로워함. 또는 그렇게 괴롭힘. 특히 여자의 아름다움이 남자를 매혹시켜 애가 타게 함을 이른다.

漏落 누락 기입되어야 할 것이 기록에서 빠짐. 또는 그렇게 되게 함. ≒낙루(落漏), 타루(墮漏)

累卵之危 누란지위 층층이 쌓아 놓은 알의 위태로움이라는 뜻으로, 몹시 아슬아슬한 위기를 비유적으로 이르는 말. 《사기》에 나오는 말이다.

累犯 누범 거듭 죄를 지음. 또는 그런 사람.

多國籍企業 다국적기업 여러 나라에 계열 회사를 거느리고 세계적 규모로 생산, 판매하는 대기업. ≒국제 기업, 세계 기업.

端緒 단서 어떤 문제를 해결하는 방향으로 이끌어 가는 일의 첫 부분. ≒서단(緖端)

擔當 담당 어떤 일을 맡음. ≒담착

擔保 담보 맡아서 보증함. 〈법률〉민법에서, 채무 불이행 때 채무의 변제를 확보하는 수단으로 채권자에게 제공하는 것. 유치권, 질권, 저당권 따위의 물적 담보와 보증 채무, 연대 채무 따위의 인적 담보가 있다.

膽弱 담약 겁이 많고 담력이 약하다.

膽液 담액 〈의학〉 =쓸개즙.

段階 단계 일의 차례를 따라 나아가는 과정.

丹誠 단성 붉은 정성이라는 뜻으로, 마음속으로부터 진심으로 우러나오는 뜨거운 정성을 이르는 말. ≒단정(丹精), 단침(丹忱)

丹脣皓齒 단순호치 붉은 입술과 하얀 치아라는 뜻으로, 아름다운 여자를 이르는 말.

踏步 답보 제자리걸음.

踏査 답사 현장에 가서 직접 보고 조사함. ≒답감(踏勘)

唐突 당돌 꺼리거나 어려워하는 마음이 조금도 없이 올차고 다부지다.

臺灣 대만 중국 남동쪽에 있는 큰 섬. 쌀, 사탕수수, 바나나, 우롱차 따위가 난다. 공화국이다. ≒타이완

對策 대책 어떤 일에 대처할 계획이나 수단.

盜掘 도굴 법적 수속이나 관리자의 승낙을 받지 않고 고분 따위를 파거나 광물을 캐냄.

度量衡 도량형 길이, 부피, 무게 따위의 단위를 재는 법.

圖謀 도모 어떤 일을 이루기 위하여 대책과 방법을 세움.

挑發 도발 남을 집적거려 일이 일어나게 함.

跳躍 도약 몸을 위로 솟구쳐 뛰는 일.

稻作 도작 벼를 심고 가꾸어 거두는 일. '벼농사'로 순화.

道聽塗說 도청도설 길거리에 퍼져 돌아다니는 뜬소문.《논어》의 〈양화편(陽貨篇)〉에서 나온 말이다.

逃避 도피 도망하여 몸을 피함. ≒도일(逃逸), 도찬(逃竄) 적극적으로 나서야 할 일에서 몸을 사려 빠져나감.

塗炭之苦 도탄지고 진구렁에 빠지고 숯불에 타는 괴로움을 이르는 말.《서경》에 나오는 말이다.

渡河 도하 강이나 내를 건넘. ≒과섭(過涉)

獨吟 독음 시가(詩歌) 따위를 혼자서 읊음.

篤志家 독지가 도탑고 친절한 마음을 가진 사람.

敦篤 돈독 도탑고 성실하다.

敦睦 돈목 정이 두텁고 화목함.

凍結 동결 추위나 냉각으로 얼어붙음.

同僚 동료 같은 직장이나 같은 부문에서 함께 일하는 사람. ≒붕료(朋僚)

同封 동봉 두 가지 이상을 같은 곳에 넣거나 싸서 봉함.

東奔西走 동분서주 동쪽으로 뛰고 서쪽으로 뛴다는 뜻으로, 사방으로 이리저리 몹시 바쁘게 돌아다님을 이르는 말. ≒동서분주, 동주서분, 동치서주, 진량(津梁)

杜門不出 두문불출 집에만 있고 바깥출입을 아니함.

頭緖 두서 일의 차례나 갈피.

屯聚 둔취 여러 사람이 한곳에 모여 있음.

鈍濁 둔탁 성질이 굼뜨고 흐리터분하다.

謄寫 등사 원본에서 베껴 옮김. ≒등기(謄記)

登龍門 등용문 어려운 관문을 통과하여 크게 출세하게 됨. 또는 그 관문. 잉어가 중국 황허(黃河)강 상류의 급류를 이룬 곳인 용문을 오르면 용이 된다는 전설에서 유래한다.

魔窟 마굴 마귀들이 모여 있는 곳. ≒마귀굴. 못된 무리나 매춘부, 아편 중독자 따위가 모여 있는 곳을 비유적으로 이르는 말.

摩天樓 마천루 하늘을 찌를 듯이 솟은 아주 높은 고층 건물. ≒마천각.

痲醉 마취 약물 따위를 이용하여 얼마 동안 의식이나 감각을 잃게 함. 사상이나 이념 따위에 의하여 판단력을 잃게 됨을 이르는 말.

蠻勇 만용 분별없이 함부로 날뛰는 용맹.

忘却 망각 어떤 사실을 잊어버림. ≒망실(忘失)·망치(忘置)

網膜 망막 눈알의 가장 안쪽에 있는 맥락막 안에 시신경의 세포가 막 모양으로 층을 이룬 부분. 수정체를 지나온 빛이 망막에 상을 맺으면, 시신경이 그 자극을 대뇌 피질의 시각 중추에 전달한다. ≒그물막(-膜)·상막(像膜)

茫漠 망막 넓고 멀다. 뚜렷한 구별이 없다.

罔測 망측 이치에 맞지 아니하여 어이가 없거나 차마 보기가 어렵다.

媒介 매개 둘 사이에서 양편의 관계를 맺어 줌.

賣渡 매도 값을 받고 물건의 소유권을 다른 사람에게 넘김. '팔아넘김'으로 순화. ≒매여(賣與)

魅惑 매혹 남의 마음을 사로잡아 호림.

魅了 매료 사람의 마음을 완전히 사로잡아 홀리게 함.

麥芽 맥아 엿기름

猛烈 맹렬 기세가 몹시 사납고 세차다.

面貌 면모 얼굴의 모양. ≒면양(面樣) 사람이나 사물의 겉모습. 또는 그 됨됨이.

免疫力 면역력 외부에서 들어온 병균에 저항하는 힘.

綿密 면밀 자세하고 빈틈이 없다.

蔑視 멸시 업신여기거나 하찮게 여겨 깔봄. ≒멸여(蔑如), 모시(侮視)

名目 명목 겉으로 내세우는 이름. ≒명호(名號). (주로 '명목으로' 꼴로 쓰여) 구실이나 이유.

冥福 명복 죽은 뒤 저승에서 받는 복. 〈불교〉죽은 뒤에 받는 복덕.

牟尼 모니 〈불교〉=석가모니

侮蔑 모멸 업신여기고 얕잡아 봄.

矛盾 모순 어떤 사실의 앞뒤, 또는 두 사실이 이치상 어긋나서 서로 맞지 않음을 이르는
　　　　　 말. 중국 초나라의 상인이 창과 방패를 팔면서 창은 어떤 방패로도 막지 못하는 창
　　　　　 이라 하고 방패는 어떤 창으로도 뚫지 못하는 방패라 하여, 앞뒤가 맞지 않은 말을
　　　　　 하였다는 데서 유래한다

茅屋 모옥 띠나 이엉 따위로 지붕을 인 초라한 집. ≒모당, 모사, 모자.

侮辱 모욕 깔보고 욕되게 함.

母胎 모태 어미의 태 안. 사물의 발생, 발전의 근거가 되는 토대를 비유적으로 이르는 말.

毛遂自薦 모수자천 자기가 자기를 추천함. 중국 춘추 전국 시대에 조나라 평원군이 초
　　　　　 나라에 구원을 청하기 위하여 사신을 물색할 때에 모수가 스스로를 추천하였
　　　　　 다는 데서 유래한다.

目不識丁 목불식정 아주 간단한 글자인 '丁' 자를 보고도 그것이 '고무래'인 줄을 알지
　　　　　 못한다는 뜻으로, 아주 까막눈임을 이르는 말.

木覓山 목면산 '남산(南山)'의 옛 이름.

沐浴 목욕 머리를 감으며 온몸을 씻는 일. ≒탕(湯)

沒頭 몰두 어떤 일에 온 정신을 다 기울여 열중함.

蒙塵 몽진 머리에 먼지를 쓴다는 뜻으로, 임금이 난리를 피하여 안전한 곳으로 떠남.

夢寐 몽매 주로 '몽매에도' 꼴로 쓰여, 잠을 자면서 꿈을 꿈. 또는 그 꿈.

蒙昧 몽매 어리석고 사리에 어두움.

妙齡 묘령 스무 살 안팎의 여자 나이. ≒묘년(妙年)

無機質 무기질 무기 화합물의 성질. 또는 그 성질을 가진 물질. 골격, 조직, 체액 따위에
　　　　　 포함되어 있는 칼슘, 인, 물, 철, 요오드 따위로, 생체 유지에 없어서는 안 되는 영
　　　　　 양소이다.

武陵桃源 _{무릉도원} 신선이 살았다는 전설적인 중국의 명승지. 도연명의 《도화원기》에 나오는 말로, 중국 진(晉)나라 때 호남(湖南) 무릉의 한 어부가 배를 저어 복숭아꽃이 아름답게 핀 수원지로 올라가 굴속에서 진(秦)나라의 난리를 피하여 온 사람들을 만났는데, 그들은 하도 살기 좋아 그동안 바깥세상의 변천과 많은 세월이 지난 줄도 몰랐다고 한다. ≒도원 (桃源), 도원향(桃源鄉) 세상과 따로 떨어진 별천지를 비유적으로 이르는 말. ≒도원, 도원향.

霧散 _{무산} 안개가 걷히듯 흩어져 없어짐.

武裝 _{무장} 전투에 필요한 장비를 갖춤. 또는 그 장비. 어떤 일에 필요한 마음이나 사상, 기술이나 장비 따위를 단단히 갖춤을 비유적으로 이르는 말.

默禱 _{묵도} 눈을 감고 말없이 마음속으로 빎.

紊亂 _{문란} 도덕, 질서, 규범 따위가 어지러움.

文豪 _{문호} 뛰어난 문학 작품을 많이 써서 알려진 사람. ≒문웅(文雄)

勿論 _{물론} 말할 것도 없음. ≒무론.

彌縫 _{미봉} 일의 빈 구석이나 잘못된 것을 임시변통으로 이리저리 주선하여 꾸며 댐.

微瑕 _{미하} 작은 결점. 또는 약간의 흠.

民衆 _{민중} 국가나 사회를 구성하는 일반 국민. 피지배 계급으로서의 일반 대중을 이른다. ≒민서.

民弊 _{민폐} 민간에 끼치는 폐해.

密閉 _{밀폐} 샐 틈이 없이 꼭 막거나 닫음.

舶來 _{박래} 다른 나라에서 물건이 배에 실려 옴.

迫力 _{박력} 힘 있게 밀고 나가는 힘.

拍掌 _{박장} 두 손바닥을 마주 침.

博學 _{박학} 배운 것이 많고 학식이 넓음. 또는 그 학식. ≒홍학(鴻學)

反騰 _{반등} 물가나 주식 따위의 시세가 떨어지다가 갑자기 오름.

叛衍 _{반연} 자기 마음대로 함.

反影 _{반영} 반사하여 비치는 그림자.

反異 _{반이} 피고인이 전에 진술한 것을 번복함.

伴奏 _{반주} 노래나 기악의 연주를 도와주기 위하여 옆에서 다른 악기를 연주함. 또는 그렇게 하는 연주.

紡績 _{방적} 동식물의 섬유나 화학 섬유를 가공하여 실을 뽑는 일. 실낳이, 실뽑기, 실잣기.

飯床 반상 격식을 갖추어 밥상 하나를 차리도록 만든 한 벌의 그릇

盤錯 반착 서린 뿌리와 얼크러진 마디라는 뜻으로, 처리하기가 매우 어려운 사건을 이르는 말. 《후한서》에 나오는 말이다.

傍觀 방관 어떤 일에 직접 나서서 관여하지 않고 곁에서 보기만 함. ≒방관시.

放漫 방만 맺고 끊는 데가 없이 제멋대로 풀어져 있다.

放射能 방사능 라듐, 우라늄, 토륨 따위 원소의 원자핵이 붕괴하면서 방사선을 방출하는 일. 또는 그런 성질. 천연적으로 존재하는 물질의 방사능을 천연 방사능, 인공적으로 만들어진 물질의 방사능을 인공 방사능이라고 한다.

防塞 방색 들어오지 못하게 막음. 또는 틀어막거나 가려서 막음. ≒방알(防?)

防疫 방역 전염병이 발생하거나 유행하는 것을 미리 막는 일.

放恣 방자 어려워하거나 조심스러워하는 태도가 없이 무례하고 건방지다. ≒자방하다
　　(恣放―)

方策 방책 방법과 꾀를 아울러 이르는 말.

配慮 배려 도와주거나 보살펴 주려고 마음을 씀. ≒배의.

賠償 배상 남의 권리를 침해한 사람이 그 손해를 물어 주는 일.

配送 배송 물자를 여러 곳에 나누어 보내 줌.

排斥 배척 따돌리거나 거부하여 밀어 내침. ≒배빈(排擯)·척빈(斥擯)

輩出 배출 안에서 밖으로 밀어 내보냄.

伯舅 백구 천자(天子)가 성(姓)이 다른 제후(諸侯)를 존경하여 이르던 말.

白內障 백내장 수정체가 회백색으로 흐려져서 시력이 떨어지는 질병. 노화로 발병하는 경우가 가장 많으나 상처를 입거나 당뇨병을 앓아서 발병하기도 한다.

飜覆 번복 이리저리 뒤집힘

煩心 번심 한의학에서, 가슴이 답답하고 몸이 편안하지 않은 증세.

飜譯 번역 어떤 언어로 된 글을 다른 언어의 글로 옮김. ≒수역(修譯)·역(譯)

煩雜 번잡 번거롭게 뒤섞여 어수선함. '혼잡함', '번거로움'으로 순화.

繁華街 번화가 번성하여 화려한 거리.

閥閱 벌열 나라에 공이 많고 벼슬 경력이 많음. 또는 그런 집안. ≒벌족(閥族)

碧眼 벽안 눈동자가 파란 눈. 서양 사람을 이르는 말.

僻巷 벽항 외따로 떨어져 있는 궁벽한 동네.

邊疆 변강 나라의 경계가 되는 변두리의 땅.

辨明 변명 어떤 잘못이나 실수에 대하여 구실을 대며 그 까닭을 말함.

病暇 병가 병으로 말미암아 얻는 휴가.

秉燭 병촉 촛불을 손에 잡는다는 뜻으로, 촛불을 켬을 비유적으로 이르는 말.

屛風 병풍 바람을 막거나 무엇을 가리거나 또는 장식용으로 방 안에 치는 물건. 직사각형
으로 짠 나무틀에 종이를 바르고 그림이나 글씨를 붙이기도 하며 소(素)로 꾸미기도
한다. 두 쪽으로부터 짝수로 열두 폭까지 한데 잇따라 접었다 폈다 하게 되어 있다.

輔佐官 보좌관 상관을 돕는 일을 맡은 직책. 또는 그런 관리.

補習 보습 일정한 학과 과정을 마치고 학습이 부족한 교과를 다시 보충하여 익힘.

補益 보익 보태고 늘여 도움이 되게 함. ≒비익(裨益)

輔弼 보필 윗사람의 일을 도움. 또는 그런 사람. '모심', '도움'으로 순화.

復舊 복구 손실 이전의 상태로 회복함. ≒복고

馥郁 복욱 풍기는 향기가 그윽하다. ≒복복하다

蜂起 봉기 벌떼처럼 떼 지어 세차게 일어남.

縫針 봉침 '바늘'로 순화.

鋒銳 봉예 성질이 날카롭고 민첩하다.

鳳凰 봉황 예로부터 중국의 전설에 나오는, 상서로움을 상징하는 상상의 새. 기린, 거북,
용과 함께 사령(四靈) 또는 사서(四瑞)로 불린다. 수컷은 '봉', 암컷은 '황'이라고 하는
데, 성천자(聖天子) 하강의 징조로 나타난다고 한다. 전반신은 기린, 후반신은 사슴,
목은 뱀, 꼬리는 물고기, 등은 거북, 턱은 제비, 부리는 닭을 닮았다고 한다. 깃털에
는 오색 무늬가 있고 소리는 오음에 맞고 우렁차며, 오동나무에 깃들이어 대나무 열
매를 먹고 영천(靈泉)의 물을 마시며 산다고 한다. ≒단조(丹鳥), 봉(鳳), 봉새, 봉조(鳳
鳥), 봉황새, 인조(仁鳥)

封鎖 봉쇄 굳게 막아 버리거나 잠금

賦課 부과 세금이나 부담금 따위를 매기어 부담하게 함.

不渡 부도 어음이나 수표를 가진 사람이 기한이 되어도 어음이나 수표에 적힌 돈을 지불
받지 못하는 일.

富潤 부윤 재물이 넉넉하고 윤택하다.

敷衍 부연 이해하기 쉽도록 설명을 덧붙여 자세히 말함.

副作用 부작용 어떤 일에 부수적으로 일어나는 바람직하지 못한 일.

夫唱婦隨 부창부수 남편이 주장하고 아내가 이에 잘 따름. 또는 부부 사이의 그런 도

리. ≒창수(唱隨)

復活 부활 죽었다가 다시 살아남. ≒부생(復生)

憤慨 분개 몹시 분하게 여김. ≒개분, 분완, 분탄.

紛糾 분규 이해나 주장이 뒤얽혀서 말썽이 많고 시끄러움.

粉骨碎身 분골쇄신 뼈를 가루로 만들고 몸을 부순다는 뜻으로, 정성으로 노력함을 이르는 말.

分娩 분만 아이를 낳음. ≒면신(免身)

奮發 분발 마음과 힘을 다하여 떨쳐 일어남. ≒발분(發奮)

北斗星 북두성 북두칠성.

分泌物 분비물 분비샘에서 나오는 물질. 침, 위액(胃液), 땀, 젖 따위가 있다.

粉碎 분쇄 단단한 물체를 가루처럼 잘게 부스러뜨림.

粉塵 분진 티끌. 아주 작은 것을 비유적으로 이르는 말.

奔走 분주 몹시 바쁘게 뛰어다님.

噴出 분출 액체나 기체 상태의 물질이 솟구쳐서 뿜어 나옴. 또는 그렇게 되게 함.

崩御 붕어 임금이 세상을 떠남. ≒붕(崩), 상빈(上賓), 안가(晏駕).

鵬翼 붕익 붕새의 날개. 앞으로 할 큰 사업이나 또는 계획을 비유적으로 이르는 말.

比肩 비견 앞서거나 뒤서지 않고 어깨를 나란히 한다는 뜻으로, 낫고 못할 것이 없이 정도가 서로 비슷함을 이르는 말. ≒병견

泌尿 비뇨 오줌을 만들어 배설함.

丕圖 비도 웅대한 계획.

比量 비량 삼량(三量)의 하나. 이미 아는 사실로 말미암아 아직 알지 못하는 사실을 추론하는 일. 꿀벌과 나비가 있는 것을 보고 그곳에 꽃이 있는 줄을 미루어 아는 것 따위이다

卑屬 비속 〈법률〉 아들 이하의 항렬에 속하는 친족을 통틀어 이르는 말. ≒비속친.

飛躍 비약 나는 듯이 높이 뛰어오름. 지위나 수준이 갑자기 빠른 속도로 높아지거나 향상됨.

比率 비율 다른 수나 양에 대한 어떤 수나 양의 비(比). ≒율(率)

脾臟 비장 〈의학〉 =지라.

匪賊 비적 무장을 하고 떼를 지어 다니면서 사람들을 해치는 도둑. ≒적비(賊匪)

貧困 빈곤 가난하여 살기가 어려움. ≒빈난(貧難). 내용 따위가 충실하지 못하거나 모자

라서 텅 빔.

頻度 빈도 같은 현상이나 일이 반복되는 도수(度數). '잦기'로 순화. ≒빈도수.

頻煩 빈번 번거로울 정도로 도수(度數)가 잦다.

思考 사고 생각하고 궁리함.

斯盧 사로 〈역사〉'신라'의 옛 이름.

私生活 사생활 개인의 사사로운 일상생활.

辭讓 사양 겸손하여 받지 아니하거나 응하지 아니함. 또는 남에게 양보함.

似而非 사이비 겉으로는 비슷하나 속은 완전히 다름. 또는 그런 것. ≒사시이비.

私藏 사장 개인이 사사로이 간직함. 또는 그런 물건.

蛇足 사족 뱀을 다 그리고 나서 있지도 아니한 발을 덧붙여 그려 넣는다는 뜻으로, 쓸데없는 군짓을 하여 도리어 잘못되게 함을 이르는 말

奢侈 사치 필요 이상의 돈이나 물건을 쓰거나 분수에 지나친 생활을 함. ≒사미(奢靡).

山脈 산맥 〈지리〉산봉우리가 선상(線狀)이나 대상(帶狀)으로 길게 연속되어 있는 지형. 세계의 대산맥은 대지나 고원과는 달리 특정 지대에 분포하고 있다. '산줄기'로 순화.

酸素 산소 〈화학〉공기의 주성분이면서 맛과 빛깔과 냄새가 없는 원소. 사람의 호흡과 동식물의 생활에 없어서는 안 되는 기체로, 대부분의 원소와 잘 화합하여 산화물을 만들며, 화합할 때는 열과 빛을 낸다. 대기의 5분의 1, 지각 질량의 2분의 1을 차지하며, 고압이나 액체로 만들어 질식자의 흡입, 산수소 불꽃, 산소아세틸렌 불꽃 따위에 쓰인다. 원자 기호는 O, 원자 번호는 8, 원자량은 16.

山河 산하 산과 내를 아울러 이르는 말. 산과 내라는 뜻으로, '자연'을 이르는 말. ≒산택

撒布 살포 액체, 가루 따위를 흩어 뿌림.

三顧草廬 삼고초려 인재를 맞아들이기 위하여 참을성 있게 노력함. 중국 삼국 시대에, 촉한의 유비가 난양(南陽)에 은거하고 있던 제갈량의 초옥으로 세 번이나 찾아갔다는 데서 유래한다. ≒초려삼고.

森羅萬象 삼라만상 우주에 있는 온갖 사물과 현상. ≒만휘군상.

揷畫 삽화 서적, 신문, 잡지 따위에서, 내용을 보충하거나 기사의 이해를 돕기 위하여 넣는 그림. 넓은 뜻으로는 서적이나 잡지의 표지, 컷(cut), 광고 미술 따위도 포함한다.

嘗膽 상담 거북한 섶에 몸을 눕히고 쓸개를 맛본다는 뜻으로, 원수를 갚거나 마음먹은 일을 이루기 위하여 온갖 어려움과 괴로움을 참고 견딤을 비유적으로 이르는 말.

《사기》의 〈월세가(越世家)〉와 《십팔사략》 등에 나오는 이야기로, 중국 춘추 시대 오나라의 왕 부차(夫差)가 아버지의 원수를 갚기 위하여 장작 더미 위에서 잠을 자며 월나라의 왕 구천(句踐)에게 복수할 것을 맹세하였고, 그에게 패배한 월나라의 왕 구천이 쓸개를 핥으면서 복수를 다짐한 데서 유래한다. = 와신상담

相談 상담 문제를 해결하거나 궁금증을 풀기 위하여 서로 의논함.

相當 상당 일정한 액수나 수치 따위에 해당함.

祥瑞 상서 복되고 길한 일이 일어날 조짐.

詳述 상술 자세하게 설명하여 말함.

商術 상술 장사하는 재주나 꾀.

上疏文 상소문 임금에게 글을 올리던 일. 또는 그 글. 주로 간관(諫官)이나 삼관(三館)의 관원이 임금에게 정사(政事)를 간하기 위하여 올렸다

上昇 상승 낮은 데서 위로 올라감.

象牙塔 상아탑 속세를 떠나 오로지 학문이나 예술에만 잠기는 경지. 프랑스의 시인이자 비평가인 생트뵈브가 낭만파 시인 비니의 태도를 비평하며 쓴 데서 유래한다. '대학(大學)'을 비유적으로 이르는 말.

桑田碧海 상전벽해 뽕나무 밭이 변하여 푸른 바다가 된다는 뜻으로, 세상일의 변천이 심함을 비유적으로 이르는 말.

象徵語 상징어 소리와 의미의 관계가 필연적인 것으로 여겨지는 단어. 의성어와 의태어로, '멍멍', '탕탕', '아장아장', '엉금엉금' 따위가 있다.

瑞光 서광 상서로운 빛. ≒상광(祥光) · 서색(瑞色). 좋은 일이 일어날 조짐.

恕諒 서량 사정을 헤아려 용서함

序幕 서막 연극 따위에서, 처음 여는 막. 인물과 사건 따위를 예비적으로 보여 준다.

敍事詩 서사시 역사적 사실이나 신화, 전설, 영웅의 사적 따위를 서사적 형태로 쓴 시. 서정시, 극시와 함께 시의 3대 부문 가운데 하나로, 서양의 〈일리아드〉, 〈오디세이〉, 우리나라 이규보의 〈동명왕편〉, 김동환의 〈국경의 밤〉 따위가 있다.

書名 서명 책의 이름

鼠蚤 서조 쥐벼룩.

書翰 서한 편지(便紙).

先農壇 선농단 고려, 조선 시대에, 신농씨(神農氏)와 후직씨(后稷氏)에게 풍년이 들기를 빌던 제단. 서울 동대문 밖에 있었다.

宣誓 선서 여럿 앞에서 성실할 것을 맹세함.

旋律 선율 소리의 높낮이가 길이나 리듬과 어울려 나타나는 음의 흐름. ≒선율(旋律), 율
선, 조자(調子) 가락.

選擇 선택 여럿 가운데서 필요한 것을 골라 뽑음. ≒초택(抄擇), 취택, 택취.

旋回 선회 둘레를 빙글빙글 돎. '돎', '빙빙 돎'으로 순화.

雪上加霜 설상가상 눈 위에 서리가 덮인다는 뜻으로, 난처한 일이나 불행한 일이 잇따
라 일어남을 이르는 말. ≒설상가설

薛聰 설총 신라 경덕왕 때의 학자. 자는 총지(聰智). 시호는 홍유후(弘儒侯). 국학(國學)에서
학생들을 가르쳐 유학의 발전에 공헌하였으며, 이두(吏讀)를 정리하고 집대성하였
다.

纖細 섬세 곱고 가늘다.

閃影 섬영 번쩍거리는 그림자.

纖維 섬유 생물체의 몸을 이루는 가늘고 긴 실 모양의 물질. 세포나 원형질이 분화한 것
으로 일정한 방향으로 길게 뻗어 있으며, 식물 섬유의 대부분은 방적(紡績) 섬유나
종이 따위의 원료가 된다

纖維素 섬유소 포도당으로 된 단순 다당류의 하나. 고등 식물이나 조류의 세포막 섬유
의 주성분이다. 물에는 녹지 않으나 산에 의하여 가수 분해가 되며, 화학 약품에
대한 저항성이 강하다. 목재, 목화, 마류(麻類) 따위에서 채취되며 필름, 종이, 인
조견, 폭약이 되는 니트로셀룰로오스, 아세트산셀룰로오스 따위의 원료로 널리
쓴다.

攝理 섭리 자연계를 지배하고 있는 원리와 법칙.

涉獵 섭렵 물을 건너 찾아다닌다는 뜻으로, 많은 책을 널리 읽거나 여기저기 찾아다니며
경험함을 이르는 말.

盛況 성황리 주로 '성황리에' 꼴로 쓰여 모임 따위에 사람이 많이 모여 규모나 분위기가
성대한 상황을 이룬 가운데.

洗劑 세제 물에 풀어서 고체의 표면에 붙은 이물질을 씻어 내는 데 쓰는 물질. 흔히 비누
따위를 이른다.

稅制 세제 세금을 매기고 거두어 들이는 것에 관한 제도.

世態 세태 사람들의 일상생활, 풍습 따위에서 보이는 세상의 상태나 형편.

燒却 소각 불에 태워 없애 버림

紹介 소개 두 사람 사이에 서서 양편의 일이 어울리게 주선함.

巢窟 소굴 나쁜 짓을 하는 도둑이나 악한 따위의 무리가 활동의 본거지로 삼고 있는 곳.

小路 소로 작고 매우 좁다란 길. '작은 길', '좁은 길'로 순화

昭穆 소목 종묘나 사당에 조상의 신주를 모시는 차례. 왼쪽 줄을 소(昭)라 하고, 오른쪽 줄을 목(穆)이라 하여 1세를 가운데에 모시고 2세, 4세, 6세는 소에 모시고, 3세, 5세, 7세는 목에 모신다.

昭詳 소상 분명하고 자세하다.

素尚 소상 검소하고 고상하다.

蘇生 소생 거의 죽어 가다가 다시 살아남

所謂 소위 이른바.

騷人 소인 시인과 문사(文士)를 통틀어 이르는 말.

騷人墨客 소인묵객 시문(詩文)과 서화(書畵)를 일삼는 사람.

騷音 소음 불규칙하게 뒤섞여 불쾌하고 시끄러운 소리.

召集 소집 단체나 조직체의 구성원을 불러서 모음.

訴追 소추 형사 사건에 대하여 법원에 심판을 신청하여 이를 수행하는 일. 우리나라는 이에 대하여 국가 소추주의와 검사 소추주의를 택하고 있다.

疏脫 소탈 예절이나 형식에 얽매이지 아니하고 수수하고 털털하다

疎忽 소홀 대수롭지 아니하고 예사로움.

送舊迎新 송구영신 묵은해를 보내고 새해를 맞음.

需給 수급 수요와 공급을 아울러 이르는 말

受給 수급 급여, 연금, 배급 따위를 받음.

受諾 수락 요구를 받아들임

秀麗 수려 빼어나게 아름답다.

垂面 수면 잠을 자는 일.

隨伴 수반 붙좇아서 따름. 어떤 일과 더불어 생김.

手不釋卷 수불석권 손에서 책을 놓지 아니하고 늘 글을 읽음.

搜査 수사 찾아서 조사함.

修辭 수사 말이나 글을 다듬고 꾸며서 보다 아름답고 정연하게 하는 일. 또는 그런 기술.

首相 수상 내각의 우두머리. 의원 내각제에서는 다수당의 우두머리가 수상이 되는 것이 일반적이다.

受賞 수상 상을 받음

水素 수소 모든 물질 가운데 가장 가벼운 기체 원소. 빛깔과 냄새와 맛이 없고 불에 타기 쉽다. 환원 작용을 일으키며 금속에 대하여 친화력이 적다.

搜索 수색 구석구석 뒤지어 찾음.

手藝 수예 자수, 뜨개질 따위의 손으로 하는 재주.

樹藝 수예 곡식이나 나무 따위를 심어 가꿈

垂直 수직 물체를 실에 매달아 드리웠을 때 그 실이 보이는 방향. 또는 그런 상태. 늑직립.

水準 수준 사물의 가치나 질 따위의 기준이 되는 일정한 표준이나 정도.

水蒸氣 수증기 기체 상태로 되어 있는 물

羞恥 수치 부끄러움.

隨筆 수필 일정한 형식을 따르지 않고 인생이나 자연 또는 일상생활에서의 느낌이나 체험을 생각나는 대로 쓴 산문 형식의 글.

手標 수표 돈이나 물건 따위를 대차하거나 기탁할 때에 주고받는 증서.

收奪 수탈 강제로 빼앗음.

受勳 수훈 훈장을 받음.

殊勳 수훈 뛰어난 공로

宿泊 숙박 여관이나 호텔 따위에서 잠을 자고 머무름.

叔姪 숙질 아저씨와 조카를 아울러 이르는 말.

宿虎衝鼻 숙호충비 잠자는 호랑이의 코를 찌른다는 뜻으로, 가만히 있는 사람을 공연히 건드려서 화를 입거나 일을 불리하게 만듦을 이르는 말.

手貨物 수화물 들고 다닐 수 있을 정도의 작은 짐.

純綿 순면 순면직물.

淳朴 순박 거짓이나 꾸밈이 없이 순수하며 인정이 두텁다.

殉職 순직 직무를 다하다가 목숨을 잃음.

淳厚 순후 온순하고 인정이 두텁다.

循環 순환 주기적으로 자꾸 되풀이하여 돎. '이어 돎', '잇따라 돎'으로 순화.

崇尙 숭상 높여 소중히 여김.

濕潤 습윤 습기가 많은 느낌이 있다.

承諾 승낙 청하는 바를 들어줌.

繩索 승삭 노와 새끼를 아울러 이르는 말.

昇華 승화 어떤 현상이 더 높은 상태로 전환되는 일. 자아(自我)의 방어 기제의 하나. 정신 분석에서, 사회적으로 인정되지 않는 충동, 욕구를 예술 활동, 종교 활동 따위의 사회적,정신적 가치가 있는 것으로 치환하여 충족하는 일이다.

濕度 습도 공기 가운데 수증기가 들어 있는 정도. 공기가 포함할 수 있는 최대 수증기의 양은 온도에 따라 다른데, 그 포화 수증기량에 대한 비율을 상대 습도라 하고, 일정 부피 속에 포함된 수증기량을 그램 단위로 나타낸 수를 절대 습도라 한다.

示唆 시사 어떤 것을 미리 간접적으로 표현해 줌. '귀띔', '암시', '일러 줌'으로 순화.

神經系 신경계 몸의 각 기관계(器官系)를 연락하여 하나의 유기체로서 통일하는 신경 조직 계통의 기관. 신경 충격을 통한 몸의 활동 조절과 조정이 이루어지며, 자극에 반응하는 기관을 연결하는 감응 경로를 포함한다. 중추 신경계, 말초 신경계, 자율 신경계로 이루어져 있다. ≒신경 계통.

信賴 신뢰 굳게 믿고 의지함

腎不全 신부전 신장의 생리 기능이 상실되어, 생체를 유지하는 데에 장애를 나타내고 있는 상태.

辛酸 신산 맛이 맵고 심.

神算 신산 신통한 계책.

身言書判 신언서판 중국 당나라 때에 관리를 선출하던 네 가지 표준. 즉 체모(體貌)의 풍위(豊偉), 언사(言辭)의 변정(辯正), 해법(楷法)의 준미(遵美), 문리(文理)의 우장(優長)을 이른다.

伸張 신장 세력이나 권리 따위가 늘어남. 또는 늘어나게 함.

腎臟 신장 콩팥

新陳代謝 신진대사 생물체가 몸 밖으로부터 섭취한 영양 물질을 몸 안에서 분해하고, 합성하여 생체 성분이나 생명 활동에 쓰는 물질이나 에너지를 생성하고 필요하지 않은 물질을 몸 밖으로 내보내는 작용. = 물질대사

伸縮 신축 늘고 줆. 또는 늘이고 줄임

實際 실제 사실의 경우나 형편.

實題 실제 한시에서, 실생활에 관계가 없는 풍(風), 월(月), 화(花)를 제재로 삼지 아니하고 경적(經籍)이나 사서(史書)의 내용을 제재로 한 것.

深思熟考 심사숙고 깊이 잘 생각함

阿膠 아교 짐승의 가죽, 힘줄, 뼈 따위를 진하게 고아서 굳힌 끈끈한 것. 주로 풀로 쓰는

데 지혈제나 그림을 그리는 재료로도 사용한다. '갖풀'로 순화.

阿附 아부 남의 비위를 맞추어 알랑거림.

亞將 아장 조선 시대에, 무관 계통의 차관급 벼슬. 용호별장(龍虎別將), 도감중군(都監中軍), 금위중군(禁衛中軍), 어영중군(御營中軍)을 이른다.

惡例 악례 나쁜 전례(前例).

安寧 안녕 아무 탈 없이 편안함.

安民 안민 백성이 안심하고 편히 살게 함.

按舞 안무 음악에 맞는 춤을 만드는 일. 또는 그것을 가르치는 일.

按撫 안무 백성의 사정을 살펴서 어루만져 위로함.

軋轢 알력 수레바퀴가 삐걱거린다는 뜻으로, 서로 의견이 맞지 아니하여 사이가 안 좋거나 충돌하는 것을 이르는 말.

閼逢 알봉 고갑자 십간(十干)의 첫째. 갑(甲)과 같다.

謁見 알현 지체가 높고 귀한 사람을 찾아가 뵘.

暗誦 암송 글을 보지 아니하고 입으로 욈

壓倒 압도 눌러서 넘어뜨림. 보다 뛰어난 힘이나 재주로 남을 눌러 꼼짝 못하게 함.

壓力 압력 두 물체가 접촉면을 경계로 하여 서로 그 면에 수직으로 누르는 단위 면적에서의 힘의 단위.

壓迫 압박 강한 힘으로 내리누름.

哀悼 애도 사람의 죽음을 슬퍼함. 늑애척(哀戚)

愛惜 애린 아깝게 여김.

愛隣 애린 이웃을 사랑함.

涯岸 애안 바다, 강, 못 따위와 같이 물이 있는 곳의 가장자리.

惹端 야단 매우 떠들썩하게 일을 벌이거나 부산하게 법석거림. 또는 그런 짓.

掠治 약치 매질을 하며 죄인을 신문하던 일.

掠奪 약탈 폭력을 써서 남의 것을 억지로 빼앗음.

羊頭狗肉 양두구육 양의 머리를 걸어 놓고 개고기를 판다는 뜻으로, 겉보기만 그럴듯하게 보이고 속은 변변하지 아니함을 이르는 말.

陽曆 양력 지구가 태양의 둘레를 한 바퀴 도는 데 걸리는 시간을 1년으로 정한 역법. 계절이 바뀌는 주기를 근거로 하여 만든 것으로, 1년을 365일, 4년마다 윤년을 두어 366일로 하고, 100년마다 윤년을 1회 줄여 400년에 윤년을 97회로 정하였다

與奪 여탈 주는 일과 빼앗는 일.

力量 역량 어떤 일을 해낼 수 있는 힘.

易名 역명 이름을 바꾼다는 뜻으로, '사시(賜諡)'를 달리 이르는 말.

易地思之 역지사지 처지를 바꾸어서 생각하여 봄

役割 역할 자기가 마땅히 하여야 할 맡은 바 직책이나 임무. '구실', '소임', '할 일'로 순화.

緣故 연고 혈통, 정분, 법률 따위로 맺어진 관계. 일의 까닭

煉禱 연도 〈가톨릭〉 연옥(煉獄)에 있는 이를 위하여 하는 기도.

年齡 연령 나이

鍊磨 연마 주로 돌이나 쇠붙이, 보석, 유리 따위의 고체를 갈고 닦아서 표면을 반질반질
하게 함. 학문이나 기술 따위를 힘써 배우고 닦음.

椽木 연목 서까래

延面積 연면적 건물 각 층의 바닥 면적을 합한 전체 면적. '총면적'으로 순화. ≒연건축
면적.

燃燒 연소 물질이 산소와 화합할 때에, 많은 빛과 열을 냄. 또는 그런 현상. 넓은 뜻으로
는 열과 빛을 수반하지 않는 산화 반응과, 원자로 안에서 진행하는 연쇄 핵분열 반
응도 포함한다.

演藝人 연예인 연예에 종사하는 배우, 가수, 무용가 등을 통틀어 이르는 말.

延滯 연체 정한 기한에 약속을 지키지 못하고 지체함.

劣等感 열등감 자기를 남보다 못하거나 무가치한 인간으로 낮추어 평가하는 감정.

廉價 염가 매우 싼 값.

閻羅 염라 염라대왕.

厭症 염증 싫증

染跡 염적 더러운 행적. 또는 행적을 더럽힘.

榮枯盛衰 영고성쇠 인생이나 사물의 번성함과 쇠락함이 서로 바뀜.

迎接 영접 손님을 맞아서 대접하는 일. ≒연접(延接)

零點 영점 얻은 점수가 없음.

靈驗 영험 사람의 기원대로 되는 신기한 징험

獵奇 엽기 비정상적이고 괴이한 일이나 사물에 흥미를 느끼고 찾아다님.

誤謬 오류 그릇되어 이치에 맞지 않는 일.

傲霜孤節 오상고절 서릿발이 심한 속에서도 굴하지 아니하고 외로이 지키는 절개라는

뜻으로, '국화(菊花)'를 이르는 말.

汚染 오염 더럽게 물듦.

午睡 오수 낮잠

誤診 오진 병을 그릇되게 진단하는 일. 또는 그런 진단.

獄城 옥성 성처럼 높이 둘러싸여 있는 감옥.

沃土 옥토 농작물이 잘 자랄 수 있는 영양분이 풍부한 좋은 땅. '기름진 땅'으로 순화.

溫和 온화 성격, 태도 따위가 온순하고 부드럽다. ≒온호하다.

緩徐 완서 느릿느릿하고 더디다.

緩舒 완서 평안하고 한가하다.

緩衝 완충 대립하는 것 사이에서 불화나 충돌을 누그러지게 함.

緩和 완화 긴장된 상태나 급박한 것을 느슨하게 함.

歪曲 왜곡 사실과 다르게 해석하거나 그릇되게 함.

倭賊 왜적 도둑질하는 일본 사람을 낮잡아 이르는 말.

外柔內剛 외유내강 겉으로는 부드럽고 순하게 보이나 속은 곧고 굳셈. ≒내강외유.

畏怖 외포 몹시 두려워함

療飢 요기 시장기를 겨우 면할 정도로 조금 먹음.

妖怪 요괴 요사스러운 귀신

搖動 요동 흔들리어 움직임. 또는 흔들어 움직임

妖迷 요미 사람을 그른 길로 빠지게 할 만큼 요사스럽다.

要塞 요새 군사적으로 중요한 곳에 튼튼하게 만들어 놓은 방어 시설. 또는 그런 시설을
한 곳.

堯舜 요순 고대 중국의 요임금과 순임금을 아울러 이르는 말.

溶液 용액 어떤 물질이 다른 물질에 녹아서 혼합된 액체. 녹아 있는 물질은 용질, 녹인 액
체는 용매라 한다. ≒녹임물, 용해액.

傭員 용원 관청에서 임시로 채용한 사람.

鎔接 용접 두 개의 금속, 유리, 플라스틱 따위를 녹이거나 반쯤 녹인 상태에서 서로 이어
붙이는 일. ≒접합(接合)

愚弄 우롱 사람을 어리석게 보고 함부로 대하거나 웃음거리로 만듦. '놀림'으로 순화

雨傘 우산 우비(雨備)의 하나. 펴고 접을 수 있어 비가 올 때에 펴서 손에 들고 머리 위를
가린다. 박쥐우산, 비닐우산, 지우산 따위가 있다

優雅 우아 고상하고 기품이 있으며 아름답다.

優劣 우열 나음과 못함

憂鬱症 우울증 기분이 언짢아 명랑하지 아니한 심리 상태. 흔히 고민, 무능, 비관, 염세, 허무 관념 따위에 사로잡힌다.

優柔不斷 우유부단 어물어물 망설이기만 하고 결단성이 없음.

宇宙 우주 무한한 시간과 만물을 포함하고 있는 끝없는 공간의 총체.

運營 운영 조직이나 기구, 사업체 따위를 운용하고 경영함.

韻致 운치 고상하고 우아한 멋

鬱陶 울도 마음이 근심스러워 답답하고 울적하다.

鬱寂 울적 마음이 답답하고 쓸쓸하다.

遠隔 원격 멀리 떨어져 있음.

原子核 원자핵 원자의 중심부를 이루는 입자. 양자와 중성자가 강한 핵력으로 결합한 것으로 원자의 대부분을 차지하며 양(陽)의 전하를 갖는다. 크기는 원자의 1만분의 1 정도이나 질량은 원자 질량의 99% 이상이다

原州 원주 강원도 남서쪽에 있는 시.

遠禍召福 원화소복 화를 물리치고 복을 불러들임.

違反 위반 법률, 명령, 약속 따위를 지키지 않고 어김.

衛星 위성 행성의 인력에 의하여 그 둘레를 도는 천체. 지구에는 달이 하나 있으며, 화성에는 2개, 목성에는 16개, 토성에는 21개, 천왕성에는 5개, 해왕성에는 2개, 명왕성에는 1개가 있어 태양계에는 1982년 현재 모두 48개의 위성이 알려져 있다

胃癌 위암 위에 발생하는 암. 초기에는 뚜렷한 증상이 없지만 점점 위 부위의 통증이나 팽만감, 메스꺼움, 식욕 부진 따위의 증상이 나타나며 토한 내용물이나 대변에 피가 섞여 나오는 수도 있다.

危險 위험 해로움이나 손실이 생길 우려가 있음. 또는 그런 상태.

猶豫 유예 망설여 일을 결행하지 아니함.

遺蹟 유적 남아 있는 자취. 건축물이나 싸움터 또는 역사적인 사건이 벌어졌던 곳이나 패총, 고분 따위를 이른다. ≒유진(遺塵)

流札 유찰 입찰 결과 낙찰이 결정되지 아니하고 무효로 돌아가는 일. 응찰 가격이 내정 가격에 미달 또는 초과되는 경우에 일어난다.

流出 유출 밖으로 흘러 나가거나 흘려 내보냄.

誘致 유치 꾀어서 데려옴

幽昏 유혼 그윽하고 어둡다.

閏朔 윤삭 태음력에서 윤년에 드는 달.

潤滑 윤활 기름기나 물기가 있어 뻑뻑하지 아니하고 매끄러움.

栗谷 율곡 이이의 호.

隆盛 융성 기운차게 일어나거나 대단히 번성함. 늑융창·흥성(興盛)

融點 융점 녹는점.

融通 융통 금전, 물품 따위를 돌려씀.

融和 융화 서로 어울려 갈등이 없이 화목하게 됨.

隱匿 은닉 남의 물건이나 범죄인을 감춤.

隱忍自重 은인자중 마음속에 감추어 참고 견디면서 몸가짐을 신중하게 행동함.

隱喩 은유 사물의 상태나 움직임을 암시적으로 나타내는 수사법

隱者 은자 산야에 묻혀 숨어 사는 사람. 또는 벼슬을 하지 아니하고 숨어 사는 사람

陰曆 음력 달이 지구를 한 바퀴 도는 시간을 기준으로 만든 역법. 1년을 열두 달로 하고,
    열두 달은 29일의 작은달과 30일의 큰달로 만들었다. 회귀년에 관계없이 30년에 11
    일의 윤일을 두었다.

陰濕 음습 그늘이 지고 축축하다.

凝固 응고 액체 따위가 엉거서 뭉쳐 딱딱하게 굳어짐.

疑懼 의구 옛날 그대로 변함이 없다.

義捐金 의연금 사회적 공익이나 자선을 위하여 내는 돈.

意志 의지 어떠한 일을 이루고자 하는 마음

依支 의지 다른 것에 몸을 기댐. 또는 그렇게 하는 대상.

利尿 이뇨 오줌을 잘 나오게 함.

履歷書 이력서 이력을 적은 문서.

移徙 이사 사는 곳을 다른 데로 옮김.

離脫 이탈 어떤 범위나 대열 따위에서 떨어져 나오거나 떨어져 나감.

伊太利 이태리 '이탈리아'의 음역어. 늑이(伊)

人性敎育 인성교육 사람의 성품에 관한 교육.

人種 인종 인류를 지역과 신체적 특성에 따라 구분한 종류. 백인종, 황인종, 흑인종이 대
    표적이다.

隣接 인접 이웃하여 있음. 또는 옆에 닿아 있음.

一環 일환 줄지어 있는 많은 고리 가운데 하나.

賃貸 임대 돈을 받고 자기의 물건을 남에게 빌려 줌.

賃夫 임부 삯전을 주고 부리는 인부.

入閣 입각 내각(內閣)의 한 사람이 됨.

磁氣 자기 쇠붙이를 끌어당기거나 남북을 가리키는 등 자석이 갖는 작용이나 성질.

自矜心 자긍심 스스로에게 긍지를 가지는 마음.

諮問 자문 어떤 일을 좀 더 효율적이고 바르게 처리하려고 그 방면의 전문가나 전문가들
로 이루어진 기구에 의견을 물음.

資産 자산 개인이나 법인이 소유하고 있는 경제적 가치가 있는 유형·무형의 재산. 유동
자산과 고정 자산으로 대별된다. 늑자재(資財)

自敍傳 자서전 작자 자신의 일생을 소재로 스스로 짓거나, 남에게 구술하여 쓰게 한 전
기. 늑자전(自傳)

自由自在 자유자재 (주로 '자유자재로' 꼴로 쓰여) 거침없이 자기 마음대로 할 수 있음. 늑
무궁자재

自主 자주 같은 일을 잇따라 잦게.

自炊 자취 손수 밥을 지어 먹으면서 생활함.

蠶食 잠식 누에가 뽕잎을 먹듯이 점차 조금씩 침략하여 먹어 들어감. 늑초잠식지.

葬禮 장례 장사를 지내는 일. 또는 그런 예식.

帳簿 장부 물건의 출납이나 돈의 수지(收支) 계산을 적어 두는 책

長蛇陣 장사진 많은 사람이 줄을 지어 길게 늘어선 모양을 이르는 말. 늑장사(長蛇). 2 예
전의 병법에서, 한 줄로 길게 벌인 군진(軍陣)의 하나.

藏書 장서 책을 간직하여 둠. 또는 그 책.

掌握 장악 손안에 잡아 쥔다는 뜻으로, 무엇을 마음대로 할 수 있게 됨을 이르는 말.

著名 저명 (주로 일부 명사 앞에 쓰여) 세상에 이름이 널리 드러나 있음

貯藏 저장 물건이나 재화 따위를 모아서 간수함. 늑적장(積藏)

沮止 저지 막아서 못하게 함. 늑저색(沮塞)

適齡期 적령기 나이가 어떤 표준이나 규정에 이른 때.

賊反荷杖 적반하장 도둑이 도리어 매를 든다는 뜻으로, 잘못한 사람이 아무 잘못도 없
는 사람을 나무람을 이르는 말.

赤壁大戰 적벽대전 중국 삼국 시대인 208년에 손권, 유비의 소수 연합군이 조조의 대
　　　　　군을 적벽에서 크게 무찌른 싸움.

專攻 전공 어느 한 분야를 전문적으로 연구함. 또는 그 분야.

殿堂 전당 높고 크게 지은 화려한 집.

顚覆 전복 뒤집혀 엎어짐. 또는 뒤집어 엎음.

傳染病 전염병 전염성을 가진 병들을 통틀어 이르는 말.

電子郵便 전자우편 전자 메일.

戰爭 전쟁 국가와 국가, 또는 교전(交戰) 단체 사이에 무력을 사용하여 싸움.

傳播 전파 전하여 널리 퍼뜨림

電波 전파 도체 중의 전류가 진동함으로써 방사되는 전자기파.

絶妙 절묘 비할 데가 없을 만큼 아주 묘하다.

折衝 절충 서로 다른 사물이나 의견, 관점 따위를 알맞게 조절하여 서로 잘 어울리게 함.

切齒腐心 절치부심 몹시 분하여 이를 갈며 속을 썩임.

占卦 점괘 점을 쳐서 나오는 괘. 이 괘를 풀이하여 길흉을 판단한다

漸層 점층 〈북한어〉글에서 점진적으로 어구를 겹쳐 가면서 문장의 포괄적인 내용과 뜻
　　　　을 넓혀 중심 주제로 이끌어 감

靜謐 정밀 (주로 일부 명사 앞에 쓰여) 아주 정교하고 치밀하여 빈틈이 없고 자세함.

整頓 정돈 어지럽게 흩어진 것을 규모 있게 고쳐 놓거나 가지런히 바로잡아 정리함.

征伐 정벌 적 또는 죄 있는 무리를 무력으로써 침.

鄭重 정중 태도나 분위기가 점잖고 엄숙하다.

政治 정치 나라를 다스리는 일.

偵察 정찰 더듬어 살펴서 알아냄.

提携 제휴 행동을 함께하기 위하여 서로 붙들어 도와줌.

燥渴 조갈 입술이나 입 안, 목 따위가 타는 듯이 몹시 마름.

條件 조건 어떤 일을 이루게 하거나 이루지 못하게 하기 위하여 갖추어야 할 상태나 요소.

造語 조어 새로 말을 만듦. 또는 그렇게 만든 말.

釣魚 조어 물고기를 낚음. ≒어조.

朝廷 조정 임금이 나라의 정치를 신하들과 의논하거나 집행하는 곳. 또는 그런 기구.

措置 조치 제기된 문제나 사태를 잘 살펴서 필요한 대책을 세움. 또는 그 대책.

釣針 조침 낚시

彫琢 조탁 보석과 같이 단단한 것을 새기거나 쫌.

弔花 조화 조의를 표하는 데 쓰는 꽃.

族譜 족보 한 가문의 계통과 혈통 관계를 적어 기록한 책.

足鎖 족쇄 〈역사〉죄인의 발목에 채우던 쇠사슬.

拙稿 졸고 내용이 보잘것없는 원고.

宗廟 종묘 조선 시대에, 역대 임금과 왕비의 위패를 모시던 왕실의 사당. 세종 3년 1421 에 영녕전을 세웠으나 임진왜란 때 타 버리고 선조 41년 1608에 다시 세운 것이 지 금 종로 3가에 남아 있다. 1996년에 유네스코 세계 문화유산으로 지정되었다

終盤 종반 운동 경기, 장기 따위에서 승패가 마무리되는 단계.

縱橫 종횡 세로와 가로를 아울러 이르는 말.

左遷 좌천 낮은 관직이나 지위로 떨어지거나 외직으로 전근됨을 이르는 말. 예전에 중국 에서 오른쪽을 숭상하고 왼쪽을 멸시하였던 데서 유래한다.

主管 주관 어떤 일을 책임을 지고 맡아 관리함.

週忌 주기 사람이 죽은 뒤 그 날짜가 해마다 돌아오는 횟수를 나타내는 말.

駐屯 주둔 군대가 임무 수행을 위하여 일정한 곳에 집단적으로 얼마 동안 머무르는 일

周旋 주선 일이 잘되도록 여러 가지 방법으로 힘씀.

主旨 주지 주장이 되는 요지나 근본이 되는 중요한 뜻

鑄造 주조 녹인 쇠붙이를 거푸집에 부어 물건을 만듦

鑄鐵 주철 1.7% 이상의 탄소를 함유하는 철의 합금(合金).

奏效 주효 효력이 있음.

鑄貨 주화 쇠붙이를 녹여 화폐를 만듦

准尉 준위 위관 계급의 하나. 소위의 아래, 원사의 위로 위관 계급에서 가장 낮은 계급이다.

遵守 준수 전례나 규칙, 명령 따위를 그대로 좇아서 지킴.

俊弼 준필 임금을 뛰어나게 보필함. 또는 그런 사람.

仲媒 중매 결혼이 이루어지도록 중간에서 소개하는 일.

中庸 중용 지나치거나 모자라지도 아니하고 한쪽으로 치우치지도 아니한, 떳떳하며 변 함이 없는 상태나 정도

中盤 중반 일정한 기간 가운데 중간쯤 되는 단계.

仲秋節 중추절 우리나라 명절의 하나. 음력 8월 15일로, 신라의 가배(嘉俳)로부터 유래 하였다

遲刻 지각 정해진 시각보다 늦게 출근하거나 등교함.

持分 지분 공유물이나 공유 재산 따위에서, 공유자 각자가 소유하는 몫.

支配 지배 어떤 사람이나 집단, 조직, 사물 등을 자기의 의사대로 복종하게 하여 다스림

地域 지역 일정하게 구획된 어느 범위의 토지

遲延 지연 무슨 일을 더디게 끌어 시간을 늦춤.

智慧 지혜 사물의 이치를 빨리 깨닫고 사물을 정확하게 처리하는 정신적 능력

診斷 진단 의사가 환자의 병 상태를 판단하는 일.

診療 진료 의사가 환자를 진찰하고 치료하는 일.

診脈 진맥 병을 진찰하기 위하여 손목의 맥을 짚어 보는 일.

陳腐 진부 사상, 표현, 행동 따위가 낡아서 새롭지 못하다

津筏 진벌 나루를 건너는 뗏목.

眞率 진솔 진실하고 솔직하다.

塵埃 진애 티끌과 먼지를 통틀어 이르는 말.

塵汚 진오 먼지와 더러움을 통틀어 이르는 말.

遲滯 지체 때를 늦추거나 질질 끎.

振幅 진폭 진동하고 있는 물체가 정지 또는 평형 위치에서 최대 변위까지 이동하는 거리

桎梏 질곡 옛 형구인 차꼬와 수갑을 아울러 이르는 말.

嫉視 질시 시기하여 봄.

什器 집기 집 안이나 사무실에서 쓰는 온갖 기구.

疾患 질환 질병(疾病).

徵兆 징조 어떤 일이 생길 기미

徵候 징후 겉으로 나타나는 낌새.

借款 차관 한 나라의 정부나 기업, 은행 따위가 외국 정부나 공적 기관으로부터 자금을 빌려 옴.

此日彼日 차일피일 이날 저날 하고 자꾸 기한을 미루는 모양.

遮蔽 차폐 가려 막고 덮음.

錯雜 착잡 갈피를 잡을 수 없이 뒤섞여 어수선하다.

燦爛 찬란 어지럽고 어수선함

刹那 찰나 매우 짧은 시간

參酌 참작 이리저리 비추어 보아서 알맞게 고려함. '헤아림'으로 순화

慘狀 참상 비참하고 끔찍한 상태나 상황

蒼松 창송 푸른 소나무.

彰著 창저 어떤 사실을 밝혀 드러냄.

彩度 채도 색의 선명한 정도

菜蔬 채소 밭에서 기르는 농작물.

悽慘 처참 몸서리 칠 정도로 슬프고 끔찍하다.

遷都 천도 도읍을 옮김.

天壤之差 천양지차 하늘과 땅 사이와 같이 엄청난 차이

鐵絲 철사 쇠로 만든 가는 줄

徹夜 철야 밤새움

徹底 철저 속속들이 꿰뚫어 미치어 빈틈이나 부족함이 없이 밑바닥까지 투철함.

鐵則 철칙 바꾸거나 어길 수 없는 중요한 법칙

撤廢 철폐 전에 있던 제도나 규칙 따위를 걷어치워서 없앰

添附 첨부 안건이나 문서 따위를 덧붙임

添削 첨삭 시문(詩文)이나 답안 따위의 내용 일부를 보태거나 삭제하여 고침

尖銳 첨예 날카롭고 뾰족하다

諜報 첩보 상대편의 정보나 형편을 몰래 알아내어 보고함

聽聞會 청문회 어떤 문제에 대하여 내용을 듣고 그에 대하여 물어보는 모임

滯症 체증 먹은 음식이 잘 소화되지 아니하는 증상

逮捕 체포 사람의 신체에 대하여 직접적이고 현실적인 구속을 가하여 행동의 자유를 빼앗는 일.

超過 초과 일정한 수나 한도 따위를 넘음.

哨戒 초계 적의 습격에 대비하여 함선이나 비행기를 배치하여 경계함.

抄掠 초략 폭력을 써서 강제로 빼앗음.

抄錄 초록 필요한 부분만을 뽑아서 적음.

招聘 초빙 예를 갖추어 불러 맞아들임

初旬 초순 한 달 가운데 초하루부터 초열흘까지의 사이

超越 초월 어떠한 한계나 표준을 뛰어넘음

焦點 초점 사람들의 관심이나 주의가 집중되는 사물의 중심 부분

焦燥 초조 애가 타서 마음이 조마조마함.

觸覺 촉각 물건이 피부에 닿아서 느껴지는 감각

觸媒 촉매 자신은 변화하지 아니하면서 다른 물질의 화학 반응을 매개하여 반응 속도를 빠르게 하거나 늦추는 일. 또는 그런 물질

促進 촉진 다그쳐 빨리 나아가게 함.

催眠術 최면술 암시에 의하여 인위적으로 잠에 가까운 상태로 이끌어 내는 술법.

追窮 추궁 잘못한 일에 대하여 엄하게 따져서 밝힘

推戴 추대 윗사람으로 떠받듦.

醜聞 추문 추잡하고 좋지 못한 소문.

抽象 추상 여러 가지 사물이나 개념에서 공통되는 특성이나 속성 따위를 추출하여 파악하는 작용

趨勢 추세 어떤 현상이 일정한 방향으로 나아가는 경향.

推進 추진 물체를 밀어 앞으로 내보냄.

推薦 추천 어떤 조건에 적합한 대상을 책임지고 소개함.

秋毫 추호 가을에 짐승의 털이 아주 가늘다는 뜻으로, 아주 적거나 조금인 것을 비유적으로 이르는 말.

蹴球 축구 주로 발로 공을 차서 상대편의 골에 공을 많이 넣는 것으로 승부를 겨루는 경기.

縮刷 축쇄 책이나 그림의 원형(原形)을 그 크기만 줄여서 인쇄함.

出産 출산 아이를 낳음. '해산(解産)'으로 순화

充積 충적 가득 쌓음. 또는 가득 채움.

衷懷 충회 마음속에서 우러나오는 생각.

取得 취득 자기 것으로 만들어 가짐.

趣味 취미 전문적으로 하는 것이 아니라 즐기기 위하여 하는 일.

炊事 취사 끼니로 먹을 음식 따위를 만드는 일.

趣旨 취지 어떤 일의 근본이 되는 목적이나 긴요한 뜻

側近 측근 곁의 가까운 곳

層層臺 층층대 층층다리.

治療 치료 병이나 상처 따위를 잘 다스려 낫게 함.

雉尾 치미 꿩의 꽁지깃.

治粧 치장 잘 매만져 곱게 꾸밈.

親睦 친목 서로 친하여 화목함.

親戚 친척 친족과 외척을 아울러 이르는 말

漆器 칠기 옻칠과 같이 검은 잿물을 입혀 만든 도자기.

漆黑 칠흑 옻칠처럼 검고 광택이 있음.

沈默 침묵 아무 말도 없이 잠잠히 있음.

墮落 타락 올바른 길에서 벗어나 잘못된 길로 빠지는 일.

妥當 타당 일의 이치로 보아 옳다.

打診 타진 환자의 신체를 두드려서 진찰하는 방법

琢磨 탁마 옥이나 돌 따위를 쪼고 갊.

託送 탁송 남에게 부탁하여 물건을 보냄.

卓越 탁월 남보다 두드러지게 뛰어나다

炭酸 탄산 이산화탄소가 물에 녹아서 생기는 약한 산(酸).

誕辰 탄신 임금이나 성인이 태어난 날.

炭水化物 탄수화물 탄소와 물 분자로 이루어진 유기 화합물

脫帽 탈모 모자나 안전모 따위를 벗음.

奪取 탈취 빼앗아 가짐

探究 탐구 진리, 학문 따위를 파고들어 깊이 연구함

耽溺 탐닉 어떤 일을 몹시 즐겨서 거기에 빠짐.

探偵 탐정 드러나지 않은 사정을 몰래 살펴 알아냄.

探險 탐험 위험을 무릅쓰고 어떤 곳을 찾아가서 살펴보고 조사함.

太陽系 태양계 태양과 그것을 중심으로 공전하는 천체의 집합.

投獄 투옥 옥에 가둠

透徹 투철 사리에 밝고 정확하다.

鬪魂 투혼 끝까지 투쟁하려는 기백

特輯 특집 신문, 잡지, 방송 따위에서 특정한 내용이나 대상에 중점을 두고 하는 편집

特徵 특징 다른 것에 비하여 특별히 눈에 뜨이는 점

破棄 파기 깨뜨리거나 찢어서 내버림.

派遣 파견 일정한 임무를 주어 사람을 보냄.

破産 파산 재산을 모두 잃고 망함.

罷業 파업 하던 일을 중지함

把握 파악 손으로 잡아 쥠

播種 파종 논밭에 곡식의 씨앗을 뿌리는 일

覇權 패권 어떤 분야에서 우두머리나 으뜸의 자리를 차지하여 누리는 공인된 권리와 힘.

偏僻 편벽 생각 따위가 한쪽으로 치우쳐 있다.

編輯 편집 일정한 방침 아래 여러 가지 재료를 모아 신문, 잡지, 책 따위를 만드는 일.

偏重 편중 한쪽으로 치우침.

偏頗 편파 공정하지 못하고 어느 한쪽으로 치우쳐 있음.

弊端 폐단 어떤 일이나 행동에서 나타나는 옳지 못한 경향이나 해로운 현상

幣帛 폐백 신부가 처음으로 시부모를 뵐 때 큰절을 하고 올리는 물건.

弊社 폐사 말하는 이가 자기 회사를 낮추어 이르는 말.

廢貨 폐화 통용되지 않는 화폐.

抛棄 포기 하려던 일을 도중에 그만두어 버림.

葡萄 포도 포도과의 낙엽 활엽 덩굴성 나무

捕盜 포도 도둑을 잡음

匍腹 포복 배를 땅에 대고 김.

哺乳 포유 어미가 제 젖으로 새끼를 먹여 기름.

包攝 포섭 상대편을 자기편으로 감싸 끌어들임

捕捉 포착 꼭 붙잡음

飽和 포화 더 이상의 양을 수용할 수 없이 가득 참.

包含 포함 어떤 사물이나 현상 가운데 함께 들어 있거나 함께 넣음.

暴騰 폭등 물건의 값이나 주가 따위가 갑자기 큰 폭으로 오름

漂迫 표박 풍랑을 만난 배가 물 위에 정처 없이 떠돎.

標準 표준 사물의 정도나 성격 따위를 알기 위한 근거나 기준

表彰 표창 어떤 일에 좋은 성과를 내었거나 훌륭한 행실을 한 데 대하여 세상에 널리 알
려 칭찬함.

疲勞 피로 과로로 정신이나 몸이 지친 상태.

皮膚 피부 척추동물의 몸을 싸고 있는 조직.

被害 피해 생명이나 신체, 재산, 명예 따위에 손해를 입음.

必須的 필수적 꼭 있어야 하거나 하여야 함.

虐待 학대 몹시 괴롭히거나 가혹하게 대우함.

學友 학우 같이 공부하는 벗.

割愛 할애 소중한 시간, 돈, 공간 따위를 아깝게 여기지 아니하고 선뜻 내어 줌

艦艇 함정 크거나 작은 군사용 배를 통틀어 이르는 말

港灣 항만 바닷가가 굽어 들어가서 선박이 안전하게 머물 수 있고, 화물 및 사람이 배로
　　　　부터 육지에 오르내리기에 편리한 곳

抗訴 항소 제일심의 종국 판결에 대하여 불복하여 상소함

該當 해당 무엇에 관계되는 바로 그것.

該博 해박 여러 방면으로 학식이 넓다.

海拔 해발 해면(海面)으로부터 계산하여 잰 육지나 산의 높이

劾廢棄物 핵폐기물 원자력을 생성하고 난 후에 버리는 찌꺼기 물질

杏壇 행단 학문을 닦는 곳을 이르는 말

享樂 향락 쾌락을 누림

虛僞 허위 진실이 아닌 것을 진실인 것처럼 꾸민 것

虛誕 허탄 거짓되고 미덥지 아니하다

玄關 현관 건물의 출입문이나 건물에 붙이어 따로 달아낸 문간

懸隔 현격 사이가 많이 벌어져 있음.

玄米 현미 벼의 겉껍질만 벗겨 낸 쌀.

顯微鏡 현미경 눈으로는 볼 수 없을 만큼 작은 물체나 물질을 확대해서 보는 기구.

現實 현실 현재 실제로 존재하는 사실이나 상태

懸案 현안 이전부터 의논하여 오면서도 아직 해결되지 않은 채 남아 있는 문제나 의안

懸河 현하 급한 경사를 세게 흐르는 하천.

狹隘 협애 지세가 좁고 험하다

螢雪之功 형설지공 반딧불, 눈과 함께 하는 노력이라는 뜻으로, 고생을 하면서 부지런
　　　　　　하고 꾸준하게 공부하는 자세를 이르는 말

形態 형태 사물의 생김새나 모양.

好事多魔 호사다마 좋은 일에는 흔히 방해되는 일이 많음

戶籍 호적 호주(戶主)를 중심으로 하여 그 집에 속하는 사람의 본적지, 성명, 생년월일 따
　　　　위의 신분에 관한 사항을 기록한 공문서

好漢 호한 의협심이 많은 사람.

呼吸器 호흡기 호흡 작용을 맡은 기관. 특히 외호흡을 위하여 분화된 기관으로, 고등 동
　　　　　물의 허파, 어류의 아가미, 거미류의 폐서(肺書), 곤충류의 기관(氣管), 하등 동물

의 피부 따위가 있다

酷使 혹사 혹독하게 일을 시킴

酷暑 혹서 몹시 심한 더위

混濁 혼탁 불순물이 섞이어 깨끗하지 못하고 흐림.

弘報 홍보 널리 알림.

畫廊 화랑 그림 따위의 미술품을 진열하여 전람하도록 만든 방.

和睦 화목 서로 뜻이 맞고 정다움

火山 화산 땅속에 있는 가스, 마그마 따위가 지각의 터진 틈을 통하여 지표로 분출하는
지점.

和暢 화창 날씨나 바람이 온화하고 맑다

貨幣 화폐 상품 교환 가치의 척도가 되며 그것의 교환을 매개하는 일반화된 수단

擴大 확대 모양이나 규모 따위를 더 크게 함.

擴張 확장 범위, 규모, 세력 따위를 늘려서 넓힘.

還給 환급 도로 돌려줌

幻弄 환롱 교묘하고 못된 꾀로 남을 속여 마음대로 놀리거나 이용함

還拂 환불 이미 지불한 돈을 되돌려 줌.

幻想 환상 현실적인 기초나 가능성이 없는 헛된 생각이나 공상.

歡迎 환영 오는 사람을 기쁜 마음으로 반갑게 맞음.

幻影 환영 눈앞에 없는 것이 있는 것처럼 보이는 것

滑降 활강 비탈진 곳을 미끄러져 내려오거나 내려감.

活性炭 활성탄 높은 흡착성을 지닌 탄소질 물질. 목탄 따위를 활성화하여 만드는 것으
로, 다공질이어서 색소나 냄새를 잘 빨아들이므로 탈색, 정제, 촉매, 방독면 따위
에 쓰인다.

荒廢 황폐 집, 토지, 삼림 따위가 거칠고 못 쓸 상태에 있음. 또는 거칠고 못 쓰게 됨.

回顧 회고 뒤를 돌아다봄.

回顧錄 회고록 지나간 일을 돌이켜 생각하며 적은 기록.

懷抱 회포 마음속에 품은 생각이나 정(情).

橫暴 횡포 제멋대로 굴며 몹시 난폭함

候補 후보 선거에서, 어떤 직위나 신분을 얻으려고 일정한 자격을 갖추어 나섬. 또는 그
런 사람.

勳爵 훈작　훈등(勳等)과 작위(爵位)를 아울러 이르는 말

毁謗 훼방　남을 헐뜯어 비방함. 또는 그런 비방.

毁損 훼손　체면이나 명예를 손상함

輝耀 휘요　밝게 빛남.

揮毫 휘호　붓을 휘두른다는 뜻으로, 글씨를 쓰거나 그림을 그림을 이르는 말.

携帶 휴대　손에 들거나 몸에 지니고 다님

吸煙 흡연　담배를 피움

痕迹 흔적　어떤 현상이나 실체가 없어졌거나 지나간 뒤에 남은 자국이나 자취.

欽遵 흠준　황제의 명령을 받들어 좇던 일.

興奮 흥분　어떤 자극을 받아 감정이 북받쳐 일어남. 또는 그 감정.

稀薄 희박　기체나 액체 따위의 밀도나 농도가 짙지 못하고 낮거나 엷다.

稀少 희소　매우 드물고 적음.

유의자 일람

家 집가	屋 집옥	談 말씀담	話 말씀화	舍 집사	宅 집택
家 집가	宅 집택	到 이를도	達 통달할달	想 생각상	念 생각념
歌 노래가	謠 노래요	到 이를도	着 붙을착	生 날생	産 낳을산
間 사이간	隔 사이뜰격	徒 무리도	黨 무리당	釋 풀석	放 놓을방
監 볼감	視 볼시	道 길도	路 길로	選 가릴선	別 다를별
居 살거	住 살주	逃 달아날도	亡 망할망	選 가릴선	擇 가릴택
巨 클거	大 큰대	逃 달아날도	避 피할피	洗 씻을세	濯 씻을탁
健 굳셀건	康 편안강	盜 도둑도	賊 도둑적	素 흴소	朴 순박할박

堅	固	圖	畵	樹	木
굳을견	굳을고	그림도	그림화	나무수	나무목
牽	引	敦	篤	純	潔
끌견	끌인	도타울독	도타울독	순수할순	깨끗할결
境	界	連	繫	崇	高
지경경	지경계	이을련	얽어맬계	높을숭	높을고
競	爭	連	絡	承	繼
다툴경	다툴쟁	이을련	이을락	이을승	이을계
階	段	連	續	施	設
섬돌계	층계단	이을련	이을속	베풀시	베풀설
階	層	隆	盛	始	初
섬돌계	층층	높을륭	성할성	비로소시	처음초
計	算	末	端	試	驗
셈계	셈산	끝말	끝단	법식	시험험
繼	續	末	尾	申	告
이을계	이을속	끝말	꼬리미	펼신	고할고
孤	獨	勉	勵	身	體
외로울고	홀로독	힘쓸면	힘쓸려	몸신	몸체
考	慮	滅	亡	心	情
생각할고	생각할려	멸망할멸	망할망	마음심	뜻정

雇	傭	毛	髮	眼	目
품팔고	품팔옹	터럭모	터럭발	눈안	눈목
恐	怖	模	範	哀	悼
두려울공	두려울포	법모	법범	슬플 애	슬퍼할도
恭	敬	茂	盛	言	語
공손할공	공경경	무성할무	성할성	말씀언	말씀 어攻
攻	擊	文	章	硏	究
칠공	칠격	글월문	글장	갈연	연구할구
空	虛	返	還	永	遠
빌공	빌 허	돌아올반	돌아올환	길 영	멀 원
貢	獻	法	式	英	特
바칠공	드릴현	법법	법식	꽃부리영	특별할특
過	去	法	典	溫	暖
지날과	갈거	법법	법전	따뜻할온	따뜻할난
過	失	變	化	完	全
지날 과	잃을실	변할변	될화	완전할완	온전 전
過	誤	兵	士	要	求
허물과	그르칠오	군사병	선비사	구할요	구할구
觀	徹	兵	卒	憂	愁
볼관	통할철	군사병	군사졸	근심우	근심수

貫 뚫을 관	通 통할 통	報 알릴 보	告 알릴 고	怨 원망할 원	恨 한 한
敎 가르칠 교	訓 가르칠 훈	保 지킬 보	守 지킬 수	偉 클 위	大 큰 대
具 갖출 구	備 갖출 비	附 붙을 부	屬 붙을 속	肉 고기 육	身 몸 신
救 구원할 구	濟 건널 제	扶 도울 부	助 도울 조	恩 은혜 은	惠 은혜 혜
規 법 규	則 법 칙	副 버금 부	次 버금 차	音 소리 음	聲 소리 성
極 다할 극	端 끝 단	墳 무덤 분	墓 무덤 묘	議 의논할 의	論 논할 론
根 뿌리 근	本 근본 본	佛 부처 불	寺 절 사	衣 옷 의	服 옷 복
技 재주 기	術 재주 술	批 비평할 비	評 평할 평	意 뜻 의	思 생각 사
技 재주 기	藝 재주 예	貧 가난할 비	窮 궁할 궁	意 뜻 의	志 뜻 지
飢 주릴 기	餓 주릴 아	思 생각 사	考 생각할 고	仁 어질 인	慈 사랑 자

年 해년	歲 해세	思 생각사	念 생각념	姿 모양자	慈 사랑자
念 생각념	慮 생각려	思 생각사	慮 생각려	災 재앙재	禍 재앙화
段 층계단	階 섬돌계	思 생각사	想 생각상	財 재물재	貨 재화화
斷 끊을단	斷 끊을절	辭 말씀사	說 말씀설	貯 쌓을저	蓄 모을축
戰 싸움전	爭 다툴쟁	打 칠타	擊 칠격	戰 싸움전	鬪 싸움투
討 칠토	伐 칠벌	淨 깨끗할정	淨 깨끗할정	土 흙토	地 땅지
停 머무를정	留 머무를류	退 물러날퇴	去 갈거	停 머무를정	止 그칠지
鬪 싸움투	爭 다툴쟁	精 정할정	誠 정성성	捕 잡을포	獲 얻을획
正 바를정	直 곧을직	畢 마칠필	竟 마칠경	政 정치정	治 다스릴치
河 물하	川 내천	帝 임금제	王 임금왕	河 물하	海 바다해

422

製	作	寒	冷	製	造
지을제	지을작	찰한	찰랭	지을제	지을조
恒	常	調	和	幸	福
항상항	항상상	고를조	화할화	다행행	복복
存	在	協	和	尊	重
있을존	있을재	도울협	화할화	높을존	무거울중
和	睦	終	了	歡	喜
화할화	화목할목	마칠종	마칠료	기쁠환	기쁠희
終	末	皇	帝	終	止
마칠종	끝말	임금황	임금제	마칠종	그칠지
希	望	住	居	希	願
바랄희	바랄망	살주	살거	바랄희	원할원
朱	紅	會	社	俊	傑
붉을주	붉을홍	모일회	모일사	준걸준	호걸걸
俊	秀	中	央	增	加
준걸준	빼어날수	가운데중	가운데앙	더할증	더할가
至	極	知	識	珍	寶
이를지	다할극	알지	알식	보배진	보배보
進	就	質	問	參	與
나아갈진	나아갈취	바탕질	물을문	참여할참	더불여

423

倉	庫	菜	蔬	處	所
곳집창	곳집고	나물채	나물소	곳처	바소
尺	度	清	潔	清	淨
자척	법도도	맑을청	깨끗할결	맑을청	깨끗할정
聽	聞	蓄	積	充	滿
들을청	들을문	모을축	쌓을적	채울충	찰만
趣	意	層	階	稱	頌
뜻취	뜻의	층층	섬돌계	일컬을칭	기릴송
稱	讚				
일컬을칭	기릴찬				

반의어 일람

可決 가결	否決 부결	加熱 가열	冷却 냉각	干涉 간섭	放任 방임
感情 감정	異性 이성	開放 개방	閉鎖 폐쇄	客觀 객관	主觀 주관
巨大 거대	微小 미소	建設 건설	破壞 파괴	儉約 검약	浪費 낭비
輕減 경감	加重 가중	輕率 경솔	愼重 신중	高雅 고아	卑俗 비속
困難 곤란	容易 용이	公的 공적	私的 사적	過激 과격	穩健 온건
光明 광명	暗黑 암흑	具體 구체	抽象 추상	君子 군자	小人 소인
權利 권리	義務 의무	僅少 근소	過多 과다	肯定 긍정	否定 부정
奇數 기수	偶數 우수	緊張 긴장	弛緩 이완	專有物 공유물	專有物 전유물

錦上添花 금상첨화	雪上加霜 설상가상	架空 가공	實際 실제	加入 가입	脫退 탈퇴
間歇 간헐	綿延 면연	剛健 강건	柔弱 유약	個別 개별	全體 전체
客體 객체	主體 주체	巨富 거부	極貧 극빈	乾燥 건조	濕潤 습윤
缺乏 결핍	豊富 풍부	經度 경도	緯度 위도	輕視 경시	重視 중시
固定 고정	流動 유동	供給 공급	需要 수요	空虛 공허	充實 충실
灌木 관목	喬木 교목	廣義 광의	狹義 협의	舊派 구파	新派 신파
屈服 굴복	抵抗 저항	歸納 귀납	演繹 연역	急性 급성	慢性 만성
旣決 기결	未決 미결	飢餓 기아	飽食 포식	吉兆 길조	凶兆 흉조
具體的 구체적	抽象的 추상적	假象 가상	實在 실재	却下 각하	受理 수리
減少 감소	增加 증가	强硬 강경	柔和 유화	開業 개업	閉業 廢業 폐업

拒絶	承諾	傑作	拙作	謙遜	傲慢
거절	승낙	걸작	졸작	겸손	오만
輕蔑	尊敬	高潔	低俗	高調	低調
경멸	존경	고결	저속	고조	저조
空想	現實	過去	未來	官尊	民卑
공상	현실	과거	미래	관존	민비
拘束	釋放	國內	國外	屈辱	雪辱
구속	석방	국내	국외	굴욕	설욕
勤勉	懶怠	急行	緩行	奇拔	平凡
근면	나태	급행	완행	기발	평범
緊密	疏遠	加害者	被害者	急進的	漸進的
긴밀	소원	가해자	피해자	급진적	점진적
懦弱	强勇	樂天	厭世	濫用	節約
나약	강용	낙천	염세	남용	절약
內容	形式	濃厚	稀薄	凌蔑	崇仰
내용	형식	농후	희박	능멸	숭앙
樂觀	悲觀	暖流	寒流	朗讀	默讀
낙관	비관	난류	한류	낭독	묵독
內包	外延	訥辯	能辯	落第	及第
내포	외연	눌변	능변	낙제	급제

濫讀 남독	精讀 정독	來生 내생	前生 전생	老鍊 노련	未熟 미숙
能動 능동	被動 피동	多元 다원	一元 일원	單一 단일	複合 복합
貸邊 대변	借邊 차변	都心 도심	郊外 교외	冬眠 동면	夏眠 하면
對內的 대내적	對外的 대외적	單純 단순	複雜 복잡	短縮 단축	延長 연장
大乘 대승	小乘 소승	獨創 독창	模倣 모방	杜絶 두절	連絡 연락
單式 단식	複式 복식	唐慌 당황	沈着 침착	對話 대화	獨白 독백
動機 동기	結果 결과	登場 등장	退場 퇴장	大丈夫 대장부	拙丈夫 졸장부
同義語 동의어	反意語 반의어	漠然 막연	確然 확연	滅亡 멸망	興起 흥기
模糊 모호	分明 분명	文語 문어	口語 구어	微官 미관	顯官 현관
敏速 민속	遲鈍 지둔	忘却 망각	記憶 기억	名譽 명예	恥辱 치욕

無能 무능	有能 유능	文化 문화	自然 자연	未備 미비	完備 완비
密接 밀접	疎遠 소원	埋沒 매몰	發掘 발굴	母音 모음	子音 자음
無形 무형	有形 유형	物質 물질	精神 정신	敏感 민감	鈍感 둔감
密集 밀집	散在 산재	門外漢 문외한	專門家 전문가	反目 반목	和睦 화목
跋文 발문	序文 서문	白髮 백발	紅顏 홍안	別居 별거	同居 동거
普遍 보편	特殊 특수	本業 본업	副業 부업	發達 발달	退步 퇴보
放心 방심	操心 조심	繁榮 번영	衰退 쇠퇴	別館 별관	本館 본관
複雜 복잡	單純 단순	富貴 부귀	貧賤 빈천	潑剌 발랄	萎縮 위축
背恩 배은	報恩 보은	凡人 범인	超人 초인	不實 부실	充實 충실
敷衍 부연	省略 생략	否定 부정	肯定 긍정	保守 보수	革新 進步 혁신/진보

分析	綜合	卑怯	勇敢	非番	當番
분석	종합	비겁	용감	비번	당번
卑語	敬語	不法化	合法化	部分的	全體的
비어	경어	불법화	합법화	부분적	전체적
富裕	貧困	分擔	全擔	紛爭	和解
부유	빈곤	분담	전담	분쟁	화해
悲劇	喜劇	非凡	平凡	悲運	幸運
비극	희극	비범	평범	비운	행운
否認	是認	分離	統合	不運	幸運
부인	시인	분리	통합	불운	행운
秘密	公開	悲哀	歡喜	奢侈	儉素
비밀	공개	비애	환희	사치	검소
散文	韻文	喪失	獲得	生食	火食
산문	운문	상실	획득	생식	화식
善意	惡意	消極	積極	消費	生産
선의	악의	소극	적극	소비	생산
淑女	紳士	順行	逆行	先天的	後天的
숙녀	신사	순행	역행	선천적	후천적
實質的	形式的	相對的	絶對的	死後	生前
실질적	형식적	상대적	절대적	사후	생전

相剋	相生	詳述	略述	生花	造花
상극	상생	상술	약술	생화	조화
成功	失敗	所得	損失	疎遠	親近
성공	실패	소득	손실	소원	친근
純粹	不純	勝利	敗北	削減	添加
순수	불순	승리	패배	삭감	첨가
上昇	下降	生家	養家	先輩	後輩
상승	하강	생가	양가	선배	후배
成熟	未熟	騷亂	靜肅	守勢	攻勢
성숙	미숙	소란	정숙	수세	공세
順坦	險難	安全	危險	愛護	虐待
순탄	험난	안전	위험	애호	학대
連作	輪作	榮轉	左遷	優勢	劣勢
연작	윤작	영전	좌천	우세	열세
優越	劣等	輪廓	核心	義務	權利
우월	열등	윤곽	핵심	의무	권리
暗示	明示	語幹	語尾	連敗	連勝
암시	명시	어간	어미	연패	연승
靈魂	肉體	偶然	必然	原告	被告
영혼	육체	우연	필연	원고	피고

恩惠	怨恨	憂鬱	明朗	原因	結果
은혜	원한	우울	명랑	원인	결과
陰氣	陽氣	異端	正統	裏面	表面
음기	양기	이단	정통	이면	표면
人爲	自然	理想	現實	立體	平面
인위	자연	이상	현실	입체	평면
利益	損失	入港	出港	自動	手動
이익	손실	입항	출항	자동	수동
子正	正午	低俗	高尚	前半	後半
자정	정오	저속	고상	전반	후반
正當	不當	定着	漂流	直系	傍系
정당	부당	정착	표류	직계	방계
進步	退步	質疑	應答	自律	他律
진보	퇴보	질의	응답	자율	타율
長點	短點	敵對	友好	前進	後進
장점	단점	적대	우호	우호	후진
精密	粗雜	弔客	賀客	直線	曲線
정밀	조잡	조객	하객	직선	곡선
眞實	虛僞	自意	他意	長篇	短篇
진실	허위	자의	타의	장편	단편

嫡子 적자	庶子 서자	絶對 절대	相對 상대	正常 정상	異常 이상
增進 증진	減退 감퇴	直接 직접	間接 간접	進取 진취	退嬰 퇴영
差別 차별	平等 평등	淺學 천학	淺學 석학	斬新 참신	斬新 진부
聰明 총명	愚鈍 총명	創造 총명	模倣 모방	債權者 채권자	債務者 채무자
快樂 쾌락	苦痛 고통	快勝 쾌승	慘敗 참패	他殺 타살	自殺 자살
脫色 탈색	染色 염색	投手 투수	捕手 포수	濁音 탁음	淸音 청음
退院 퇴원	入院 입원	脫黨 탈당	入黨 입당	退化 퇴화	進化 진화
破婚 파혼	約婚 약혼	暴露 폭로	隱蔽 은폐	敗戰 패전	勝戰 승전
彼岸 피안	此岸 차안	閉幕 폐막	開幕 개막	合理 합리	矛盾 모순
許多 허다	稀少 稀貴 희소/희귀	興奮 흥분	鎭靜 진정	合法 합법	不法 불법

好材	惡材	好況	不況	幸福	不幸
호재	악재	호황	불황	행복	불행

好轉	逆轉	厚待	薄待
호전	역전	후대	박대

이음동자

乾 하늘 건(乾坤一擲건곤일척)/마를 건,간(乾葡萄건포도, 乾燥건조, 乾杯건배)

見 볼 견(見解견해)/나타날 현(謁見알현, 讀書百遍義自見독서백편의자현)

契 맺을 계(契約계약)/종족이름 글(契丹글안→거란)

告 알릴 고(告發고발)/청할 곡(出必告출필곡)

龜 거북 귀(龜船귀선)/갈라질 균(龜裂균열)/땅이름 구(龜尾구미)

奈 어찌 내(無可奈何무가내하)/어찌 나(奈落나락)

內 안 내(內外내외)/여관女官 나(內人나인)

屯 진칠 둔(屯營둔영, 屯據둔거)/어려울 준(屯困준곤, 屯險준험)

樂 즐길 락(快樂쾌락)/풍류 악(音樂음악)/좋아할 요(樂山樂水요산요수)

索 동아줄 삭(索虜삭로)/찾을 색(索引색인)

殺 죽일 살(殺菌살균)/감할 쇄(減殺감쇄)

說 말씀 설(小說소설)/달랠 세(遊說유세)/기쁠 열(學而時習之不亦說乎학이시습지불역열호)

省 살필 성(吾日三省吾身오일삼성오신)/덜 생(省略생략)

衰 쇠할 쇠(衰弱쇠약)/상옷 최(衰服최복)

塞 변방 새(邊塞변새, 要塞요새)/막을 색(拔本塞源발본색원)

誓 맹세 서(誓約서약, 宣誓선서)/맹세 세(盟誓맹세)

率 거느릴 솔(率先垂範솔선수범)/비율 률(比率비율)

數 셈 수(數學수학)/자주 삭(鳥數飛조삭비)

宿 잘 숙(宿泊숙박)/별자리 수(辰宿列張진수열장, 28宿28수)

拾 주울 습(拾得습득)/열 십(拾萬원십만원)

食 먹을 식(飮食음식)/먹일 사(飮之食之음지사지)

歪 비뚤 왜/외(歪曲왜곡/歪曲외곡)

刺 찌를 자(刺客자객)/찌를 척(刺殺척살)/수라 라(水刺수라)

辰 별 진(辰極진극)/때 신(生辰생신, 誕辰탄신)

徵 부를 징(徵兵징병)/음률이름 치(宮商角徵羽궁상각치우)

滑 미끄러울 활(滑氷활빙)/다스릴 골(滑稽골계)

戲＝戲 희롱할 희(戲弄희롱)/어조사 호(嗚戲오호)

약자일람표

價	価	5
假	仮	4II
覺	覚	4
據	拠	4
擧	挙	5
儉	倹	4
劍	剣	3II
堅	堅	4
經	経	4II
輕	軽	5
繼	継	4
關	関	5
觀	観	5
廣	広	5
鑛	鉱	4
舊	旧	5
區	区	6
國	国	8
勸	勧	4
權	権,权	4II
歸	帰	4
龜	亀	3
氣	気	7
緊	緊	3II
斷	断	4II
單	単	4II
團	団	5
擔	担	4II
膽	胆	2
當	当	5
黨	党	4II
對	対	6
圖	図	6
獨	独	5
讀	読	6
燈	灯	4II
樂	楽	6
亂	乱	4

來	来	7
兩	両	4II
麗	麗	4II
勵	励	3II
獵	猟	2
靈	霊	3II
禮	礼	6
勞	労	6
爐	炉	3II
龍	竜	4
樓	楼	3II
萬	万	8
滿	満	4II
灣	湾	2
蠻	蛮	3
賣	売	5
麥	麦	3
發	発	6
變	変	5
邊	辺	4II
倂	併	2
竝	並	3
寶	宝	4II
佛	仏	4II
拂	払	3
師	師	4II
辭	辞	4
絲	糸	4
寫	写	5
狀	状	4II
雙	双	3II
釋	釈	3II
纖	繊	2
聲	声	4II
數	数	7
獸	獣	3II
壽	寿	3II
隨	随	3II

肅	粛	4
實	実	5
兒	児	5
亞	亜	3II
惡	悪	5
壓	圧	4II
壞	壌	3II
樣	様	4
餘	余	4II
與	与	4
驛	駅	3II
譯	訳	3II
鹽	塩	3
榮	栄	4II
豫	予	4
譽	誉	3II
藝	芸	4II
鬱	欝	2
圍	囲	4
應	応	4II
醫	医	6
貳	弐	3
壹	壱	3
蠶	蚕	3
雜	雑	4
壯	壮	4
將	将	4II
奬	奨	4
裝	装	4
爭	争	4
轉	転	4
傳	伝	5
戰	戦	6
錢	銭	4
點	点	4
齊	斉	3II
濟	済	4II
劑	剤	2

卒	卆	5
證	証	4
參	参	5
慘	惨	3
處	処	4II
淺	浅	3II
鐵	鉄	5
廳	庁	4
聽	聴	4
體	体	6
總	総	4II
蟲	虫	4II
醉	酔	3II
齒	歯	4II
稱	称	4
彈	弾	4
擇	択	4
澤	沢	3II
學	学	8
解	解	4II
虛	虚	4II
顯	顕	4
賢	賢	4II
螢	蛍	3
號	号	6
畵	画	6
擴	拡	3
懷	懐	3II
會	会	6
興	兴	4II

중국 고전 간략 소개

1. 시경(詩經)

춘추 시대의 민요를 중심으로 하여 모은, 중국에서 가장 오래된 시문(詩文)의 선집(選集)으로서 주나라 시대인 B.C. 800~600년대에 편찬 되었다. 시대적으로 주나라 초기부터 춘추시대 초기까지의 305편을 수록하고 있다. 본래 3,000편이었던 것을 공자가 311편으로 간추려 정리했다고 알려져 있지만 오늘날 전해지는 것은 305편이다. 내용은 풍(風), 아(雅), 송(訟)으로 분류되고 아(雅)는 다시 대아(大雅), 소아(小雅)로 나뉘어 전해진다. 풍(風)이란 황하유역, 5개국의 민요로 주로 남녀간의 정과 이별을 다룬 내용이 많고, 아(雅)는 공식연회에서 쓰는 의례적인 성격이 강한 의식가를 말하며, 송(訟)은 종묘에 제사 지낼 때 쓰는 악가(樂歌)나, 악시(樂詩)를 말한다.

2. 역경(易經)

고대 중국의 점복술(占卜術)에 관한 책으로 5경(經)(역(易), 서(書), 시(詩), 예(禮), 춘추(春秋)) 중에서 첫 번째로 꼽는 동양철학의 근원이 되는 사상 서적이다. 통상 주역(周易)이라고 한다. 역(易)은 도마뱀을 본뜬 상형문자로서 변화의 뜻을 나타냈다. 우리나라에서는 시(詩), 서(書), 역(易)을 3경이라 하였고, 세상의 변화에 관한 원리를 기술한 책이라 일컫는다.

3. 논어(論語)

유가(儒家)의 성전(聖典)이라고도 할 수 있는 논어는 공자와 그 제자들의 언행(言行)을 그의 후배 제자들이 편찬한, 중국 최초의 어록이며 사서(四書) 중 하나이다. 내용은 학이편(學而篇)에서 요왈편(堯曰篇)까지 모두 상·하 20편으로 되어있고, 성립 연대는 B.C. 470년경이다. 공자와 그 제자와의 문답을 주로 하고, 공자의 발언과 행적, 개인적인 수양으로부터 정치 문제에까지 언급되어있다. 인생의 교훈이 되는 말들이 간결하고도 함축성있게 기재된 책이다.

4. 맹자(孟子)

이름은 맹가(孟軻), 자는(字) 자여(子輿) 또는 자거(子車)로 확실하지 않다. 산동성(山東省) 추현(雛縣) 출생이다. 공자의 손자인 자사(子思)의 문하생에게서 배웠다. 어릴 때 홀어머니의 손에서 자랐다. 맹모삼천지교(孟母三遷之敎)는 유명한 고사이다. 제후가 유능한 인재들을 찾는 전국시대에 배출된 제자백가(諸子百家)의 한 사람으로 맹자도 B.C. 320년경부터 약 15년 동안 각국을 유세하고 돌아다녔으나 자기의 주장이 채택되지 않자 고향에 은거하였다. 총 7권으로 〈양혜왕편梁惠王篇〉, 〈공손추편公孫丑篇〉, 〈박문공편博文公篇〉, 〈이루편離婁篇〉, 〈만장편萬章篇〉, 〈고자편告子篇〉, 〈진심편盡心篇〉 등으로 구성되어있다. 논어(論語), 대학(大學), 중용(中庸)과 더불어 사서의 하나이며, 7편 중 앞 3권은 주로 맹자가 각국을 유세했을 때의 언행을 기록한 것이고, 뒤의 4권은 그가 은퇴한 뒤에 남긴 어록으로 간주되고 있다.

5. 열자(列子)

중국의 철학서로서 전국시대(B.C. 403~220) 정(鄭)나라 출신인 열어구(列禦寇)가 서술한 것을 문인, 제자들이 보완하여 천서(天瑞), 황제(皇帝), 주목왕(周穆王), 중니(仲尼), 탕문(湯問), 역명(力命), 양주(楊朱), 설부(設符)의 8편으로 나누어 기술된 책이다. 동진(東晉)의 장담(張湛)이 이 책을 최종적으로 완성시켰다. 노장사상(老莊思想)의 도가(道家) 계통 사상가들의 문장을 누락한 이들 내용은 우화(寓話)로 쓰여졌으며 우공이산(愚公移山), 기우(杞憂), 조삼모사(朝三暮四) 등의 유명한 고사를 열자에서 볼 수 있다.

6. 묵자(墨子)

전국시대의 학자. 이름은 적(翟). 그의 행적은 분명하지 않다. 묵자는 총 53편이라고 하나 한서(漢書)지(志)에는 71편으로 되어있다. 최종적으로 성립된 것은 한(漢)의 초기로 추정된다. 그의 학설은 유가(儒家)의 영향을 받으면서도 경제문제를 중요시했고, 하늘의 의지로써 겸애(兼愛)를 설교했고, 절용(節用)을 강조하였다. 전쟁을 부정하고 상제(喪祭)와 예악(禮樂)의 간소화를 역설하여 한때 번성하였다.

7. 장자(莊子)

중국 전국시대의 사상가 장자(莊子)의 저서로서 당나라 현종(玄宗)에게 남화진경(南華眞經)의 존칭을 받았다. 내편(內篇) 7편, 외편(外篇) 15편, 잡편(雜篇) 11편으로 모두 36편으로 되어있으며 이중 내편의 7편만을 장자(莊子)가 지었다고 한다. 장자는 노자(老子)의 학문을 깊히 연구하였으며 그의 사상의 밑바탕에 동일한 흐름을 엿볼 수 있다. 문장은 활달하면서도 자유로워 우화와(寓話) 신화(神話)를 구사하면서 투철한 논리, 명쾌한 사상으로 후세에 문인들에게 영향을 끼친 책으로 평가된다.

8. 손자(孫子)

중국 고대의 병법서로서 손자병법(孫子兵法)이라고도 부른다. 저자는 춘추시대(春秋時代) 오나라 합려(闔閭)를 섬기던 명장 손무(孫武: B.C. 6세기)이며 손자는 그를 높여 부르는 호칭이다. 내용은 예로부터 작전의 성전(聖典)으로서 많은 무장들에게 존중되었으며, 국가 경영의 요지와 승패의 비기, 인사의 성패 등에 관해 비범한 견해를 보였으며 인생문제 전반에 적용되는 지혜의 글이라 할 수 있다. 지피지기(知彼知己), 백전불태(百戰不殆), '남을 알고 자신을 알면 백번 싸워도 위태롭지 않다' 라는 명구가 있다. 전쟁하여 이기는 것 보다 전쟁하지 않고 이기는 것을 최선으로 여겼다.

9. 순자(荀子)

중국 전국시대 말기의 사상가로서 성은 순(荀) 이름은 황(況)이다. 50세(일설에는 15세) 무렵에 제(齊)나라에 유학하고, 진(秦)나라와 기(己)나라에 유세하였다. 맹자(孟子)의 성선설(性善說) 주장에 반(反)해 성악설(性惡說)을 제창하였다. 제나라 직하(稷下)의 학사(學士) 중 최장로(最長老)로 존경받았다하여 순경(荀卿), 손경(孫卿)이라 한다. 전 32편으로 구성되어있으며 B.C. 270년대에 지어진 책이다.

10. 한비자(韓非子)

중국 전국시대 말기 한(韓)나라에서 태어났다. 한나라 말기 여러 공자(公子) 가운데 한 사람이며 일찍이 형명과 법술을 익혀 중앙 집권적 봉건 전제 정치 체제를 적극적으로 창조한 법가 이론의 집대성자이다. 군주의 기본자세와 체계적인 통치 공학의 방법을 법, 술, 세, 논리로 줄여낸 전 55편 20책으로 구성되었다.

11. 춘추좌씨전(春秋左氏傳)

중국 공자(孔子)의 춘추(春秋)를 노(魯)나라 좌구명(左丘明)이 해석한 책이다. 좌씨전(左氏傳), 좌씨춘추(左氏春秋), 좌전(左傳)이라 한다. B.C. 722~B.C. 481년의 역사를 다루었다. 독립된 역사적인 이야기와 문장의 교묘함 및 인물 묘사의 정확성이라는 점에서 문학작품으로도 뛰어나 고전문의 모범이 된다. 공양전(公羊傳), 곡량전(穀梁傳)과 함께 춘추삼전(春秋三傳)이라 한다.

12. 초사(楚辭)

초사란 초(楚)나라의 굴원의 시와 그를 추모하는 시로 구성된 초나라의 시가(詩歌)이다. 총 16권으로 되어있으며 한(漢)나라 유향(劉向)에 의해 편집되었다. 현재 우리에게 전하는 최초의 초사란 책은 동한(東漢) 왕일(王逸)이 지은 초사장구(楚辭章句)이다.

13. 회남자(淮南子)

중국 전한(前漢)시대 회남왕(淮南王)인 유안(劉安)(고조 유방의 손자)이 빈객과 방술가 수천을 모아서 편찬한 것으로 원래 내외편(內外篇)과 잡록(雜錄)이 있었으나 내편 21편만이 전한다. 천문, 지리 등 자연과학과 정치, 인간의 처세술, 각국의 풍속, 습관, 신화, 전설 등 넓은 분야의 내용을 담고 있다.

14. 사기(史記)

사마천이 저술한 역사서이며, 초기에는 태사공서(太史公書)로 불리었다. 옛 신화시대부터 전한(前漢) 초기인 기원전 2세기말 한무제(漢武帝) 때까지의 역사를 다루고 있으며 기원전 109년에서 기원전 91년 사이에 씌여졌다. 책의 본래 명칭은 태사공기(太史公記)였으나 후한말기에는 현재의 이름으로 굳혀졌다.

15. 전국책(戰國策)

중국 전한(前漢) 시대의 유향(劉向)이 동주(東周) 후기인 전국시대(戰國時代) 전략가들의 책략을 편집한 책으로 주의 원왕(元王)으로부터 진(秦)의 시황제(始皇帝)에 이르는 전국시대에 활약한 유세가(遊說家)들의 양상을 나라별로 기술한 책이다. 전국책(戰國策)의 내용은 왕 중심 이야기가 아니라, 책사(策士), 모사(謀士)들이 온갖 꾀를 다 부린 이야기가 중심으로 되어있는 책으로 전국 7웅(진(秦), 제(齊), 조(趙), 초(楚), 한(韓), 위(魏), 연(燕))과 동주(東周), 서주(西周), 송(宋), 위(衛),

중산(中山) 등에 대해 국가별로 서술한 책으로 33편으로 구성되어있다.

16. 논형(論衡)

중국 후한(後漢)의 사상가 왕충(王充, 27~98)의 저서이다. 전 30편으로써 현재 85편이 남아있다. 유교의 제설(諸說) 전국시대의 제자(諸子)의 설 외에 당시의 정치, 습속, 속설 등 다방면의 문제를 다루어 실증적이고 합리적인 비판을 가하였다. 시대적 제한은 있으나 비판적 정신이 있어 논조가 과격하고 전통사상 및 신비주의 미신 사상을 배격하고 있는 내용으로, 후한 말기에 이어 위(魏), 진(晉) 나라에 영향을 끼쳤다.

17. 한서(漢書)

중국 후한(後漢)시대 역사가(歷史家) 반고(班固)가 저술한 기전체(紀傳體)의 역사서이다. 한(漢)의 고조(高祖) 유방으로부터 평제(平帝)에까지 12대 229년간의 사실(史實)을 기술한 정사(正史)이다. 내용은 12제기(帝紀), 8표(表), 16(또는10)지(志), 70열전(列傳)으로 이루어졌다. 전한서(前漢書) 또는 서한서(西漢書)라고 일컫는다. 한서(漢書)는 아버지 표(彪)의 뒤를 이어 사서를 집필하고 반고 역시 완성치 못하고 죽게되어 그의 여동생인 반소(班昭)에 의해 완성되어졌다. 한 무제에서 끊긴 사마천의 사기(史記)의 뒤를 이은 정사(正史)이다.

18. 삼국지(三國志)

삼국지는 서진(西晉)의 진수(陳壽)가 쓴 중국 삼국시대의 정사(正史)이다. 후한의 운세가 기울기 시작하던 189년부터 전나라의 사마염이 천하를 통일하는 280년까지의 역사 기록을 담고 있다. 위서(魏書) 30편, 촉서(蜀書) 15편, 오서(吳書) 20편으로 구성되어있다. 삼국지는 정사(正史)이고 삼국지연의(三國志演義)는 이것을 바탕으로 한 역사소설이다. 혼동하는 일이 없어야 할 것 같다.

19. 세설신어(世說新語)

중국 남조(南朝) 송(宋)나라의 유의경(劉義慶)이 편집한 후한(後漢)시대 말부터 동진(東晉)시대에 이르는 기간 중의 학자, 문인, 승려 등 명사들의 덕행(德行), 언어(言語), 정사(政事), 구극(仇隙)까지의 36부문(部門)으로 나누어서 저술된 대표적 지인소설(志人小說)이다.

20. 여씨춘추(呂氏春秋)

　중국 진나라 때 사론서(史論書)이다. 총 26편으로 되었다. 여람(呂覽)이라고도 한다. 진나라의 정치가 여불위(呂不韋)가 빈객 3,000명을 모아서 편찬하였다. 도가(道家)사상이 중요한 부분을 차지하나 유가, 병가, 농가, 형명가(刑名家) 등의 이야기도 볼 수 있다. 또한 춘추전국시대(春秋戰國時代)의 시사에 관한 것도 수록되어있어 그 시대를 알 수 있는 중요한 사론서이다.

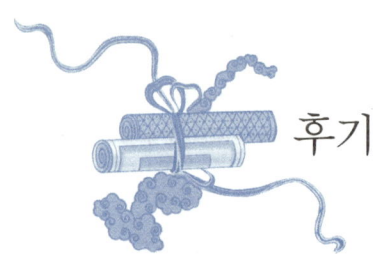

후기

한자 여행의 긴 노정이 끝났다. 수십 년을 읽고 써왔던 익숙한 한자라서 원고도 금방 준비될 줄 알았고 책도 바로 인쇄하면 나오는 줄 알았다. 이런 나의 단순한 생각은 착각에 불과하였다. 김범석 선생과 작업에 착수한 지 일년 반이 되어서야 우리의 책이 비로소 빛을 보게 되었다. 실로 감개가 무량하다. 우리는 분명히 말한다. 이 책은 우리의 창작품이 아니다. 이 책은 5,000 년 전 갑골문을 새겼던 사람들로부터 2,000 년 전의 허신(許慎) 선생, 최근의 선배 학자 여러분들께서 하신 말씀들을 한 곳에 모아놓은 것에 불과하다.

몇 년 전부터 한자열풍이 불기 시작하였다. 공교육이 아닌 사교육으로부터지만 한자의 중요성을 새로 인식한다는 점에서 환영할 일이다. 특히 여러 기업에서 한자능력 자격증을 요구하게 되어 한글세대인 대학생들도 한자를 접하게 되니 이 얼마나 다행한 일인가. 우리말 어휘의 70% 이상이 한자어라는 말은 다시 하지 않아도 세계화 시대에 일본과 중국을 견제하고 앞서가려면 한자가 필수라는 점은 누구나 인정하는 바다. 그래서 세상에 한자 관련 서적이 쏟아져 나오기 시작하였다. 그리고 대학가에 한자 특강 열풍이 불고 있다. 그러나 조금만 관심을 기울이고 한자 시장을 들여다보면, 그저 단순암기를 위해 기존의 부수(部首)와 한자의 자원(字源), 역사성(歷史性)을 무시한 채 설명, 강의하고 있다는 사실을 알 수 있다. 문자학의 최고 권위를 자랑하는 책인『설문해자說文解字』를 펴낸 허신은 서문에서 그 책을 편찬한 동기에 대해 이렇게 서술하고 있다.

"요즘 학자라는 사람들이 다투듯 글자를 설명하고 경전을 해석함에 있어 진나라 때의 예서가 창힐 시대의 글자라고 떠들며, '아버지에서 아들로 전해진 것인데 어찌 고치고 바꿈이 있을 것이냐' 라고 한다. 그러면서 이렇게 엉터리로 말한다. '말머리를 가진 사람이 長' (예서에서는 長이 馬와 儿이 합해진 것으로 보인다)이고, '사람이 십十을 잡은 것이 斗' (예서에서는 斗가 亻과 十이 합해진 것으로 보인다)이며, '虫은 中이 구부러진 것이다' (예서에서는 그렇게 보인다)라고 말이다.

예서를 중심으로 한 이런 엉터리 해석이 넘치고 있는데 이것은 벽중서(壁中書)의 고문(古文)과도 부합되지 않고 사주문(史籒文-옛글자, 즉 대전大篆)과도 맞지 않는 것이다. 사람들이 자기들의 사사로운 주장만 앞세우고 있으니 옳고 그름을 바로잡을 수 없고 그들의 사특한 설이 천하의 배우는 학생들로 하여금 미혹되게 만들고 있다

"諸生競說字解經, 諡稱秦之隷書爲倉頡時書, 云父子相傳, 何得改易. 乃猥曰: '馬斗人爲長', '人持十爲斗', '虫者, 屈中也'. 若此者甚衆, 蓋不合孔氏古文, 謬於史籒. 人用己私, 是非無正, 巧說衺辭, 使天下學者疑."

필자는 허신의 서문을 읽으며 서기 100년의 중국, 서기 2008년의 한국의 상황이 너무도 흡사함에 놀라움을 금치 못하였다. 우리나라의 거의 모든 한자 서적과 강의가 지금 우리가 쓰고 있는 해서(楷書)만을 중심으로 서술되고 진행되고 있는 것이다. 김범석 선생과 필자는 이러한 세태를 보고도 가만히 있다는 것은 한자를 가르치는 사람의 자세가 아니라고 느껴 편찬 작업에 착수하게 되었고 그 결과물로 졸저가 햇빛을 보게 되었던 것이다.

우리는 이 책이 원전(原典)을 완전하게 반영했다고 장담하지는 못한다. 하지만 우리가 갖고 있는 능력 안에서 우리의 최선을 다했다. 학생들이 이 책을 통해 한자를 좀 더 가까이 하고 우리나라의 앞날을 이끌고 가는 일원이 된다면 더 이상 바라는 바가 없다. 우리는 한 알의 밀알이 되고 싶다.

4341年 4月
張東烈 드림

참고문헌

1. 설문해자주(說文解字注) (許愼 撰, 段玉裁 注. 上海古籍. 2006)

2. 설문해자주 부수자역해 (염정삼. 서울대. 2007)

3. 설문해자구두(說文解字句讀) (許愼 原著, 王筠 撰. 中華書局. 1998)

4. 설문해자금석(說文解字今釋) 上 下 (湯可敬. 岳麓書社. 2006)

5. 설문해자통론(說文解字通論) (陸宗達. 김근 譯. 계명대. 2004)

6. 중화대자전(中華大字典) (中華書局. 1980)

7. 현대중한사전(現代中韓辭典) (高大民族文化研究所. 1996)

8. 한한대자전(漢韓大字典) (民衆書林. 2007)

9. 한자의 뿌리 1 2 (김언종. 문학동네. 2003)

10. 한자가 궁금하다 (이규갑. 학민사. 2004)

11. 포인트 500한자 (이광철 外3人. 차이나하우스. 2007)

12. 한자 콘서트 (송원찬 外3인. 차이나하우스. 2007)

13. 연상한자 (하영삼. 예담차이나. 2004)

14. 한자야 미안해. 부수편 · 어휘편 (하영삼. 랜덤하우스. 2007)

15. 한자정해(漢字正解) (李樂毅. 박기봉 譯. 비봉출판사. 1996)

16. 한자학강의(漢字學講義) (최영애. 통나무. 2000)

17. 욕망하는 천자문(千字文) (김근. 삼인. 2005)

18. 갑골문도론(甲骨文導論) (陳煒湛. 이규갑 外3人. 학고방. 2002)

19. 부수를 알면 한자가 보인다. (김종혁. 학민사. 2002)

20. 손자병법(孫子兵法) (손무. 유재주 譯. 돋을새김. 2007)

21. 원리한자 (박홍균. 이비컴. 2005)

22. 김경일교수의 제대로 배우는 한자 (김경일. 바다출판사. 2003)

23. 한자를 알면 세계가 좁다 (김미화. 중앙생활사. 2007)

24. 소설이 아닌 삼국지 (최명. 조선일보사. 1997)

25. 한자의 수수께끼 (阿辻哲次. 학민사. 2004)

26. 한자의 역사 (阿辻哲次. 학민사. 1999)

27. 살아있는 한자 교과서 (정민 外3人. 휴머니스트. 2005)

28. 네이버 국어, 한자, 백과사전

29. 정중 형음의 종합대자전(正中 形音義 綜合大字典) (正中書局. 1977. 民國六十六年)

30. 한자학(漢字學) (阿辻哲次. 심경호 역. 보고사. 2008)

으뜸 스펀지 漢字

2008년 6월 17일 초판 1쇄 인쇄   2008년 6월 20일 초판 1쇄 발행

지은이 | 김범석, 장동열   **펴낸이** | 이건웅   **펴낸곳** | 차이나하우스   **마케팅** | 안우리
디자인 | 전은옥, 송재희   **출 력** | 한국커뮤니케이션   **인 쇄** | 미르인쇄   **등 록** | 제303-2006-00026
주 소 | 서울시 은평구 녹번동 161-1   **전 화** | 02-2244-0985   **팩 스** | 02-2244-0983
이메일 | nayagun@hanmail.net

ISBN 978-89-92258-55-5 (03700)   값 16,800원